中国古代历史风

列国交聘（上）

叶秀松　编著

北京师范大学出版社
安 徽 大 学 出 版 社

图书在版编目(CIP)数据

列国交聘(上下)/叶秀松编著. —合肥:安徽大学出版社,2010.8
(中国古代历史风云)
ISBN 978-7-81110-857-6

Ⅰ.①外… Ⅱ.①叶… Ⅲ.①外交史—中国—古代
Ⅳ.①D829

中国版本图书馆CIP数据核字(2010)第175609号

中国古代历史风云

列国交聘(上下)

叶秀松 编著

出版发行:北京师范大学出版集团
安徽大学出版社
(安徽省合肥市肥西路3号邮编230039)
www.bnupg.com.cn
www.ahupress.com.cn
印　　刷:合肥瑞丰印务有限公司
开　　本:787mm×1092mm　1/16
印　　张:34.5(上下)
字　　数:426.5千字
版　　次:2012年8月第1版
印　　次:2022年1月第2次印刷
定　　价:99.80元(上下)
ISBN 978-7-81110-857-6

责任编辑:鲍家全　　　　装帧设计:奚　波
责任印制:陈　如　韩　琳

前　言

历史，是后人永恒的话题。

人们每当谈起我国古代的历史故事，总是兴味盎然。这不光是由于其情节引人入胜、当事者的际遇命运牵动人心，还在于许多人物事迹闪耀着人类文明的思想光辉，仍然可供我们今天学习借鉴。

中国古代政坛是一个历史大舞台。进入中国古代官场的官员，虽然形象各不相同，但总体来说是比较富有智慧和思想的人群。他们在一定职位上的言论作为，他们利用其职权地位乃至豁出生命所进行的形形色色的斗争，是历史的重要组成部分。

目前，社会上流传的古代政坛斗争故事虽不算少，但此类故事多数还淹没在浩如烟海的史籍中鲜为人知。《二十四史》、《资治通鉴》、《续资治通鉴》和《历代纪事本末》等史书体系庞大，一般读者难以通读。作者有意为普及祖国历史知识、弘扬中华民族正气尽点微薄之力。从这一愿望出发，我不揣浅陋，泛舟史海，选取商末至清末部分帝王、朝臣以及州官被贬谪关杀或身历险境的片断，历时十五年，编写出《中国古代风云录》丛书。该书由《宫廷风暴》、《朝政风波》、《文坛风雨》、《列国交聘》、《战场风烟》五个分册组成。

《列国交聘》以邦交为背景，围绕捍卫国家主权这一主题，展示了中国古代各种各样的外交斗争。国家的治理，无外包括内政和外交两个方面。一个国家(或势力范围)不可能孤立存在于天下,总得要同周边的国家交往,这就是外交。古代外交活动固然包括国与国之间的友好往来,但更多的则是彼此之间的利益争夺。这里虽然看不见滚动的战尘,却充满着玄机暗算、唇枪舌剑。外交斗争是另一种形式的战场。从某种意义上说,它是战争的前奏、持续和补充。它既能引发和激化战争,也能化干戈为玉帛,关系着一个国家的荣辱得失乃至生死存亡。外交的主动权亦不完全取决于国力。有些小国弱国的外交官,凭其大智大勇,凭其正义诚信,也能改变外交格局,变被动为主动,完成其外交使命,维护其国家的尊严和安全。古代中国涌现了许多杰出的外交官,本书记述了他们非凡的事迹。阅读本书,我们不能不向国难当头舍身赴命的使官肃然起敬,不能不对守节不屈不辱使命的使官油然钦佩,不能不为心系朝廷献身异域的使官喟然慨叹。他们不愧是中华民族的优秀儿女。他们以卓越的智慧和无私的奉献,谱写了一曲曲爱国主义的颂歌。

本书依据历代正史记载,行文直叙史实,没有添枝加叶,也没有夹入作者议论,力图真实可信。所据史书附后以备查。每部分前面以小序作内容提要。每篇不全面记述人物生平,只聚焦其在宦海浮沉的情节,力求精彩耐读。篇末附简评,尽量采用前人的评论,对前人评论需作补充、商榷或未见前人合适评论,作者就事论事加以点评,供读者参考。为方便读者,在行文中用括号注明古纪年相当于公历某年、古地名位于今某地、古官名系何职务;对所涉及的历史人物、事件采用脚注,以贯通文意。全书文字力求简明易懂、准确生动。

期望本书能成为读者的良知益友。

目　　录

一、临危赴命 改变局势

二、据理力争以弱伏强

三、见机行事不负使命

四、势态突变沉着应对

五、出使被扣守节不屈

六、心系朝廷献身异域

七、肆疏懦贪咎由自取

八、身正被毁饮恨蒙冤

一、临危赴命 改变局势

中国古代有这么一批外交官,他们在国家受到强敌侵凌的严重关头,不顾个人安危奉命出使,凭其大智大勇改变了局势,使国家转危为安。为了完成肩负的外交使命,他们经受了生与死、荣与辱的考验。

曹沫胁齐桓公还地

鲁庄公十三年(前681年),齐国①军队攻打鲁国②。鲁国将军曹沫(即曹刿)率部迎战,接连遭到失败,鲁国丧失一些领土。鲁庄公十分恐惧,许以割让遂邑(位于今山东省肥城市南)为条件,请求同齐国讲和。齐桓公同意鲁国求和,邀请鲁庄公去齐国柯地(位于今山东省阳谷县东北阿城镇)举行和平谈判,以签订和约。

曹沫随同鲁庄公抵达柯地,他对鲁国蒙受齐国欺凌极为愤恨。当两国君主按事先约定的条件将要在和约上签字的时候,曹沫一个箭步冲上去,取出藏在身上的匕首,怒气冲冲地直逼齐桓公。齐桓公左右侍卫没有来得及将他拦住。

齐桓公突然面临闪亮的刺刀,大惊失色,无可退避。他谦卑地朝曹沫问道:“壮士有什么要求?”曹沫厉声说:“齐国仗恃比鲁国强大,多次出兵侵犯鲁国,实在欺人太甚!如今鲁国都城也受到齐国军队威胁,君公就把它攻占好了!”齐桓公连赔不是,声称愿同鲁国讲和。曹沫说:“那就请你把侵占的鲁国领土,归还给鲁国!”齐桓公见曹沫怒不可遏,左右侍从无法靠上来解救,只好答应归还鲁国领土。曹沫收起匕首,回到鲁国随从人员所站的位置。齐桓公随即由恐惧转为愤怒,拒绝归还鲁国土地,厉声吼叫要杀死曹沫。面

---

① 西周初年所封诸侯国,都临淄,位于今山东省淄博市东。
② 西周初年所封诸侯国,都曲阜,位于今山东省曲阜市。

对齐桓公的威吓，曹沫镇定自若，“颜色不变，辞令如故”。

齐国宰相管仲认为齐桓公食言反悔不妥，劝告说：“君主作为大国国君，在这种场合不宜发怒。刚才，您受到曹沫威胁，当着众人的面，答应归还鲁国土地，现在转而背弃诺言，要杀死曹沫。这样做，只能消除您一时之气，而将会在世人面前失去信誉，不如照您答应的话去办。”

齐桓公压住怒火，感到管仲说的有道理，当即下令齐军从鲁国撤回，将所侵占的土地归还给鲁国。

据《史记》卷八十六·刺客列传

卷三十三·鲁周公世家

卷三十二·齐太公世家

【简评】

鲁、齐二国紧邻，鲁弱齐强，鲁国屡受齐国侵扰。在穷极无奈的情况下，鲁将曹☐乘两国君主会谈之机，突然冲上去要行刺齐桓公，迫使齐桓公作出让步，从而收回被齐军侵占的国土，维护了国家的尊严。曹沫凭其机智果敢，未动一兵一卒，夺回其在战场上失去的国土和军威，在齐、鲁乃至其他诸侯国中赢得了声誉。

烛之武说退秦师

郑[1]文公四十三年(前630年)九月,晋[2]文公约请秦[3]穆公联合出兵围攻郑国,以报复当年郑文公对他无礼[4]。晋军进驻函陵(位于今河南省新郑市北),秦军驻扎在汜南(位于今河南省中牟县南)。郑国面临两个强国军队夹攻,君臣一片惊慌。

晋军声言要把叔詹抓到杀死。叔詹听说后对郑文公说:"当初,我劝您善待重耳或者把他杀死,您没有听取我的意见。如今,晋文公终于给郑国带来灾难。我知道,晋国军队之所以围攻郑国,是为了报复我。如果我身死能使晋国退兵,我情愿为国而死!"于是,叔詹慨然自杀。

随后,郑文公派使臣将叔詹尸体送到晋军军营,向晋文公求和。晋文公没有答应,扬言一定要见到郑文公,当面辱骂他一顿才撤军。郑文公大为恐惧,一筹莫展。

这时,佚之狐(其职不详)向郑文公进言说:"国家非常危险了!

---

① 春秋诸侯国,都郑,位于今河南省新郑市。

② 春秋诸侯国,都绛,位于今山西省翼城县东南。

③ 春秋诸侯国,都雍,位于今陕西省凤翔县南。

④ 郑文公三十六年(前637年),流亡国外的晋公子重耳路过郑国。叔詹(郑文公之弟)建议以礼接待重耳,郑文公没有采纳。叔詹转而劝说将重耳处死,郑文公也没有听从。第二年,重耳由秦穆公派军队护送回国,即位为晋文公。

君主如能派烛之武去会见秦穆公,秦国军队准定会撤退。这样就能避免郑国腹背受敌。”

郑文公紧急召见烛之武(其职不详),请他去秦军军营游说秦穆公。烛之武推辞说:“下臣年轻力壮的时候尚且不如别人,如今年老了,更是无能为力了!”郑文公向烛之武致歉说:“过去,您没有受重用,是我的过错;如今国家危在旦夕,还得请您站出来为国效力啊!”烛之武得到宽慰后,欣然接受郑文公的使命。

当月初十深夜,烛之武从都城城墙上顺着绳索下到城外,悄悄来到秦军驻地外围。他设法越过秦军哨卡,买通秦军将领,紧急求见秦穆公。秦穆公与邻国交往向来奉行道义,他听说烛之武受郑文公派遣,便以礼接待。

烛之武对秦穆公说:“秦、晋两国军队围攻郑国,郑国人知道自己的国家将要灭亡。如果郑国灭亡对秦国有好处,君公您劳师动众是值得的。可是,秦国与郑国之间隔着晋国。只有越过晋国,才能把郑国变成秦国的属地。这恐怕很难办到。郑国一旦灭亡,势必要被晋国占领。如果是这样,您何必去为晋国扩大土地呢?晋国力量增强了,秦国的力量相对也就削弱了!如果您能赦免郑国,让它作为您在东方的一个客栈,秦国使者往来经过郑国,郑国可以供应他们所需要的一切。这对秦国来说,只有好处,没有坏处啊!”秦穆公觉得烛之武说的有道理,心中对攻灭郑国产生动摇。

烛之武接着说:“晋国是什么样的国家,君公您是太清楚不过了。当年,您曾经对晋国公子施过恩惠,派兵护送他回国为君。他许诺事成后把焦(位于今河南省陕县西)、瑕(位于今河南省灵宝市西北)两地献给秦国。可是你们派军队把他护送回国即位后,他马上就自食其言,闭口不提献地的事,反而加固城墙防御你们①。此事虽然过去二十年了,您大概还没有忘记吧!晋国扩张领土的欲望哪有满足的时候呢?在东边,它已经向郑国开拓疆界。往西,它不可能不扩张领土。它的西面不是秦国吗?有朝一日,它不去侵占秦国的地盘,还能到哪里取得土地?秦国帮助晋国围攻郑国,最终只会损害秦国利益而有利于晋国啊!请君公您认真考虑是不是这样。"

烛之武一席话说得秦穆公心悦诚服。秦穆公随即与郑国订立友好盟约,率军回国。晋文公见秦穆公撤军,不久也下令将军队从郑国撤回。

据《左传》僖公三十年

《史记》卷三十九·晋世家

卷四十二·郑世家

【简评】

烛之武在强敌压境的危难时刻,冒着生命危险奉命使秦。他善于利用秦、晋两国之间的矛盾,以利害说服秦穆公,使其退兵,从而缓解了郑国的危机,功勋卓著。烛之武对长期未受重用怀有怨气,国难当头,他抛弃个人恩怨得失,临危受命,勇赴敌营。这种以国事为重顾全大局的精神风貌令人钦佩。

① 晋献公二十六年(前651年),晋献公去世,国卿(宰相)里克杀死晋献公宠爱的骊姬及其儿子奚齐,派人去国外迎接公子夷吾(晋文公之弟)回国即君位。夷吾随从人员认为贸然回国会有危险,建议夷吾请求秦国派兵护送他回国,许诺事成将河西之地(即焦、瑕之地)割让给秦国。夷吾采用这一计谋得以在秦国军队护送下回国即君位。夷吾即位为晋惠公后背弃诺言,拒绝将河西之地割让给秦国。

华元义充人质

宋[①]文公十六年(前595年)夏天,楚[②]庄王派大臣申舟(其职不详)出使齐国[③]。楚庄王仗恃其国力强大,想在诸侯中称霸,不把一些诸侯小国放在眼里。他特意交待申舟,要他路过宋国时,不要向宋国君臣借路。

申舟进入宋国后,按照楚庄王的指令没有向宋国申请借路。宋国边防官兵将申舟扣留。宋文公对申舟的无礼举动极为恼恨,召集群臣商议对策。右师(辅政大臣之一,主管百官教训)华元对楚国使臣无视宋国主权的行径十分愤慨,认为宋国虽然是个小国,亦不可忍受楚国的凌辱,主张将申舟处死。华元说:"楚国使臣路过我国,竟然不向我国申请借路,等于是把我国视为楚国的辖地,把我们视为亡国奴。杀死申舟,楚国势必要派兵来攻打我国。我们全力抗战,即使打不赢,最后也不过就是亡国,反正都是亡国!"宋文公对华元不畏强敌维护国家尊严的意见十分赞赏,下令将申舟处死。

楚庄王听说申舟路过宋国时被杀,勃然大怒。九月,楚庄王亲自率领军队攻打宋国,将宋国都城商丘层层包围,企图逼迫宋国君

---

① 春秋诸侯国名,都商丘,位于今河南省商丘市南。
② 春秋国名,都郢,位于今湖北省荆州市西北纪南城。
③ 春秋诸侯国,都临淄,位于今山东省淄博市东。

臣向他屈服。楚庄王这一举动,使一些小国诸侯感到震惊和恐惧。鲁[①]宣公派大臣公孙归父(其职不详)给楚庄王送去礼品,以避免鲁国受其欺凌。

面对楚军的围攻,宋国君臣动员和组织军民奋起抗战,数次击退楚军的进攻,誓死保卫商丘城。楚军受到宋军的顽强抵抗,对商丘城久攻不下。

宋文公十七年(前 594 年)春天,楚军仍然没有撤除对商丘城的包围。宋文公派大臣乐婴齐(其职不详)出使晋国[①②]告急,请求晋景公派兵救援。晋景公召集大臣商议,想派兵救援宋国,大夫(朝廷中等级别的官员)伯宗劝阻说:"眼下,上天正在保佑楚国,我们不能去同楚国抗争。晋国虽然强大,能够违反天意吗?"于是,晋景公没有派兵救援宋国。

五月,商丘城内粮食吃光了,出现"析骨而炊,易子而食"的情况。华元见城中军民疲惫不堪,难以再继续坚持下去,决意忍辱负重,请求宋文公派他去楚军军营求和,甘愿充当人质留在楚国,以换取楚国撤军。于是,宋文公派华元出使楚军军营。

华元夜间悄悄出城,来到楚军主将司马(主管军队,位同宰相)子反(楚穆王之子、楚庄王之弟)的住处。当时,子反正在睡觉。华元冲开卫兵阻拦,径直走到子反床边,把他喊起来,对他说:"我国国君派我出使贵军,要我把城内出现人吃人的情况告诉你。我们虽然如此困难,但宁可亡国,也决不会向围在城下的贵军求和结盟。贵军如果后撤三十里,我们愿意接受贵军提出的条件,听从楚

① 春秋诸侯国,都曲阜,位于今山东省曲阜市。
② 春秋诸侯国,都绛,位于今山西省翼城县东南。

王的命令。”子反对华元突然出现在床前颇为惶恐,以礼接待,私下与华元达成谅解。随后,他将华元前来求和的情况报告楚庄王。

楚庄王认为华元讲的都是真话,为他对其国家的忠诚所感动,随即下令楚军后撤三十里。接着,华元同楚国君臣进行和谈,并签订和约。宋楚和约强调:“我无尔诈,尔无我虞。”之后,楚军撤离宋国,华元按和约规定留在楚国作人质。不久,楚国将华元释放回宋国。

据《左传》鲁宣公十四年

鲁宣公十五年

《史记》卷三十八·宋微子世家

【简评】

面对楚国使臣的无礼挑衅,华元不畏强暴,坚决主张维护宋国的主权,其独立自主的精神可嘉。在商丘受楚军围困日久难以支持的危急关头,华元置个人生死于度外,主动请求去楚军军营,甘愿充当人质,换取楚国撤军。华元与楚国君臣在和约上达成“我无尔诈,尔无我虞”的共识,为宋国争得与楚国平等的地位,维护了宋国的尊严,从道义上赢得了胜利。

申包胥哭求援兵

楚平王七年(前 522 年),楚国①①太子少傅(太子辅导老师,协助太子处理事务的副长官)费无极诬告太子建谋反,楚平王信以为真。太子太傅。(太子辅导老师,协助太子处理事务的长官)伍奢劝谏楚平王不要听信奸臣谗言疏远骨肉。楚平王听不进伍奢忠告,下令逮捕太子建。太子建闻讯逃到宋国②。之后,楚平王竟将伍奢及其长子伍尚处死,伍奢次子伍子胥(伍员)辗转逃入吴国③。

伍子胥离开楚国前对他的朋友申包胥说:“有朝一日,我一定要为父兄报仇,灭亡楚国!”申包胥对伍子胥说:“好自为之吧!你如果能灭亡楚国,我就一定能复兴楚国!”

伍子胥到了吴国后协助公子光(阖闾,又写作阖庐)刺杀吴王僚(公子光堂弟)。阖闾即位为吴王后对伍子胥十分信任,任命他为行人(主管外交事务及迎宾礼仪)。

楚昭王十年(前 506 年),楚国派军队围攻蔡国④。伍子胥建议吴王阖闾乘楚国国内兵力空虚,联合蔡国出兵攻打楚国。当年冬天,吴王阖闾率领吴、蔡联军进攻楚国,接连获胜。十一月二十八

---

① 都郢,位于今湖北省荆州市西北纪南城。
② 都商丘,位于今河南省商丘市。
③ 都吴,位于今江苏省苏州市。
④ 都蔡,位于今河南省上蔡县西南。

日,吴军攻入楚国都城郢。楚昭王仓皇出逃,渡过睢水(即今湖北省西部沮水)、长江,经云梦泽(位于今湖北省潜江市西南),逃亡到随国[①]。伍子胥下令兵士挖开楚平王之墓,痛鞭其尸骨,以报杀害父兄之仇。

申包胥时任楚国大夫(朝廷中等级别的官员),目睹楚国破败非常忧伤。

他没有忘记当年同伍子胥分手时说过的话,主动向楚昭王请求出使秦国[②],求借援军以抗击吴军。楚昭王点头同意。

申包胥到了秦国后请求拜见秦哀公,对秦哀公说:“楚国国君失去自己的国家,如今在荒山野林中避难,派下臣来向贵国求援。吴国本性贪得无厌,如同野猪和大蛇,一再吞食中原国家。有朝一日,吴国如果扩展为秦国的邻国,必然也是秦国的祸患。与其那样,秦国不如乘吴国目前尚未在楚国站稳脚跟,出兵与它平分楚国。如果秦国能派兵救援楚国,打败吴国,楚国将世世代代向秦国称臣。”

秦哀公听了申包胥的陈述后,对他说:“我明白你的意思了,你暂且先去宾馆休息,等我们商量以后再答复你。”申包胥说:“我国国君正在受难,还没有找到一个安身的地方,我哪里能去休息啊!”

申包胥被带到宾馆后,站在院墙旁边嚎啕大哭。他万分焦急,日夜不停地哭泣,一连等了七天也没有等到秦哀公的回话。于是,他不再吃饭喝水。秦哀公深为申包胥的爱国精神所感动,为他写了《无衣》一诗。该诗写道:“岂曰无衣,与子同袍。王于兴师,修我

---

① 位于今湖北省随州市。

② 都雍,位于今陕西省凤翔县南。

戈矛,与子同仇”(《诗经·秦风·无衣》)。为此,申包胥一连向秦哀公叩了九次头。秦哀公终于同意出兵救楚。

楚昭王十一年(前505年),申包胥请来秦国五百辆战车和数千名官兵,在沂地(位于今湖北省鄂州市东)大败夫概(吴王阖闾之弟)的部队。

九月,楚军在公婿之溪(位于今湖北省襄樊市东)大败吴军。吴王阖闾慑于楚、秦联军的威力,只好撤军回国。

十月,楚昭王一行回到郢都。楚昭王高度赞扬申包胥为复兴楚国立了大功,准备重赏他。申包胥说:“我去秦国求援是为了国家,不是为了我自己。如今国家已经转危为安了,我还追求什么呢?”申包胥谢辞楚昭王的赏赐,随即隐而不知去向。

据《左传》昭公二十年
定公四年
定公五年
《史记》卷四十·楚世家

【简评】

申包胥见楚国被吴军攻破,忧心如焚。他徒手去秦国求援,昼夜哭泣,不吃不喝,以一片赤诚之心感动了秦哀公,借来援军,使吴军败退,楚国得以恢复。秦哀公对申包胥所云楚国将向秦国世代称臣并不相信,他出兵击败吴军后,亦并没有要求楚国称臣。他决定救援楚国系为申包胥对国家的赤胆忠心所感动。“精诚所加,金石为开”(《后汉书》卷四十二·广陵思王荆传)。由此看出,使官忠诚爱国,在古代外交活动中具有举足轻重的价值。

子贡变五国格局

鲁哀公十一年(前484年)[1]春天,齐国[2]丞相田常(又名陈恒、陈成子)准备率兵攻打鲁国[3]。鲁哀公及其众臣闻讯十分惊恐。当时,原大司寇(主管司法刑狱)行摄相事(代理宰相)孔子在国外流亡十四年刚刚率其学生返回鲁国,他听说齐国军队将要来犯,对其学生们说:"鲁国是我们定居生活的地方,如今国家面临危难,是你们为国家效力的时候了!"其学生纷纷请求出行,为国家解忧。孔子向鲁哀公推荐子贡。于是,鲁哀公派子贡出使齐国,请求齐国不要攻打鲁国。

子贡到达齐国后,拜会田常说:"听说丞相将要领兵攻打鲁国,这可就失策了。鲁国是个弱小的国家,您领兵攻打它,对您没有什么好处。与其攻打鲁国,还不如领兵去攻打吴国[4]对您有利。"田常知道子贡在为鲁国游说,听他这么说疑窦丛生,大为恼火,板着面孔质问道:"人们凡事都避难就易,您却劝我避易就难,居心何在?"

子贡回答说:"我听说执政大臣对外用兵,内部不安定时常常选择攻打强国,内部比较安定才去攻打弱国。据我所知,您和右相

① 子贡出使时间不详,现据《左传》、《史记》有关记载,姑且记作鲁哀公十一年。
② 都临淄,位于今山东省淄博市东。
③ 都曲阜,位于今山东省曲阜市。
④ 都吴,位于今江苏省苏州市。

监止关系不和，而你们的国君（齐简公）偏信监止。您三次想封爵都没有封成，我都替您感到不平。眼下，您想出兵攻打鲁国，扩大齐国领土，还不是在替简公和监止扬威吗？结果您会得到什么好处呢？或许有人因为您打了胜仗而赞扬您。这样，您就会受到国君和右相的忌妒，您的处境也就危险了！您若率兵攻打吴国，未必能取胜，却能够消耗齐国人力物力，使国内空虚，让国君和右相失去支撑的势力。那样，您重兵在握反而容易控制朝政大权。”

田常听子贡这么一说，转怒为喜，称赞他说得好，接着问道：“我的大军已经开往鲁国了，如果不打鲁国转而去攻打吴国，国君和大臣对我产生怀疑怎么办？”子贡回答说：“您可以暂时按兵不动。我回国请求出使吴国，请吴国出兵救援鲁国。吴国军队如果援鲁攻齐，您的军队不就可以趁机迎击吴军了吗？”田常答应按子贡说的去做。于是，子贡奉鲁哀公之命，接着出使吴国。

子贡知道吴王夫差久有称霸北方之意。一年前，吴王曾亲率大军攻打齐国，无功而还。下一步，吴军势必还要进攻齐国。子贡拜见吴王夫差后，请他出兵救援鲁国。子贡对吴王说：“我以为想称霸诸侯的君王，是不能让别国的君王强过自己的。齐国一直不甘示弱，在同吴国争强。眼下，齐国要灭亡鲁国。应该说它有这个力量。可鲁国被齐国占领后，齐国会变得更加强大啊！为此，我为大王感到担忧发愁。如果大王能尽快派兵救援鲁国，和鲁国联合起来攻打齐国，就能把齐国打败。那样，大王就会威震天下，晋国[①]随之也就容易制服了。”

① 都新田，位于今山西省曲沃县西北。

吴王夫差对子贡说:“您说的很有道理。可是,您也知道,我曾经领兵打败越国①。如今越王勾践屯居会稽山,正积蓄力量准备复仇。您等我先攻灭越国以后,再挥师北上好不好?”

子贡回答说:“等到大王平定越国,鲁国也该灭亡了!越国的实力还赶不上鲁国,大王何愁不能将它吞灭?如果大王担心救援鲁国,越国会乘机来犯,我愿出使越国,劝越王派军队随同大王北上,以解除大王的后顾之忧。”吴王夫差听他这么说十分高兴,便让子贡出使越国。

越王勾践听说子贡来到越国,令人清扫道路,亲自到郊外迎接并驾车把他送到宾馆。坐定之后,越王向子贡问道:“先生您怎么屈驾来到我们这蛮夷小国?”子贡回答说:“我最近访问过吴国,请求吴王出兵救援鲁国,攻打齐国。吴王说他正要攻打越国,答应等攻灭越国后,再出兵救援鲁国。我特意来把这一情况报告大王。”

越王听子贡这么说不禁大吃一惊,向子贡询问该怎么办。子贡对他说:“如果大王答应派军队随同吴王北上,他一定会同意去援助鲁国,攻打齐国。这样,吴王就不会马上派兵来攻打越国了。吴王军队如果被齐国打败,就是大王您的福气;如果吴王军队打败齐国,他势必要派军队进逼晋国。我可以在吴国进攻晋国之前,赶到晋国,请求晋定公同我们联合攻打吴国。这样,吴国的主力部队消耗在齐国,又受到晋军的牵制,大王就可以乘吴国国内空虚,出兵灭亡吴国。”越王勾践听子贡这么一说非常高兴,当即答应依子贡的计谋办,并要送给他百镒黄金。子贡谢辞而去。

---

① 都会稽,位于今浙江省绍兴市。会稽山位于今绍兴市境内。

子贡转而回告吴王夫差说:“越王听说大王要派兵进讨,非常恐惧。口称大王您恩赐让他活命,他已经感激不尽,哪里还敢有别的图谋? 答应派兵随大王北上。”不久,越王真的派大夫(朝廷中等级别的官员)文种领三千兵士前来接受吴王调用。吴王大喜,随即亲率大军援助鲁国,攻打齐国。

子贡接着又来到晋国,向晋定公通报吴王率军援鲁攻齐的情况,并声称获悉吴军计划打败齐军后,要来进攻晋国。晋国当时大部分土地已为韩、赵、魏三家所瓜分,朝廷力量十分微弱。晋定公听说吴军将要来犯,惊恐万状,向子贡问计该怎么办。子贡对他说,晋国三家只要齐心协力,加强战备,可以打败吴军。

当年(前 484 年)夏天,吴王夫差率军在艾陵(位于今山东省莱芜市东北)大败齐军,解除了齐国对鲁国的威胁。

危急关头,子贡奉命出使齐、吴、越、晋四国,使鲁国转危为安。

鲁哀公十三年(前 482 年)吴王夫差率军北上,欲与晋国争霸。晋定公在国卿赵鞅陪同下与夫差在黄池(位于今河南省封丘县西南)举行会谈。越王勾践乘吴国兵力空虚,率军攻入吴国都城,俘虏了太子友。吴国伤亡惨重,不得不以厚币向越国求和。从此,越国由弱变强。九年后,越国出兵攻灭吴国,在诸侯中称霸。

据《史记》卷六十七·仲尼弟子列传

卷四十六·田敬仲完世家

卷四十七·孔子世家

卷三十一·吴太伯世家

《左传》哀公十一年

哀公十三年

【简评】

面临齐国军队入侵,子贡奉鲁哀公之命出使齐、吴、越、晋四国。他善于利用四国不同的矛盾,缓解鲁国危机,以非凡的外交才能,改变了五国格局,“存鲁,乱齐,破吴,强晋而霸越”(《史记》卷六十七)。

张孟谈解赵氏之围

晋定公十五年(前 497 年),晋国[1]发生内战。国卿(宰相)赵鞅联合荀栎、韩不信和魏侈等势力,击败国卿范吉射和中行寅。晋定公二十二年(前 490 年),范吉射、中行寅逃奔齐国[2]。

晋出公十七年(前 458 年),国卿知伯和赵襄子、韩康子、魏宣子合谋,共同瓜分了范吉射和中行寅的封地,以扩大他们各自的领地。晋出公无力控制知伯等人扩展其领地,请求齐国、鲁国[3]出兵帮助他讨伐知伯等四卿。知伯等四卿闻讯联合举兵驱逐晋出公。晋出公逃奔齐国。不久,齐国军队将晋出公护送回国[4]。晋出公虽然复位为君,已完全失去对于四卿的控制。四卿中,知伯的势力最强。当时,晋国国内可兼并的地方,差不多都被他们四家占有。于是,知伯转而把兼并的矛头指向赵、韩、魏三家。

晋出公二十年[5][5](前 455 年),知伯派人去向韩康子索地。韩康子本意不想献地,其谋士段规劝说他献地可以避难。韩康子便

---

① 都新田,位于今山西省曲沃县西北。

② 都临淄,位于今山东省淄博市东。

③ 都曲阜,位于今山东处曲阜市。

④ 《史记》晋世家载:出公十七年,“出公奔齐,道死”。本文依据《中国历史大辞典》,晋出公在位时间为公元前 474 年—前 452 年,晋四卿内争,晋出公仍在位。

⑤ 据《中国历史大辞典》· 知伯。

献给知伯一个万户大邑。随后,知伯又派人去向魏宣子索地,魏宣子被迫亦献给他一个万户大邑。接着,知伯又派人会见赵襄子,要求得到赵氏拥有的蔺(位于今山西省离石市西)和皋狼(位于今山西省离石市西北)两地。赵襄子拒绝向知伯献地。

知伯对赵襄子不肯向他献地大为恼火,胁迫韩康子和魏宣子同他结盟,共同攻打赵襄子。赵襄子退守晋阳(位于今山西省太原市西南),加强防御。知、韩、魏三家联军攻打三个月,没有攻下晋阳。接着,三家把兵力散开,包围晋阳城,又决开河堤,引晋水淹城,仍然没有攻下晋阳城。

晋出公二十二年(前453年),晋阳被围困三年,城内的粮食快吃完了,守城的兵士已疲惫不堪。赵襄子眼看难以再坚持下去,对左司马(参掌军政的官员)张孟谈说:“眼下情况危急,我准备去向知伯投降。你还能想出什么好办法吗?”

张孟谈决意为赵氏献身,毅然回答说:“城廓面临灭亡而不能使之转危为安,要我们这些做部属的有什么用!我请求冒死去会见韩康子、魏宣子,寻找解救的办法。”赵襄子点头同意。

张孟谈悄悄来到城外,先后秘密会见韩康子和魏宣子,对他们说:“我听说嘴唇和牙齿是相互依存的,唇亡而齿寒。知伯带着你们两家来围攻赵氏,赵氏当然会败亡。赵氏灭亡后,下一步必然就会轮到你们头上。与其这样,不如我们三家联合攻打知伯。”

韩康子、魏宣子都说:“我们也知道会是这样。但知伯为人残忍而又多疑,我们策划什么事,他都会知道。万一我们联合的事情被他知晓,就会大祸临头,那又该怎么办啊?”

张孟谈分别对韩康子、魏宣子说:“主意出自你二人之口,进入我一人之耳,没有任何人会知道。"于是,韩康子、魏宣子和张孟谈商定盟约,约定就在当天晚上共同攻打知伯。

夜里,韩康子和魏宣子令兵士决开晋水大堤,放水冲淹知伯军。知伯军士面临突如其来的洪水,不知所措,一片混乱。赵襄子带兵从正面进攻,韩康子和魏宣子领军从两面进攻,大败知伯军,活捉知伯。赵、韩、魏三家随即杀死知伯,瓜分了他的领地。

据《史记》卷三十九·晋世家

《战国策》·赵策一·知伯帅赵、韩、魏而伐范、中行氏

【简评】

张孟谈在赵氏危难关头,主动请求游说韩、魏二氏,与之结盟,共同击败知氏,挽救了赵氏,稳定了赵、韩、魏三家地位,从而改写了晋国的历史。

毛遂自荐使楚

赵孝成王八年(前258年),秦国[①]军队围攻赵国[②]都城邯郸。两年前,赵国四十多万大军在长平(位于今山西省高平市西北)被秦军围杀。此时,赵国军力已十分脆弱,邯郸城危在旦夕。

危急关头,赵孝成王指派宰相平原君赵胜出使楚国[③]求援。平原君深知此行任务紧要,关系国家生死存亡,只有取得楚国援兵,赵国才能获救,如果楚王不肯结盟,得想法要他结盟,只有在楚王答应立即出兵救援赵国之后,他才能从楚国返回。

平原君有数千名各具特长的门客。他决定从中挑选二十名作为随行人员。在点定十九人之后,尚有一人没有确定下来。这时,有个名叫毛遂的门客走过来,自我推荐说:“我听说宰相将要去楚国结盟求援,还缺一个随从没有定下来,请把我带着作为备用人员吧!”平原君问道:“毛先生来到我门下有多长时间了?”毛遂答道:“有三年了。”平原君说:“有才能的人处在一定的环境中,如同锥子装在布袋里,锥尖很快会显现出来。毛先生在我门下已经三年,没有听说你有什么出众的地方。先生还是留下吧!”毛遂笑着说:“我可从来没有被放在布袋里啊!今天才请求放入布袋。假如宰相开

① 战国七国之一,都咸阳,位于今陕西省咸阳市东北。
② 战国七国之一,都邯郸,位于今河北省邯郸市。
③ 战国七国之一,都陈,位于今河南省淮阳县。

始就把我毛遂放进布袋里,我早该锋芒显露了,何止仅仅露出锥尖!”平原君见毛遂出语不凡,便答应带他同行。先前被挑选的十九人都看不起毛遂,相互传递眼色耻笑他。

平原君一行抵达楚国后,当即拜见楚考烈王。第二天一早,平原君便开始同楚考烈王会谈,请求楚国派兵救援赵国。他反复陈述赵楚两国是否结盟的利害关系,直到中午,楚考烈王仍然没有明确表态。当时,楚国亦面临秦国威胁,前不久才同秦国达成妥协,取得和解。楚考烈王不愿因救援赵国而引火烧身。

毛遂和其同伴一直焦急地等候在殿外,他见宰相与楚王久久没有出门,料定楚考烈王没有结盟救援的诚意,毅然撇开楚国警卫兵士,身着佩剑进入楚王宫,径直来到平原君和楚王面前,气冲冲地说:“结盟不结盟,对于赵楚两国的利害关系显而易见,三言两语就能说清楚,为何老半天定不下来?”楚考烈王见毛遂擅自闯进宫来,惊讶地问道:“这位客人是干什么的?”平原君回答说:“他是我的随从人员。”楚考烈王十分恼火,对毛遂大声喝斥道:“快给我退下去!我在和你主人谈事,你来干什么?”

毛遂见楚考烈王发怒使威,毫不示弱,握着剑把逼近楚考烈王说:“大王如此威吓我,是仗着楚国人多势强。现在我与大王相距不到十步,大王不该再仗恃你们人多。眼下大王的命运掌握在我手中,楚国人再多也顶不上用。我的主人就在面前,你吓唬什么?本来,楚国拥有纵横五千里土地、上百万装备优良的精兵,是足以称霸的。我没有想到,大王却在秦国小将白起面前三战三败。秦军攻占你们郢都(位于今湖北省荆州市西北纪南城)①,烧了夷陵(位于今湖北省宜昌市东南),侮辱大王的祖先,连我们赵国人都引以为耻,我不明白大王为什么对秦国却恨不起来！如今赵国愿和楚国联合抗击秦国,大王有什么理由不赞成呢？奉劝大王息怒,还是和我的主人缔结盟约为好!”

楚考烈王见毛遂威风凛凛,义正辞严,大为惊恐,连声称是,表示愿与赵国签订盟约。毛遂向楚考烈王问道:“大王说的话算数吗?”楚考烈王回答说:“我一言为定。”毛遂转身对楚考烈王的侍卫人员说:“请你们取鸡、狗、马的血来。”

接着,毛遂捧着盛血的铜盘,跪着把它进献给楚考烈王说:“大王应先歃血盟誓,其次是我国宰相盟誓,再次是我毛遂。”于是,楚考烈王与平原君当即欲血结盟,并确定楚国即日发兵救援赵国。

之后,楚考烈王派遣春申君(宰相黄歇)率军救援赵国。魏国②信陵君(魏无忌)亦率军前来救赵。秦昭王听说楚、魏等国援赵大军赶来,下令撤军回国,解除对邯郸的包围。

赵国转危为安后平原君极为欣慰,对人称赞说:“毛遂随我去楚国,使赵国在楚王面前重于九鼎,毛遂的三寸之舌,强于百万之师!”从此,平原君把毛遂尊为上客。

据《史记》卷四十三·赵世家

卷七十六·平原君列传

---

① 楚顷襄王二十一年(前278年),秦将白起率军攻占楚都城郢,迫使楚国迁都陈。

② 战国七国之一,都大梁,位于今河南省开封市。

【简评】

平原君在赵国处于生死存亡关头奉命使楚。毛遂作为平原君门客,平时纵观天下形势、炼就应变本领,隐而不露,此时自荐随行效命。当平原君与楚王会谈难以成功之时,毛遂当机立断,冒着生命危险冲入楚王宫殿,胁迫并说服楚王答应出兵援赵,显示出非凡的智慧和勇气。后人将毛遂自荐传为佳话。

刘敬使匈奴和亲

汉高帝六年(前 201 年)九月,镇守马邑(位于今山西省朔州市)的韩王韩信(刘邦为汉王时所封)背叛西汉朝廷,献马邑城投降匈奴①,并准备引导匈奴人攻打汉朝。

汉高帝刘邦闻讯十分恼火,领兵来到晋阳(位于今山西省太原市),派使臣出使匈奴以侦探其兵力情况。匈奴冒顿单于(国王)知道汉朝使臣的来意,下令把强悍的兵士和肥壮的马牛掩藏起来,只让汉朝使臣看到年老体弱的兵士和瘦小的马牛。汉高帝接连派出十批使臣去匈奴,所见情况大同小异。汉使臣回来后都说匈奴不堪一击。于是,汉高帝决定亲率大军讨伐匈奴。

汉高帝七年(前 200 年)十月,汉军三十二万人马已越过句注山(位于今山西省代县西北)。这时,郎中(皇帝侍从警卫官)刘敬(原名娄敬)从匈奴出使归来。刘敬报告汉高帝说:“匈奴人在汉朝使臣面前故意示弱,让一些老弱兵士和瘦小马匹暴露在外面,而把强兵骏马埋伏起来准备对付我们。皇上不可贸然去攻打匈奴。”汉高帝勃然大怒,痛斥刘敬竟敢阻止他进军,下令将他押至广武(位于今河南省荥阳市东北)囚禁。

接着,汉高帝率领侍卫部队进抵平城(位于今山西省大同市东

① 西汉北方邻国,其游牧地位于今内蒙古及其以北地区。

北)。匈奴冒顿单于果然率领四十万精锐骑兵突袭汉军,将汉高帝包围在白登山(位于今山西省大同市东)。七天以后,汉高帝才得以解围脱险。

汉高帝回到广武后,立即将刘敬释放出狱,颇为痛悔地对他说:“我没有采纳你的意见,在平城受到匈奴人围困。”汉高帝下令将劝说攻打匈奴的前十批使臣全部斩首,同时赏赐刘敬二千户食邑,封刘敬为关内侯,号称建信侯。

此后,冒顿单于仗恃其拥有精锐骑兵,多次率兵侵扰汉北部边境地区,汉高帝极为忧虑。

汉高帝八年(前 199 年),汉高帝向刘敬询问防御匈奴对策。刘敬回答说:“陛下刚刚平定天下,将士疲于战争,不可以用武力去征服匈奴。冒顿杀死自己的亲生父亲[①],自封为单于,娶庶母为妻,不可以用仁义说服。从长远考虑,如果能把陛下的公主嫁给冒顿为妻,让他做汉家女婿,公主生的儿子便是太子。冒顿死后,陛下的外孙将是匈奴的单于。这样,军队不必出战而逐渐能使匈奴臣服。”汉高帝对刘敬的意见点头称好。

吕皇后听说汉高帝要把他们唯一的女儿鲁元公主(时已嫁给赵王张敖)改嫁给匈奴单于,日夜哭泣,坚决不肯答应。汉高帝只好从皇族中另选一个女儿充作公主,准备远嫁匈奴单于以实现和亲。

汉高帝九年(前 198 年)冬天,刘敬奉命护送首位汉朝公主(其

---

① 匈奴单于头曼原来立其长子冒顿为太子,后来想废黜冒顿太子位,改立其小儿子为太子。秦二世元年(前 209 年),冒顿杀死其父,自立为单于(《史记》卷一百十·匈奴列传)。

名不详)嫁于冒顿单于,并代表汉朝同匈奴缔结和亲盟约,使得汉北部边境地区恢复和平安宁。

据《史记》卷九十九·刘敬列传

《汉书》卷四十三·娄敬传

《通鉴纪事本末》卷二·匈奴和亲

【简评】

刘敬奉命出使匈奴,不是走马观花敷衍差事,而是深入实际了解真情。汉高帝轻信浮言将刘敬关押,招致惨败后才认识到刘敬的意见是正确的。刘敬不仅具有卓识,而且富有远见,他最先提出与匈奴和亲,被汉高帝采纳,从而改善了汉朝同匈奴的关系,缓和了边境局势。和亲一策,后为历代沿用,为促进汉族与各少数民族的融合发挥了重要作用。

鲁肃使刘备、孙权结盟

东汉建安十三年(208 年)七月,丞相曹操在消灭袁绍等北方割据势力①后挥师南下,直驱荆州(治所襄阳,位于今湖北省襄樊市)。荆州牧刘表闻讯病情加剧,于八月病逝。占据江南的讨虏将军孙权等人为之震惊。

鲁肃时为孙权的谋士。他看到曹操一旦夺取荆州,控制江北地区,江南便直接面临曹军的威胁,深为这一态势而担忧。鲁肃向孙权建议说:“荆州与我们的地盘接境,地势险要,土地肥沃。如果我们能占领荆州,就能奠定帝王的基业。荆州若要被曹操占领,将

① 东汉光熹元年(189 年),屯兵河东(治所位于今山西省夏县)的前将军董卓领兵进入京都洛阳(位于今河南省洛阳市),废黜汉少帝刘辩,改立年仅九岁的陈留王刘协(刘辩异母弟)为汉献帝,自称丞相控制朝政。典军校尉(警卫部队将领)曹操、司隶校尉(负责纠察京都百官兼领军缉捕)袁绍逃离京都,分别起兵讨伐董卓乱政。第二年,董卓焚毁洛阳宫殿,劫持汉献帝迁都长安(位于今陕西省西安市)。后来董卓被杀。建安元年(196 年),镇东将军曹操将汉献帝迎入许(位于今河南省许昌市东),受任录尚书事(丞相)、行车骑将军,控制朝廷军政。之后,曹操领兵击败在寿春(位于今安徽省寿县)称帝的袁术、自称徐州(治所下邳,位于今江苏省睢宁县西北)牧(行政长官)的吕布和自称冀州(治所位于今河北省临漳县西南)牧的袁绍等割据势力。建安十二年(207 年),曹操领兵将袁绍之子袁熙等人俘杀。

对我们大为不利！刘备虽是天下英雄，且与曹操积怨很深[①]，但他只是寄居在刘表那里，无法施展其才干。刘表刚死，他的两个儿子一向不和睦。我请求以吊丧的名义去荆州，说服刘备安抚刘表部众，共同抗御曹操大军。刘备正面临曹军的攻击，必然会乐意听从我们的号令。我军如能顺利占领荆州，夺取天下就有把握了。”孙权赞同鲁肃对局势的分析，随即派遣他去荆州争取刘备与之结盟。

鲁肃抵达南郡(治所位于今湖北省荆州市北)时，曹操已经率军进抵新野，接受刘琮(刘表次子)投降，占领荆州。鲁肃由南郡继续朝北走，在长坂坡(位于今湖北省当阳市东北)遇见率部南逃的刘备等人。鲁肃询问刘备向南准备去哪里。刘备答称打算投奔他的老朋友苍梧郡(治所位于今广西区梧州市)太守(行政长官)吴巨。

鲁肃连连摇头，劝告刘备说：“吴巨这个人平庸无能，他所占据的苍梧位置偏僻，要不了多久就会被别人吞并，您怎么可以托身于他呢？而今孙将军聪明仁义，占有江东六郡之地，足以成就一番事业。您远投吴巨，哪如派心腹去与孙将军联络共建大业呢？”刘备听鲁肃这么说十分高兴，便放弃南投吴巨的计划。接着，鲁肃又对刘备的谋士诸葛亮说：“我是子瑜[②]的朋友！”这样，鲁肃从思想感情上与刘备、诸葛亮拉近了，彼此谈话投机，决定以朋友相交。

之后，刘备听取鲁肃的建议，率部进驻鄂县樊口(位于今湖北

---

① 刘备为汉皇族后代。建安五年(200年)，刘备时任左将军(警卫部队将领)，参与谋杀曹操失败，后投奔荆州牧刘表，一直寄居新野(位于今河南省新野县)。

② 诸葛亮之兄诸葛瑾，字子瑜，避乱流亡江南，当时在孙权部下担任长史(事务长官)。

省鄂州市),并派诸葛亮随同鲁肃去柴桑(位于今江西省九江市西南)拜会孙权,商议联合抗击曹军大计。

曹操率部夺取荆州后攻占江陵(位于今湖北省荆州市),接着率军顺长江东下。鲁肃返回柴桑不久,孙权收到曹操的一封信。信中称:“今治水军八十万众,方与将军会猎于吴。”孙权将曹操这封信拿给其部下传阅,众人无不大惊失色。长史张昭等人说:“曹操如同虎狼,以汉朝天子的名义讨伐四方,我们若起兵抗御,于理不顺。再说,将军能够抗御曹操是凭借长江天险。如今曹操已占有江北之地,拥有蒙冲斗舰数以千计,与我们共同拥有长江天险。我军与曹军力量悬殊太大,从长远大计考虑,不如迎接曹操进入吴地。”

鲁肃听了张昭等人的发言没有表态,他见孙权起身换衣服,跟着他走到殿外。孙权知道鲁肃有话要说,拉着他的手问道:“您想说什么?”鲁肃说:“我观察众人的议论是存心误导将军,不足以同他们图谋大事。如今,我鲁肃可以迎接曹操,将军却不可以去迎接。鲁肃投降曹操可以做他的部下,当个太守;将军如出迎曹操,能有一个安身的归所吗?希望将军尽快拿定主意,用不着听那些人胡说八道!”孙权感叹说:“众人的议论使我大失所望,您深谋远虑,正合我意!”

当时,孙权派其部将周瑜迎接曹操已抵达番阳(位于今江西省波阳县东北)。鲁肃劝孙权火速将周瑜召回。周瑜本来亦不同意迎接曹操而主张以兵抗击,他向孙权建议说:“曹操名为汉朝丞相,实则汉朝叛贼。将军具有雄才大略,理当横行天下,消除国贼。如今,曹军远道而来,粮草不足,北方兵士,不服南方水土,正是将军擒获曹操的良机。我请求率领数万精兵,保证能为将军击败曹军!”孙权听后大为振奋,高兴地说:“曹操老贼早就想废黜献帝,自立为帝,只是顾忌袁绍、袁术、吕布、刘表和我。如今袁绍等人已被老贼消灭,唯我尚存。我与老贼势不两立!您提议出兵迎击曹军,完全符合我的心意!”说着,孙权举刀砍断面前的案板,厉声说:“文武百官,有敢再建言迎接曹操的,与这案板一样!”

与此同时,随同鲁肃来到柴桑的诸葛亮也极力劝说孙权联合刘备,共同对抗曹操。于是,孙权接受鲁肃、周瑜和诸葛亮等人主张,当即与诸葛亮签订盟约。

当年(208年)十月,孙权与刘备联合出兵,在赤壁(位于今湖北省武汉市江夏区西赤矶山)击败曹操大军。赤壁之战使三国鼎立的格局出现端倪。

据《三国志》卷五十四·鲁肃传

《通鉴纪事本末》卷九·曹操篡汉

孙氏据江东

【简评】

孙权、刘备共同面临曹操南下大军威胁,鲁肃主动请求去游说刘备,提出孙、刘结盟共同抗曹的主张,与诸葛亮的思想不谋而合。“欲合孙氏于昭烈以共图中原者,鲁肃也”(清·王夫之《读通鉴论》卷九献帝·二六)。促使孙、刘联合在赤壁大败曹军,乃至日后出现三国鼎立的局面,鲁肃起了关键作用。

诸葛亮智激孙权

东汉建安五年(200 年),左将军(警卫部队将领)刘备[①]与车骑将军(侍卫皇帝的高级将领)董承等人谋刺丞相曹操事泄,董承被杀,刘备率其部众逃奔荆州(治所襄阳,位于今湖北省襄樊市)牧刘表。刘表让刘备及其部众寄居新野(位于今河南省新野县)。在此期间,刘备三次前往隆中(位于今湖北省襄阳县西),拜见"躬畊陇亩"的名士诸葛亮。

刘备声称时值汉皇室倾颓,他欲倡行大义,扶持汉室,向诸葛亮请教安定天下的大计。诸葛亮回答说:"如今曹操已经拥有百万大军,以汉天子的名义号令天下,不可与其正面交锋。孙权[②]占据江南,已历经三世,有长江天险借以防御,有一批贤能人才为他出谋划策,这支势力可以借用来援助将军,而不可以图取。"接着,诸葛亮建议刘备占据荆州和蜀(位于今四川省、重庆市),与孙权结盟,共同抗击曹操。他认为只有这样才能建立霸业,复兴汉室。刘备对诸葛亮的见解十分赞赏,从此将诸葛亮召入其帐下,待之以上

---

① 汉皇族后代。东汉兴平元年(194 年),刘备率部投附徐州(治所位于今山东省郯城县)牧(行政长官)陶谦,受任豫州(治所位于今安徽省亳州市)刺史(行政长官)。建安元年(196 年),刘备投附丞相曹操,受任豫州牧,故时人又称其为刘豫州。

② 建安五年,曹操奏请汉献帝任命孙权为讨虏将军、领会稽(治所位于今浙江省绍兴市)太守(行政长官),屯兵吴(位于今江苏省苏州市)。

客之礼。

建安十三年(208 年)八月,曹操率军攻占荆州(襄阳)。刘备失去立足之地,率部退至夏口(位于今湖北省武汉市长江东岸)。此间,曹操率军占领江陵(位于今湖北省荆州市),接着又率军沿长江东下。诸葛亮对刘备说:“情况很危急了,我请求奉您的命令去求援于孙将军。”刘备欣然同意。此时,孙权的谋士鲁肃来到刘备军中,也极力建议刘备联合孙权,共同抵抗曹操大军。于是,刘备派诸葛亮随同鲁肃去柴桑(位于今江西省九江市西南)会见孙权。

当时,孙权听说曹操率军东下惊恐不安,是战是降正举棋不定。诸葛亮会见孙权时对他说:“当今天下大乱,将军您起兵占据江东,刘豫州也收集部众驻扎在汉水以南,同时都在与曹操争夺天下。曹操在扫平中原以后,乘胜南下夺取荆州,其声威震动大江南北。眼下曹操率领几十万大军东下,不知孙将军如何决策?依我之见,您可以量力而为,如果有能力同曹军对抗,不如早同曹操一刀两断;如果打不过曹军,何不早早解除将士的武装,向曹操投降?据我所知,孙将军对外声称服从曹操,而内心却犹豫未定。情况骤变,将军如果再不做出决断,恐怕不要多少天祸患就要临头了!”

孙权问道:“照您所说,刘豫州为何不向曹操投降?”

诸葛亮回答说:“田横①不过是齐国的一名壮士,尚且懂得保持节义而不肯受辱。刘豫州是汉宗室的后代,英才盖世,天下人心都

---

① 田横为战国晚期齐国贵族成员。秦朝末年天下大乱,田横跟随其堂兄田儋建立齐国。后来,田横自称齐王。汉王四年(前 203 年),田横被汉王刘邦部将韩信击败逃亡海岛。刘邦许诺“横来,大者王,小者侯”,对其进行招降。田横不愿投降称臣,自杀。

归向他。即使宏愿不成,他的节操怎么会在田横之下呢!”

孙权听他这么一说,勃然而起,愤愤地说:“我不会让东吴之地、十万将士,受别人控制!我的主意拿定了!除了刘豫州,难道就没有人能够抵挡曹操了?不过,刘豫州刚刚吃了败仗,还能够抵抗曹军吗?”

诸葛亮回答说:“刘豫州虽然在长坂(位于今湖北省当阳市东北)被打败,很快便收拢水陆军士达二万人。曹操军队虽然人多,但他们是远道而来,将士都很疲惫,何况他们的兵士都是北方人,不习水战。孙将军如能令猛将统率数万精兵,与刘豫州同心协力抗击曹军,曹军就必定会被打败。曹军失败北撤后,鼎足之势就形成了。成功或是失败,关键就取决于今天了!”孙权听诸葛亮这么说十分高兴,随即召集部属商讨决策。

就在这时,曹操派人给孙权送来一封信,称他“奉辞伐罪,旌麾南指,刘琮①束手。今治水军八十万众,方与将军会猎于吴。”孙权部众大为震动,议论纷纷。长史(事务长官)张昭等人畏惧曹军如同虎狼,力主投降。谋士鲁肃和将军周瑜力主抗战。在双方争论相持不下的时候,孙权拍案而起,拔出佩刀砍断面前的奏案,大声喝道:“我同老贼(指曹操),势不两立!文官武将谁敢再劝说迎降曹操的,如同这奏案!”于是,孙权任命周瑜、程普为左右都督(军事统帅),鲁肃为赞军校尉(监察军务并参议军事),率三万名水兵,随同诸葛亮去与刘备部队会师,共同抗击曹军。

当年十月,孙权和刘备联军在赤壁(位于今湖北省武汉市江夏

---

① 刘表次子。刘表去世后,刘琮承袭其位,当时已率部投降曹操。

区西赤矶山)击败曹军。

据《三国志》卷三十二 · 先主传

卷三十五 · 诸葛亮传

《通鉴纪事本末》卷九 · 孙氏据江东

【简评】

“欲合昭烈于孙氏以共拒曹操者,诸葛孔明也”(清 · 王夫之《读通鉴论》卷九献帝 · 二六)诸葛亮在隆中即向刘备提出联合孙权共抗曹操的主张,堪称三国鼎立的设计师。当曹操率领大军南下之际,诸葛亮出使柴桑,智激孙权,促成刘、孙联盟,开拓了刘、孙联合抗曹的新局面。毛泽东指出:“孙刘联合一把火烧了曹操,烧出一个三国鼎立”(《毛泽东读书笔记》上 · 看战争,看组织读罗贯中《三国演义》,毛泽东 50 年代末 60 年代初同工作的人员的谈话)。

邓芝修复蜀吴之盟

蜀①章武元年(221 年)七月,蜀先主刘备领军讨伐南昌侯孙权(其官府设在武昌,位于今湖北省鄂州市),以报其强收荆州击杀关羽②之仇。孙权听说后十分惧怕,当即派人出使魏国,向魏文帝称臣。魏文帝封孙权为吴王。吴魏关系靠拢。

章武二年(222 年)六月,刘备部众在猇亭(位于今湖北省宜都市北)被孙权部将陆逊(原名陆议)领军击败。刘备逃入白帝城(位于今重庆市奉节县东)。

章武三年(223 年)四月,刘备病逝。临终前,他嘱托丞相诸葛

---

① 三国之一。东汉延康元年(220 年),魏王曹丕(曹操之子)逼迫汉献帝退位,改国号为魏(都洛阳,位于今河南省洛阳市),即位称帝,为魏文帝。第二年(221 年)四月,汉中王刘备建国号为蜀汉(都成都,位于今四川省成都市),简称蜀,即位称帝。

② 东汉建安十三年(208 年)八月,丞相曹操率军攻占荆州(治所襄阳,位于今湖北省襄樊市)、江陵(治所位于今湖北省荆州市)。寄居荆州新野(位于今河南省新野县)的刘备率部逃至夏口(位于今湖北省武汉市长江东岸)。十月,刘备联合占据江南的讨虏将军孙权率军在赤壁(位于今湖北省武汉市江夏区西赤矶山)击败曹军。第二年,孙权部将周瑜领兵夺取江陵。建安十五年(210 年),孙权为联合刘备共同抗曹,将荆州(江陵)借给刘备驻守。之后,刘备和其军师诸葛亮先后离开荆州进入蜀地,留荡寇将军关羽镇守荆州。建安二十四年(219 年)秋天,关羽领兵北上围攻曹军占领的樊城(位于今湖北省襄樊市)。曹操派人唆使孙权袭击荆州以减缓其军事压力。孙权乘机派兵夺回荆州并击杀率部南返的关羽。由此,刘备与孙权关系破裂。

亮辅佐其年少的儿子刘禅执政。

诸葛亮担心吴国乘先主去世之机串通魏国攻打蜀国，一时没有想好对策。尚书(朝廷部门长官)邓芝建议说："当今国主年幼，刚刚即位，应派重臣去吴国重修旧好。"诸葛亮欣然答道："我早就在考虑这件事了，就是没有想好合适人选，今天总算找到了！"邓芝问此人是谁，诸葛亮说："就是你呀！"于是，邓芝受命出使吴国，修复蜀吴两国关系。

十月，邓芝抵达吴国都城武昌。吴王孙权对蜀国疑心很重，迟迟不肯接见邓芝。邓芝想了个办法，主动给吴王呈上一封信，说他此行不仅是为了蜀国，主要还是为了吴国，有要紧的话要对吴王讲。吴王看过邓芝的信，才传令召见他。

邓芝见到吴王后，反复说明来意。吴王对邓芝说："我也真诚希望同蜀国重新结盟，只是担心蜀主年幼不可靠。吴国是个小国，力量有限，一旦与蜀国恢复友好关系，得罪了魏国，难以抵御魏军的进攻，我感到此事很难办。"

邓芝回答说："大王是决定当今天下的英雄，我国丞相诸葛亮亦是当代人杰。吴、蜀两国拥有四州①之地。蜀国有牢固的山川险关可以防守，吴国有三江凭借防御，两国的优势合在一起，结为唇齿相依的联盟，进攻可以兼并天下，退却可以鼎足而立，这是人人都明白的道理。大王如果把人质送到魏国，向魏帝称臣，魏帝必然要大王去朝拜，要大王的太子入魏宫充当侍从。如果大王不听从

---

① 蜀国拥有益州，位于今四川省大部、重庆市及云南省、贵州省。吴国拥有扬州、荆州、交州，位于今重庆市巫山县以东长江以南地区，西南边区位于今越南中部。

魏帝之令,他们就会以叛逆的罪名加以讨伐。那时,蜀国也可以趁机派军队顺流而下。那样,江南的大片领土就将不再为大王所有了。”

吴王孙权听邓芝这么一说,“默然良久”,尔后对邓芝说:“你说的有道理啊!”于是,他决定与魏国断绝关系,同蜀国重新结盟。

不久,吴王派太子太傅(太子辅导老师兼管太子所居东宫事务)张温出使蜀国商谈结盟事宜。

蜀吴重新结盟后,孙权写信给诸葛亮,称赞“和合二国,唯有邓芝。”

据《三国志》卷四十五·邓芝传

卷四十七·吴主孙权传

《通鉴纪事本末》卷十·吴蜀通好

【简评】

刘备入蜀后,孙权向其讨还荆州,刘备推却,双方失和。孙权乘关羽领兵北上攻打曹军之机,领兵夺回荆州,击杀回师南下的关羽,导致两国联盟破裂。刘备称帝后举兵讨伐孙权,把孙权推到魏帝曹丕一边。□亭兵败大大削弱蜀国实力;魏、吴联合对蜀国构成严重威胁;刘备去世使吴、魏有可乘之机。在这种情况下,邓芝出使吴国,说服孙权绝魏盟蜀,解除了蜀国面临的困境,其功绩在三国鼎立的外交史上留下浓墨重彩的一笔。

郭子仪轻装赴敌营

唐朔方(治所位于今宁夏区灵武市西南)节度使(军政长官)仆固怀恩为平息安史之乱立有大功①,却被人诬告谋反,在朝廷得不到伸张。唐广德二年(764 年)八月,仆固怀恩勾引回纥、吐蕃②两国出动十万兵士,在西部地区发动叛乱。消息传到京都长安,唐朝廷上下大为震惊。十月,仆固怀恩领叛军与回纥、吐蕃军队进逼奉天(位于今陕西省乾县),唐京都实施戒严。河中(唐方镇名,治所位于今山西省永济市西南)节度使郭子仪领军至乾陵(唐高宗与武则天合葬墓,位于今陕西省乾县西北)以南将叛军击退。

永泰元年(765 年)八月,仆固怀恩诱使回纥、吐蕃等国数十万军队再次向东进犯。九月,仆固怀恩得急病而死,回纥、吐蕃军队仍然继续东进。吐蕃十万兵士抵达奉天,京城一片惊恐。危急关头,郭子仪奉命率万余部众守卫泾阳(位于今陕西省泾阳县西北),

---

① 唐天宝十四载(755 年),范阳(治所位于今北京市区)等三镇节度使安禄山及其部将史思明发动叛乱,史称安史之乱。天宝十五载(756 年)七月,安禄山领叛军逼近京都长安(位于今陕西省西安市),唐玄宗逃入蜀(位于今四川省),退称太上皇。太子李亨在灵武(朔方镇)即位为唐肃宗,令朔方节度使郭子仪率部平叛。铁勒仆固部(游牧地位于今蒙古国土拉河以北)都督(军事将领)仆固怀恩时为郭子仪部将,从回纥(唐北方邻国,可汗庭设在乌德鞬山,位于今蒙古国哈尔和林西北)引来援兵,配合唐朝廷军击败安禄山、史思明叛军。

② 位于今西藏自治区及青海省部分地区。

抗击回、吐两国入侵军。十月丙寅(初八)日,回纥、吐蕃联军围攻泾阳。

郭子仪命令将士严加防备,避免与敌军正面交锋。他得知吐蕃、回纥两国军队在仆固怀恩死后相互争长,设法对他们进行分化。

郭子仪派部将李光瓒等人前往驻在城西的回纥军队游说,回纥军主将药葛罗不相信郭子仪亲临前线,对李光瓒说:"如果郭子仪真的在这里,我愿意见见他。"李光瓒回去向郭子仪报告。郭子仪决定亲赴回纥军营。他对众部将说:"眼下我们寡不敌众,难以凭借武力取胜。前几年,我们曾同回纥缔结和约,交情还是有的。我亲自前往回纥军营,以大义劝说他们,有可能不战而胜。"

众部将赞同郭子仪的果敢决定,请求选派五百名铁骑兵作为他的随从警卫。郭子仪说:"这样做恰恰会害了我。"郭子仪的儿子郭晞拉住其父的乘马劝说道:"他们是虎狼之辈,父亲大人是一国元帅,怎么能自己上门成为敌人口中之食呢?"郭子仪对他儿子说:"眼下要是交战,敌强我弱,我们父子俩势必都会战死。那样,国家的危难就会加重。我亲自去他们那里,以真诚相见,或许能说服他们。如果我此行能同回纥将领结盟,共同攻打吐蕃,那就是国家的福份了!假如此行不能成功,我纵然被他们杀死,我们全家还可以保全。"郭晞拉住其父马缰仍然不放,郭子仪挥鞭抽打儿子的手,喝令他走开。之后,他带着几名随从,策马扬鞭,出城而去。

抵达回纥军营附近,郭子仪令随从前去通话。回纥将士听说郭子仪真的来了无不大吃一惊。药葛罗双手执弓,箭在弦上,站在军阵前等候郭子仪上门。郭子仪见此情况,从容自若,老远便脱掉盔甲,放下长枪,不慌不忙地朝药葛罗走去。药葛罗见郭子仪轻装而来,只好放下弓箭,迎上去施礼。

郭子仪还礼后,拉着药葛罗的手说:“当年,你们回纥出兵参与我们平叛,帮了唐朝大忙。唐朝对你们的报答也不算薄。如今,你们放弃前功,帮助仆固怀恩叛乱,与唐朝结怨,这对你们并没有好处。今天,我特意到你们军营来,只想把道理问个明白。我既然只身来到你们这里,就由你们处置了。”

药葛罗为郭子仪慷慨大义所感动,连忙解释说:“是仆固怀恩欺骗了我,说大唐天子已经驾崩,郭子仪元帅也已经去世,大唐没有作主的人了,所以我才被他骗来。我听说大唐天子仍在长安,仆固怀恩已为苍天所杀,元帅您如今亲自统率军队,我们怎能与令公您交战呢?”

郭子仪乘机数说吐蕃军的暴虐,称他们抢劫的财物牲畜,本来都是上天赐给回纥的,回纥军应当联合唐军,夺取本应属于你们的财物。药葛罗表示乐意配合唐军攻打吐蕃军以谢罪,郭子仪随即送给回纥军三千匹彩帛以慰问。药葛罗与郭子仪举杯共饮,“誓好如初”。

吐蕃将领获悉回纥与唐朝联兵,连夜率军逃遁。药葛罗率军追击,郭子仪令部将白元光率精锐骑兵协同其作战,在灵台西原(位于今甘肃省灵台县境内)消灭数万吐蕃兵,截获其抢劫的四千多名妇女和大批财物。接着,他们又联合进击,夺回被吐蕃军占领的泾州(治所位于今甘肃省镇原县东南),击溃吐蕃军队。

当月十八日,仆固怀恩部将张休藏等人见大势已去,率领叛军向朝廷军投降。唐代宗随即下令解除京都戒严。至此,仆固怀恩策划的叛乱完全平息。

据《旧唐书》卷一百二十·郭子仪传

《新唐书》卷一百三十七·郭子仪传

《通鉴纪事本末》卷三十二·仆固怀恩之叛

【简评】

宋代学者欧阳修评论说:郭子仪“被围泾阳,单骑见虏,压以至诚,猜忍沮谋”“忠贯日月”(《新唐书》卷一百三十七)。

清代学者王夫之认为:“回纥要郭汾阳相见,汾阳知战之必败,而唯以身往赴之之一策,可以抑锋止锐而全宗社。于斯时也,固不谓往之必死也,亦不谓往之必不死也,虽死而无所恤焉而已。故药葛罗情穷而辞屈,慑于其不畏死之气,则未知杀公以后胜败奚若,而心已折、气已馁矣。决于死,则情志定;情志定,则神气平而条理现。免胄投枪之际,一从容就义者大雅之风裁也”(《读通鉴论》卷二十三·代宗)。

方信孺勇赴国命

南宋开禧二年(1206年)夏天,宋宁宗发布诏令,由太师、平章军国政事(宰相,执掌朝廷军政)韩侂胄组织军队北伐,以收复被金军占领的土地①。不久,宋军北伐失败。十月,金国派出十四万五千兵士分九路向南反攻。十二月,韩侂胄密令两淮(即淮南东路,治所位于今江苏省扬州市;淮南西路,治所位于今安徽省凤台县)宣抚使(军政长官)丘崈派人携书信和金币去金军兵营求和。金军统帅仆散揆答复,要南宋向金国称臣、割地并交出首谋北伐的大臣,才可以坐下来讲和。之后,丘崈又多次派人去求和,许诺遣返淮北流入江南的人员并交付当年南宋给金国的贡币,仆散揆才同意将军队后撤,仍留一路军队驻守濠州(治所位于今安徽省凤阳县临淮关)。

开禧三年(1207年)四月,韩侂胄准备派大臣再次赴金军求和。南宋朝廷中竟没有一个人敢于站出来前往。危急时刻,有人推荐方信孺可以充当使臣。方信孺时任萧山(治所位于今浙江省萧山

---

① 北宋靖康元年(1126年)闰十一月,金国(都会宁府,位于今黑龙江省阿城市南)军队攻陷宋都城开封(位于今河南省开封市),于第二年四月将宋太上皇和宋钦宗掳至北方。五月,康王赵构(太上皇第九子、宋钦宗之弟)在南京(位于今河南省商丘市南)即位为宋高宗,逐步将朝廷南迁临安(位于今浙江省杭州市),史称南宋。此后,金军占领淮河以北地区,金迁都中都(位于今北京市区)。

市)县丞(副县长),刚满三十岁。这样的小官充当国使尚不够格。于是,宋宁宗任命方信孺为假朝奉郎(名誉朝廷文散官),以枢密院(最高军事机关)参谋官的名义,出使设在开封的金军元帅府。

方信孺接受使命后提出:“金国人如果追问这次出兵是由谁人最先提出的,我该怎么回答?”韩侂胄感到惊诧,要方信孺严守这一机密。

方信孺行至濠州时被金兵抓捕。金军将领纥石烈子仁下令将方信孺关进监狱,派兵看守,断绝供应他的饮食。方信孺知道此行风险极大,出发之前已经做好了充分的思想准备。面对金军官兵威逼,方信孺无所畏惧。

纥石烈子仁向方信孺提出五项议和条件,即割让两淮之地并称臣,增加进贡岁币,犒劳金军将士,归还金军俘虏及遣返从北方逃入南方的人员,交出挑起这次事端的主谋者。

方信孺回答说:“放还俘虏,交纳岁币,这两项可以答应你们。把主谋者送给交战对方,这是自古以来都没有的事。至于称臣割地,也不是我这个使臣所能决定的。”纥石烈子仁对方信孺如此回答十分恼火,威胁他说:“你不肯答应我提出这些条件,还想活着回去吗?”方信孺慨然答道:“我在动身离开江南时,就已经把生死置之度外了!”

纥石烈子仁派人把方信孺押送到开封,让他去见金军主帅左丞相完颜宗浩(时仆散揆已病故)。方信孺进入金军元帅府时,见走道两旁站立手持大刀的杀手。他从容不迫,昂首阔步走到完颜宗浩的坐幄前。完颜宗浩进一步逼迫方信孺说:“如果你不接受我们提出的五项条件,金国大兵只好南下!”方信孺把回答纥石烈子仁的话重申一遍,毫无退让。

完颜宗浩挖苦方信孺说:“去年,你们宋朝兴师动众来攻打我们,今年干嘛又要来向我们求和啊!”方信孺回答说:“去年,我军北伐收复失地,是为了国家利益;今天我委屈自己前来求和,是为了万千生灵免受苦难。”方信孺义正词严,完颜宗浩无法诘难他,声称是和是战,等宋朝再派人来谈判决定,下令将方信孺放回。

方信孺回到临安后,向宋宁宗奏告出使金军指挥部情况。宋宁宗召集群臣商议对策,同意遣返俘虏、增加贡币,并以诛杀吴曦[①]为肇事主谋向金国谢罪,派方信孺再次出使金军元帅府。

方信孺第二次来到金军元帅府后,接谈的金军将领坚持原来提出的条件不松口。方信孺说:“我朝答应增加进贡岁币,已经感到屈辱,两国地界早已划定,我们怎么可能再把土地割让给你们呢?吴曦力倡北伐,请求赴西部前线,是你们诱使他投降的,其是非曲直不言而喻。如论两国谁强谁弱,一言难定。上次交战,你们占领滁(治所位于今安徽省滁州市)、濠二州,我们也收回泗州(治所位于今江苏省盱眙县)、涟水(治所位于今江苏省涟水县)。你们夸耀在胥浦桥(位于今江苏省仪征市西)打了胜仗,我军亦有凤凰山(位于今安徽省灵璧县境内)大捷。你们提出的五条要求,我们已经答应三条,如果还不能坐下来和谈,大不了双方派兵再打!”

金军将领见方信孺不卑不亢,忠信诚恳,答复说:“割地这一条

---

① 吴曦原任南宋太尉(最高级别武官,名誉职务),韩侂胄动议北伐,他曾附和韩的意见。北伐开始之前,吴曦出任四川宣抚副使(军政副长官)兼兴州(治所位于今陕西省略阳县)都统制(军事长官)、知州(行政长官)。开禧三年(1207 年)正月,吴曦以献兴州等四州之地向金章宗称臣,受封“蜀王”,二月,被其部将杀死,其首级被送至朝廷。

姑且放下,称臣如果接受不了,亦可以叔侄相称。必须增加岁币,同时还要犒劳我军将士。”方信孺坚持不答应。完颜宗浩无计可施,只好与方信孺秘密达成和议。

方信孺回国复命后,奉命带着和约的草稿及百万缗通谢币,第三次来到汴州(即开封)。完颜宗浩突然翻脸,指责方信孺没有向宋朝廷提出屈从金国的意见,匆匆忙忙便将和约草稿送来,又责怪宋朝廷提出的和约草稿中有“诛戮禁锢”一词。面对完颜宗浩的诘难,方信孺镇定自若,泰然处之。

完颜宗浩的部将对方信孺说:“你带来的钱不能作为犒军钱,犒军钱要另外支付。”接着,他列出犒劳军费的具体数目。方信孺回答说:“岁币不能再增加,所以用通谢钱来补偿。眼下,你们得寸进尺,得此求彼,我把头交给你们好了!”金军将领威胁说:“没有这个意思,丞相只是想把令公您留下来。”方信孺回答说:“被你们扣留下来迟早是死,有辱使命回到朝廷也要被处死,两相比较,我情愿死在你们这里!”完颜宗浩见方信孺不可屈服,没有强逼。他无意与南宋再开战端,便把方信孺放了回去。

当年(1207年)九月,方信孺回到朝廷。他从春天到秋天,接连三次出使金军元帅府,“以口舌折强敌”,使金军不再南攻,完成了朝廷交付的使命。方信孺向朝廷奏报同金军将领舌战经过,说了金将提出的五项条件前四项,当着韩侂胄的面不敢说出第五项。韩侂胄再三追问,直至厉声责问,方信孺只好缓缓地回答:“他们想要太师的头。”韩侂胄勃然大怒,随即罢免方信孺官职,把他流放到临江军(治所位于今江西省清江县临江镇)。

据《宋史》卷三百九十五·方信孺传

《宋史纪事本末》卷八十三·北伐更盟

【简评】

韩□胄组织北伐招致失败，金国指责南宋挑起战端派兵南下，南宋朝廷一片恐慌。方信孺在国家危难时刻，将个人生死置之度外，奉命出使金军军营。面对强敌，他据理力争，不屈不挠，“以意气折金人”(《宋史》卷三百九十五)，开拓了宋金和谈的道路，功不可没。

林则徐查禁鸦片

清道光十八年(1838年)闰四月,鸿胪寺卿(主管邦交及少数民族事务)黄爵兹上书,称英国等国商人入境进行鸦片贸易,使中国每年流失数千万两白银,且毒害了国人的身体。建议禁止英国等国商人入境进行鸦片烟贸易,禁止本国人贩卖和吸食鸦片烟。道光帝就黄爵兹的这一提议,要朝廷内外大臣发表意见。

湖广总督(军政长官)林则徐极力赞同黄爵兹禁烟主张。八月,他在第二封奏书中痛切指出:烟祸如果不除,"数十年后,中原几无可以御敌之兵,且无可以充饷之银。兴思及此,能无股栗!"道光帝被林则徐这番话触动,将他召入朝廷,同他商谈八次,最后确定禁烟的国策和方略,并任命林则徐为钦差大臣(由皇帝指派负责全权处理某项事务),赴鸦片主要入口地广东查禁。

林则徐知道,他此行责任重大,风险也很大。赴任前,他向其尊敬的老师沈维鐈辞行,毅然表示:"只要有利于国家,我不敢不竭尽全力,不能给老师丢脸!"师生俩感慨国事,相顾落泪。

道光十九年(1839年)正月,林则徐及其随行人员到达广州(位于今广东省广州市)。第二天,林则徐即与两广总督邓廷桢、广东巡抚(行政长官)怡良、水师提督(海军将领)关天培、粤海关监督(广东海关长官)豫坤等人研究查禁鸦片烟的实施方案,决定即日发布告示,对内查处鸦片贩卖和吸食,对外查禁入海口岸鸦片走私,同时加强海防军事戒备。

查处鸦片贩卖和吸食固然不易,查禁入海口岸鸦片走私则更为艰难,其阻力主要来自英国鸦片商人及其后台老板英国政府。二月初,林则徐发布通令,限外国商人在三日内呈缴其经营的全部鸦片。英国走私鸦片的主犯颠地躲入设在广州的英国商馆中,极力阻挠呈缴鸦片。林则徐获悉这一情况后,通知英国商馆,请他们将颠地交给中国官方听候审办。英国驻华商务监督义律随即致函邓廷桢,威胁道:“特以本国国王的名义质问贵总督,是否想同在中国的英国人和英国的船只作战?”

林则徐没有理睬义律的恫吓,对英国商馆穷追不舍。义律只好从澳门赶到英国商馆,同颠地策划携鸦片逃跑。林则徐闻讯后,下令包围英国商馆并撤出馆内的中国雇员,对停泊在黄浦江入海口的外国商船暂行封舱。义律无计可施,被迫以英国女王名义,动员英国商人各自向中国官方交出鸦片。林则徐提供具结文本(备忘录),令外商具结(签字),义律承认林则徐所说的话“其理甚是”,又以“与英国之例不符”为由,拒绝具结。

四月二十二日,林则徐遵照道光帝的旨令,将收缴的二百三十七万六千多斤鸦片烟运至虎门(位于今珠江入海口东岸)海滩焚烧,历时二十天,全部销毁。

此后,义律致函林则徐,要求准许英国商人在澳门贸易。林则徐没有同意。接着,英国水手去尖沙嘴村酗酒,打死村民林维喜。林则徐派人去澳门,要求义律交出凶手,义律则以赔偿林维喜家属费用加以搪塞。林则徐随即下令将英国商人驱逐出澳门。

事后十天,义律带领五艘舰船驶至九龙山口岸(位于今广东省深圳市南),以中方没有提供食物为借口,悍然向清水师舰船开炮。参将(提督的部将)赖恩爵下令开炮还击,击翻英国一只双桅船。稍后,大批英国船只开过来,被清军水师一举击退。

道光帝接到林则徐所奏九龙之战捷报后,非常高兴,当即在奏折中批示:“既有此番举动,若再示以柔弱,则大不可。朕不虑卿等猛浪,但戒卿等不可畏葸”。

九月,英国军舰“窝刺疑”号驶入穿鼻洋面(位于广州市入海口),向清水师舰船开炮,关天培指挥将其击退。十月,清军在官涌(位于今广东省深圳市尖沙嘴以北一座山梁)连续击退英军六次进攻。道光帝接到林则徐奏报后下令:停止同英国贸易,将该国船只尽行驱逐出入海口,不必要其具结,也不再要求其交出凶手,接着又下令调邓廷桢任两江(辖区位于今安徽、江西、江苏三省)总督,由林则徐接任两广总督。

十二月,林则徐奉道光帝之令,将其拟就的《致英国国王檄谕》的照会递交英方代表。林则徐在该照会中指出:“闻该国禁食鸦片甚严,是固明知鸦片之为害也。”“中国曾有一物为害外国否?”“且闻贵国”“本皆不产鸦片。惟所辖印度地方”,“开地制造”。“设使别国有人贩鸦片至英国,诱人买食,当亦贵国王所深恶而痛绝也”。“今定华民之例,卖鸦片者死。试思夷人若无鸦片带来,则华民何由转卖,何由吸食?”“该国夷商欲图长久贸易,必当懔遵宪典,将鸦片永断来源,切勿以身试法”。

英国政府拒绝接受林则徐递交的这份照会,却任命驻好望角(位于今南非开普敦市南)海军司令乔治·懿律为对华谈判全权公使、义律为副使,带着其外交大臣巴麦尊《致中国皇帝钦命大臣函》,率领舰队来华要求通商、割地、赔偿所缴鸦片烟价款。

道光二十年(1840 年)五月,懿律率英国舰队抵达澳门外海,封锁珠江入海口,挑起中英鸦片战争。由于林则徐、关天培早已严密布防,英舰未敢在广州开战,而分批北上,经厦门(位于今福建省厦门市)、攻占定海(位于今浙江省舟山市),直驱大沽口(位于今天津市海河入海口)。七月,懿律乘小艇抵达白河口(位于今天津市海河入海口),致书直隶(辖区位于今京、津地区及河北省)总督琦善,要求其派人去英国船上接收英国政府照会。

琦善派人取回《致中国皇帝钦命大臣函》,当即呈报道光帝。道光帝见大批英军压向京都,"意始动",首先畏葸退缩。第二天,他即令琦善转告英国人说:上年林则徐禁烟,未能"大公至正","受人欺蒙,措置失当"。你方"所求昭雪之冤","必当逐细查明,重治其罪"。随后,道光帝任命琦善为钦差大臣赴广州调查,为英国商人申"冤"。接着,道光帝以"此皆林则徐办理不善之所致",下令将林则徐、邓廷桢革职。

道光帝的软弱退让,助长了英国侵略军的气焰。十一月,义律在与琦善谈判中提出赔款和扩大通商口岸等八项无理要求,遭到拒绝。英国侵略军随即攻占沙角、大角(位于广州市入海口左右两侧)炮台。

道光二十一年(1841 年)正月,英国侵略军按其单方面拟草的所谓《穿鼻条约》占领香港。二月六日,英军攻占虎门,关天培及游击(提督部将)麦廷章临阵战死。当天晚上,罢官待留广州听候处置的林则徐闻讯"悲愤不已,痛书挽联":

六载固金汤,问何人忽坏长城,孤注空教躬尽瘁;

双忠同坎壈,闻异类亦钦伟节,归魂相送面如生。

五月,道光帝下令将林则徐流放伊犁(位于今新疆伊宁市)。六月,河南祥符(位于今河南省开封市)黄河大堤决口,因林则徐过去在江苏巡抚和湖广总督任上治水有方,道光帝又急令他从流放途中返回,赴祥符"效力赎罪"。治河工程完成后,主管治河的大学士(宰相)王鼎建议重新起用林则徐。道光帝没有同意,令林则徐继续去伊犁充军。

道光二十二年(1842 年)八月,林则徐经西安(位于今陕西省西安市)西行,慨然作《赴戍登程口占示家人》一诗(上海辞书出版社《元明清诗鉴赏辞典》),与送行的妻子家人告别:"力微任重久神疲,再竭衰庸定不支。苟利国家生死以,岂因祸福避趋之?谪居正是君恩厚,养拙刚于戍卒宜。戏与山妻谈故事,试吟断送老头皮。"

据《清史稿》卷三百六十九·林则徐传

《清通鉴》卷一九五至卷一九八

清宣宗道光十八年至二十一年

【简评】

十九世纪三十年代,英国等国商人大肆向中国贩卖鸦片,给中国人民造成严重危害。林则徐挺身赴命,毅然焚烧英商等走私的鸦片,取缔了外国商人在中国的鸦片贸易。面对英国侵略者武装挑衅,他下令坚决还击,大长了中国人民的志气。他不愧是中华民族反对外国势力入侵第一位杰出的民族英雄。他的诗句"苟利国家生死以,岂因祸福避趋之?"大义凛然,掷地有声。

李鸿章负重受命

清光绪二十年(1894年)四月,日本出兵侵略朝鲜(今朝鲜半岛,都平壤,位于今朝鲜平壤市)。清政府应朝鲜政府请求派兵救援。八月,中日两军在海上激战,清北洋海军战败。九月,日本发动侵华战争,大批日军从辽东花园口海岸登陆。十月,日军占领中国旅顺(位于今辽宁省大连市旅顺口区),疯狂屠杀二万平民。十二月,日军攻占荣成(位于今山东省荣成市北成山卫)。清政府派遣总署(朝廷主管外交的机构)大臣户部侍郎(朝廷主管户籍财政部门副长官)张荫桓、湖南巡抚(行政长官)邵友濂率领使团赴日本求和,被日本政府拒绝。接着,日军攻占威海(位于今山东省威海市)。

光绪二十一年(1895年)正月,清朝廷被迫再次向日本政府求和。日本政府同意和谈,但要求中方使臣须是“名位极崇、能肩重担”的人。清朝廷只好委任文华殿大学士(宰相)李鸿章为头等全权大臣,率领外交使团赴日本和谈。

当时,李鸿章已七十二岁高龄,正在天津(位于今天津市)前线指挥抗战。国难当头,李鸿章没有推避这一艰难的外交使命。临行前,光绪帝召见李鸿章,研究和谈事宜。李鸿章明确表态说:“割地不可行,议不成则归。”光绪帝经与众臣商讨并经慈禧太后默许,决定授予李鸿章“让地之权”。随后,李鸿章上书说:“闻命之余,曷胜悚惧！此次日本乘屡胜之势，逞无厌之求，若竟不予通融，势难得解纷纾急。”“臣必当斟酌轻重，力与辩争。”“伏念此行，本系万不得已之举。臣受恩深重，具有天良，苟利于国家，何暇更避怨谤？惟是事机之迫，关系之重，转圜之难，均在朝廷洞见之中，臣自当竭心力以图之。”

二月二十三日，李鸿章率团抵达日本马关（位于今日本下关市）。第二天下午，李鸿章与日本全权大臣伊藤博文及陆奥宗光举行会谈。伊藤对李鸿章说：贵国派您这样“位尊责重”的大臣前来谈和“实出至诚”。李鸿章回答说：“我国若非诚心修好，必不派我，我无诚心讲和，亦不来此。”李鸿章令参赞罗丰禄宣读拟请停战备忘录，建议两国水陆各军一律停战。伊藤推称此事明日答复。

二十五日，双方举行第二次会谈。日方代表提出，中国须让日军占据大沽（位于今天津市海河入海口）、天津（位于今天津市区）、山海关（位于今河北省秦皇岛市山海关区），管理天津至山海关的铁路，并由中国支付停战期限在华日军费用，满足上述条件才可以商谈停战的事。李鸿章当即质问道：“现在日军并未至大沽、天津、山海关等处，何以所拟停战条款内竟欲占据？”伊藤回答说：“凡议停战，两国均应沾利益，华军以停战为有益，故我军应据此三处为质。”李鸿章愤然指出：“日方所开停战条款，未免凌逼太甚。停战之议暂且搁起，请日方出示议和条款。”伊藤仍要求中方仔细考虑停战条款，李鸿章没有退让，停战谈判陷入僵局。

日本在中日谈判期间，竟然秘密派遣军舰南下，攻占中国澎湖列岛。

二十七日，李鸿章致电驻山海关钦差大臣（代表朝廷全权处理某项事务的大臣)刘坤一、署理(代理)直隶总督王文韶,告之“战事既难停罢,恐将窜扰畿疆(指京都地区),自津沽以至山海关一带,彼久垂涎,若其乘虚登岸占据一处,全局即行震动,极为可虑。着刘坤一等严饬各军,随时侦探,整备迎击,关内铁路尤应设法保护,万一事急,临时务须折断。”

二十八日,双方举行第三次会谈。李鸿章再次声明将停战之议暂行搁起,请日方出示议和条款。伊藤支吾其词,称“明日交阅”,又称“我国之兵现在往攻台湾”。李鸿章为之一惊,指出:“日方不愿停战原来是想占据台湾,但台湾已立为中国一行省,不可能送予他国。”伊藤故意刁难道:“战争刚开始时譬若两人迎面”,议和很容易,“如今则相距数百里,回头重走就难了。”李鸿章回敬道:“纵令再走数千里,岂能将我国人民灭尽吗?”双方不欢而散。

当天傍晚,李鸿章离开会谈场所,乘轿行至离寓所不远处,路边突然窜出一刺客,用手枪朝轿内射击。子弹击中李鸿章的左颊骨。李鸿章面部血流不止,顿时昏迷。刺客名叫小山丰太郎,是否为人所指使,不得而知。光绪帝获悉李鸿章遇刺的电报后,“为之不怡良久”。

李鸿章遇刺后,“言论自若,气不少衰”。日本当局却感到不好办,顾虑“位高望重之李鸿章,以古稀之龄初次出使异国而遭此凶变,显然容易引起世界的同情,故若某一强国想乘机进行干涉,固可以李氏之负伤为最好的借口”。于是,日本同意停战,但将台湾和澎湖列岛排除在停战范围之外。李鸿章“力争一律停战”,日方则以“船与兵已早往,电报不通,势难禁止”加以拒绝。李鸿章考虑日方已收回原停战条件,停战后华北危局可以缓解,便于三月五日在病榻上与伊藤博文签署《中日停战协定》,停战期限为二十一天。

三月七日,日方提交和约底稿,限三、四日内答复。主要内容为:朝鲜完全自主;中国将辽东、台湾、澎湖割让给日本;中国赔款三万万两白银;中国增开北京府(北京)、沙市、湘潭、重庆、梧州、苏州、杭州为通商口岸并减免兑口税。李鸿章阅后颇感震惊,当晚电告总署,指出:"日方所索兵费过高,中国万不能从;奉天(位于今辽宁省沈阳市)为满洲腹地,中国亦万不能让。日本如不将拟索兵费大加削减,并将拟索奉天南边各地一律删去,和局必不能成,两国唯有苦战到底。"

三月十一日,李鸿章以四日期限已满照复日方,指出中国"所有之地,皆列代相传数千年数百年无价之基业,一旦令其割弃,其臣民势必饮恨含冤,日思报复,凡属中国臣民览此约文,必曰是日本欲与我为永远之仇敌也。""中国臣民势必尝胆卧薪,力筹报复。""中国并非首先开衅之人,似不当责令中国赔偿兵费,但为息事安民,本大臣自当允载和约款内,然查日本所索兵费数目,必非中国现在财力所能偿。"

十五日,李鸿章向日方提交和约底稿修正案,拟允割让奉天以东安东(位于今辽宁省丹东市)、宽甸(位于今辽宁省宽甸满族自治县)、凤凰城(位于今辽宁省凤城市)、岫岩厅(位于今辽宁省岫岩满族自治县)等厅州及澎湖列岛,赔款一万万两白银。

第二天,双方举行第四次会谈。日方答称,同意将赔款减为二万万两白银,其余一律按原条款,并以日本六十只兵船装载十万名武装兵士已整装待发相威胁。李鸿章指斥日方逼人太甚,拒绝接受。

十七日,日方照回李鸿章,限四日内对昨天所提条款给予答复,否则即发兵进攻。李鸿章将此情电告朝廷,请予定夺。朝廷答复:"再与竭力辩论","倘事至无可再商","一面电闻,一面即与定约"。

二十日,伊藤派人到李鸿章寓所催要答复,称由小松亲王率领六十只兵舰,载十万兵士已开往大连湾、旅顺,准备进攻;所议条款无可商改。李鸿章随即致电总署:"事关重大,若照允,则京师可保,否则不堪设想;不敢不候电复即行定约"。次日晨,李鸿章接到朝廷电令:"如竟无可商改,既遵前旨与之定约"。

二十一日,双方举行第五次会谈。李鸿章说:"如此凶狠条款,签押又必受骂,奈何!""请让五千万","全约可定"。伊藤说:"万万不能再让。"

二十三日,经反复与日方交涉无效,李鸿章被迫与伊藤博文签订《中日讲和条约》(即《马关条约》)。条约规定,中国将辽东半岛、台湾及澎湖列岛割让给日本,赔偿日本军费二万万两白银。四月九日,光绪帝挥泪在中日马关条约上签字,被迫以割地赔款换取暂时的和平。

据《清史稿》卷四百十一·李鸿章传

《清通鉴》卷二五一·清德宗光绪二十年

卷二五二·清德宗光绪二十一年

【简评】

清北洋海军被侵华日军战败,李鸿章被迫赴日本求和,与之签订《中日马关条约》,是中华民族永远不能忘记的奇耻大辱。它告诫我们:发展科技才能富国强兵,科技落后就要挨打受辱。李鸿章作为清朝晚期的执政大臣,曾为发起洋务运动,引进西方先进科技发展工业、改建军队作出努力,但未能跟上世界前进步伐,致使清军装备仍然远远落后于日本及西方强国。从这个意义上说,清军抗击侵华日军失败乃至清朝廷被迫屈辱求和,李鸿章负有一定的责任。但是,李鸿章并未丧失爱国之心。面临强敌大举入侵,中华民族理应万众一心坚持抗战。屈辱求和反映清政府腐败无能。主和系由慈禧太后决策,李鸿章时在抗战前线。他以七十二岁高龄受命去日本求和,系忍辱负重,不得已而为之。尚没有发现他在日期间背着朝廷,以损害国家和民族利益为代价,擅自与日本人私下交易以谋取私利。他数次据理力争,甚至遭受日本歹徒行刺,为减少国家和民众的损失尽了最大的努力。他最终与日本侵略者签订条约以割地赔款换取停战,完全出于迫不得已。看待这一历史事件,最重要的是要认清日本侵略者的强盗面目和豺狼本性,同时也要看到清朝廷的困迫无奈,当时如由别人率团赴日求和,其结果未必胜于李鸿章。局外人易评,当事者难为。以签订马关条约而将李鸿章视为卖国贼显然有失公允。

二、据理力争以弱伏强

国家的强弱决定其在国际关系中的地位。弱国与强国交往常常处于劣势。然而，弱国的一些外交官却不甘示弱。他们面对强国君臣的挑衅欺凌，以其丰富的知识和雄辩的口才与之斗智斗勇，据理力争，从而挫败对方的图谋，取得外交主动权，维护了国家的尊严。

子服惠伯说服晋卿

鲁[①]昭公十三年(前529年)八月,晋[②]昭公调动四千辆战车,在平丘(卫[③]邑,位于今河南省封丘县东)召集诸侯会盟。此前,邾国[④]和莒国[⑤]派人向晋昭公控告,称鲁国经常出兵攻打他们的国家,致使他们无法向晋国进贡财物。晋昭公大为恼火,随即派大夫(朝廷中等级别的官员)叔向去鲁国通知,称“晋国将于本月七日同诸侯会盟,请鲁国君主不要参加这次盟会”。

鲁国大夫子服惠伯负责接待叔向。他问明缘由后对叔向说:“贵国国君竟然听信边远小国对鲁国谗告,断绝我们鲁、晋两国的兄弟关系,我们有什么办法呢?只好听凭贵国君主的决定。”叔向随之威胁说:“我国君主拥有四千辆战车,有谁能抵挡得了?好比是一头高大的牛朝小猪压过来,小猪难道不怕被压死?如果晋国君主率领诸侯联军讨伐鲁国犯下的罪过,我们想要什么东西得不到!”

面对叔向的威胁,鲁国君臣惶恐不安。鲁昭公担心晋昭公率领诸侯联军攻打鲁国,召集大臣商议对策。子服惠伯认为,晋国国

---

① 春秋诸侯国,都曲阜,位于今山东省曲阜市。
② 春秋诸侯国,都新田,位于今山西省曲沃县西北。
③ 春秋诸侯国,都帝丘,位于今河南省濮阳市西南。
④ 春秋诸侯国,位于今山东省邹城市东南。
⑤ 春秋诸侯国,位于今山东省莒县。

君不让鲁国君主入盟,事关鲁国的安危。他建议鲁昭公派上卿(宰相)去朝拜晋昭公,以缓和两国关系。上卿季平子(又名季孙意如)说:“国事当头,我可以去拜会晋国君主。我预料到他们那里,很可能会被他们扣押。谁愿意作我的副手,同我一起去?”

子服惠伯说:“此事是我建议请国卿您出面的,我还敢逃避危险吗?请让我随同您一起去!”

于是,鲁昭公派季平子和子服惠伯去拜会晋昭公。

季平子和子服惠伯到达平丘后,晋昭公不愿接见他们,当即下令将他俩逮捕,押回晋国。

鲁昭公听说后十分惊恐。当年十月,鲁昭公亲自去晋国赔礼。当他行抵黄河边时,晋国官员传话拒绝他进入晋国。鲁昭公只好返转回国。

子服惠伯见季平子被晋国扣押,深为鲁国的安全而忧虑。他听说晋国大夫荀吴(又名中行穆子)对拒绝鲁国入盟持有异议,便设法会见荀吴。子服惠伯对荀吴说:“这些年来,鲁国事奉晋国,有哪一点比不上邾、莒等边远小国呢?鲁国和晋国本是同宗同姓①的兄弟国家,鲁国每年都向晋国提供它所需要的物品。晋国作为盟主,如果因为两个小国而抛弃鲁国,促使鲁国转而去事奉齐②、楚③两个大国,这对晋国有什么好处!”荀吴对子服惠伯的话表示认同。

之后,荀吴把子服惠伯的话报告国卿韩起(又名韩宣子),引起韩起的重视。他当即召见子服惠伯。子服惠伯对韩起说:“会盟,

---

① 鲁、晋两国都是西周初年封国,国君同姓姬,同为周天子亲属。
② 春秋诸侯国,都临淄,位于今山东省淄博市东。
③ 春秋国名,都郢,位于今湖北省荆州市西北纪南城。

是信义的结合。晋国作为盟主,表明贵国能够主持信义。如果贵国抛弃他的盟国,也就是抛弃信义。”韩起觉得子服惠伯说的有道理,没有打断他的话。

子服惠伯接着说:“过去栾盈(《史记》记作栾逞)制造贵国祸乱①,齐国乘机派军队占领贵国朝歌(位于今河南省淇县)。在那困难的日子里,鲁国曾派出精锐部队支持贵国,帮助贵国打退齐国军队。我现在说这些,不是想请求贵国奖赏鲁国过去的救援之功。我是想说,齐国也是比鲁国强盛的大国,而且离鲁国很近。我们得罪邻近的齐国,不就是想同贵国结盟吗?事实证明,鲁国事奉贵国是诚心的。如果贵国听信邾、莒两个小国的胡言乱语,抛弃一向对贵国友好的鲁国,其他诸侯盟国将会怎样看呢?我担心这样抛弃信义,会对稳定贵国的盟主地位不利啊!”

韩起对子服惠伯一席话心悦诚服,随即向晋昭公奏报。于是,晋昭公下令将季平子和子服惠伯放回鲁国,恢复同鲁国的盟好。

据《左传》昭公十三年

《国语》鲁语下·子服惠伯从季平子如晋

【简评】

鲁国的主要威胁来自齐国。面对晋国使臣的威胁,子服惠伯

① 栾盈为晋国大夫,其父死后,其母与人通奸。她惧怕栾盈告发,诬告他将要作乱。由此,栾盈被晋国驱逐出国。晋平公八年(前550年),齐国借送嫁之机将栾盈暗中带回晋国。栾盈隐藏于曲沃(位于今山西省闻喜县东北)。不久,栾盈率其部众攻打晋故都绛(位于今山西省曲沃县西南),齐庄公随即出兵攻打晋国。鲁国国卿叔孙豹领兵救援晋国(《左传》襄公二十一年、襄公二十三年)。

没有屈服。他提议主动去和晋国改善关系,是明智之举。他随季平子使晋被扣,想方设法接近晋国大臣,以信义和利害说服晋臣,从而获释并恢复鲁晋联盟以对付齐国,显示出非凡的外交才能。

晏婴撤换酒具

晋[①]平公准备出兵攻打齐国[②],派大臣范昭去齐国访问,以观察齐国君臣的动向。齐景公[③]设宴招待范昭。酒喝得正痛快的时候,范昭起身对齐景公说:“请君公把您用的这个酒杯放到我这里,让我用可以吗?”齐景公点头同意,并吩咐侍酒人员说:“把我这个酒杯斟满酒,献给晋国来的贵客。”范昭端起齐景公所用的酒杯把酒喝下。这时,坐在他俩旁边的齐国宰相晏婴突然下令,立即把桌上这套酒具撤下去,重换一套端上来。

范昭本意是想借酒杯试探一下齐景公的主权意识,不料被晏婴当即识破。他不甘就此罢休,随即又心生一计,假装为酒宴助兴,起身准备跳舞。范昭对齐国太师(主管宫廷音乐的长官,其名不详)说:“请你演奏周[④]王宫廷乐曲,让我为你跳一曲舞助兴好吗?”太师回答说:“对不起,我这个人很笨,不熟悉周王宫廷乐曲。”范昭的图谋又没有得逞。他只好佯称喝醉,扫兴地离开宴会大厅。

---

① 春秋诸侯国,都新田,位于今山西省曲沃县西北。当时,晋国在诸侯国中称霸。

② 春秋诸侯国,都临淄,位于今山东省淄博市东。

③ 晋平公在位时间为前557年—前532年,齐景公在位时间为前547年—前490年,据此推算,此事发生在前547年—前532年之间。

④ 朝代名。公元前1046年,周武王灭商后建立周朝,都镐,位于今陕西省长安县沣河以东,史称西周。前770年,周平王迁都洛邑(位于今河南省洛阳市),史称东周。

齐景公对晏婴和太师怠慢范昭大惑不解,抱怨晏婴说:“晋国是个大国,派大臣来我国访问,您激怒晋国的使臣,该怎么办?”晏婴回答说:“范昭这个人并不是孤陋寡闻不懂礼节,他试探用君主您的酒杯只是一个小把戏,其用意是轻视我国。所以,我把他的意图给打破了。”

齐景公转而又向太师问道:“你为什么不为客人演奏周王乐曲呢?”太师回答说:“周王宫廷乐曲是周天子享用的,演奏它时,诸侯国的君主要起身跳舞。范昭仅是晋国的一名大臣,来到我国想扮演诸侯国君主的角色,同时他还想牵制君主您跟着他跳舞,我当然不能为他演奏。”齐景公听了晏婴和太师的解释才恍然大悟。

范昭在齐国未能占上上风,深感齐国大臣难以对付,回国后报告晋平公说:“不可轻易向齐国出兵,齐国的大臣们太厉害啦!在宴会上,我想冒犯一下齐国国君,用他的酒杯喝酒,被晏婴识破了;我想要他们弹奏西周朝廷乐曲,冒充他们的君主跳舞,又被太师给识破了。”晋平公听说齐国大臣对晋国保持高度戒备,便取消出兵攻打齐国的计划。

后来,孔子听说这件事,赞赏晏婴和齐国那位太师说:“太好了!酒宴之中便战胜千里以外的敌人!”

据《晏子春秋》内篇杂上·晋欲攻齐使人往观,
晏子以礼侍而折其谋

【简评】

外交斗争存在于举手投足之间。晏婴等人思想敏锐,当机立断,及时挫败晋国使臣的图谋,为国家消除了一场外敌入侵的劫难。

蔺相如勇斗秦昭王

赵惠文王十六年(前 283 年),秦昭王派使臣送信给赵惠文王,提出愿以秦国①十五个城邑换取赵王拥有的和氏璧。赵惠文王从楚国②得到的这块和氏玉璧,属宝中之宝,举世无双。他爱不释手,随身佩戴。接到秦王这封来信后,赵惠文王很是为难:他知道秦国比赵国强大,如拒不接受秦王要求,怕他借机发兵攻打赵国③;如派人把和氏璧送给秦王,又怕他背约不肯交割十五个城邑,眼睁睁受他欺骗。赵惠文王同大将军廉颇等人反复商议,尚没有找到应对秦王的好办法,决定先派一名使臣去秦国,探察秦王的态度后再说。

在朝廷大臣中,赵惠文王没有物色到能够胜任这一使命的合适人选。宦者令(宦官头目)缪贤向赵惠文王推荐他的管家蔺相如有勇有谋,可以担当此任。赵惠文王随即召见蔺相如,亲自对他进行考察。

赵惠文王向蔺相如问道:“秦王想用十五个城邑来换取我的宝璧,你看可不可以给他?”蔺相如回答说:“秦强我弱,不能不答应秦

① 战国七大国之一,都咸阳(位于今陕西省咸阳市东北),当时在七大国中势力最强。
② 战国七大国之一,都郢,位于今湖北省荆州市西北纪南城。
③ 战国七大国之一,都邯郸,位于今河北省邯郸市。

王的要求。”

赵惠文王又问道：“秦王得到我的宝璧，不给我十五个城邑怎么办？”蔺相如回答说：“秦王提出用十五城换取大王的宝璧，大王如不答应，理亏在大王。大王把宝璧给了秦王，秦王不给赵国城邑，理亏在秦王。权衡利弊，宁可答应秦王，让他理亏。”

赵惠文王接着问道：“你看谁可以出使秦国呢？”蔺相如回答说：“大王要是还没有选准合适的人，微臣愿意带着宝璧出使秦国。秦王若把十五个城邑划交给我国，就让宝璧留在秦国；如果秦王不肯交城，我保证把宝璧完完整整带回赵国。”

赵惠文王见蔺相如有胆有识，气度不凡，便派遣他带着和氏璧出使秦国。

蔺相如到达咸阳后，秦昭王在章台①接见他。蔺相如捧着和氏璧进献给秦昭王。秦昭王见到和氏璧非常高兴，反复抚玩观赏，然后把宝璧递给爱姬和侍臣相传观赏。秦昭王的爱姬和侍臣欢喜地高呼万岁。

蔺相如见秦昭王接过和氏璧后，闭口不提把十五城划归赵国，走上前对秦昭王说：“宝璧上有点小缺陷，请让我指给大王看。”秦

---

① 秦王临时居住的宫室台名，位于秦都城咸阳附近渭水以南，即今陕西省咸阳市渭河南岸。

五天以后，秦昭王以隆重的仪式接见蔺相如。蔺相如对秦昭王说：“秦国是个强盛的大国，如果把十五个城邑先割给赵国，赵国难道还敢把和氏璧留下来得罪大王吗？我恐怕交换不成有负于赵王，已经派人把和氏璧送回赵国了。我自知欺骗大王犯下杀头之罪，情愿被投入汤镬中接受烹刑。”秦昭王及其大臣对蔺相如这一手始料不及，面面相觑，既失望又懊丧。这时，侍从卫士准备上去捉拿蔺相如，秦昭王摆摆手加以制止。他不愿因此伤了同赵国的和气，便放行让蔺相如返回赵国。

昭王把和氏璧递给蔺相如。

蔺相如忽然后退几步,站在柱子旁边,声色俱厉地对秦昭王说:“赵国大臣都说秦国自恃强盛,贪而无信,以十五城交换和氏璧不过是骗人的空话,不愿把宝璧白白地送给大王。我以为普通百姓之间打交道尚且互不欺骗,何况堂堂大国的君王呢?谁知大王拿到和氏璧后,真的无意划出十五个城邑给赵国,我只好把宝璧收回。大王如果硬要逼我交出宝璧,今天我宁可让自己的头颅和这宝璧一起在这柱子上碰碎!”

秦昭王害怕蔺相如把和氏璧碰坏,连忙令人拿来地图,把他在信上所说的十五个城邑一一指给蔺相如看。蔺相如看穿秦昭王还是在玩弄欺骗的把戏,便将计就计,转而对秦昭王说:“大王既然愿拿出十五个城邑来换取和氏宝璧,也当举行一个正式的交接仪式。赵王派我进送宝璧的时候,特意斋戒五日,以示尊重大王。如今大王也应斋戒五日,在朝廷以隆重的仪式接见下臣,我才敢献上这宝璧。”秦昭王见蔺相如出语高雅,意识到不可从他手中强取宝璧,只好点头同意。

蔺相如料定秦昭王无意献城,最终还是要负约,便令随从人员穿上粗布衣服,装扮成老百姓,从小路悄悄地把和氏璧送回赵国。

蔺相如回国后,以完璧归赵之功被赵惠文王提任为丞相。

赵惠文王二十年(前279年),秦昭王派使臣去赵国,约请赵王赴秦国渑池(位于今河南省渑池县西)会晤。赵惠文王害怕秦昭王借机对他另有图谋,不想应约赴会。丞相蔺相如和大将军廉颇劝告说:“大王如果不赴约,会在秦国君臣面前显示赵国软弱可欺,害怕他们。”于是,赵惠文王带领蔺相如等人如期赴会。廉颇送行到边境。临分手时,廉颇对赵惠文王说:“大王此行,往返不需要三十天。三十天后不见大王回来,请允许我拥立太子为王,以破灭秦国吞并赵国的妄想。”赵惠文王点头同意。

赵惠文王一行抵达渑池后,以礼拜见秦昭王。秦昭王回之以礼,并设宴招待赵惠文王一行。酒宴进行到畅快的时候,秦昭王提议说:“久闻赵王爱好音乐,请赵王用瑟为大家弹一首曲子助兴吧!”赵惠文王未作推辞,接过秦国乐官递过来的瑟,弹了一曲。这时候,秦国御史(侍从君王记录其言行的史官)走过来,一边书写一边大声念道:“秦昭王二十八年×月×日,秦王同赵王一起饮酒,秦王命令赵王弹瑟。”赵惠文王无意中受到秦国官员的奚落,大为尴尬和后悔。

蔺相如见秦国官员如此无礼,随即从餐桌上拿起一个瓿(盛汤用的瓦盆),快步走到秦昭王面前说:“赵王听说秦王擅长演奏秦国乐曲,请大王按照秦国乐曲的节拍,敲击我手中的瓿,让众人热闹热闹吧!”

秦昭王对蔺相如突然提出这一要求十分恼火,更不肯当众敲打瓦盆有失大雅。蔺相如施以跪礼后,再次请秦昭王击瓿。秦昭王还是不答应。蔺相如脸色一沉,怒发冲冠,举起瓿逼近秦昭王说:“大王如果再不肯赏光,五步之内,我就用这瓿同您拼了!”秦昭王的侍卫勇士意欲冲上来击杀蔺相如,又怕蔺相如伤害秦王。蔺相如怒目而视,厉声将他们喝退。秦昭王无可奈何,只好朝蔺相如手上的瓿敲了一下。蔺相如随即大声命令赵国史官说:“请你当众记下,赵惠文王二十年×月×日,秦王为赵王击瓿!”

之后,秦国大臣不肯就此善罢甘休,提出要赵国割让十五个城邑为秦王祝寿。蔺相如针锋相对,提出要秦国献出都城为赵王祝寿。酒宴上,蔺相如不畏强敌,随机应对,秦昭王及其大臣始终没有占到便宜。秦国探知廉颇领兵严阵以待,也没敢贸然出兵攻打赵国。

据《史记》卷八十一·廉颇蔺相如列传

《资治通鉴》卷四周纪四·周赧王三十二年

周赧王三十六年

【简评】

司马迁评论说:“知死必勇,非死者难也,处死者难。方蔺相如引璧睨柱,及叱秦王左右,势不过诛,然士或怯懦而不敢发。相如一奋其气,威信敌国”(《史记》卷八十一)。

唐且迫秦王道歉

秦王政二十二年(前225年),秦国①灭魏国②,准备进一步吞并魏国的属国安陵(位于今河南省鄢陵县西北)。秦王派使臣对安陵君(其名不详)说:“秦国打算拿出五百里土地换取安陵,好不好?”安陵君回答说:“承蒙贵国大王用大块土地换取我这一席之地,当然是太好了。不过,我继承的是先王的土地,愿终生守护它,不敢拿来同大王交换。”秦王大为恼火,安陵君听说后派侠士唐且出使秦国,当面去向秦王陈述他的这一立场。

唐且拜见秦王时,秦王向他责问道:“我愿意拿出五百里土地换取安陵,安陵君为什么还不答应我?魏国已经被我灭亡了,安陵这块只有五十里的小地方,难道还在我的话下吗?我原来以为安陵君是个忠厚的老人,所以没有去惊动他。现在,我以十倍的土地来扩大安陵君的领土,他却拒绝我的好意,这不是不识抬举吗?”

唐且不慌不忙地解释说:“不,不是这样,是大王误会了。安陵地方虽小,却是先王遗传下来的土地,安陵君有责任守住它。即使能得到一千里土地,安陵君也不敢把它换掉,何况大王只拿出五百里呢?”

秦王听唐且如此回答更为恼火,怒气冲冲地说:“先生可听说过天子发怒吗?”

---

① 都咸阳,位于今陕西省咸阳市东北。

② 都大梁,位于今河南省开封市。

唐且摇了摇头,回答说:“我没有听说过。”

秦王说:“天子一旦发怒,就会尸横百万,血流千里!”

唐且反问道:“大王可听说过平民发怒吗?”

秦王说:“平民发怒,不就是甩掉帽子,光着脚乱跑,叫喊着用头撞地吗?”

唐且声色俱厉地说:“大王所说的,不过是庸人发怒而已,不是志士发怒。如果志士发起怒来,立即就会倒下两具尸体!大王不会不知道吧?专诸刺杀吴王僚①如同慧星遮住月亮,聂政刺杀韩傀②如同白虹贯穿太阳,要离刺杀庆忌③如同苍鹰搏击宫殿。我今天就是第四个专诸!血流五步之内,让天下人穿白戴孝,莫非就在今天?”唐且说着,拔出佩剑,愤然站了起来。

秦王大惊失色。侍卫人员远在台阶之下救援不及。秦王只好跪下向唐且赔礼道歉说:“先生请坐,何致于发这么大的火呢?我明白了,魏国灭亡后,安陵君凭借五十里地盘安然无事,是因为有先生您这样的志士啊!”

据《战国策》魏策四·秦王使人谓安陵君

《资治通鉴》卷七·秦纪二

---

① 专诸是春秋时期吴国勇士。吴王僚十二年(前515年),专诸为公子光刺杀吴王僚,吴王僚的卫士当场将专诸杀死。

② 聂政是战国时期韩国勇士。韩哀侯三年(前374年),聂政受韩国原国卿(宰相)严遂指使,刺杀韩国宰相韩傀(又名侠累)。

③ 要离是春秋时期吴国勇士。公子光谋刺吴王僚即位为吴王阖闾后,令要离将吴王僚之子庆忌刺杀。

【简评】

魏国灭亡后，秦国统一天下已成定局，安陵一席之地不过是秦王掌中之丸而已。尽管如此，安陵君和唐且不肯听从秦王摆布，其守护故土的气节可嘉。唐且携剑单独会见秦王政似不可信。

乌珠留若鞮挫折汉臣

西汉[1]五凤四年(前 54 年)四月,匈奴[2]发生内乱,西部休旬王自立为闰振单于率部东攻,反被自立为东部郅支单于的部众击杀,接着,郅支单于又率部击败呼韩邪单于,占据单于庭。呼韩邪单于向汉朝天子称臣,率部迁至五原塞,后转至光禄塞(二地均位于今内蒙古包头市西北)。后来,郅支单于率部西迁。永光元年(前 43 年),呼韩邪单于率部北归。

竟宁元年(前 33 年)正月,呼韩邪单于来长安朝见汉元帝,请求成为汉家女婿,世代友好。汉元帝将后宫一个名叫王嫱(王昭君)的美丽宫女嫁给了他。王昭君为呼韩邪单于生了一个儿子,名叫伊屠智牙师。汉朝和匈奴和亲后,两国使臣往来不断,关系一直很好。

绥和元年(前 8 年)八月,囊知牙斯(呼韩邪单于之子)即位为匈奴乌珠留若鞮单于,汉朝派遣中郎将(皇帝侍从警卫将官)夏侯藩率团出使匈奴祝贺。

夏侯藩等人临出发前,有人对大司马骠骑将军(丞相兼重号将军,主管朝廷军政)王根说:“匈奴有一块土地楔入汉朝疆域,在张掖郡(位于今甘肃省张掖市)北部,那里出产优质木材,可以制作箭

---

① 都长安,位于今陕西省西安市。
② 西汉北方邻国,单于(国王)庭位于今蒙古国乌兰巴托。

杆,还出产黑雕羽毛,可以制作箭翎。如果得到那块地方,不仅能使边地富起来,将军也会由此而功名永垂。”王根向汉成帝报告这一情况。汉成帝想直接向匈奴单于索要,又担心遭到拒绝而有损威望。王根便把汉成帝的心意转告夏侯藩,让他以个人意见向匈奴单于提出。

夏侯藩抵达匈奴,拜贺乌珠留若鞮单于后,顺便说:“我听说贵国有一块土地,伸到汉朝张掖郡的里面。我个人建议单于把这块地献给汉朝,汉朝天子一定会给予单于很多赏赐。”

乌珠留若鞮单于问道:“这是汉朝天子的意旨还是使官为天子出的主意?”夏侯藩回答说:“天子有这个意思,不过我也替单于考虑这件事。”乌珠留若鞮没有当即拒绝,婉转答道:“那里是温偶駼王居住的地方,我不了解那里的情况,请让我派人去同温偶駼王商量后再说。”

不久,夏侯藩再次出使匈奴,正式提出要匈奴割让那块土地。乌珠留若鞮单于回答说:“自从呼韩邪单于同汉朝和亲以来,我们父子兄弟已经相传五代,一直同汉朝友好相处。没有想到我即位后,汉朝就提出领土要求。我已经问过温偶駼王,他说匈奴西部各部酋长的穹庐、车辆,都是采用那里木材制做的。那里是先父留下的土地,我不敢让它失去。”随后,乌珠留若鞮单于派使臣持书赴汉朝,向汉成帝报告夏侯藩索求土地的情况。

汉成帝自知理亏,下令将夏侯藩调任济南郡(治所东平陵县,位于今山东省章丘市西)太守(行政长官),并亲自给乌珠留若鞮单于回信说:“夏侯藩擅自假传诏令,向单于要求土地,依法应当处死。因我朝刚刚发布大赦令,故赦免其死罪,将他贬到地方任职,今后不准他再出使匈奴。"

据《通鉴纪事本末》卷四·匈奴归汉

【简评】

乌珠留若鞮单于面对西汉使臣索地要求，以维护两国友好为重，没有当场拒绝，而是留下空间让汉朝君臣反思。当汉使再次对匈奴领土提出要求时，乌珠留若鞮以道义说服汉成帝，稳妥地守住那块土地。

赵咨壮言答魏帝

魏[①]黄初二年(221 年)七月,蜀[②]先主刘备率领四万余名官兵讨伐南昌侯孙权,以报其强夺荆州击杀关羽[③]之仇。孙权派人向蜀先主求和遭到拒绝,转而派人出使魏国,向魏文帝曹丕(曹操之子)称臣。十一月,魏文帝封孙权为吴王。随后,吴王孙权派遣中大夫(主事出使的官员)赵咨出使魏国答谢。

魏文帝接见赵咨时,向他问道:"你们吴王能算得上几等君主啊?"赵咨答道:"吴王是聪明仁智具有雄才大略的君主。"魏文帝说:"何以见得?"赵咨回答说:"吴王从众多书生中选用鲁肃为高参,证明他目光敏锐;在数十万官兵中提拔吕蒙为统帅,显示吴王识人明达;从关羽那里获得贵国将领于禁而没有把他杀死,足见吴王仁义;夺取荆州而兵不血刃,可以看出他非凡的智谋;吴王占据扬、荆、交三州(位于今江南、华南至越南中部地区)而虎视天下,不愧是当今天下的大英雄;而屈身向陛下称臣,是吴王高超的策略。"

---

① 三国之一,都洛阳,位于今河南省洛阳市。

② 三国之一,都成都,位于今四川省成都市。

③ 东汉建安十五年(210 年),孙权为联合刘备共同抗御丞相曹操大军,将荆州(治所位于今湖北省荆州市)借给刘备驻守。之后,刘备和其军师诸葛亮先后离开荆州进入蜀地,留荡寇将军关羽镇守荆州。建安二十四年(219 年),关羽领兵北上围攻曹军占领的樊城(位于今湖北省襄樊市),俘获曹操部将于禁。曹操派人唆使孙权袭击荆州以减缓其军事压力。孙权乘机派兵夺回荆州并击杀率部南返的关羽,将于禁放还曹军。

魏文帝向来以熟读诗书自矜,接着问道:"吴王很有学问吧?"赵咨回答说:"吴王拥有战舰万艘,雄兵百万,选贤任能,胸怀大略,一有空闲,便博览经史,学习古人治国安邦的经验。他爱好读书,只是不像有的书生那样寻章摘句而已。"

魏文帝转而问道:"吴国可以征服吧?"赵咨回答说:"大国虽有征战的部队,小国自有坚固的防御。谁想征服吴国,恐怕不是一件容易的事!"

魏文帝进一步问道:"吴国怕不怕魏国啊?"赵咨答道:"吴国有精兵百万,又有长江、汉水这样的天险为防线,谁也不怕!"

赵咨不畏强势,对答如流,使魏文帝由衷佩服。魏文帝认为赵咨是个人才,向他问道:"吴国像你这样的人才有几个?"赵咨回答说:"才智特别出众的至少也有八、九十人。像我这样平庸无能的人,成车成车的装,也装不下,数不胜数啊!"

魏文帝本想威慑一下赵咨,结果反而自讨没趣。

据《资治通鉴》卷六十九·魏纪一黄初二年

《通鉴纪事本末》卷九·刘备据蜀

卷十·吴蜀通好

【简评】

面临刘备大军压境,孙权求和不成被迫向魏帝曹丕称臣,受封吴王。吴王派赵咨使魏致谢。曹丕没有把赵咨看在眼里,一连提出许多问题加以刁难。赵咨不为所屈,以豪壮的言辞回敬魏文帝,张扬吴国君臣的志气,以外交舌战打了一次胜仗。

郑元璹说退突厥军

唐武德三年(620 年)七月,原隋朝土豪梁师都在夏州(治所位于今陕西省靖边县北白城子)自称梁帝,派其尚书(朝廷部门长官)陆季览出使突厥①,劝说叱罗(《通鉴纪事本末》记作处罗)可汗(国王)乘唐朝尚未平定天下之机,发兵向南,夺取中原,并表示愿意充当突厥大军南下的向导。叱罗可汗欣然答应。

当年十一月,叱罗可汗派兵侵犯唐晋州(治所位于今山西省临汾市)、汾州(治所位于今山西省汾阳市),他自己则准备亲率骑兵攻打并州(治所位于今山西省太原市)。大敌当前,唐高祖李渊派遣太常卿(主管礼仪、教育)兼参旗将军郑元璹率团出使突厥,劝说叱罗可汗退兵。

郑元璹一行抵达突厥可汗庭后,向叱罗可汗晓以利害,劝告他以两国友好为重,把军队撤回去。叱罗可汗拒不答应。没过多久,叱罗可汗突然患病,经多方治疗其病情没有好转。突厥大臣怀疑是郑元璹派人毒害的,把郑元璹囚禁起来,不让他回国。

叱罗可汗去世后,其弟咄苾继位为颉利可汗,继续不断派兵南下。唐高祖先后又派汉阳公李瓌、左骁卫大将军长孙顺德出使突厥,也均被扣留。颉利可汗逼迫郑元璹"随其牙帐",他走到哪里,

---

① 唐北方邻国,可汗庭设郁督军山,位于今蒙古杭爱山东段。

就把郑元璹囚禁在那里。

武德五年(622 年)三月,唐高祖派遣使臣去突厥,给颉利可汗送去贵重礼物,并许愿与其通婚,颉利可汗才将郑元璹等人释放回国。郑元璹回到京都长安(位于今陕西省西安市)后,唐高祖亲自慰劳他,称赞说:“你远赴突厥,被他们拘禁好几年,不愧是当代的苏武[①]啊!”唐高祖随即提任郑元璹为鸿胪卿(主管邦交及少数民族事务)。

当年(622 年)夏天,唐军与突厥军在新城(位于山西省太原市北)、忻州(位于今山西省忻州市)交战。八月,突厥颉利可汗派出数十万骑兵入侵并州,从介休(位于今山西省介休市)到晋州数百里山谷地带,都被突厥骑兵占领。唐朝廷大为震动。当时,郑元璹正在家乡为母亲治丧。唐高祖紧急召见郑元璹,派他出使突厥讲和。

郑元璹火速抵达突厥,以礼进见颉利可汗。颉利可汗责怪唐朝违背盟约。郑元璹随机应对,反过来历数突厥屡次背约的事实,说得颉利可汗及其大臣哑口无言。

接着,郑元璹单独会见颉利可汗,对他说:“汉地与突厥风俗和气候都不一样。汉人如果取得突厥,尚且不能在突厥久留;突厥取得汉地又有什么用呢?再说,可汗您兴师动众,南征将士们掠夺的财物都归了他们自己,可汗从中却一点好处也没有得到。与其这样,还不如早些把军马撤回来,派遣使臣与唐朝谈和。唐朝将会给

---

① 西汉天汉元年(前 100 年),苏武时任中郎将(警卫部队将领),奉命出使匈奴(汉朝北方邻国),被匈奴拘禁十九年,始终坚贞不屈,后得以返回汉朝。

可汗送来贵重的财物。可汗用不着劳神，坐在家里就能获得您所想要的东西，这何乐而不为呢？再说，大唐皇帝建国后即与可汗结为兄弟，互派使臣，来往不断。眼下，可汗出兵是舍善取怨，何苦呢?”

颉利可汗认为郑元璹说的有道理，随即下令将入侵的数十万大军撤回。秦王李世民(唐高祖第二子)当时在东北方前线担任平叛统帅，听说郑元璹出使成功，写信称赞他“使边亭息警，爟火不然”。

据《旧唐书》卷六十二·郑元璹传

《通鉴纪事本末》卷二十八·太宗平突厥

【简评】

唐朝建立之初，郑元□说服突厥颉利可汗退军，在一个时期内解除唐北部边区面临的威胁，有利于唐朝廷集中力量平定内乱，巩固其政权。

药子昂拒不蹈舞

唐宝应元年(762 年)四月,唐肃宗李亨去世,太子李豫继位为唐代宗。当时,安史之乱尚未完全平息,史朝义仍占据洛阳称帝①。唐代宗派遣中使(皇帝从宫中派出的使臣)刘清潭出使回纥②,重温两国间的友好关系,并请回纥出兵帮助平叛。

在此之前,史朝义已派人送信给回纥登里可汗,称唐肃宗已死,唐朝国乱无主,引诱回纥派兵南下收取各地库藏财物。登里可汗随即领兵进抵三城(位于今陕西省延安市东南)以北。他见所过州县都没有唐军镇守,派兵向北占领唐单于都护府(位于今内蒙古和林格尔县土城子)兵马粮仓。

八月,刘清潭持国书见到登里可汗。登里可汗对刘清潭据傲无礼,轻视唐朝的态度溢于言表。

刘清潭派人密报唐朝廷,称登里可汗为史朝义所诱,“倾国自

---

① 唐天宝十四载(755 年)十一月,范阳(治所位于今北京市区)等三镇节度使(军政长官)安禄山及其部将史思明发动叛乱,攻入东京洛阳(位于今河南省洛阳市)。天宝十五载(756 年),安禄山称帝,领兵进逼京都长安(位于今陕西省西安市)。七月,唐玄宗逃入蜀(位于今四川省),退称太上皇,太子李亨在灵武(位于今宁夏区灵武市西南)即位为唐肃宗。至德二载(757 年),安禄山被其子安庆绪杀死,朝廷军收复两京,安庆绪率部退至邺郡(治所位于今河南省安阳市)。乾元二年(759 年),史思明杀安庆绪,称帝,叛军再度占据洛阳及附近州县。上元二年(761 年),史朝义杀死其父史思明,称帝。

② 唐北方邻国,可汗(国王)牙帐设在乌德健山位于今蒙古国哈拉和林西北。唐至德二载(757 年),回纥曾出兵支援唐朝廷军收复两京。

来,有众十万”。唐代宗大为惊恐,连忙派殿中监(主管宫廷供奉及礼仪)药子昂率领使团驰马前去登里可汗行营慰问。药子昂抵达设在太原(位于今山西省太原市)以北至忻州(位于今山西忻州市)的回纥军营后,暗中派人侦探核实,获悉登里可汗南下所率兵士不过四千人,加上老弱妇女也只有一万多人。

当初,唐铁勒仆固部(游牧区位于今蒙古国土拉河以北)将领仆固怀恩为了从回纥借兵平叛,将女儿嫁给登里可汗为可敦(皇后)。此次,仆固怀恩的女儿随登里可汗一起南下。唐代宗令时任朔方(治所位于今宁夏区灵武市西南)节度使仆固怀恩从汾州(治所位于今山西省汾阳市)平叛前线去太原(位于今山西省太原市),会见登里可汗,劝告他不要忘记唐朝的恩惠,不可违背同唐朝的友好盟约。经仆固怀恩劝说,登里可汗有所收敛,答应配合唐朝廷军参加平叛。药子昂向登里可汗提出三条路线入援,登里可汗选取从陕州(治所位于今河南省陕县)进军,屯驻黄河以北。

唐代宗随即令其长子雍王李适为兵马元帅,率领药子昂、右羽林卫将军(警卫部队将领)魏琚、中书舍人(负责接收奏章,拟草诏书)韦少华、御史中丞(最高监察机关副长官)李进等人去陕州,会见登里可汗,共商平叛方略。

登里可汗对雍王李适一行态度十分傲慢,初一见面便责怪雍王没有在帐前向他蹈舞以行拜见之礼。

药子昂解释说:“唐朝先帝去世不久,还处在治丧期间,雍王是先帝嫡孙,按照礼仪是不能跳舞的。”

回纥宰相和车鼻将军当即反问道:“按照两国盟约,唐天子与登里可汗是兄弟关系,可汗与雍王即是叔侄关系,侄子见叔父是有礼节规定的,雍王怎能不向可汗施舞礼?”

药子昂当即反驳道:“雍王即是唐朝的太子①,将是中国未来的皇帝,哪有中国储君向外国可汗行蹈舞之礼的道理呢?”

双方各持己见,相持不下。

车鼻将军大为恼火,随即以武力逼迫,令人将药子昂、李进、韦少华、魏琚带到帐后,各打一百大板。韦少华和魏琚因伤势过重,当天夜里死去。登里可汗闻讯大惊。他自知理亏,随后以雍王年少还不懂事,将他和药子昂、李进等人放归唐朝军营。

雍王等人回到军营后,将士们为他们无故受到侮辱而愤愤不平,纷纷要求去围攻回纥可汗。雍王和药子昂等人以联合回纥消灭史朝义叛军的大局为重,劝慰将士们息怒。

当年十月,唐朝廷军在回纥军配合下收复洛阳,史朝义兵败北逃,被迫自杀,安史之乱得以平息。

据《旧唐书》卷一百二十一·仆固怀恩传

卷一百九十五·回纥

《新唐书》卷二百一十七上·回纥上

【简评】

唐朝廷军与安史叛军交战多年,已十分疲惫。史朝义乘唐肃宗去世引诱回纥登里可汗率部南下,刘清潭误报其为十万之众,唐朝廷大为震动。药子昂出使回纥,查清其只有四千名骑兵南下,使唐代宗等人松了一口气。仆固怀恩说服登里可汗配合唐朝廷平

① 当时,李适尚未立为太子。唐广德二年(764年),唐代宗将李适立为太子。

叛,登里可汗却无视唐朝廷派去协同其作战的将领,强逼雍王向其行舞礼。药子昂据理力争,宁死不屈,以致与之同行的韦少华、魏琚二人被打死。药子昂等人负伤返回军营后,唐军将士极为气愤,纷纷要求袭击登里可汗。药子昂以平叛大局为重,劝止将士。他以慎密、节义和大度赢得这场外交斗争的胜利。

富弼抗争契丹王

北宋庆历二年(1042年)三月,契丹[①]国王耶律宗真(辽兴宗)乘西夏[②]连年与北宋交战、北宋国力吃紧之机欲南下攻宋。他先派南院宣徽使(主管汉族地区邦交礼仪的官员)萧英(《宋史纪事本末》记作萧特末)、翰林学士(朝廷拟草诏书的官员)刘六符出使宋朝,索要瓦桥关(位于今河北省雄县西南)以南十县土地,企图以此挑起事端。宋仁宗赵祯令知制诰(负责拟草诏书的官员)富弼为接伴使(负责接待陪同外国来使),与中使(皇帝从宫中特派的使臣,多由宦官充任,其名不详)一道接待契丹使臣。

富弼等人迎见萧英一行时,萧英借口身体有病,不肯行拜见之礼。富弼责备他说:"我过去出使到达北朝时,卧病在车中,听说北朝使臣要转达贵国国王的旨意,强撑着起身下车。今天,宋朝皇帝的中使在此,而你作为北朝来使不肯拜见,是何道理?"萧英听富弼这么一说,连忙起身行拜见礼。

接着,富弼与萧英举行会谈。富弼敞开思想,坦陈己见,使萧英心悦诚服,不再隐瞒真情。他向富弼透露,契丹国王虽说索要土

---

① 又称辽国,上京位于今内蒙古巴林左旗南,中京位于今内蒙古宁城县。

② 北宋宝元元年(1038年),党项族首领李元昊(又名赵元昊)脱离宋朝,建国号大夏(西夏),称帝,都兴庆府(位于今宁夏区银川市)。此后,宋军与西夏军在好水川(位于今宁夏区隆德县西北)等地多次交战。

地,宋朝只要增加供给岁币或出嫁公主,便可满足契丹国王的要求,缓和边境紧张局势。富弼将这一信息报告宋仁宗。宋仁宗决定派遣使臣去契丹谈判。

宋朝大臣知道此次使命艰难而又危险,许多人畏葸不前,不敢受命出使。不久前,富弼负责纠察京都刑狱,发现宰相府官员伪装僧人替犯人传递书信,开封府不敢查办。富弼奏请将该违法官员逮捕入狱,由此得罪宰相吕夷简。吕夷简便向宋仁宗推荐让富弼出使契丹。

富弼接到命令后,当即入宫拜见宋仁宗,慨然受命说:“国家有事,皇上为之忧心,便是做臣子的耻辱。臣不敢贪生怕死,当赴此命!”宋仁宗被富弼的赤诚话语所感动,晋升他为枢密直学士(皇帝学术和军事顾问)。富弼辞谢说:“国家有急难,我理应不辞劳苦,怎能因此享受晋升官爵呢?”

六月,富弼一行抵达契丹上京。富弼在拜会契丹国王耶律宗真时问道:“宋朝与契丹缔结盟约①,君主父子相继,近四十年来一直友好相处,如今贵国大王怎么突然提出要宋朝割让瓦桥关以南十县之地?”

契丹国王自知理亏,推说大臣们主张发兵南下,而他主张先索还土地,等宋朝不愿还地再发兵,以此对富弼进行恫吓。

富弼当即指出:“贵国大臣无故挑起事端,完全是出于他们自

① 北宋景德元年(1004年)九月,辽军大举南下,进抵澶州(即澶渊郡,治所位于今河南省濮阳市)。宋宰相寇准等人指挥军队袭杀辽大将萧挞览,鼓动宋真宗北渡黄河登临澶州城。十二月,宋与辽订立盟约,宋每年向辽输送银十万两、绢二十万匹,以兄弟相称,史称“澶渊之盟”。

己的私利。他们主张发兵南下,是不惜牺牲兵士的生命去掠夺宋朝的财物,归为己有。按照盟约规定,宋朝每年如数供给贵国银和绢,归陛下和国库所有,他们当然不能直接得到好处。可是,不可忘记,当年契丹军队南侵,在澶州被宋朝军队打败,教训是沉痛的。如今,宋朝拥有疆域万里,精兵百万,北朝如出兵攻打宋朝,能一定获胜吗?继续通使盟好,这样对贵国大王有利啊!"富弼一番话,说得契丹国王连连点头称是。

过了一会,契丹国王又说:"不管怎么说,关南是我们祖宗拥有的故土,宋朝应当归还给我们。"

富弼回答说:"真要说起这块土地,话就长了。后晋皇帝用卢龙十六州贿赂贵国国王。后来,周世宗只取回关南之地①。这都是前代的事情啦。如果两国都要求收回原先属于自己的土地,难道对北朝有利?"

富弼出门后,契丹使臣刘六符再次向他提出:"我们国王对接受金币不满意,坚持要宋朝归还十县土地,你看怎么办?"

富弼回答说:"宋朝皇帝说过:'为祖宗守卫国家社稷,岂敢随意把土地给予他人!朕不忍心因战争伤害南北二朝百姓,所以委

---

① 后唐(五代之一)清泰三年(936年),河东(治所位于今山西省太原市)节度使(军政长官)石敬瑭受后唐末帝李从珂猜忌,以割让幽蓟十六州土地为条件,请求契丹国王耶律德光派兵援助他攻打李从珂。契丹得到十六州土地后,出兵攻灭后唐,扶持石敬塘建立后晋(五代之一),即位称帝。后周(五代之一)显德六年(959年),后周世宗柴荣领兵征讨契丹,夺取瓦桥(位于今河北省雄县西南)、益津(位于今河北省霸州市)、淤口(位于今河北省霸州市东信安镇)三关,本欲乘胜收取幽州(位于今北京市区),因病中止。第二年,原殿前都指挥使(警卫部队长官)赵匡胤发动政变,灭亡后周,建立宋朝。之后,该片土地一直维持原状。

屈自己,用金币来换取和平盟约。如果北朝一定要索取土地,那就是破坏盟约。北朝如挑起战争,过错不在我方,天地鬼神自有公论!'”刘六符听富弼这么说,支吾其词,转而对其助手说,要把南朝皇帝的态度奏报国王,使南北二主了解彼此的立场。

第二天,契丹国王邀请富弼同他一起狩猎,请富弼骑马和他靠近,对富弼说:“如果我能得到关南之地,两国之间可以长期友好。”富弼回答说:“如果北朝以得到土地为荣耀,南朝必然会以失去土地为耻辱。既然两国是兄弟关系,怎么能让一国获得荣耀而让另一国蒙受耻辱呢?”

契丹国王对富弼的回答表示赞同,不再提出领土要求,让富弼回国报告朝廷,愿意就增币或者和亲再举行会谈。不久,宋仁宗再次派遣富弼带着增币、和亲两套方案,持国书率使团赴契丹会谈。临行前,富弼奉命去宰相府接受口头指示。出使途中,富弼发现国书意见与宰相府口头指示不完全一致,连忙返京报告。富弼对宋仁宗说:“宰相这样做是故意陷害臣下,我为此而被处死倒不可惜,可惜是那样做会败坏国家的大事!”宋仁宗就此事询问参知政事(副宰相)晏殊。晏殊竟以“笔误”为吕夷简打掩护。

当年(1042年)九月,富弼一行抵达契丹京城。契丹国王不再提和亲一事,只想增币。富弼答应每年增银十万两、绢十万匹,契丹君臣同意,双方很快达成一致,但在讨论协议文书措词时却发生激烈的争论。

契丹国王提出把宋朝供给契丹的钱币称为“献”。富弼说:“南朝为兄,兄向弟怎么能称‘献’?”契丹国王说:“那就改称‘纳’。”富弼说:“兄弟之间也不可以称‘纳’。”

契丹国王的意见接连两次被富弼驳回,大为恼火。他向富弼威胁说:“南朝因为惧怕我,才送给我这么多钱帛,对于一个字,还有什么可争论的?如果我率军南下,可不要后悔!”

富弼寸步不让,声色俱厉地回答说:“宋朝兼爱北朝的军民,宁可刻苦自己而增加对北朝的供给,怎么能把我们的大度宽容视为惧怕?如果真的要相互用兵,那也将以是非曲直来决定胜负。但这不是本使臣所讨论的范围,也不是本使臣所愿看到的!”

契丹国王看到不能使富弼屈服,便转了个弯子,同意文书暂不定稿,决定另派使臣随富弼去宋朝,讨论文书定稿事宜。

富弼回国后,向宋仁宗报告说:“耶律宗真提出‘献’、‘纳’二字,我在他们那里以死抗争,拒不接受。他们的气焰已经被我挫伤,可以不答应他们。”可是,宋仁宗宁愿屈辱求安,对富弼的忠告听不进去。他竟然采纳晏殊的意见,同意称“纳”,将“纳”字写入向契丹增币的协议文书。

富弼为国使辽,义无反顾。第一次出使时,他得知自己一个女儿死了,没有为此草草了事,匆匆回国。第二次出使期间,家信报称夫人为他生了一个男孩,希望他尽快回国看望,富弼置之不顾。后来,富弼在契丹收到家信,总是不开封便把它烧掉。他对随行人员说:“看了家信,只会扰乱我的心意。”

据《宋史纪事本末》卷二十一·契丹盟好

《宋史》卷三百一十三·富弼传

【简评】

富弼在国家面临西夏、契丹双重军事威胁的情况下,不惧艰险,为国赴命,两度出使契丹。他不畏强敌,义正辞严以理折服契丹君臣。“富弼再盟契丹,能使南北之民数十年不见兵革。仁人之言,其利博哉”(《宋史》卷三百一十三)。

京镗拒不听乐

南宋淳熙十四年(1187 年)十月,太上皇赵构去世。金国[1]派遣特使来南宋吊丧。随后,宋孝宗赵昚令中书门下省检正诸房公事(宰相府负责监督各部门公务的官员)京镗以报谢使率团出使金国。

京镗一行抵达汴京(位于今河南省开封市,金国初期称北宋都城开封为汴京,定都中都后,改称汴京为南京)郊外时,金国郊劳使康元弼出城迎接,并按照金国迎接南宋使臣的惯例设宴招待京镗一行。京镗考虑国内还处于治丧期,请金国官员免设宴席。康元弼不肯答应。京镗给康元弼写去一封信,表示同意赴宴但请撤去音乐。他在信中说:我听说民间治丧期间,邻居不舂米,住在同一街巷的人不唱歌。这次,我奉命来报谢贵国,贵国使臣远道前来迎接并设宴招待,我们非常感谢。如果让我们在宴会上听音乐,违背传统的道德,就丧失了做臣子的节义。北朝官员怎能为了自己欢乐而让南朝使臣蒙受屈辱呢? 康元弼看了京镗的信不以为然,仍

---

① 女真族建立的国家,都会宁府(位于今黑龙江省阿城市南)。北宋靖康元年(1126 年)闰十一月,金军攻破宋都城开封(位于今河南省开封市),于次年四月掳太上皇(宋徽宗)和宋钦宗(宋徽宗长子)北去。五月,康王赵构(宋徽宗第九子)即位为宋高宗,携众臣南撤,后定都临安(位于今浙江省杭州市),史称南宋。金军南下占领淮河以北地区。金贞元元年(1153 年),金帝海陵王迁都中都(位于今北京市区)。

坚持原来的意见。

京镗一行到达宾馆住下后,负责接待的金国官员邀请他们赴宴。京镗再次声明:“如果不撤去音乐,我不便入席。”金国官员还是不松口,只是强劝京镗入宴。京镗坚决不肯赴宴,缓缓地说:“我的头可以拿去,但我绝对不听音乐。”说罢,京镗召唤其随从人员走出宾馆大门。金国兵士冲上来阻拦京镗并亮出匕首,京镗厉声将他们喝退。金国官员看到京镗不可屈服,答应将他的要求报告金国皇帝,并好言劝他们回到宾馆等候答复。

在滞留宾馆期间,京镗写诗自励,其诗写道:“鼎湖龙驭去无踪,三遣行人意则同。凶礼强更为吉礼,夷风终未变华风。设令耳与笙镛末,只愿身糜鼎镬中。已办淹留期得请,不辞筑馆汴江东”(上海古籍出版社《宋元笔记小说大观》五、宋·罗大经《鹤林玉露》卷五)。

金世宗完颜雍听了使臣奏报后,京镗不肯听乐,赞叹说:“此人是南朝的忠正之臣。”他随即下令撤去音乐。京镗一行在宾馆待了七天,终于得到金国官员满意的答复。

宋孝宗听说京镗在金国宁死不听音乐,非常高兴,对辅政的宰相说:“朝廷众臣平时谁不自称富有节义,但像京镗这样临危不变的又有几人?”

京镗回到临安后,向宋孝宗报告出使情况。宋孝宗慰劳他说:“你坚持礼仪为国家争气,我将怎么奖赏你?”京镗回答说:“金国人敬畏陛下的威德,不是怕我京镗,我即使死在金国,也是臣下应尽的职责,哪里谈得上受赏啊!”宋孝宗随即提任京镗为权工部侍郎(代理主管百工建造部门副长官)。

据《宋史》卷三百九十四·京镗传

卷二十四·高宗本纪一

卷三十三·孝宗本纪一

【简评】

宋孝宗即位(1162 年)后锐意收复中原。第二年,他令枢密使(最高军事机关长官)张浚统领军队北伐。北伐失败后,南宋被迫向金国求和,以侄叔相称。在这种背景下京镗出使金国,坚持以国丧不听音乐。他不畏强暴,大义凛然,其气节令金国君臣叹服。

索额图不再退让

清康熙二十四年(1685 年)五月,清军攻克被俄国军队侵占的雅克萨(位于今黑龙江省呼玛县漠河东黑龙江北岸俄罗斯境内阿尔巴津),并让俄国俘虏带去康熙帝致俄国沙皇的一封信,指出其兵士多次侵犯中国领土,建议双方派代表谈判解决边界争端。

康熙二十五年(1686 年)八月,俄国沙皇派外交官尼基弗尔·文纽科夫等携其答书到达清都城北京(位于今北京市区),表示愿意和谈。

康熙二十七年(1688 年)五月,领侍卫内大臣(主管警卫部队)索额图奉命率领使团赴中俄边境谈判。行前,康熙帝对索额图说:黑龙江左右均系我鄂伦春、赫哲等族祖居之地,如不尽行收回,边疆的民众终究不会安宁。朕以为尼布楚(位于今俄罗斯涅尔琴斯克)、雅克萨、黑龙江及流入此江的一河一溪,都是我国的领土,丝毫不可放弃给俄罗斯。如俄罗斯人同意我的意旨,你可与之划定疆界,准其通使贸易。否则,你们速即返还,不要再与他们议和。

六月,索额图一行经归化城(位于今内蒙古呼和浩特市)北行。因蒙古部族内战,索额图一行受阻。康熙帝传令索额图等人返回京都,并通知俄方会谈因故推迟。

康熙二十八年(1689 年)四月,俄国使臣洛吉诺夫来到北京,建议会谈地点放在尼布楚。康熙帝同意在尼布楚尽快与俄方举行双边会谈,并决定派索额图率团前往。

临行时,索额图请示康熙帝:是否按原来所说"尼布楚以内皆属我国"与之接谈。康熙帝答复说:若以尼布楚为界,俄国遣使贸易则无栖托之所,势必难以达成协议。你们开始与之谈判时,仍应坚持以尼布楚为界;俄国使者如果恳求尼布楚,可以额乐古纳河(位于今内蒙古自治区东北边境,与俄罗斯交界)为界。

清政府获悉俄方使团随带大批军人,即给使团配随行官兵一千四百名,另有一千五百名黑龙江官兵从水路前往尼布楚附近驻扎,并带上半年食品,以备不测。六月十五日,索额图率领外交使团抵达尼布楚。俄国谈判使臣戈洛文尚未到达,索额图当即向俄方致信敦促。

两天后,俄国信使卢托维诺夫携带戈洛文所写信件来到中国使团营地,说明俄国使团延误日期的原因,同时挑衅说:中国使团带来大批军人和物资,是不是要来打仗?又提出中国军队须退至额尔古纳河口,否则便不能举行谈判。对于俄方的无理指责,索额图一一给予驳斥。

七月六日,双方举行正式会谈。俄方代表固执争辩,称尼布楚、雅克萨是其先人开拓居住之地。索额图反驳说:"敖嫩河、尼布楚皆为我茂明安①等部原居住地;雅克萨为我虞人(主管山川水流的官员)阿尔巴西②部众原居住地。他们手无寸铁,因不堪忍受你国军士偷袭掠杀而内迁嫩江等地。由此,尼布楚、雅克萨被你国兵士占据。如今,你国如仍坚持强占我国领土,势必会引起军旅之争。"

---

① 元代部族名。明代,其部族游牧于额尔古纳河流域。
② 清达斡尔部首领。清顺治七年(1650年)年底,俄军将领带兵侵犯雅克萨,阿尔巴西曾率部英勇抵抗。

九日,双方举行第二次会谈。索额图在重申中方原则立场后作了让步,称考虑俄方已经在尼布楚、雅克萨筑城,中方如将其全部收回,会给俄方边界贸易带来困难,可以将尼布楚划归俄方。俄方代表戈洛文态度傲慢,得寸进尺,在索额图作出让步之后,仍然提出无理要求。索额图针锋相对,毫不示弱,当即宣布中止与俄方交涉,并下令拆除帐蓬,准备返回。谈判陷入僵局。经中方翻译葡萄牙传教士徐日升、法国传教士张诚等人斡旋,双方恢复谈判。

七月二十四日,双方达成协议,索额图代表清朝廷同俄方代表戈洛文签订《中俄尼布楚条约》。该条约规定:以格尔必齐河①至外兴安岭至海为界,岭南属中国,岭北属俄国;外兴安岭与乌第河之间地带留待后议;以额尔古纳河为界,南岸属中国,北岸属俄国;尼布楚及其以西地区划属俄国;俄军撤出雅克萨,并拆除在额尔古纳河南岸的全部据点。

二十六日,索额图一行离开尼布楚,于九月六日返回北京。

据《清通鉴》卷四十二·清圣祖康熙二十四年

卷四三·清圣祖康熙二十五年

卷四五·清圣祖康熙二十七年

卷四六·清圣祖康熙二十八年

【简评】

沙皇俄国势力东扩后,清东北地区与俄势力接壤地带一直存在边境争端。索额图奉康熙帝之命率团与俄方谈判,坚持摆事实

① 位于今俄罗斯境内黑龙江上游石勒喀河北支流,源于外兴安岭;南入石勒喀河。

讲道理,使对方理屈词穷。在考虑边境地区现状作适当让步后,针对俄方得寸进尺的无理要求,他毫不示弱,坚决顶住,完成了康熙帝交付的和谈使命。他代表清朝政府与俄方签订的《中俄尼布楚条约》,是中俄之间第一个边界条约,也是清朝与外国稀有签订的一个平等条约。条约签订后,中国东北边疆获得较长时间安定。

徐广缙不践前约

清道光二十二年(1842 年)七月,清朝廷派全权代表耆英与英国代表璞鼎查签订《南京条约》,被迫接受英方提出割让香港、赔款两千一百万银元的要求。条约还规定开放广州(位于今广东省广州市)等地为英国通商口岸。这一条款受到广州人民坚决抵制。他们自发组织武装民团,阻止英国商人入城。一连几年,英国商人不能入广州经商。

道光二十七年(1847 年)二月,英国公使德庇在多次请求让英国人进广州经商遭到拒绝后,率领兵船驶入虎门(位于今广东省广州市入海口)洋面以武力威胁。两广(位于今广东省、广西区)总督(军政长官)耆英许诺两年后让英国商人进城。

道光二十八年(1848 年)五月,英国驻香港总督兼驻华公使文翰两次照会新任两广总督徐广缙,要求中方于明年二月兑现前诺。徐广缙则以"广东民情剽悍,迥殊他省,不许外夷进城,妇孺同声",答复难以践约。

道光二十九年(1849 年)正月,徐广缙与文翰在虎门(位于今广东省广州市南珠江入海口处)会晤。徐广缙反复声明,广东民情浮动,英国人不便入城。文翰又以武力加以威胁,称"情愿助兵弹压",并扬言将驾驶兵船至天津诉诸清朝廷。

徐广缙将英方的态度报告朝廷后,道光帝给他下了一道秘密指令:允许英国人暂进一次城,以兑现原来说过的话,但不能从此出入如常。徐广缙等人接到这一指令后,当即上书道光帝说:"婉阻之未必遽开边衅,轻许之必至立启兵端。""阻其入城而有事,则众志成城","许其入城而有事,则人心瓦解,必至内外之交讧"。道光帝认为徐广缙分析得有道理,随即收回暂允英国人入城的指令。

当时,广州民众听说英国人要强行进城,怒火冲天,到处张贴反对英国人进城的标语,并组织有十万人参加的武装民团,以保卫广州。徐广缙秘密召集各团练头目,商议共同协防事宜;同时指使道员(职位介于省府、州府之间的行政长官)许祥光以城内士绅的名义致信文翰,指责他"谬执前约,而不深思远虑,不过欲以贵国体面,夸耀于人,以为入城则荣,不入城则辱耳。不知无端而招众怨,举足而蹈危机,是慕虚名而贾实祸,求荣反辱,智者必有所不为也。"

面对广州市民的反抗怒潮,文翰不肯让步。当年(1849年)三月七日,他亲自率领三只兵船和火轮船,从香港驶入珠江内河,放下小艇,故意在入海口处探测水的深度,以示威胁。广州市民毫不示弱,聚集在珠江两岸高呼口号,同仇敌忾,杀声震天。坐在船上的文翰为之震惊。

随后,广州商会宣布暂停同各国贸易,并通知美、法两国领事,指出这起事端是由英国人挑起的。英、美、法等国商人担心其商业利益受到损害,纷纷要求其领事出面斡旋。这样,文翰强行入城的图谋,受到其本国及美、法两国商人牵制。文翰无计可施,只好于三月二十二日照会徐广缙,要求恢复各国贸易,同意暂不讨论英国商人入广州城一事。

据《清史稿》卷三百九十四·徐广缙传

《清通鉴》卷一九九·清宣宗道光二十二年

卷二百四·清宣宗道光二十七年

卷二百六·清宣宗道光二十九年

【简评】

清朝廷同英国侵略者的代表签订丧权辱国的《南京条约》，激起全中国人民愤慨，广州市民自发组织民团，阻止英国商人入城。两广总督徐广缙坚决站在广州民众一边，不畏强暴，据理抗争，挫败英国侵略者强行入城的企图，其业绩该当载入中国人民反侵略斗争的史册。

曾纪泽赴俄改约

清同治三年(1864 年)九月,俄国派军队侵入中国塔城(位于今新疆塔城市)地区,威逼清政府同其签订《中俄勘分西北界约记》,强行从中国割占四十四万平方公里领土。此后,沙皇政府仍不满足,继续向中国扩张其势力。

同治十年(1871 年)五月,俄国七河省省长科夫帕科夫斯基领兵侵占中国伊犁(位于今新疆伊宁市)。

光绪四年(1878 年)五月,光绪帝任命总理各国事务大臣(朝廷主管外交事务的长官)崇厚为出使俄国全权大臣,率团与俄方进行谈判,相机达成收回伊犁的协议。崇厚抵达俄国后,寄回俄方所绘伊犁分界地图,朝廷答复"万不可许"。崇厚却违背朝廷这一指令,擅自于光绪五年(1879 年)八月同俄方在里瓦几亚(位于今乌克兰雅尔塔)签订《里瓦几亚条约》。该条约虽将伊犁归还中国,却将伊犁以南、以西数百里地划归俄国,致使伊犁三面皆为俄界,成为难以据守的孤城。

当年十二月,崇厚一行回到北京。清朝廷以"违训越权"罪下令将崇厚逮捕,处以斩监候(死缓);决定任命大理寺少卿(最高审判机关副长官)曾纪泽为出使俄国大臣,赴俄国商谈修改崇厚擅自签订的《里瓦几亚条约》。

曾纪泽是前两江(辖区位于今江西、江苏、安徽三省)总督(军政长官)曾国藩的长子,时任驻英国、法国公使。接到朝廷这一委任后,曾纪泽深感责任重大。他知道,即将面临的对手是北方强大的俄国,同俄国人会谈改约势必十分艰难。曾纪泽对将要会谈的问题进行排比,认为主要问题必须坚持,次要问题可作让步。他在给朝廷奏章中提出:“今欲收回伊犁并保全中俄二百年之和局,惟有就分界、通商、偿款三大端与俄人辩论。三端之中,偿款事最小,分界事最大,故分界自宜持以定力,百折不回,而通商各条,不防就其太甚者酌加更易,其余似宜从权应允,盖界务为永定之约,而通商条款日后尚可修订也。”朝廷答复原则同意。

光绪六年(1880 年)六月,曾纪泽一行由英国抵达俄国都城圣彼得堡(位于今俄罗斯圣彼得堡市),同俄外务大臣格尔斯首次会晤。格尔斯“面冷词横”,开始一口咬定说条约不可修改。接着,他又指责清朝廷未经同俄方会商修改条约,即问罪同俄方签约的全权公使,增兵设防,有意寻衅,对中国代表团“诘难良久”。

之后,曾纪泽奏告朝廷,俄方请求对崇厚予以宽免,作为圆场的第一步。清朝廷随即将崇厚释放。七月十七日,曾纪泽向俄国皇帝亚历山大二世递交国书。俄国皇帝听说崇厚获释较为满意,同意派格尔斯再作商议。

七月十八日,曾纪泽赴俄外务部同俄方会谈,递交节略(外交文书),主要内容为:请俄方归还中国伊犁全境;塔尔巴哈台及喀什噶尔[1]界务,由双方各派大臣面订;同意俄国在嘉峪关(位于今甘肃

---

① 清同治三年(1864 年),新疆发生内乱,俄军乘机将塔尔巴哈台(治所位于今新疆塔城市)、喀什噶尔(治所位于今新疆喀什市)占领,并安置俄国移民。

省嘉峪关市)设领事馆,其余暂不添设。俄方则坚持要求中国割让伊犁、扩大商务贸易,指责中方节略的立场已"无可和衷商议",并称已另派使臣(俄驻华公使布策)去北京。清朝廷听说"俄使布策挟兵船前来",一片惊慌。

八月十四日,曾纪泽去俄外务部会见其署(代理)外务大臣热梅尼(时格尔斯随俄皇亚历山大二世去黑海海滨休假),请他电奏俄国皇帝,留布策在俄商议,不必去北京。热梅尼推辞很久才同意奏报。十八日,俄外务部照会曾纪泽,答复俄国皇帝同意将布策召回,会谈仍在俄国进行。

随后,双方继续会谈。热梅尼声称:俄国皇帝将命海军大臣会同俄驻华公使向清朝廷提出最后警告,清朝廷应申明永远不向俄国索要伊犁。在俄方武力威胁面前,曾纪泽毫不退让,对其无理要求继然拒绝。他严正指出:倘若不幸两国有失和好,中国将动用武力向俄国索还土地。那样,索回的土地岂独是伊犁一地!

接着,俄方以派舰队护防为由,要求中国赔偿其军事耗费。曾纪泽质问道:"双方既然没有开战,又从哪里来的兵费?"俄方代表威胁道:"如不答应,则俄国正欲一战。"曾纪泽当即回答说:"打起来胜负难说,如果获胜方是中国的话,那么俄国也一样要赔偿中国兵费。"参加会谈的布策竟然挑衅问道:"中国沿海地方哪里可以割让?"曾纪泽明确回答:"中国土地断无再让之事!"

在以后的多次会谈中,俄方代表更加蛮横无理,甚至以去留对曾纪泽进行要挟。曾纪泽据理力争,毫不屈服,随机应变,有理有节。经过长达半年的唇枪舌剑,曾纪泽终于赢得俄方的让步,与格尔斯签订《中俄伊犁条约》(又称《圣彼得堡条约》)。按照该条约的规定,中国收回被俄国侵占的伊犁地区,并收回托克斯河流域(位于今新疆伊宁市北)二万多平方公里的领土。俄国要求在中国设立商务领事的地点,由七处减为二处。

《中俄伊犁条约》签署后,格尔斯由衷佩服曾纪泽的外交才能,称赞他不单在中国外交界是最为出众的人才,在欧洲也是很罕见的。英国驻俄公使亦对曾纪泽给予高度评价,称"凭外交之力从俄国,将已被占领的土地取回来,曾侯(纪泽)委实还是第一个做到这一件事情的人"(《清史通鉴》第七卷第四章三)。

据《清通鉴》卷二二一·清穆宗同治三年
卷二二八·清穆宗同治十年
卷二三五至二三八·清德宗光绪四年至光绪七年
彭钟麟主编《清史通鉴》第七卷第四章三、清廷收复伊犁

【简评】

俄国沙皇恃强侵占中国领土欲壑难填。他派兵侵占中国伊犁,且同中国使臣签订相关条约。在这种情况下,曾纪泽奉命使俄,提出修改条约,收回伊犁,无异于虎口夺食,其难度可想而知。曾纪泽不畏强敌恫吓,据理力争,改变了清廷同俄国的外交格局,收回被俄军侵占的伊犁等中国领土,其功勋永著史册。

三、见机行事不负使命

古代官员奉命出使，常常会遇到意想不到的情况、面临复杂的环境。为了完成肩负的外交使命，他们不辞艰辛，不避风险，朝乾夕惕，审时度势，见机行事，出奇制胜。他们的壮举不仅轰动一时，在某种意义上也改写了历史。

解扬诓楚抚宋

晋景公五年(前595年)夏天,楚国[1]派遣大臣申舟出使齐国[2]。申舟路过宋国[3]时因没有向宋国君臣申请借路而被杀害。楚庄王听说后大为恼火。九月,楚庄王亲自率领军队攻打宋国,将宋国都城商丘紧紧包围。

晋景公六年(前594年)春天,商丘城被楚军包围几个月后粮食吃光了,情况十分危急。宋文公派遣大臣乐婴齐向晋国[4]告急求援。

晋景公考虑晋国是宋国的盟国,想派兵救援宋国。大夫(朝廷中等级别的官员)伯宗以上天正在保佑楚国、救援宋国对晋国不利加以劝阻。晋景公接受伯宗的意见,决定暂不出兵救援宋国,但他心里感到不安,下令招募敢死勇士去宋国,假称晋国将要出兵援救,以安抚宋军坚持守卫商丘。霍地(位于今山西省霍州市)人解扬应招前往。

解扬受命后心想,他如果直接去商丘城下向宋军官兵喊话,必然会受到围城楚军的阻挠,只有先进入楚军军营才能有机会接近

---

① 春秋国名,都郢,位于今湖北省荆州市西北纪南城。
② 春秋诸侯国,都临淄,位于今山东省淄博市东。
③ 春秋诸侯国,都商丘,位于今河南省商丘市。
④ 春秋诸侯国,都绛,位于今山西省翼城县东南。

商丘城。他知道郑国[1]同楚国友好,路过郑国时故意让人抓捕,公然声称他受晋国国君派遣,要去宋国劝说宋军不要投降。于是,郑国人随即将解扬押送楚军军营。

楚庄王听说解扬身负晋景公使命,不仅没有虐待他,反而给予他重赏。楚庄王想要解扬背离其使命,以晋景公使臣的名义去劝说宋国君臣早日投降。开始,解扬故意不肯答应。楚庄王再三要挟,他才答应前往劝降。

楚国将士把解扬带上楼车,行驶到商丘城下,要他向守城宋军将士喊话。解扬乘机大声向城上喊道:“宋军将士们,我是晋国国君派来的使臣,晋国国君要我转告你们,千万不要向楚军投降,晋国援军马上就要开赴过来啦!”楚军将士听解扬这么一喊,无不大吃一惊。他们连忙将解扬拖下楼车带走。

楚庄王受到解扬诓骗极为恼火,怒吼着要杀死他。解扬毫不畏惧,自我辩解道:“君主的命令是义,臣子执行命令是信。我接受晋国国君的命令出国办事,宁肯身死,也不能背信弃义!”楚庄王向解扬质问道:“你既然答应了我,转而又背弃承诺,信在哪里?”

解扬坦诚答道:“我之所以答应大王,是想借用你们的楼车,以完成我国君主交给我的使命。”

楚庄王怒气冲冲,仍然要给解扬治罪。庄王的兄弟深为解扬对其国君的忠诚所感动,他们一起劝说庄王赦免解扬的罪过。这样,解扬才得以获释回国。

解扬回国后,将经过情况报告晋景公。晋景公对解扬不顾个

---

① 春秋诸侯国,都郑,位于今河南省新郑市。

人安危,随机应变,圆满完成使命大加赞赏,任命他为上卿(宰相)。

据《左传》宣公十四年

宣公十五年

《史记》卷四十二·郑世家

【简评】

商丘被楚军层层包围,解扬知道要完成晋景公交付的使命,必须先做楚军俘虏,这样才能乘楚军战车接近守在城上的宋军将士,显示其有胆有略。他不顾杀头的危险,诓骗楚王,登上楚军楼车,向守城宋军喊话,巧妙的完成了使命,不愧为笃守信义的英雄。

谅毅使秦王接见

秦国[1]军队攻取魏国[2]宁邑(位于今河南省获嘉县)后,各国都派遣使臣前往秦国祝贺(时间不详)。赵惠文王赵何(前298年--前266年在位)也派使臣前往祝贺,但接连派去三批使臣都没有受到秦昭王接见。赵惠文王极为忧虑,担心秦国会出兵攻打赵国[3]。他召集群臣征询对策,左右大臣建议说:"大王前三次派去的使臣没有受到秦昭王嬴稷接见,大概是人没有选准。有个叫谅毅的士人能言善辩,大王不妨派他再去秦国试试。"赵惠文王觉得这个意见值得考虑,随即召见谅毅,命他出使秦国。

谅毅接受使命抵达秦国后,向秦朝官员递交一封请求秦王接见的书信,信上说:大王获得宁邑,拓展了疆土,是件大喜事。敝国君王为您高兴,特意派使臣来向大王敬献礼品,表示祝贺,但三次想拜见大王,都没有被接见。这次,敝国国君派微臣来向大王祝贺。微臣请求大王开恩接见,不要拒绝赵国的友好情谊。如果赵国使臣有罪过,也希望能当面向大王请罪。

秦昭王看了谅毅的信后,派人转告谅毅说:"赵国凡事都得听我的,我才愿意接受赵国的祝贺。如果不能听从我,你还是回

---

① 战国七大国之一,都咸阳,位于今陕西省咸阳市东北。
② 战国七大国之一,都大梁,位于今河南省开封市。
③ 战国七大国之一,都邯郸,位于今河北省邯郸市。

去吧!"

谅毅请来人转奏秦王说:"我这次奉命而来,就是想听从大王的指令,哪里敢对抗呢?大王如果有令,我保证马上奉行,不敢有丝毫迟疑和怠慢。"于是,秦昭王下令召见谅毅。

秦昭王对谅毅说:"赵豹和平原君①多次欺骗寡人,请赵国把这两个人杀掉。不然的话,就让我率领诸侯大军在邯郸城下相见吧!"

谅毅赔笑说:"赵豹和平原君是敝国君王的同母弟弟,好比大王有叶阳君和泾阳君②两个弟弟一样。大王以孝悌闻名于天下,叶阳君、泾阳君拥有名贵的衣服、可口的佳肴、华丽的车辆,都是大王供给的。大王的兄弟情义是令人羡慕的。如果我接受大王这项命令,回去报告敝国君王,他因为害怕大王而不敢不执行命令,含着眼泪把他的亲弟弟杀死,那样,叶阳君和泾阳君听说后能不感到伤心吗?"

秦昭王被谅毅的话触动了,不再坚持要赵国杀死赵豹和平原君,但又提出不要让他俩参政。谅毅请秦王放心,表示一定把秦王的指令带回去报告赵王,不让赵豹和平原君参政。秦昭王十分高兴,接受谅毅奉送的贺礼并盛情款待了他。

据《战国策》卷二十一赵策四·秦攻魏取宁邑

《史记》卷五·秦本纪

卷四十三·赵世家

---

① 赵豹为赵惠文王同母弟,受封平阳君;平原君名赵胜,赵惠文王同母弟,时任赵国宰相。

② 叶阳君名嬴悝,秦昭王同母弟,受封于邓(位于今河南省漯河市东南);泾阳君名嬴市,秦昭王同母弟,受封于宛(位于今河南省南阳市)。

【简评】

战国后期,秦国成为七大国中最强的国家。赵国面临秦国的军事威胁,赵王乘秦国夺占宁邑之机靠拢秦王,受到秦王拒绝。谅毅奉赵王之命出使秦国,以计谋求得秦王接见,以情义与秦王沟通思想,在一定程度上缓解了两国间的紧张关系。

黄歇化险为夷

楚顷襄王二十一年(前 278 年),秦国[①]将军白起率兵攻取楚国都城郢(位于今湖北省荆州市西北纪南城),楚军溃败,楚国被迫将国都迁至陈(位于今河南省淮阳县)。第二年,秦军又接连攻取楚国的巫郡(位于今重庆市及湖北省清江上、中游地区)、黔中郡(位于今湖南省西部及贵州省东部)。楚国的领土丧失很多,境况十分危险。

楚顷襄王二十六年(前 273 年),秦昭王下令白起率领秦、韩[②]、魏[③]三国军队攻打楚国。三国联军开始聚集,尚未出发。这时,楚国使臣黄歇来到秦国。黄歇获悉这一情报后,深为楚国的生死存亡而忧虑,随即写信给秦昭王,劝其联合楚国,转攻韩国和魏国。

黄歇在信中说:《诗经》上说,大军不宜长途跋涉去攻打远方的军队。邻国才是不可忽视的真正的敌国。从前,吴国轻信越国而

---

① 都咸阳,位于今陕西省咸阳市东北。
② 都郑,位于今河南省新郑市。
③ 都大梁,位于今河南省开封市。

远攻齐国,虽在艾陵打了胜仗,后来反为越为所灭①。智氏轻信韩氏、魏氏,与之联合攻打赵氏,快胜利时,韩、魏背叛智氏,反将其杀死②。黄歇接着写道:“韩、魏之不亡,秦社稷之忧也。”“毁楚之强韩、魏也,臣为王虑而不取也”。“臣为王虑,莫若善楚”,而攻韩、魏。秦昭王看了黄歇这封信后,连连称是。他接受黄歇的建议,下令白起停止攻打楚国。后经黄歇斡旋,秦国同楚国结为联盟。

楚顷襄王二十七年(前 272 年),黄歇受任左徒(待从顾问官),奉楚倾襄王之命随从楚太子完去秦国做人质。此后,黄歇和太子完一直留居秦国。

楚顷襄王三十六年(前 263 年),楚顷襄王得了重病。太子完和黄歇此时仍然被留在秦国做人质,他们为不能回国探视顷襄王而十分焦急。黄歇心里清楚,眼下国内是阳文君的两个儿子(楚王族成员)在朝廷当政。太子完如不尽快赶回楚国,一旦顷襄王寿终,阳文君的儿子便会被群臣拥立为王。

如何才能让太子完从秦国脱身返回楚国呢?黄歇想到太子完

---

① 吴(都吴,位于今江苏省苏州市)、越(都会稽,位于今浙江省绍兴市)为春秋时期邻国。吴王夫差二年(前 494 年),越王勾践领兵攻打吴国,反被吴军击败。勾践向夫差称臣求和,暗中却积蓄力量伺机攻吴。吴王掉以轻心,于其在位第十二年(前 484 年)领兵北上,远攻齐国(都临淄,位于今山东省淄博市东),在艾陵(位于今山东省莱芜市东北)将齐军击败。吴王夫差二十二年(前 473 年),越国军队攻灭吴国(《史记》卷三十一·吴太伯世家)。

② 智伯(亦记作知伯)和韩康子、魏宣子、赵襄子是晋国(战国国名,都新田,位于今山西省曲沃县西北)四卿(宰相),分别占据晋国大部土地,控制朝政。晋出公二十年(前 455 年),智伯向赵襄子索要土地遭到拒绝,随即联合韩康子、魏宣子将赵襄子围困于晋阳(位于今山西省太原市),历时三年。后韩康子和魏宣子叛离智伯,联合赵襄子将智伯击杀(见本书《张孟谈解赵氏之围》)。

和秦国丞相范雎(应侯)关系密切,便设法求见范雎,对他说:“楚王的病看来是不会好了,秦国最好让太子完回国。太子完如果继承王位,一定会同秦国亲近,并永远感激您。如不让太子完回国,他今后不过就是咸阳的一个平民而已。楚国如果另立太子继承王位,必然不会诚心事奉秦国。请相国认真考虑这件事的利弊得失。”范雎把黄歇说的情况向秦昭王报告,秦昭王只同意让太子完的师傅(其名不详)先回去探望楚王病情,等他探望回来再说。于是,太子完师傅得以启程回国。

黄歇考虑,等太子完师傅从楚国探视回来,再决定太子完的去留,恐怕迟了,会耽误大事。他当机立断,劝太子完逃离秦国,自己留下来作掩护,情愿以死抵罪。太子完虽然不忍心让黄歇为他冒险遭祸,但也不得不同意他做出的这一抉择。他随即换上仆人的衣服,装扮成楚国使臣的车夫顺利驶出秦国关口,直奔楚国而去。

黄歇留守在宾馆里,对秦国人谎称太子完有病卧床,避免与外界接触。他估计太子完已经走远,秦国军队不能追上,便请求拜见秦昭王。黄歇对秦昭王说:“楚国太子已经回国。我罪该杀头,请求大王赐我一死。”秦昭王听说太子完不辞而走,勃然大怒,当即责令黄歇自杀。

范雎替黄歇讲情说:“黄歇作为人臣,情愿献身以效忠他的主人。楚太子一旦继位,一定会重用黄歇。这样看来,不如赦免黄歇的罪过,让他回到楚国,今后楚国会对我国更加亲善。”秦昭王听取范雎的意见,派人将黄歇送回楚国。

太子完回国后三个月,楚顷襄王去世,太子完继位为楚考烈王。楚考烈王即位后任命黄歇为宰相,封他为春申君。

据《史记》卷四十·楚世家

卷七十八·春申君列传

《资治通鉴》卷四·周纪四赧四十二年

卷五·周纪五赧王四十三年

【简评】

秦军攻占楚国都城郢以后,楚国被迫迁都陈。此时,楚国国势衰落,已不堪秦、韩、魏联军攻击。黄歇风闻三国联军将要攻楚,当即致信秦王,促成楚秦联盟,使楚国摆脱面临的危机。他侍奉太子完长期在秦国做人质,听说楚顷襄王病重,冒死掩护太子完回国继位,利用范雎的关系脱险回国,显示其处事果断而才智超人。

常惠屡挫匈奴

常惠是西汉太原(位于今山西省太原市)人,年少时家境贫困,饱经苦难。然而,他胸怀大志,自强不息。

西汉天汉元年(前 100 年)三月,常惠应朝廷招募,受命假吏(临时委任的官员),随同中郎将(警卫部队将领)苏武出使匈奴[①]。他们抵达匈奴后,由于副使张胜失误[②],苏武、常惠等人被匈奴分别囚禁在不同的地方。常惠同苏武一样,始终没有向匈奴人屈服。

汉昭帝即位(前 87 年)后,匈奴同汉朝恢复和亲。汉朝请匈奴将苏武等人释放回国,匈奴人谎称苏武已经死去,无意放还苏武等人。

始元六年(前 81 年)初,常惠获悉汉朝使臣(其名不详)来到匈奴,向看守他的匈奴人请求,在其监视下得以夜间见到汉朝使臣。常惠告诉汉朝来使:苏武还活着,被囚禁在北海(即今俄罗斯贝加尔湖)附近。为了使匈奴人承认这一事实,常惠给汉朝使臣出谋划

---

① 西汉北方邻国,其势力范围位于今辽河至帕米尔高原、长城至俄罗斯西伯利亚,单于(国王)庭位于今蒙古国乌兰巴托。

② 张胜进入匈奴后,私自接见其流亡在匈奴的故交虞常。虞常提出暗杀从汉朝叛逃到匈奴受封为丁灵王的卫律,借此希求汉朝奖赏他尚在国内的母亲和弟弟。张胜未向苏武报告,擅自答应虞常。之后,虞常因事被捕,将此预谋供出。匈奴且鞮侯单于下令将苏武所率使团一百多人全部扣留。

策,假称汉朝天子在上林苑(位于今陕西省西安市西渭水南)射落一只大雁,雁腿上系有苏武写在帛上的书信,报告他被匈奴人囚禁在北海。汉朝使臣按照常惠的计策质询匈奴单于,匈奴单于不得不承认苏武确实还被囚禁在北海,只好下令将苏武、常惠等人释放回国。汉昭帝奖励常惠的功勋,提任他为光禄大夫(主管朝廷议论的官员)。

本始二年(前72年),汉宣帝派遣常惠出使乌孙①。当初,汉武帝为了联合乌孙共同抗击匈奴,将汉朝解忧公主(楚王刘戊的孙女)嫁给乌孙昆莫(国王,亦称昆弥)军须靡为妻。军须靡去世后由其堂弟翁归靡继位昆莫,解忧公主随俗改嫁翁归靡为妻。常惠到达乌孙后,翁归靡和解忧公主向他诉称:"匈奴接连出动军队攻打乌孙,并派使臣来乌孙威胁,要劫持汉朝公主去匈奴。乌孙愿调集五万精锐骑兵,配合汉朝大军出击匈奴,请求汉朝天子出兵救助解忧公主和乌孙昆莫。"常惠派人以书信报告朝廷。

本始三年(前71年),汉宣帝调集十五万骑兵,分五路出击匈奴,并令常惠为校尉(领兵武官),持外交符节(用金属、玉等器物制作的外交官凭证)监护乌孙五万骑兵。匈奴单于听说汉朝与乌孙联合出兵,远遁北方。汉五路大军随即撤还。常惠监护的五万乌孙骑兵俘获匈奴单于的父亲、嫂嫂及匈奴将士三万九千人,缴获匈奴牛马骆驼五万余匹,羊六十余万只。匈奴的势力从此开始衰退。

出师获胜后,常惠没有再回乌孙,而取道回国。乌孙人盗走常惠的印绶(官印及包藏印章的绸带)和符节。常惠将丢失印绶、符

① 西域国名,位于今伊犁河流域至天山一带,都城赤谷,位于今吉尔吉斯斯坦国伊什提克。

节一事如实向朝廷奏报,准备接受治罪。汉宣帝接到常惠奏报,没有处罚他,以其立有大功,封他为长罗侯。

接着,汉宣帝再次派遣常惠出使乌孙,携金币去赏赐乌孙昆莫及其有功大臣。龟兹①人曾经杀死汉朝校尉赖丹②,凶手尚未得到惩处。常惠奏请趁此次出使乌孙的机会,顺便惩处龟兹凶手,汉宣帝没有同意。大将军(辅政大臣)霍光则授权常惠见机行事。

常惠率领使团及护卫兵士五百余人,完成赏赐乌孙昆莫及其有功大臣的使命后,引乌孙兵七千人,从西边邻近国家借调二万兵士,又令副使(其名不详)从龟兹东边的国家借调二万兵士,准备从三面围攻龟兹。

未出兵之前,常惠先派人去龟兹国会见其国王,追问汉朝校尉赖丹被杀的情况。龟兹王十分害怕,赶到常惠住所,求见常惠,赔礼说:“这是前任国王时期发生的事,是贵人姑翼误杀的,我没有罪。”常惠回答说:“既然如此,你把姑翼抓起来,交给我们,我就下令撤兵。”

龟兹王返回后令人将姑翼逮捕,送交常惠。常惠亲自审问姑翼,验明龟兹王所述情况属实,当即下令将姑翼斩首,为赖丹祭悼。然后,常惠传令各路大军撤回,率领使团返回汉朝。

据《汉书》卷五十四·苏武传

卷七十·常惠传

---

① 西域国名,位于今新疆库车县。

② 赖丹原为西域扜弥国(又名扜罙,王城位于今新疆于田县境内)王子,曾作为人质留龟兹。汉将李广利西征返回时将他带入汉朝。汉昭帝任命赖丹为校尉将军,让他主管轮台(位于今新疆轮台县)屯田,后被龟兹人杀害。

卷九十六下·西域传下·乌孙国

卷八·宣帝纪

【简评】

常惠随苏武出使匈奴被囚十九年,始终没有屈服。他设法见到西汉使臣,以奇谋妙计使苏武所率使团仅存的九人得以返回汉朝,令人为之感叹。之后,他两度奉命出使乌孙,奏请朝廷,出兵击败匈奴,使匈奴从此一蹶不振,解除其对乌孙乃至汉朝的威胁,功勋卓著。他顺便斩杀杀害汉朝校尉的龟兹凶手,对维护和巩固汉朝同西域各国的友好关系影响深远。常惠为西汉的外交斗争奉献了毕生精力,他的名字同苏武一样永载史册。

傅介子扬威楼兰

西汉,征和元年(前92年),楼兰国[①]国王去世。数年后,其继位国王又去世。匈奴[②]单于(国王)闻讯,派人将留在匈奴作人质的楼兰王子安归护送回国,立为楼兰王。西汉朝廷派使臣去楼兰,令楼兰新王安归去京都长安(位于今陕西省西安市)朝见汉朝天子。安归听信王后劝阻,推辞不肯去汉朝而亲附匈奴。后来,安归之弟尉屠耆逃离楼兰,投奔汉朝,告发安归曾勾结匈奴人,击杀汉朝出使西域路经楼兰的卫司马(警卫军军官)安乐、光禄大夫(主管议论朝政)忠、期门郎(警卫军军官)遂成等三名使臣,又曾拦截安息(位于今伊朗)、大宛(位于今乌兹别克斯坦)等进贡汉朝的财物。汉朝君臣对楼兰王安归十分痛恶。

元凤中(拟记作元凤三年,即前78年),骏马监(主管皇宫用马的官员)傅介子出使大宛,路经楼兰时斥责安归勾结匈奴击杀汉朝使臣。傅介子返至楼兰时,安归向他透露匈奴使臣在楼兰。傅介子随即率众将匈奴使臣击杀。为此汉昭帝升任傅介子为中郎(皇帝侍从警卫军官)、平乐监(其职不详)。

元凤四年(前77年),中郎(皇帝侍从警卫官)傅介子向辅政大

---

① 西域国名,位于今新疆若羌县。

② 国名,游牧区位于今内蒙古及其以北地区。当时,匈奴骑兵经常南下侵扰西汉北部边疆地区,且控制西域各国。

将军霍光请求出使楼兰,刺杀楼兰王安归,以显扬汉朝的威力。霍光将傅介子的意向报告汉昭帝。汉昭帝点头同意。

六月,傅介子一行抵达楼兰。楼兰王安归对他们的态度十分冷淡。傅介子没有机会接近安归,无法实施其计划。他索性装着不在意的样子,继续向西走。到达楼兰西部边境时,傅介子请随行的楼兰翻译回去报告国王,说他此行带来许多金币和丝绸,是分赐给西方各国的,楼兰王如果不来领取,他们就要向西去送给别的国家了。

说着,他向楼兰翻译展示金币和丝绸。楼兰翻译连忙赶回去向国王安归作了报告。安归贪图汉朝的财物,随即赶来会见傅介子等人。傅介子与安归共坐饮酒,故意将金币和丝绸摆在旁边。傅介子的随从人员极力劝楼兰王的侍从喝酒,把他们一一劝醉。

这时候,傅介子声称汉朝天子有话要传达给大王。说着,他招手要楼兰王进入后帐相告。楼兰王安归万万没有料到汉朝使臣暗藏杀机,起身跟随傅介子进入后帐。伏在后帐的两名勇士突然冲上来,用匕首刺穿安归胸部,当场将他刺死。安归的侍从人员见状大惊失色,四散逃亡。

傅介子随即带领随从人员返回楼兰都城,当着楼兰国文武大臣的面宣布安归的罪状,代表汉朝天子改立尉屠耆为楼兰王,并宣称汉朝大军随后就到,谁胆敢轻举妄动,就会招致灭族之祸。楼兰文武大臣俯首听命。

接着,西汉朝廷派使臣将尉屠耆火速护送回楼兰,立为国王,并将其国名由楼兰改为鄯善。汉昭帝下诏称傅介子"以直报怨,不烦师众",论功将他封为义阳侯。

据《汉书》卷七十·傅介子传

卷九十六上·西域传上·鄯善国

《资治通鉴》卷二十三·汉纪十五

汉昭帝元凤四年

【简评】

司马光对汉昭帝派遣傅介子刺杀楼兰王持有异议，认为："遣使者诱以金币而杀之，后有奉使诸国者，复可信乎！且以大汉之强而为盗贼之谋于蛮夷，不亦可羞哉！论者或美介子以为奇功，过矣"(《资治通鉴》卷二十三)。

来歙奋起刺隗嚣

东汉建武三年(公元27年),汉光武帝刘秀指挥各路大军基本平定中原。西部地区尚有占据蜀郡(治所位于今四川省成都市)的公孙述(字子阳)自称皇帝、占据天水(治所位于今甘肃省通渭县西北)的隗嚣自称西州上将军,不肯归附东汉朝廷。

汉光武帝为此十分焦虑。一次,他对太中大夫(侍从皇帝并参议朝政)来歙说:“如今,西州尚未归附朝廷,子阳在蜀称帝,两地偏远且道路不通。我多次考虑收服西州的方略,还没有想出可行的办法。该怎么办好呢?”来歙回答说:“我与隗嚣曾在长安[①]相识。隗嚣当初是以匡复汉朝的名义扩充势力的。我愿奉陛下亲笔信去西州招抚他,隗嚣见到诏令后将会拱手归顺朝廷。那样,公孙述就孤立了,消灭他的势力不在话下。”

十一月,汉光武帝派遣来歙率团前往招抚隗嚣。来歙等人抵达天水,隗嚣以礼接待。隗嚣看了汉光武帝亲笔信后有些犹豫不定,其心腹部属劝他与朝廷开通联系。于是,隗嚣随同来歙赴京都洛阳朝拜汉光武帝。汉光武帝对隗嚣施以特殊的礼遇,给予丰厚

---

① 长安为西汉都城,位于今陕西省西安市。西汉居摄三年(公元8年),录尚书事(丞相)摄行皇帝事王莽废黜太子刘婴,称帝,改国号为新。新地皇四年(公元23年),王莽兵败被杀。建武元年(公元25年),刘秀称帝,定都洛阳(位于今河南省洛阳市),史称东汉。

的赏赐加以慰藉。

建武四年(28 年)冬天,隗嚣派其绥德将军马援出使洛阳考察。马援认为汉光武帝气度恢弘,有汉高帝(刘邦)的遗风。此间,公孙述派数十万兵士从汉中(位于今陕西省安康市西北)进屯陈仓(位于今陕西省宝鸡市东)。隗嚣派兵配合汉朝将领冯异部众迎击公孙述军。汉光武帝写信对隗嚣加以赞赏,称"自今以后,手书相闻,勿用傍人间构之言"。

隗嚣虽与汉朝来往密切,仍未肯归顺汉朝廷。他常常自比西伯①,与其部将议论将要称王的事。

建武六年(30 年)四月,汉光武帝决定派军队取道陇西进攻蜀郡。为此,他派遣中郎将(警卫部队将领)来歙去天水向隗嚣说明情况,希望隗嚣能配合朝廷的军事行动。

来歙抵达天水后,向隗嚣传达汉光武帝的意旨。隗嚣疑虑重重,制造种种借口,迟迟不肯答应配合朝廷出兵。来歙性格刚毅,再也按捺不住心中的怒火,质问隗嚣说:"皇上以为你能明辨是非,懂得国家盛衰兴亡的道理,所以才亲笔写信给你,说明朝廷的决策。你既然把伯春(隗嚣之子隗恂,字伯春)派到京都作为人质,表明你对皇上忠诚,为什么又受小人的蛊惑,走自取灭亡的道路呢?"说着,来歙冲向隗嚣,企图把他刺死。隗嚣连忙闪身退入内室。隗嚣侍卫兵士举着武器围上来,叫喊着要杀死来歙,但没有人敢下手。来歙举着汉光武帝授予的符节从容不迫地步出殿堂,登车而去。

---

① 即姬昌,受商纣王封为西伯。他率部兼并诸侯国,为其子姬发后来灭商奠定基础。姬发灭商建周即位为周武王后,追封其父为周文王。

隗嚣听说来歙大摇大摆地离去,派兵把他所乘的车子围住。隗嚣的部将王遵劝解说:“君叔(来歙字君叔)远道出使而来,杀了他对汉朝没有什么损害,而我们却会遭到灭族之祸。从前,宋国捕杀楚国使者[①],遭到楚军围攻,宋国人被迫用人骨头作燃料,出现人吃人的情况。历史的教训不可忘记。再说,也要以伯春的生命为重啊!”隗嚣觉得王遵说的有道理,随即下令将来歙放归洛阳。

建武八年(32 年),来歙率兵击败隗嚣部众。第二年,隗嚣忧愤而死,其部众投降汉朝。

据《后汉书》卷十三·隗嚣传

卷十五·来歙传

《通鉴纪事本末》卷六·光武平陇蜀

【简评】

《后汉书》作者范晔认为:“世称来君叔天下信士。夫专使乎二国之间,岂厌诈谋哉?而能独以信称者,良其诚心在乎使两义俱安,而己不私其功也”(《后汉书》卷十五)。

清代学者王夫之认为:“来歙使隗嚣,愤然为危激之辞质责嚣,欲刺之,而嚣不能加害。史称歙有信义,言行不违,往来游说,皆可覆按,故西州士大夫敬爱而免之。信义之于人大矣哉”(《读通鉴论》)卷六·光武十八)。

---

① 楚国为春秋大国,都郢(位于今湖北省荆州市西北纪南城)。楚庄王十九年(前 595 年)九月,楚庄王派大臣申舟出使齐国(都临淄,位于今山东省淄博市),申舟路过宋国(都商丘,位于今河南省商丘市南)而没有申请借道,被宋国君臣派人杀死。楚庄王随即派兵围攻商丘。商丘被围九个月后,宋国君臣被迫向楚庄王求和。

梁琛以忠正应对

前秦[1]王苻坚图谋吞并前燕[2],不断派使臣去前燕刺探情况,伺机发兵。

前燕建熙十年(369 年)四月,东晋[3],大司马(名誉首席宰相)、都督中外诸军事(最高军事将领)桓温领兵攻打前燕。前燕许以割让虎牢月以西土地,请求前秦出兵救援。九月,前燕吴王慕容垂领兵将桓温部众击败。

此间,前燕派散骑侍郎(皇帝侍卫官)郝晷出使前秦。郝晷知道可足浑太后和太傅(宰相)慕容评把持朝政,燕国日益衰弱,不久将要亡国,暗中与其故友前秦宰相王猛勾结,向他泄露燕国许多机密,为自己日后铺路。

十月,给事黄门侍郎(皇帝侍从谏议官员)梁琛奉命率团出使前秦。梁琛抵达长安时,前秦王苻坚正在万年(位于今陕西省西安市东北)打猎。前秦王派人向梁琛传话,要他去猎场会面。梁琛对前秦官员说:"秦国使臣出使燕国,燕国国王领着群臣身穿朝服在宫廷会见。今天,秦王要在野外接见燕国使臣,我不敢从命。"前秦王只好特设行宫,让百官陪同,在行宫接见梁琛一行。

---

① 十六国之一,都邺城,位于今河北省临漳县西南。
② 十六国之一,都长安,位于今陕西省西安市。
③ 都建康,位于今江苏省南京市。

前秦王设宴招待梁琛等人,问及燕国有哪些贤臣,梁琛回答说:“上庸王太傅(宰相)慕容评辅佐王室德才完美,吴王车骑大将军慕容垂抗御外敌勇谋冠世,文官武将各得其所,民间没有被闲置不用的贤人。”

前秦尚书郎(朝廷部门内设机构长官)梁奕是梁琛的堂兄。前秦王要梁奕负责接待梁琛,安排梁琛住到梁奕家中。梁琛对前秦官员说:“从前,诸葛瑾出使蜀,与诸葛亮只在办公的朝廷相见,退朝后私下不再会面①,我对他们这样做十分钦佩。如今,我来到你们秦国,把我安排住到私人家里,我不敢接受。”前秦王认为梁琛说的有道理,只好令陪同官员把梁琛安排住进宾馆。

此后,梁奕多次来到梁琛住宿的宾馆,陪同他饮酒聊天。一次,他向梁琛问及前燕国内的情况,梁琛回答说:“我们兄弟俩是在燕、秦两个国家当官,各事其主。我要说燕国多么好,不是秦国人所想听到的;要说燕国怎么坏,又不是我这个做使臣的能说得出来的。兄哥,您用得着问这些吗?”从此,梁奕不好再向梁琛刺探前燕情况。

前秦王要其太子邀请梁琛会面。梁琛接到邀请后,答应前去拜访前秦太子。前秦官员暗示梁琛要向太子行叩拜礼,梁琛回答说:“太子不过是贵国天子的臣下,他不能把父王的大臣视为臣,何况是外国的大臣呢? 如果我见到秦国太子要叩拜,那么礼尚往来,秦国太子也要向我叩拜。这样做岂不是要委屈太子,给他增加麻

---

① 东汉建安二十年(215 年),驻守建业(位于今江苏省南京市)的行车骑将军孙权派其中司马(军事参谋长官)诸葛瑾出使蜀(位于今四川省)。益州(治所位于今四川省成都市)牧(行政长官)刘备的军师将军诸葛亮是诸葛瑾之弟。诸葛瑾与诸葛亮“俱公会相见,退无私面”(《三国志》卷五十二·诸葛瑾传)。

烦吗?”前秦官员不能强逼梁琛向太子下拜,只得将动议收回。

梁琛等人在前秦逗留一个多月。当他率团返抵邺城时,吴王慕容垂因受慕容评和可足浑太后迫害逃奔前秦。梁琛向朝廷奏报说:“秦国人急于窥探燕国的情况,他们同燕国和好不会长久,加之吴王投奔秦国,应及早加以防备。秦国宰相王猛有辅政才能,其人锐意进取,是燕国的心头之患。”前燕王慕容暐和慕容评对梁琛的建议不以为然。

梁琛出使前秦时,对副使苟纯尊重不够。每次外交活动,他事先不同苟纯通气,引起苟纯的忌恨。回国后,苟纯向前燕王诬告梁琛同王猛关系密切,有反叛的图谋。前燕王没有轻信苟纯的话。

建熙十一年(370 年)六月,前秦王苻坚令王猛率六万大军攻打前燕。十月,王猛率军进抵潞川(位于今山西省潞城市东北),与前燕军决战。前燕王想起梁琛曾称赞过王猛,转而对苟纯的谗告信以为真,下令将梁琛逮捕入狱。

十一月,前秦军队攻灭前燕,将梁琛从狱中解救出来。前秦王召见梁琛,向他问道:“你曾说慕容评、慕容垂是将相奇才,他们为何不能合力谋划,而使国家灭亡?”梁琛回答说:“国家的兴衰在于天意,不是这两个人所能改变的。”前秦王又问道:“你对燕国虽然忠诚,却不能保全自己,这难道明智吗?”梁琛答道:“作为臣子,最可贵的品格就是忠诚。我临危不改忠烈,不能说不明智。”前秦王为梁琛的忠义所感动,任命他为中书著作郎(主管编修国史)。

据《通鉴纪事本末》卷十五·桓温伐燕
苻秦灭燕
《晋书》卷一百十一·慕容暐载记

【简评】

梁琛出使前秦，以忠正应对，不辱使命。他将前秦图谋攻燕的种种迹象向朝廷报告，未能引起朝廷重视。他含冤入狱，乃至燕国灭亡，一直没有改变对国家的忠诚，难能可贵，前燕灭亡，梁琛可以隐退，他同郝晷一样入前秦做官，有损前节。

车僧朗舌战北魏官员

南朝宋[1]升明三年(479年)四月,相国(宰相)肖道成废杀宋顺帝刘准,改国号为齐,即位为齐高帝。冬天,北魏[2]派原南朝宋义阳王(宋王族内乱时北逃,北魏改封其为丹阳王)刘昶领兵进攻寿阳(位于今安徽省寿县西南),许诺让他返回江南重建宋朝。第二年,刘昶部众被南齐军队击败。

南朝齐建元三年(481年)七月,齐高帝为了向北魏"示以威怀",派遣后军参军(宫廷警卫部队军官)车僧朗出使北魏。车僧朗抵达北魏都城后,临朝听政的冯太后(北魏孝文帝时年十五岁)及辅政大臣对他很不友好,故意提出一些问题对他刁难。

北魏冯太后问道:"你们齐国国主,辅佐宋顺帝时间不长啊,为何又自己登上帝位?"

车僧朗答道:"这是很正常的事。远古时,虞和夏启登位,都是由他们自己革除旧的王位而即位的。曹魏(曹操)和司马晋(司马炎)也都是先辅佐前朝,后来占有江山的。时势不一样,怎么能千篇一律呢?应当说,当今齐国皇帝是顺应形势,委屈自己本意而执掌天下。"

北魏官员接着问道:"你们齐国国主有哪些功业?"

---

① 都建康,位于今江苏省南京市。
② 北朝之一,都平城,位于今山西省大同市东北。

车僧朗答道:“我国皇帝如同圣人一样宽厚仁慈,高瞻远瞩。他年少时就受到宋文帝器重,被召入皇宫担任警卫。泰始初年(465 年),他率兵向东,平定松兹侯刘子房等人的叛乱,向北击败薛索儿(北魏将领薛安都之侄)。他兼管军国大事,废掉暴戾滥杀的后废帝,尽力辅佐宋朝四十多年,历经无数风险,此功此德,何人能与他相比?”

北魏官员又问道:“南国没有齐地,怎么能称为齐朝?”

车僧朗答道:“营丘①连接大海,齐国的范围很大。宋朝开建时,就包括吕尚这块封地。如今齐地的青州(位于今山东省青州市)仍然是齐朝的地盘,怎么能说没有齐的土地呢?”

车僧朗对答如流,使北魏官员无话可说。

九月,北魏国主在平城南郊阅兵,设宴招待群臣和来宾,车僧朗应邀出席。北魏官员将车僧朗的坐席摆在殷灵诞②之下,车僧朗坚持不肯就席,对北魏官员说:“殷灵诞过去虽是宋朝的使臣,今天不过是齐朝的一个平民,请求魏国东道主还是按照礼仪重新安排我的坐席。”殷灵诞听他这么说十分恼火,当场就和车僧朗大吵一通。

丹阳王刘昶对南齐灭宋恨之入骨,他收买一个从南朝宋逃到北魏名叫解奉君的人,伺机对车僧朗下手。在当天的宴会上,解奉君随刘昶入席。席间,解奉君趁车僧朗不备,当场将他击杀。

---

① 西周初年,周武王封吕尚于齐,建都营丘(后改称临淄),位于今山东省淄博市东。

② 殷灵诞同苟昭先原受南朝宋朝廷派遣出使北魏。南朝宋灭亡后,他们滞留北方,并挑唆北魏人攻打南齐。

车僧朗作为南齐使臣被杀，使北魏君臣自感理亏。他们下令将解奉君逮捕并处死，用厚礼殡殓车僧朗，并派遣官员护送其灵柩南归，同时，将殷灵诞、苟昭先遣返南齐。

苟昭先将车僧朗出使及遇害情况奏报南齐朝廷。刚刚继位的齐武帝(齐高帝长子肖赜)深为悲痛，下令将殷灵诞关进监狱并处死，追授车僧朗为散骑侍郎。

据《南齐书》卷五十七·魏虏

《资治通鉴》卷一百三十五·齐纪一

【简评】

车僧朗美化齐高帝未必恰当，作为使臣的外交辞令尚可。他舌战北魏官员未曾词穷，不肯居于殷灵诞坐席之下言之有理。他出使被杀，北魏未敢轻率处置，反映其外交活动的影响不可低估。

杨荐大义说盟

西魏①大统六年(540 年),西魏文帝元宝炬皇后郁久闾氏因难产死去。郁久闾皇后是蠕蠕国②国王阿那瓌的长女。当初,西魏与蠕蠕联姻,是为了联合蠕蠕共同抗击东魏。郁久闾皇后去世后,西魏想同蠕蠕继续保持和亲关系,派遣仆射(副宰相)赵善出使蠕蠕聘婚。

此前,东魏派相府功曹参军(丞相府负责考察官员政绩的官员)张徽纂出使蠕蠕,诬称郁久闾皇后系西魏文帝害死,以离间蠕蠕与西魏的关系。阿那瓌信以为真,决定与西魏断绝,同东魏和亲。东魏随即答应将常山王元騭(传记不详,《北史》卷十五·常山王遵传,记其后代有元忠子陟)之妹乐安公主许给阿那瓌为妻。

赵善一行抵达夏州(位于今陕西省靖边县北)时,听说蠕蠕已背离西魏而同东魏和好,并声言要把西魏派去的使臣抓起来,吓得

---

① 北魏(都洛阳,位于今河南省洛阳市)永熙三年(534 年),大丞相高欢从晋阳(位于今山西省太原市)领军南下京都,孝武帝元修离开洛阳西逃,关西(指函谷关以西地区,函谷关位于今河南省新安县境内)大行台(最高行政机关派出机构长官)宇文泰将孝武帝迎入长安(位于今陕西省西安市)。高欢拥立时年十一岁的元善见(清河王元亶之子)为孝静帝,将国都由洛阳迁至邺城(位于今河北省临漳县西南),史称东魏。之后,宇文泰毒杀北魏孝武帝,拥立南阳王元宝炬为文帝,定都长安,史称西魏。北魏分化为相互对立的东魏、西魏。

② 又称柔然,游牧地位于今内蒙古及其以北地区,王庭设地位于今蒙古国车车尔格勒。

不敢再前进,匆忙退回长安。丞相宇文泰随即改派直阁将军(皇帝侍从警卫将领)杨荐率团出使蠕蠕,让他带上十斤黄金和三百匹绢绸,作为聘婚之礼。

杨荐抵达蠕蠕国后,拜见其国王阿那瓌,献上礼品,阐明来意。阿那瓌态度暧昧。杨荐劝诫阿那瓌不该食言背盟,转而改变语气,极力陈述蠕蠕与西魏继续和亲的好处,义正辞严,态度中肯。蠕蠕王被杨荐的一番话所感悟,决定继续与西魏和亲,并派遣使臣随同杨荐一道去西魏朝廷商谈联姻之事。

北周①保定三年(563 年),杨荐时任御伯大夫(侍从皇帝的高级官员),奉北周武帝宇文邕之命,率团出使突厥②,商谈迎立木杆可汗(国王)女儿为周武帝皇后事宜,以请突厥出兵与北周军队联合,攻打北齐。

北齐武成帝高湛闻讯极为恐惧,与驻守东部的突厥木杆可汗之弟地头可汗串通,随即也派遣使臣向木杆可汗求婚,并送去特别优厚的礼物。木杆可汗见到北齐的厚礼十分高兴,准备断绝与北周的关系,转与北齐联姻,并要把杨荐等人抓起来移送给北齐。

杨荐获悉这一情报后,沉着镇定,紧急求见木杆可汗,正告他说:"当年,我国太祖(西魏丞相宇文泰,死后被追认为周太祖)为了同可汗结盟友好,把投奔我国的几千名柔然人,全部交给可汗的使

---

① 西魏大统十六年(550 年),东魏丞相高洋废黜孝静帝元善见,称帝,改国号为齐,史称北齐。西魏恭帝三年(556 年),西魏中山公宇文护(宇文泰之侄)逼西魏恭帝拓跋廓(元廓)让位,立宇文觉(宇文泰之子)为帝,改国号为周,史称北周。

② 国名,原为柔然部族。西魏废帝元年(552 年),突厥部击破柔然(柔然王阿那瓌兵败自杀),建突厥国,可汗庭位于今蒙古国杭爱山东段。

者。对此,可汗当时非常满意。今天,可汗如果忘记过去的情义,做出有伤我们两国关系的事情,岂不是有愧于鬼神吗?”

木杆可汗见杨荐“辞气慷慨,涕泗横流”,为之动心,沉默良久,对杨荐说:“请贵国使臣不要有疑心,我们先应当共同去消灭东贼(北齐),然后再把我女儿嫁给贵国皇帝。”

杨荐完成使命后回国报告朝廷。当年冬天,突厥木杆可汗等率领军队配合北周军队攻打北齐。

据《北史》卷十三·西魏文帝悼皇后郁久闾氏传

卷六十九·杨荐传

卷九十八·蠕蠕

《通鉴纪事本末》卷二十四·周伐齐

【简评】

西魏(北周)与东魏(北齐)多次交战,势不两立。两国都想同北方的蠕蠕、突厥结盟以击败对方。能否与蠕蠕、突厥结盟,关系着两国的命运。杨荐作为西魏大臣,在蠕蠕已同东魏结盟的情况下,冒着生命危险,奉命出使蠕蠕,以大义说服蠕蠕王继续与西魏和亲;他作为北周大臣,奉命出使突厥,随机应变,以大义说服突厥可汗放弃与北齐联合的意向,同意与北周和亲,联合攻打北齐。他两度出使成功,改变了西魏和东魏、北周和北齐的力量对比,在一定程度上为北周最终灭亡北齐创造了外部条件。杨荐以国事为重,知难而上,临危不惧,其英雄气概令人钦佩。

长孙晟出使锄奸

北周[①]大成元年(579年)二月,突厥[②]佗钵可汗派使臣向北周求和。北周宣帝宇文赟决定将赵王宇文招(北周宣帝之叔)的女儿千金公主许配给突厥佗钵可汗为妻,以实现两国和亲。当月,北周宣帝将皇位传给年仅六岁的太子宇文衍(为北周静帝),自称天元皇帝。

大象二年(580年)五月,北周天元皇帝去世。六月,千金公主由司卫上士(皇帝警卫队长)长孙晟等人护送,远嫁突厥佗钵可汗。

当时,北周朝政大权控制在左大丞相杨坚手中。宇文氏王族痛恶杨坚专权,双方斗争日趋白热化。七月,赵王宇文招邀请杨坚去他家赴宴,准备乘机将杨坚杀死。宇文招设宴谋杀杨坚没有成功,之后,他和其儿子宇文员、宇文贯等人反被杨坚处死。千金公主闻讯后,对杨坚恨之入骨。

大定元年(581年)二月,杨坚废黜北周静帝,改国号为隋,即位为隋文帝。接着,隋文帝杀死废帝宇文衍及一大批原北周王族成员。由此,千金公主对隋文帝恨上加恨。

十二月,突厥佗钵可汗去世。千金公主随俗嫁给继位的沙钵略(佗钵可汗之子)可汗。千金公主深为北周王族绝灭而忧伤悲愤,极力请求沙钵略可汗出兵攻打隋朝,为她复仇。于是,突厥和

---

① 北朝之一,都长安,位于今陕西省西安市。

② 国名,可汗(国王)庭位于今蒙古国杭爱山东段。

隋朝两国边境地区开启战端。

隋开皇四年(584年)九月,因突厥军队数次被隋朝军队击败,沙钵略可汗向隋朝求和,千金公主也请求改姓杨,自称愿做隋文帝女儿。隋文帝同意他们的请求,改封千金公主为大义公主。

开皇九年(589年),隋军攻入南陈①都城建康,灭亡陈朝。

之后,隋文帝把陈后主陈叔宝用过的屏风赐给大义公主。大义公主览物伤情,在屏风上题了一首诗,以寄托对北周故国的怀念。诗中写道:"盛衰等朝暮,世道若浮萍。荣华实难守,池台终自平。富贵今何在?空事写丹青。杯酒恒无乐,弦歌讵有声!余本皇家子,飘流入虏庭。一朝睹成败,怀抱忽纵横"(《隋书》卷八十四·突厥)。隋文帝听说大义公主在屏风上题诗吐怨,十分反感,下令减少对她的赏赐。大义公主对隋文帝越发怨恨,与西部突厥泥利可汗串通,伺机举兵南攻隋朝。

开皇十三年(593年),隋朝流民杨钦逃入突厥,求见大义公主,谎称受彭公刘昶(其妻原为北周公主)派遣,请求突厥出兵攻打隋朝,刘昶和他的妻子在隋朝作内应。此时,大义公主已续嫁都蓝(沙钵略可汗之子)可汗,她将杨钦的话转告都蓝可汗。都蓝可汗对杨钦的话信以为真,不再按时向隋朝进贡,并不断派兵侵扰隋朝北部边境地区。

隋文帝很想了解突厥国内的变化情况,考虑车骑将军长孙晟当年护送大义公主出嫁曾在突厥留住一年,此后又多次出使突厥,对突厥可汗庭的官员比较熟悉,便派长孙晟再次率团出使突厥,观

① 南朝之一,都建康,位于今江苏省南京市。

察其动态。

长孙晟一行到达突厥后会见大义公主。大义公主出言不逊。不久,长孙晟发觉大义公主派她的情人安遂伽与杨钦密谋策划,煽动都蓝可汗发兵攻打隋朝。他迅速返回隋朝,向隋文帝报告上述情况。

隋文帝随即再派遣长孙晟出使突厥,请都蓝可汗把杨钦交出来,由长孙晟带回隋朝。没过两天,都蓝可汗答复长孙晟说,经过调查核实,外来人口中没有杨钦这个人。

长孙晟没有再说什么。他暗下贿赂突厥权贵,得知杨钦居住的场所。一天晚上,长孙晟带领其随行人员突然闯入杨钦住所,将其抓获。第二天,长孙晟将杨钦带去见都蓝可汗,揭露其破坏两国关系的罪行,同时又揭发大义公主与安遂伽私通的事实。突厥文武大臣舆论哗然,都为大义公主的不贞感到羞耻和愤慨。都蓝可汗随即下令逮捕安遂伽,将他和杨钦一并交给长孙晟处置。长孙晟将杨钦等人押回隋朝。

都蓝可汗对大义公主的不贞行为不肯饶恕。他先下令废黜大义公主的可敦(皇后)位,后来在一怒之下将大义公主杀死。

据《通鉴纪事本末》卷二十六·突厥朝隋
卷二十五·杨坚篡周
《隋书》卷八十四·突厥
卷五十一·长孙晟传

【简评】

千金公主原为北周公主远嫁突厥可汗,她与隋文帝杨坚有着杀亲灭国之仇。他们之间的个人恩怨,是非尚可讨论。千金公主由此而敌视隋文帝统治下的隋朝，蓄意破坏两国关系，则越出其报私怨的范围，害国害民。由于她的挑唆，突厥时常出兵侵扰隋北部边境地区，给当地民众带来灾难。长孙晟奉隋文帝之命出使突厥，设法抓获离间两国关系的奸人杨钦，揭露千金公主与人通奸的丑行，从而挫败千金公主借突厥军队复私仇的图谋，使隋与突厥关系得以改善。长孙晟胆大心细，出使锄奸，可谓传奇式英雄。

安兴贵卧底功成

唐①武德元年(618 年),原隋朝武威(即凉州,治所位于今甘肃省武威市)鹰扬府司马(将军府主要属官)李轨举兵占领张掖(治所位于今甘肃省张掖市)、枹罕(治所位于今甘肃省临夏市)、敦煌(治所位于今甘肃省敦煌市北)、西平(治所位于今青海省西宁市)等五郡。李轨自称大凉皇帝,不肯归附唐朝廷。唐高祖与群臣商量准备出兵攻打李轨。

武德二年(619 年)二月,流寓长安的凉州人安兴贵上书唐高祖,愿以祸福利害去说服李轨归顺唐朝。唐高祖当即接见安兴贵,对他上书之事大加赞赏,又感到他只身一人去招抚李轨难以成功,颇为疑虑地问道:“李轨拥有重兵,占据险要地势,又联合吐谷浑②。我想派兵去攻打他,还担心不能取胜,你仅凭一张嘴,怎能把他拿下来?”安兴贵回答说:“我家世代住在凉州,是凉州的豪门大族,当地老百姓都依附我的家族。我的弟弟安修仁眼下是李轨的大将,深受李轨信任。此外,我的家族中还有十几名弟子是李轨的亲信官员。我见到李轨,他如能听从我的规劝更好;如不听从,我就和家族兄弟聚众对他下手,也能够制服他。”唐高祖听安兴贵说得满

---

① 隋义宁二年(618 年)五月,隋恭帝杨侑(隋炀帝之孙)将皇位让给相国李渊。李渊改国号为唐,即位为唐高祖,定都长安,位于今陕西省西安市。

② 部族名,游牧区位于今青海省及甘肃省西北部。

有把握,便派他去见李轨。

安兴贵随即回到武威,拜见李轨而没有如实说明来意。李轨以为安兴贵是回乡投奔他的,便任命他为左右卫大将军(主管警卫部队)。安兴贵欣然接受这一要职,以便伺机向李轨进言。

一天,安兴贵瞅好一个机会,向李轨说起唐高祖已经平定中原地区,唐朝军队攻无不克,战无不胜,劝李轨举河西之地归附唐朝。李轨听他这么说十分反感,板起面孔反问道:“我凭借险要地势加固防守,唐朝再强大又能把我怎么样?你从唐朝来,是在为唐朝游说吧?”安兴贵见李轨没有归附唐朝之意,连忙改口说:“臣下全家享受陛下的荣禄,我怎么会去为唐朝效劳呢?臣只是随便说一下,陛下可不要记在心里哟!”李轨虽然怏怏不乐,但亦没有对安兴贵采取限制措施。

安兴贵摸清李轨的态度后,暗下和安修仁等人联络凉州各部起兵。五月庚辰日,安兴贵等领兵攻打李轨。李轨率部出城迎战失利,退守武威城。安兴贵随即率众赶到武威城下,大声向城内喊话说:“我是大唐朝派来的使臣,大唐朝派我带人来处死李轨,谁要是再帮助他,谁就要灭族!”李轨平时对部下寡恩少义,许多人本来就想背离他。听安兴贵这么一喊,李轨部众纷纷出城,投奔安兴贵。李轨见众人离散,无计可施,只好与妻子登上玉女台,饮酒诀别。

当天,安兴贵率众攻入武威城,将李轨活捉。接着,安兴贵率众将凉州五郡全部收归唐朝,并将李轨押送长安。

唐高祖对安兴贵神速收复凉州极为高兴,随即任命他为右武候大将军,封他为凉国公。

据《旧唐书》卷五十五·李轨传

《通鉴纪事本末》卷二十七·唐平河西

【简评】

唐朝建立之初,原隋朝一些将领(李轨为其中之一)不肯臣服,隋末农民起义军的一些首领割据一方,北方邻国突厥亦欲举兵南下,唐军的战线拉得很广,一时难以集中兵力消灭李轨势力。安兴贵主动请求出使凉州,隐蔽其身份充当李轨的大臣,暗中策动兵变,将李轨擒获,未用唐军一兵一卒,为唐朝平定凉州等五郡建立奇功。安兴贵固然才智卓越,李轨平庸寡谋亦显而易见。

裴行俭假使安边

唐调露元年(679年),西突厥[①]十姓可汗(十部族之王)阿史那都支联合吐蕃[②],出兵侵犯唐安西都护府(治所位于今新疆库车县)辖地。

六月,唐高宗召集群臣商议对策,多数人主张出兵讨伐。秦州(治所位于今甘肃省天水市)镇抚右军总管(右路军总指挥)裴行俭建议说:"去年,吐蕃发生叛乱,目前尚未完全平息,怎能在西方又开战场呢?听说波斯[③]国王不久前去世,他的儿子泥涅师尚在长安(唐都城,位于今陕西省西安市)充当人质,可以派遣使臣护送泥涅师回国,册立他为王。使臣率团路经西突厥和吐蕃时,因势利导,见机行事,很可能会得到我们的目的。"唐高宗接受裴行俭的意见,随即任命他为安抚大食(泛指今西亚阿拉伯国家)使,带着封授泥涅师为波斯王的册书,率团护送泥涅师西行回国。

裴行俭对西部地区十分熟悉。二十多年前(显庆二年,即657年),他在担任长安令(行政长官)时,因私下非议唐高宗废黜王皇后、改立武昭仪(武则天)为皇后,而被贬为西州(治所位于今新疆吐鲁番市东南高昌故城)都督府长史(将军府事务长官)。后来,裴

---

① 国名,其势力范围位于今新疆哈密市以西至里海,北达阿尔泰山以北,南至今新疆和田县一带。

② 部族名,位于今西藏地区。

③ 国名,位于今伊朗。

行俭在西部地区任职多年,由于政绩显著,屡经提任为安西大都护(朝廷派驻西部地区军政长官)。裴行俭在安西都护府所属各国、各部族广交朋友,深孚众望,“西域诸国多慕义归降”。麟德二年(665年),裴行俭在西部地区供职和生活八个年头后才奉调回京,受任吏部侍郎(朝廷主管官吏任免的部门副长官)。裴行俭在西部任职期间,和当地各部族的头领和民众结下深厚的友情。

七月,裴行俭一行抵达西州。当地官员和老百姓听说裴都护来到,奔走相告,纷纷赶到老远的郊外去迎接他。裴行俭很快从西州召集豪杰及其弟子一千多人,要他们跟随他向西去。转而,裴行俭又对众人说:“现在天气正热,等到秋天凉快时再动身。”阿史那都支听说裴行俭声称天热在西州住下,便没有对他加以防备,只是准备秋凉在裴行俭动身后拦阻他西行。

之后,裴行俭一一召见安西大都护府所属龟兹①、疏勒②、于阗③、碎叶④等四镇诸部酋长和豪杰,对他们说:“回忆过去,我们在这里交游,一直都很愉快。我虽然奉调回到京都,无时无刻不在挂念着你们。今天,我奉朝廷之命出使来到这里,想借这个机会作一次故地重游,你们谁能陪我一道去打猎啊?”裴行俭说过后,很快就有一万余众愿意随他西行出猎。

数日后,裴行俭带着这支游猎队伍,悄悄来到阿史那都支住地附近十余里处。裴行俭派人先向阿史那都支问安,说他出使波斯,

① 位于今新疆库车县。
② 位于今新疆喀什市。
③ 位于今新疆和田县。
④ 位于今吉尔吉斯斯坦国托克马克西南。

抽空来到这里休闲。接着,裴行俭派人召见阿史那都支。阿史那都支措手不及,只好应召率五百余名骑兵前来裴行俭营地拜访。裴行俭下令部众驱逐阿史那都支随行骑兵,将阿史那都支逮捕。当天,裴行俭又假传阿史那都支的契箭,诱捕前来接受阿史那都支命令的十部族酋长。接着,裴行俭下令将阿史那都支及其十部族酋长押往碎叶城,让泥涅师自己回国。

十一月,裴行俭率众将阿史那都支等人由碎叶城押至长安,唐高宗及朝廷众臣极为高兴。裴行俭向唐高宗奏告此次出使的经过情况,唐高宗当着众臣的面慰劳他说:“你只带领一小队人马,远涉万里,未伤一兵一卒便把凶恶的敌人制服了,没有辜负朕对你的重托啊!”唐高宗设宴招待裴行俭,对他说:“你文武双全,应该授予你两个职务。”于是,唐高宗任命裴行俭为礼部尚书(朝廷主管礼仪、教育的部门长官)兼检校(挂任而非实掌)右卫大将军(警卫部队高级将领)。

据《旧唐书》卷八十四·裴行俭传
《新唐书》卷一百八·裴行俭传
《资治通鉴》卷二百二·唐纪十八

【简评】

裴行俭当年在西部地区任职时,广施仁义,尽心尽力为当地民众兴利除弊,与各部首领和民众结下深厚的交情。以致多年后他借护送波斯王子回国的名义出使,尚能依靠西部地区民众的支持,以大智大勇活捉阿史那都支,使西部地区得以安定。裴行俭堪称治政安邦的杰出人才。《旧唐书》作者刘□称他“文雅方略,无谢昔贤,治戎安边,绰有心术,儒将之雄者也”(《旧唐书》卷八十四)。

辛仲甫豪答契丹王

北宋太平兴国二年(977 年)四月,契丹[1]派遣使臣耶律敞参加宋太祖赵匡胤葬礼。随后,宋太宗赵光义(宋太祖之弟)派遣起居舍人(负责记录皇帝言行的官员)辛仲甫出使契丹答谢。

契丹国王耶律贤(辽景宗)接见辛仲甫时问道:“听说宋朝有个叫党进[2]的人,是一名勇将。像党进这样的勇将,宋朝有几个?”辛仲甫回答说:“宋朝的名将很多,像党进这样受主帅指挥的勇将,在宋朝就不值得一提了!”

契丹国王对辛仲甫傲然夸口十分恼火,声言要把他扣下,不让他回国。辛仲甫据理力争说:“信使的任务在于完成使命,按照惯例不应被留在出使国。如果你们以扣留来逼迫我,我唯一的选择只能是以死报国。”契丹国王看到不能胁迫辛仲甫屈服,只好下令将他放行。

辛仲甫回国后向宋太宗奏报出使契丹情况。宋太宗高兴地对大臣们说:“辛仲甫出使异域,随机应变,无所畏惧,堪称不负使命。如果有更多的文臣武将能像他这样,我还有什么忧虑啊!”

---

① 又称辽国,都皇都,位于今内蒙古巴林左旗南。

② 北宋开宝二年(969 年),侍卫步军都指挥使(警卫军将领)党进率部随宋太祖攻打北汉(契丹属国,都太原,位于今山西省太原市),大败北汉勇将杨业,威震契丹。后来,党进又多次领兵进攻北汉,屡建战功(《宋史》卷二百六十·党进传)。

据《宋史纪事本末》卷十三·契丹和战

《宋史》卷二百六十六·辛仲甫传

【简评】

辛仲甫以壮言回答契丹王,挫伤其意欲入主中原的锐气。他誓死不屈,以道义折服对方,始终居于主动地位。

曹利用不作让步

北宋景德元年(1004 年)九月,契丹①军队大举南下。宋朝君臣大为震惊。参知政事(副宰相)王钦若建议宋真宗赵恒离开京都开封(位于今河南省开封市),去金陵(位于今江苏省南京市)暂住,工部侍郎(朝廷主管百工建造的部门副长官)陈尧叟则主张宋真宗退居成都(位于今四川省成都市)。宰相寇准力主抗战,称南退居策的人当斩,建议宋真宗亲领大军出征。经寇准积极鼓动,宋真宗下令将士奋起抗战。宋军在顺安军(治所位于今河北省高阳县东,军为宋朝行政建制)、保州(治所位于今河北省保定市)、定州(治所位于今河北省定州市)等地接连击败契丹军。契丹军被迫向宋军求和。

宋朝廷接受契丹求和,议论出使契丹人选。当时,鄜延路(治所位于今陕西省延安市)走马承受公事(朝廷派驻边境地区监察官吏及边事的官员)曹利用正在枢密院(最高军事机关)奏事。经枢密使(最高军事机关长官)王继英推荐,宋真宗任命曹利用为合门祗侯(主管朝会礼仪的官员)出使契丹。

临行前,宋真宗嘱咐曹利用说:"契丹军南下,无非是求地索

---

① 又称辽国,中京位于今内蒙古宁城县。

币。关南之地收回有很长时间了①,不可同意割让给契丹。"曹利用回答说:"契丹如果以无理要求强加于我朝,我不会活着回来!"宋真宗见曹利用出语雄壮无畏,十分高兴。

十月,曹利用率团抵达契丹军营,契丹国王耶律隆绪(辽圣宗,年少即位,一直由其母执政)的母亲萧太后亲自迎接曹利用下车,并设宴招待他们一行。宴会结束后,萧太后果然提出索要关南之地,曹利用当即予以拒绝。

十一月,宋真宗接受寇准的建议,从京都出发进抵韦城(位于今河南省滑县东南)。契丹元帅肖挞览领兵来攻,被宋军射杀。契丹军败退。宋真宗渡过黄河进入澶州(即澶渊郡,治所位于今河南省濮阳市)。不久,契丹数千名骑兵进逼澶州城下,寇准指挥守城官兵将其击败。

十二月,契丹派使臣韩杞持国书随曹利用来到澶州,请求订立和好盟约。曹利用向宋真宗报告契丹索要关南之地。宋真宗说:"契丹提出索要关南之地毫无道理,如果强行索要,朕当决战!如果要些财物倒可以商量,汉朝有用玉帛赐予匈奴②的先例。"寇准一直不同意与契丹讲和,他想要契丹向宋朝称臣并归还幽、蓟之地,

---

① 关即瓦桥关(位于今河北省雄县西南)。后唐(都洛阳,位于今河南省洛阳市)清泰三年(936年),河东(治所位于今山西省太原市)节度使(军政长官)石敬瑭为攻打后唐末帝,向契丹求援,将幽、蓟(位于今北京市及河北、山西两省部分地区)十六州割给契丹。契丹出兵帮助石敬瑭攻灭后唐。石敬瑭称帝,将国号改为晋,史称后晋(都汴,位于今河南省开封市)。后周(都汴)显德六年(959年),周世宗柴荣领兵夺回瓦桥关及其以南益津(位于今河北省霸州市)等地。他本欲乘胜将幽、蓟十六州全部夺回,因病中止。此后,北宋与契丹边境一直维持此状。

② 汉北方邻国,位于今内蒙古及其以北地区。

生怕向契丹退让会留下后患。在讨论对策时,寇准的立场受到主和大臣的攻击诽谤。在这种情况下,寇准作了退让,勉强同意与契丹讲和。

当月,宋真宗派遣曹利用再赴契丹军营谈和,授意可允诺每年向契丹进贡百万以下的财物。曹利用临行之前,寇准把他召到其住所,特意叮嘱他说:“虽然天子有旨意,你答应的数字如果超过三十万,我就要斩你的头!”

曹利用第二次抵达契丹军营后,萧太后再次提出领土要求。她说:“当初,后晋世祖(石敬瑭)有求于契丹时,我们出兵帮助他,他把关南之地划割给我们。后来,周世宗夺去这块土地。今天,应当把这块土地还给我们契丹。”曹利用回答说:“后晋人把关南之地割给契丹,后周人又把它夺取回来,这件事的来龙去脉,我们宋朝不知道。如果你们要求宋朝每年赠送一点财物以供养军队,我尚不敢保证我朝皇帝是否会同意。至于要求割让关南之地,我曹利用实在不敢将此事向我朝皇帝报告!”

这时,契丹政事舍人(负责呈递奏章、传达诏令的官员)高正始急忙走上前说道:“我们契丹大军南下,目的就是要收复关南故地。如果只得到一点金帛就把军队撤回去,我们怎么好向国人交待!”曹利用回答高正始说:“你得要为契丹好好考虑。如果契丹国王照你说的做,宋朝决不会答应。那样,两国恐怕年年都要打仗,不能停息。这对你们契丹有什么好处?”

契丹萧太后看到曹利用寸步不让,不可屈服,又另派监门卫大将军姚东之持书去宋军军营,继续索要关南之地。宋真宗断然加以拒绝。契丹萧太后无计可施,只好同意宋朝每年进贡十万两白银、二十万匹绢,与宋朝达成和好协议。曹利用带着草签的和约上奏后,得到宋真宗认可。宋朝与契丹正式签订和约,以兄弟相称,史称澶渊之盟。

之后,宋真宗率众臣返回京都,契丹撤军回国。

据《宋史》卷二百九十 · 曹利用传

《宋史纪事本末》卷二十一 · 契丹盟好

【简评】

大敌当前,是迎战,还是退让,决策者中历来有两种态度。寇准力主迎战契丹军,对于取得澶渊之战的胜利起到决定性作用。曹利用"慷慨有志操",与契丹君臣会谈据理力争,寸步不让。他"投身不测之渊,以口舌啖契丹,使河北七十年无锋镝之虞,勋业固伟矣"(《宋史》卷二百九十)。

张宗道笑斥夏臣

北宋庆历八年(1048 年)四月,宋仁宗赵祯册封已故西夏[1]国主李元昊的幼子李谅祚为西夏国主。

嘉祐七年(1062 年)六月,鄜廷(即鄜廷路,治所位于今陕西省延安市)经略司(军政长官官府)奏报,西夏改变某些地方建制名称,有背离宋朝的迹象。宋仁宗以赏赐李谅祚生日礼品的名义,派遣供备库副使(主管宫廷食品的副武官)张宗道出使西夏,对西夏境内发生的情况进行考察。

张宗道抵达西夏后,李谅祚派去接待他的官员(其名不详)很不礼貌。骑马上路,他要走在张宗道前面;入室就坐,他要坐在东边,处处总想占张宗道上风。一次,张宗道坚持要坐在左边,双方争执不下。

西夏陪伴官员说:“我作为主人,坐在左边,这是常规礼仪,上朝使臣对此还有什么不同见解?”

张宗道回答说:“我作为宋朝的使臣,与夏国主一同侍奉宋朝天子。即使夏国主亲临现场,也不能对我称主人。你作为陪伴官员,怎么能够自称主人呢?你应当遵循宋、夏两国例行的礼仪才对。”

---

① 国名。北宋景祐五年(1038 年),党项族首领李元昊称帝,建国号夏,史称西夏,都兴庆府,位于今宁夏区银川市。

西夏陪伴官员见张宗道不肯让步,威胁说:“量你有几个脑袋,敢与我这样争执!”

张宗道听到对方出言不逊,哈哈大笑道:“我张宗道只有一个脑袋。临来西夏前,我已经同家人交待了后事。现在,你想要我的脑袋,尽管拿去就是。我就是死了,也是死得其所。不过,我量你不敢轻易割下我的脑袋!”

西夏陪伴官员见张宗道从容自若,对他的恐吓毫不在乎,转而改口说:“翻译没有把我的话表达准确。我是说,我自己没有两个脑袋啊!”

张宗道当即问道:“翻译既然把你的话译错了,你为什么不斩下他的脑袋?”

翻译见张宗道满脸怒色,连忙劝解说:“宋、夏两国本来就和好,如同鱼和水的关系。”

张宗道接着说:“要说两国是鱼水关系,宋朝就是水,夏国便是鱼。水可以无鱼,鱼却不可以无水。”

西夏陪伴官员被张宗道说得哑口无言,不得不改变态度依礼让坐。

据辽沈书社白话《西夏纪事本末》

卷二十·谅祚淫狡

【简评】

外交礼仪中的称谓坐次,不仅反映使臣的地位,更重要的是代表国家的尊严。西夏接待官员处处想占上风,张宗道无所畏惧,寸步不让。西夏官员自知理亏,只好按照惯例以礼接待。

赵伦谎言脱身

金天会四年(1126 年)正月,金国[①]右副元帅斡离不(完颜宗望)领兵围攻北宋都城开封(位于今河南省开封市),以武力向宋朝廷提出割让太原、中山、河间三镇[②]的领土要求。并要宋朝派出亲王作人质。宋钦宗赵桓被迫同意将三镇割让给金国,派使臣同斡离不讲和,令肃王赵枢(宋钦宗之弟)留在金军军营作为人质,同时扣留金国使臣萧仲恭、副使赵伦为人质。之后,斡离不率军北撤。

赵伦惧怕被宋朝长期羁留会有不测之祸,于八月某日对陪同他的宋朝官员邢倞说:"辽国[③]的耶律余睹[④]对金国怀有二心,如今他仍然掌管其原来的部众,听说他愿意归顺宋朝,你们可以派我去同他联系,共同对付斡离不。"邢倞将赵伦说的这番话向朝廷作了报告。

宋朝廷分析认为:金正使萧仲恭原为辽天祚帝护卫太保(主管

---

① 都会宁府,位于今黑龙江省阿城市南。
② 太原镇治所位于今山西省太原市,中山镇治所位于今河北省定州市,河间镇治所位于今河北省河间市。
③ 都中京,位于今内蒙古宁城县。辽保大五年(1125 年),辽天祚帝被金军俘虏,国亡。
④ 原为辽国东路副都统(军事副将领),其妻为辽天祚帝文妃之妹。辽保大元年(1121 年),枢密使(最高军事机关长官)萧奉先诬告耶律余睹欲立文妃所生晋王耶律敖鲁斡为帝、尊天祚帝为太上皇。天祚帝信以为真,下令文妃自杀。耶律余睹害怕被杀,率部投降金国。

军政的大臣),亡国被俘,对金国怀有仇恨是很自然的。耶律余覩系被迫投附金国,故国之情也是难以泯灭的。赵伦作为副使,可以从正使那里得到这一信息。于是,宋朝廷对赵伦的话信以为真,决定派他①去秘密联络耶律余覩。

赵伦返回金军大营后,将宋朝的密信交给斡离不。斡离不随即将该信交给金太宗完颜晟。金太宗看信后大为恼火,认为宋朝没有和谈诚意,当即下令斡离不从保州(位于今河北省保定市)、左副元帅粘没喝(完颜宗翰)从云中(位于今山西省大同市)率东西两路大军再次南下。

第二年春天,金军攻破开封,将太上皇(宋徽宗)和宋钦宗等人掳至北方,北宋灭亡。

据《宋史纪事本末》卷五十六·金人入寇

【简评】

赵伦以谎言脱身并刺探到宋朝廷对金国的真实态度,显示其处事机敏。宋朝君臣轻信金国使臣,糊涂昏聩令人齿冷。金太宗本意是入主中原,金、宋谈和后,两军之间并未停战。赵伦将宋朝廷给耶律余□密信窃回,引发金军再度南下,导致北宋灭亡。

---

① 《续资治通鉴》卷九十七·宋纪九十七,记为赵伦行骗,萧仲恭接受宋朝廷蜡书返回,交给斡离不。

宋朝廷将写给耶律余覩的书信用蜡丸密封,交给赵伦,信上约请耶律余覩作为内应配合宋军袭击金军。宋朝廷还赏给赵伦一些银子和绢绸。赵伦借此得以从宋朝脱身。

速哥使金留心探路

蒙古①窝阔台汗二年(1230年)②十月,窝阔台汗意欲向南扩张领土,派遣侍从官速哥出使金国③,以侦察其虚实。

速哥临行时,窝阔台汗对他说:“如果你不得回来了,不要担忧你的子孙,我会让他们富贵的!”速哥拜谢说:“臣受命出使金国,纵使赴死,也是我的职责。奉陛下的威命出行,我没有什么可忧虑的!”窝阔台汗对速哥誓死赴命十分赞赏,把他心爱的一匹良马赏赐给速哥,让他出使骑行。

速哥南行路过崞州(治所位于今山西省原平市北)时,所乘骑的良马被当地人盗杀。他没有迟疑,继续南行。行抵黄河岸边,速哥被金国人抓住,囚禁在船上。七天以后,他才被放行到黄河南岸。

速哥到达金国都城汴京后,拜见金哀宗,对金国君臣说:“我蒙古国天子顾念你们金国土地日益缩小,民力日益疲惫,所以派我来

---

① 金泰和六年(1206年),蒙古族首领铁木真建立蒙古国,称成吉思汗(国王)。蒙古至元八年(1271年),忽必烈汗改国号为“大元”,定都大都(位于今北京市区)。

② 据《续资治通鉴》卷一百六十五·宋纪一百六十五绍定三年,速哥记作苏格。

③ 金贞祐二年(1214年),蒙古军队进逼金中都(位于今北京市区),金迁都汴京(位于今河南省开封市)。金天兴三年(1234年),蒙古与南宋(都临安,位于今浙江省杭州市)联军将金国攻灭。

传达命令。你们每年如能恭敬地献上钱物,和我国保持友好关系,就能转祸为福。”金国谒者(外交礼仪官员)见速哥出言不逊,强令他向金哀宗行跪拜礼。速哥回答说:“我是大国的使臣,怎么能够向你们屈服呢?”

金哀宗欣赏速哥的豪爽和胆识,令人拿来一只金杯,斟满酒,献给速哥。金哀宗对速哥说:“回去告诉你们国王,如果你们一定要对我金国施加武力,我只好率领精兵去迎战。至于每年奉献钱物的事,我没有听说过。”

在回国的路上,速哥假装疯颠,借以停留考察。他暗中记下金国同蒙古交界地区边防要塞、城郭位置以及金国民众的生活情况。

速哥回国后,把往返侦探到的金国情况向窝阔台汗作了详细报告,并且将带回的金杯献给窝阔台汗。窝阔台汗非常兴奋地说:“我将从你手中得到金国了!”说着,窝阔台汗把那只金杯赐给速哥。

据《元史》卷一百二十四·速哥传

【简评】

速哥奉命只身使金,克服路途险阻,向金国君臣传达窝阔台汗的意向,同时了解金国君臣的态度。他假装疯颠,摸清金国边境地区防务情况,为日后蒙军南下探明道路。

石天麟被羁谈祖宗

石天麟是元[①]顺州(位于今北京市顺义区)人,十四岁被选入朝廷,担任窝阔台汗(元太宗)警卫。他聪明好学,在国王身边有机会接触各种人才,得以学会许多国家的语言文字,成为朝廷内优秀的议政官员。后来,石天麟被任命为断事官(将军的属官),随宗王(其名不详)军队远征西域(泛指今甘肃省玉门市以西至中亚地区)。

蒙古蒙哥汗六年(1256 年),石天麟奉蒙哥汗(元宪宗)之命出使海都[②]部,招抚海都及其部众归附朝廷。石天麟从都城和林[③]出发,抵达海都的封地海押立之后,将国书交给海都。海都拒绝朝廷招抚,并下令将石天麟扣留,不准他返回。

---

① 金泰和六年(1206 年),蒙古族首领铁木真建立蒙古国,称成吉思汗(国王)。其活动中心位于今蒙古国鄂嫩河、克鲁伦河上游地区。蒙古成吉思汗九年(1214 年),蒙古军进逼金都城中都(位于今北京市区),金宣宗迁都南京(即汴京,位于今河南省开封市)。第二年,蒙古军攻占中都。蒙古至元八年(1271 年),忽必烈汗将国号改为“大元”,即元朝。第二年,元世祖忽必烈定都于大都(位于今北京市区)。

② 海都为元太宗窝阔台(元太祖成吉思汗之子)之孙。蒙哥(元太祖之孙、拖雷之子)继位为汗后,窝阔台系宗王失势,海都被封于海押立(位于今哈萨克斯坦国巴尔喀什湖和伊犁河之间)。元世祖忽必烈(元宪宗蒙哥之弟)即位后,海都联合窝阔台系诸王为盟主,背离朝廷而独立。元大德五年(1301 年),海都率部南下攻打元军,兵败负伤,死于归途。

③ 位于今蒙古国后杭爱省鄂尔浑河上游右岸厄尔德尼召北哈尔和林。

之后,海都的边防将领将蒙哥汗的儿子北安王抓住。海都下令将北安王和石天麟囚禁在一起。

日久天长,看守人员放松对石天麟的监控,使他有机会接近海都的亲信部属。石天麟经常同他们谈起老祖宗,从祖先的恩德,谈到民族的大义,谈到作为臣子逆顺朝廷的祸与福,使海都的亲信以致海都本人逐步受到感召而悔悟。海都同意将他和北安王放回。

元至元二十一年(1284 年),石天麟在海都部被拘禁二十八年后,终于同北安王一起回到朝廷。元世祖忽必烈非常高兴,高度赞赏石天麟出使的功劳,任命他为中书左丞(副宰相)。石天麟则以"奉使无状","才识浅薄,年力衰惫"加以谢辞。元世祖称赞石天麟忠诚,接受他的请求。

据《元史》卷一百五十三·石天麟传

【简评】

元朝建立过程中,王族内部纷争十分激烈。石天麟奉命出使海都部被扣二十八年,始终没有忘记身负的使命,坚持劝说海都及其部属归顺朝廷。他虽然最终未能说服海都,但其忠正大义却使海都等人受到感动。

杨善巧言应答

明正统十四年(1449 年)七月,瓦剌[①]太师(宰相)也先率军侵扰明朝北部边境地区。掌司礼监(宦官头目)王振怂恿明英宗朱祁镇亲率大军迎击瓦剌军。八月,明军在土木堡(位于今河北省怀来县东统漠镇)战败,明英宗被瓦剌军俘虏,王振被明军将士怒杀。

九月,郕王朱祁钰(明英宗异母弟,吴贤妃生)遵照孙太后(明宣宗皇后,明英宗养母)的旨意,即位为明景帝(明代宗),遥尊明英宗为太上皇。

景泰元年(1450 年)夏天,也先致信明朝廷,声称要释放明太上皇回国。明代宗在给也先的复信中没有表示欢迎太上皇回国。迫于舆论压力,他派遣礼部右侍郎(朝廷主管礼仪、教育的部门副长官)李实率领使团去瓦剌议和。李实一行抵达瓦剌后,也先责怪明代宗派去的使臣不是大臣,不肯接谈。于是,明代宗改派右都御史(最高监察机关长官)、视鸿胪事(兼管邦交及少数民族事务)杨善率团出使瓦剌。明代宗无意迎太上皇回国,只拨给少量礼品,让杨善送给也先。杨善感到所带的礼品不多,拿出其私人的积蓄购买一些瓦剌紧俏的物品带着上路。

七月,杨善一行抵达瓦剌营帐,受到瓦剌馆伴使(负责接待外

---

① 西部蒙古部族,明朝统称为瓦剌,其活动中心位于今蒙古国杭爱山以西地区。

国来使的官员,其名不详)迎接。席间,瓦剌馆伴使故作惊诧地问道:“土木那一仗,贵国的军队为何那么胆怯啊?”杨善答道:“当时,我们的主力军队南征去了。王司礼陪同皇上去土木堡,不是为了同你们打仗,所以让你们得志了。如今,我大明二十万南征将士回来了,又从各地调集三十万能征善战的官兵,全部训练使用神枪药箭,百步之外能射中敌人骑兵,中箭的人马当即就会死去。我们又在边境要害地段埋下三尺长的铁锥,马蹄只要踩上铁锥就会被穿透。我们还训练出大量像猿猴一样善于攀登的勇士,专门在夜间偷袭敌人的营帐。”

瓦剌陪伴使听杨善这么说,流露出惊异的神色。杨善见机改口说:“可惜啊,今天拥有这强大的武装力量没有多大用处了!”瓦剌陪伴使不解地问道:“这是为什么呢?”杨善答道:“如果两国和谈成功,像兄弟一样友好相处,还要那强大的武装干什么!”杨善送给瓦剌陪伴使一些礼品。瓦剌陪伴使十分高兴,将双方初步接谈的情况报告也先。

第二天,杨善会见也先并送给他一些贵重礼品,也先大为欢喜。杨善见也先很兴奋,笑着责怪他说:“本来,我们两国关系不是很好吗!太师每次派三千人去向太上皇进贡物品,太上皇每次也赏赐给你们大批财物,让你们满载而归。我不明白,你们干嘛要背弃盟约侵扰我大明朝?”

也先当即反问道:“你朝为什么要削减我们的马价?为什么把剪裂的帛绸送给我们?我们派去许多人出使明朝,为何不让他们回来?赏赐给我们的财物,为何逐年减少?”

杨善回答说:“我们并没有削减你们的马价。太师卖给我朝的马匹逐年增多,我们又不好拒绝不要,所以只好略微紧缩一点。太师心中有数,现在我们每年支付给你们的马钱,总数比以前是多还是少?至于帛绸被剪裂的事,这是通事(翻译或经办人员)干的,一旦查出,我们当然要把他们处死。再说,太师进贡的马匹,不也是有优有劣么?送过去的那些劣马,难道能说是出于太师的意愿吗?说到扣留使者,你们总共派去有三、四千人,有些人犯了偷盗罪,还有些人犯了别的罪,回来害怕你们治罪,自己逃亡了。我们留下这些人又有什么用呢?至于说赏赐,也没有减少。你们每年提供的进贡使者名单有许多虚数,我朝是按照核实后的人数赏赐贡使财物的。就每个贡使来说,所赏赐的财物并没有减少。”也先对杨善的答复连连称是。

接着,杨善把话题转到和谈上来。他说:“我们不想打仗,如果太师还想攻打我朝,屠杀数十万人,恐怕太师部下死伤也不会少!上天保佑百姓生灵,太师却好杀,所以您害怕打雷啊!如今,让太上皇回国,两国还像从前一样和好,贸易往来不断,这不是两全其美的好事吗?”

也先挑衅地问道:“你带来的明朝皇帝国书,为什么看不到有欢迎太上皇回国的字句?”

杨善答道:“这是我朝皇帝有意想成全太师的威名,让您向太上皇发话。如果我交给您的国书中有奉迎太上皇的语句,那么,太上皇返回,岂不是迫于我朝的命令,而不是出于太师的本意吗?”

也先对杨善的解释感到满意,接着问道:“太上皇回国后能重新做皇帝吗?”

杨善答道:“上天已经将皇位确定,难以再改变了。”也先追问道:“尧、舜[1]为什么能谦让皇位呢?”杨善答道:“尧把帝位让给舜。

---

① 尧,传说为中国上古帝王,晚年让位于舜。

如今太上皇作为兄长,把皇位让给其弟,正是仿效尧舜的表率啊!”

瓦剌平章(宰相)昂克插问道:“你们为什么不带来重金,作为放还太上皇的交换条件呢?”

杨善答道:“我若带来大批财物,来同你们商谈太上皇回国的事,人们就会说太师太贪财了!我这次没有带多少财宝,而能迎奉太上皇回国,这正能显示太师的仁义,是个真正的好汉,能永垂青史,扬名万世!”也先笑着称赞杨善说得好。

瓦剌知院(军事副长官)伯彦帖木耳劝说也先将杨善一行扣留下来,派使臣去明朝,要挟明代宗答应让太上皇回国复位。也先害怕言而失信,有损他的形象,没有采纳伯彦帖木耳的意见,如期将太上皇及杨善等人放行回国。

当年(1450年)八月,杨善奉迎太上皇回到京师(位于今北京市区)。朝廷内外无不称赞杨善立了奇功,而明代宗却认为迎奉太上皇回国不是杨善的主要使命,只给他微薄的奖赏。

据《明史》卷一百七十一·杨善传

《明史纪事本末》卷三十二·土木之变

【简评】

瓦剌太师也先带兵侵犯明北部边区,掳走明英宗,继而将明英宗当着一张牌拿在手上,借以扰乱和要挟明朝廷。杨善从维护国家尊严和安全的大局出发,不顾冒犯明代宗,巧于同也先等人应对,从瓦剌将明英宗迎接回国,此举有利国家,合乎民意,应当肯定。至于明英宗回国被幽禁引发廷争,复位前后朝廷出现动乱,另当别论。

图里琛奏呈《异域录》

清康熙二十九年(1690 年),土尔扈特[①]首领阿玉奇接受达赖喇嘛[②]所封汗号。之后,阿玉奇派其侄子阿喇布珠尔借道准葛尔[③],去西藏拜见达赖喇嘛。准葛尔台吉(贵族爵位)策妄阿喇布坦与阿玉奇有旧怨,不让阿喇布珠尔再借道准葛尔返回。

阿喇布珠尔写信给清驻守嘉峪关(位于今甘肃省嘉峪关市)将领,请求归附内地。康熙帝接报后,封阿喇布珠尔为贝子(满洲贵族爵位),并在嘉峪关外党色尔腾赐给他一片牧场。此后,阿喇布珠尔派遣使者去清朝廷进贡。

清康熙五十一年(1712 年)五月,康熙帝想让阿喇布珠尔回归土尔扈特,令内阁侍读(负责拟草、校订朝廷文书)图里琛率团出使土尔扈特,联系阿喇布珠尔回归事宜,对阿玉奇向清朝进贡致以答谢,同时留心察看沿途地理形态和人情风物。

---

① 蒙古部族之一,原游牧于塔尔巴哈台(位于今新疆克拉玛依市以北至阿勒泰市一带),因部族纷争,约于后金(清)天聪六年(1632 年)西迁至额济勒河(今俄罗斯伏尔加河)下游,依附于俄罗斯。后该部首领阿玉奇等人派员向清廷朝贡。

② 达赖喇嘛为藏传佛教最高领袖。明万历六年(1578 年),蒙古土默特部首领俺答汗在青海邀见藏传佛教格鲁派领袖索南嘉措,赠以“圣识一切瓦齐尔达喇达赖喇嘛”尊号,从此建立达赖喇嘛活佛转世系统。清顺治帝正式以金印册封达赖喇嘛。

③ 蒙古部族之一,聚居地位于今哈萨克斯坦国至我国新疆西部伊犁河流域。

图里琛一行借道俄罗斯，渡过梅海尔湖（今俄罗斯贝加尔湖），穿越西毕尔斯科（今俄罗斯西伯利亚），一路辗转耽搁，于康熙五十三年（1714 年）六月才抵达土尔扈特首领阿玉奇的驻地马奴扎海（其地不详）。

图里琛向阿玉奇递交康熙帝的亲笔信，转达康熙帝旨意说："阿喇布珠尔在国内已封爵，生活得很好。想让他回归你们本部，担心经过准葛尔遭遇风险。如果你想让他回到本部，就要从俄罗斯借道去迎接。"

阿玉奇回答说："我虽然远居国外，但穿的衣服戴的帽子还和中国人一样。俄罗斯人的爱好和我们不同，语言也不相通。阿喇布珠尔已经受到皇上厚恩，与回到土尔扈特是一样的，我还有什么顾虑呢？"

阿玉奇无意要阿喇布珠尔返归，对图里琛一行接待非常隆重。阿喇布珠尔的父亲纳扎尔玛穆特尤为感激。阿玉奇和纳扎尔玛穆特分别向图里琛等人赠送马匹和当地特产。图里琛以"越境无私交"谢辞，没有接受。

图里琛一行在马奴扎海留住十四天，由原路返回。他们回到都城北京（位于今北京市区）时，已是康熙五十四年（1715 年）三月。在往返三年的外交旅程中，图里琛不负使命，将沿途所见所闻写成《异域录》书稿呈奏康熙帝，受到康熙帝高度褒奖。该书后来用满汉两种文字出版，康熙帝放置身边，经常阅览，世人亦为之大开眼界。

据《清史稿》卷二百八十三·图里琛传

《清通鉴》卷六十九·清圣祖康熙五十一年

卷七十一·清圣祖康熙五十三年

卷七十二·清圣祖康熙五十四年

【简评】

由于历史原因,土尔扈特部移居伏尔加河下游地区。他们远离祖国却依然保留祖传习俗。图里琛率团赴土尔扈特部,是清朝廷第一次派遣使团出使欧洲,它开通了清朝廷与俄罗斯及土尔扈特部的联系。清乾隆三十六年(1771 年),土尔扈特部不堪忍受俄国压迫,举部东迁,回归祖国,定居于新疆境内。

四、势态突变沉着应对

外交官奉命出使，由于本国或出使国局势出现大的动荡，两国关系随之会发生突变。在这样的形势下，外交官履行使命，无疑面临严峻的考验。他们中许多人（也有少数不是外交官）临事镇静，随机应变；急中生智，化险为夷，创造了令人惊叹的奇迹。

侯獳行贿救君

曹[①]共公十六年(前637年),晋[②]公子重耳[③]流亡楚国[④],路经曹国。曹共公听说重耳的肋骨长得很密,感到好奇,乘重耳洗澡时在帘外偷看,加以取笑。重耳感到受了侮辱,满怀对曹共公的怨恨离开曹国。第二年(前636年),重耳由秦国[⑤]军队护送回国即君位,为晋文公。

曹共公二十一年(前632年)春天,晋文公为报复当年受曹共公之辱,率兵攻打曹国。晋军攻入曹都城陶丘,将曹共公俘虏,带回晋国囚禁。

曹国军民为抗击晋军入侵付出惨重代价,他们对国家灭亡十分悲痛,仍然把恢复国家的希望寄托在曹共公身上。曹共公有个年轻的侍从官,名叫侯獳,密切关注事态变化,想方设法营救曹共公回国。

当年十一月,晋文公生了重病。侯獳听说后,决定从心理上对晋文公施加压力。他用重金贿赂晋国筮史(负责占卜吉凶的官

---

① 春秋诸侯国名,都陶丘,位于今山东省定陶县西南。

② 春秋诸侯国名,都绛,位于今山西省翼城县东南。

③ 晋献公二十二年(前655年),晋献公听信其后妻骊姬的谗言,派兵攻打镇守蒲地(位于今山西省隰县东北部)的前妻所生之子重耳。重耳逃入其母故国翟国(位于今陕西省延安市以东地区),从此开始在各国流亡。

④ 春秋国名,都郢,位于今湖北省荆州市西北纪南城。

⑤ 春秋诸侯国名,都雍,位于今陕西省凤翔县南。

员),要他把晋文公得病的原因说成是由于灭亡曹国。晋筮史得到好处后,欣然答应侯獳的请求。

不久,晋筮史在一次占卜后对晋文公说:“君公的病与囚禁曹共公有关。从前,齐桓公[1]做盟主的时候,对异姓诸侯都给予加封。如今,君公您做盟主却灭亡同姓诸侯。曹国的先君叔振铎,是周文王的儿子;晋国的先君唐叔虞,是周武王[2]的儿子。眼下,君公邀请诸侯在许[3]会盟,而又消灭您的兄弟国家,这是违反礼义的。既然这样,君公又怎么好向天下诸侯发号施令呢?”

晋文公听筮史这么说,顿时悔悟,随即下令将曹共公释放,并同他在许结盟。

据《左传》僖公二十三年

僖公二十八年

《史记》卷三十九·晋世家

【简评】

晋文公称霸诸侯,曹共公被晋国军队俘虏,曹国灭亡。侯□知道,靠武力难以营救曹共公、复兴曹国,只有从思想上慑服晋文公,才能收到预期效果。他买通晋国筮史,让筮史说服晋文公将曹共公释放回国,棋高一着。

---

① 齐桓公为春秋齐国(都临淄,位于今山东省淄博市东)国君,公元前685年—前643年在位,曾会盟诸侯称霸。

② 周武王名姬发。商纣王三十年(前1046年),姬发率领诸侯联军攻灭商朝,建立周朝,定都镐(位于今陕西省长安县沣河东岸),即位为周武王,追封其父姬昌为周文王。

③ 春秋诸侯国名,位于今河南省许昌市东。

弦高自充国使

郑文公四十五年(前 628 年)冬天,秦国[①]派到郑国[②]的间谍杞子派人回国向朝廷报告说:“郑国人让我掌管他们都城北门的钥匙。如果把我国军队秘密开到郑国来,可以从北门进入,占领郑国国都。”秦穆公获得这一情报后十分高兴,当即决定派兵前往。

郑穆公元年(前 627 年)春天,秦穆公派遣孟明视等三位将军领兵去偷袭郑国。

秦军进抵滑国[③]时,郑国商人弦高去成周[④]经商恰巧亦路经滑国。弦高发现秦国军士突然来到滑国,心中产生疑问:“秦军不声不响从远方开过来,想干什么?”为了搞清这个问题,他设法与秦国士兵接近,从秦国士兵那里得知秦军要去偷袭郑国。弦高不由得大吃一惊。他刚刚才离开京都郑,知道国内尚没有风闻秦军来犯,军队毫无防备。郑国危在旦夕!弦高认为,国家的利益高于一切,为了国家的生存安全,他不能顾及自己的安危得失,应当为保卫国家而竭尽全力。

为了稳住秦军,不让他们再前进,弦高急中生智,决定冒充郑

① 都雍,位于今陕西省凤翔县南。
② 都郑,位于今河南省新郑市。
③ 位于今河南省偃师市南。
④ 东周都城,位于今河南省洛阳市。

穆公派来慰劳秦军的使臣，主动去会见秦军将领，给秦军官兵造成错觉，使他们误认为郑国已有戒备；同时，他派人火速回国报信。

弦高带着四张加工好的牛皮送给孟明视等秦军将领，作为迎见的礼物，百般殷情地对他们说："郑国国君早听说贵国将军要路过敝国，特意派我来慰劳你们。"不一会，弦高又令人送来十二头牛。弦高恭敬地对秦军将领说："这点微薄的心意，是慰劳贵军官兵的。我国国君说了，贵军在这里停留一天，就要保证供给一天。贵军要是离开，还要为贵军清扫道路，提供便利。"

孟明视等秦军将领把弦高误认为是郑穆公派来的使臣，观察他的言行举止，觉得郑国人已经知道他们的偷袭计划，并且做好了迎战的准备。于是，孟明视等人决定不再进攻郑国。他们领军将滑国灭亡后，便下令撤军回国。

据《左传》僖公三十二年

僖公三十三年

《史记》卷五·秦本纪

【简评】

弦高不是郑国官员，更没有奉命去迎见秦军将领，他只是郑国一名爱国商人。他为人机警，及时洞察强敌压境，自充郑国使臣，沉着应对，慷慨解囊，巧于周旋，智退秦军，使郑国转危为安。弦高的行动启示我们，爱国出于自愿，爱国在于奉献，爱国需要才智；人们都像弦高那样爱国如家，国家就大有希望。

士会使命逆转

晋襄公七年(前621年)秋天,晋襄公去世。执掌晋国[1]朝政的国卿(宰相)赵盾考虑太子夷皋年幼,不便即位执政,而公子雍(晋襄公之弟)年长,其母亲出身秦国[2]国君家族,决定派副卿先蔑、大夫(朝廷中等级别官员)士会出使秦国,迎接时在秦国的公子雍回国继位。

先蔑、士会等人抵达秦国后,向秦康公说明来意。秦康公欣然同意让公子雍回国即君位。当时,秦穆公去世不久,秦国上下还处在治丧期,公子雍的行期为之推迟。

第二年(前620年)春天,秦康公派军队护送公子雍一行回国。士会等人满以为此次使秦非常顺利,万万没有料到,他们返抵令狐城(晋国城邑,位于今山西省临猗县西)时,竟然遭到晋国军队的狙击。

原来,士会等人离开晋国后,太子夷皋的母亲缪嬴抱着太子大闹朝廷。她哭喊着质问朝中大臣:"先君有什么罪?他的太子又有什么罪?撇开太子不立,反而到国外去求国君,你们想把太子往哪里放?"出了朝廷,缪嬴又抱着太子来到赵盾家里,向赵盾叩头说:"当初,先君捧着这个孩子,把他托付给你,对你说:'这个孩子如果

① 都绛,位于今山西省翼城县东南。
② 都雍,位于今陕西省凤翔县南。

能成材,我就受了你的恩惠;如果不能成材,我可要怪怨你!'如今,先君虽然去世,他的话音还在我耳边回响,您怎么能把太子丢弃呢?"赵盾害怕由此引出乱子,只好改变主意,拥立太子夷皋即位为晋灵公,亲自率军前去狙击护送公子雍的秦国军队,以阻止公子雍回国。

四月,秦军被晋军击败,不得不护卫公子雍返回。先蔑和士会被眼前的情势弄懵了,不知道国内发生什么变化,不便贸然回国,亦只好随公子雍返回秦国。

秦国弄清楚是晋国国内大臣出尔反尔,改立太子为君,没有给先蔑和士会治罪,而将他们扣留。士会羁留秦国后,知道自己的外交使命已经结束,便不再和先蔑见面。

晋灵公二年(前619年)夏天,秦国派军队攻打晋国,夺取武城(位于今陕西省华县东),以报复在令狐受到晋军伏击。此后,秦、晋两国你攻我伐,不断交战。

晋国大臣们担心秦国一旦任用士会,会对晋国不利。国卿郤成子认为,士会足智多谋,卑贱时知道耻辱,困难时不会屈服,他出使秦国而被扣留,不是他的罪过,决定派人把士会营救回国。

晋灵公七年(前614年)夏天,晋朝廷密令大臣魏寿余在其封地魏地(位于今山西省芮城县西北)伪装发动叛乱,投降秦国。秦康公信以为真,热情接见魏寿余。魏寿余请求派一名与魏地官员熟悉的人同他一起回去,办理把魏地划归秦国的事宜。秦康公当即答应并指派士会随同魏寿余前往魏地。魏寿余暗中碰了一下士会的脚,士会意识到魏寿余是来接他回国的。

士会亦想离开秦国,回到晋国,只是担心他一去不回,秦国会扣留他的妻子儿女，故意向秦康公辞谢说："晋国人凶狠如同虎狼，如果他们说话不兑现，把我扣留在晋国或者处死，我的妻子儿女又要被秦国处死。这对君公您没有什么好处。那时，我后悔也迟了！"秦康公说："如果晋国不让你回来，我保证将你的妻子儿女送回晋国，有河神为我们作证！"

不久，士会随魏寿余动身离开秦国。秦国大夫绕朝赶上来赠送给士会一条马鞭，对他说："你不要以为秦国没有人识破你们的诡计，只不过我的意见没有被采纳罢了。"

士会与魏寿余渡过黄河，平安回到魏地，受到魏地民众热烈欢迎。不久，魏寿余借叛乱之名迎士会归晋一事真相大白。秦康公对魏寿余诈骗和士会离秦十分恼火，但他没有食言，还是令人将士会的妻子儿女送回晋国。

据《左传》文公六年
文公七年
文公八年
文公十三年
《史记》卷三十九·晋世家

【简评】

士会奉命去秦国迎接公子雍回国，返回途中却遭到本国军队阻击。他弄清事变真相后静观事态发展，没有怨天尤人。晋国君臣亦没有忘记士会，设计将他从秦国接回。士会遇事沉着应对，在羁留国外期间一直想往回到故国，显示了外交官应该具有的品格。

孟尝君门客应变

齐国[1]丞相田婴去世后，其封地薛(位于今山东省藤州市东南)由其子田文继承。时人称田文为孟尝君。孟尝君礼贤下士，在薛地以其丰厚的家产广召天下宾客。一时间前来归附孟尝君的多达几千人，其中有各种人才。

秦昭王听说孟尝君贤能，先派泾阳君(秦昭王同母弟)去齐国作人质，接着要求孟尝君去秦国[2]同他见面，企图把他留在身边供职。孟尝君准备动身去秦国，其门客以秦为虎狼之国加以劝止。

齐愍王即位(前300年)后[3]，孟尝君受齐王派遣出使秦国。秦昭王想把孟尝君留在秦国，任命他为丞相。有人提醒秦昭王说："孟尝君虽然很有才能，但他是齐国王族成员。如果让他做秦国丞相，他凡事首先要考虑齐国的利益，然后才能考虑到秦国。这样秦国无异于自己给自己留下隐患。"秦昭王认为这话说得有道理，转而下令把孟尝君囚禁起来，准备把他杀掉。

孟尝君知道秦昭王不会放过他，便想方设法逃离秦国。他认

---

① 战国七大国之一，都临淄，位于今山东省淄博市东。

② 战国七大国之一，都咸阳，位于今陕西省咸阳市东北。

③ 《史记》孟尝君列传记为齐愍王二十五年，有误。据《中国历史大辞典》·齐愍王，其在位十七年(前300年至前284年)。齐愍王七年(前294年)，齐贵族成员田甲作乱，孟尝君时为齐国丞相，受牵逃奔魏国(都大梁，位于今河南省开封市)。孟尝君使秦，当在其受任齐国丞相之前。

为买通秦国大臣无济于事,只有打通秦昭王爱妃(其名不详)这层关系,才能有希望获救。孟尝君派其随从给秦王的爱妃送去一些礼品,请求她帮忙,将他放还。秦王的爱妃提出要孟尝君送她一件白狐皮衣。

孟尝君只有一件价值千金的白狐皮衣,到了秦国后,他已经把它献给秦昭王了。眼下,从哪里再搞到这样名贵的白狐皮衣呢?为此,他焦急不安。随行门客中有个善于偷盗的人对孟尝君说:"贤主不要着急,我能够给你搞到白狐皮衣。"夜里,这个偷盗高手装扮成一只狗,潜入秦昭王的库房,把孟尝君献给秦昭王的那件白狐皮衣盗窃出来。孟尝君派人转手将这件狐皮衣献给秦昭王的爱妃。该女极为高兴,当即在秦昭王面前为孟尝君求情。于是秦昭王下令将孟尝君释放。

孟尝君获释后,随即改换姓名和通行证,飞马逃去。当天半夜时分,孟尝君一行赶到函谷关(位于今河南省灵宝市东北)。秦国法令规定,每天凌晨鸡叫后才能开关让行人出入。孟尝君害怕秦国追兵赶来,心急如焚。这时,随行门客中有个人模仿鸡叫,引得附近的鸡一齐鸣叫起来。守关的兵士听到鸡叫后上岗,他们验看孟尝君的通行证后,便打开关门放行。

秦昭王释放孟尝君后,转而反悔,派兵追捕孟尝君。当秦昭王派出的追兵赶到函谷关时,孟尝君一行已经逃得无影无踪。

据《史记》卷七十五·孟尝君列传

【简评】

孟尝君使秦被扣,将要被杀头。幸亏他平时礼贤下士,注意广揽人才,“客无所择,皆善遇之。”危急时刻,鸡鸣狗盗之徒帮助他脱离险境,返回齐国。此事说明人才的含义是多方面的,各种人才共处可以相互补充,领导者要善于识才、爱才、用才。

随何使黥布附汉

汉王①元年（前206年），田荣②率众击杀胶东王田市、济北王田安，击败齐王田都，田都投奔楚王项羽。田荣自称齐王，控制田市等三王之地。

汉王二年（前205年），楚王项羽率领主力部队讨伐田荣。汉王刘邦乘楚王出征田荣之机，率军击败留守彭城的楚王军队，占据彭城。

四月，楚王项羽率军从齐国返回，在彭城将汉王刘邦军队击败。汉军死伤二十余万人，汉王率残部由下邑（位于今安徽省砀山县）逃到虞（位于今河南省虞城县北），心情极为沮丧。他环顾刚刚收拢的部将，抱怨说："你们这些人，没有一个能够同我共商天下大

---

① 秦二世三年（前207年），举兵反秦的沛公刘邦、上将军项羽先后领兵攻入秦都城咸阳（位于今陕西省咸阳市东北）。项羽自称西楚霸王（王府设在彭城，位于今江苏省徐州市），封刘邦为汉王（王府设南郑，位于今陕西省汉中市）。汉王元年（前206年），刘邦率部西进，抵达南郑后，采纳部将韩信的意见，回师向东，决意与项羽争夺天下。

② 秦二世元年（前209年），原齐国（战国七国之一）贵族田儋起兵反秦，自立为齐王（王府设在狄，位于今山东省高青县东南）。田儋兵败被杀后，其堂弟田荣立田儋之子田市为齐王，自任宰相。秦王子婴元年（前206年），秦朝被攻灭后，西楚霸王项羽封田市为胶东王（王府设在即墨，位于今山东省平度市东南）、田都（田儋部将）为齐王（王府设在临淄，位于今山东省淄博市东）、田安（战国齐王建之孙）为济北王（王府设在博阳，位于今山东省泰安市东南）。田荣因当初不肯助项羽攻秦而未能封王，心怀怨愤，随即发动叛乱。

事的!”

谒者(主管外交事务的官员)随何闻声走到汉王面前,说道:“我不明白大王刚才这句话的意思。”

汉王说:“有谁能替我去九江王[①]那里,说服他起兵反叛楚王啊? 九江王要是能配合我使楚王滞留齐国,拖上他几个月,我就完全有把握夺取天下了。”

随何答道:“我请求去见九江王。”汉王点头同意。之后,汉王率部转至荥阳(位于今河南省荥阳市东北),派遣随何带领二十人出使九江王府。

汉王三年(前204年)十一月[②],随何一行抵达六县,九江太宰(宰相,其名不详)出面接待他们。过了三天,黥布仍然没有露面。随何对九江太宰说:“大王不肯接见我,大概是以为楚王强大,汉王弱小。我这次来,特意想和他说说这个事。如果说的有道理,就是大王想要听到的;如果说的不对,就把我们二十人斩首示众,以表明九江王与汉王断绝关系而忠于楚王。”太宰把随何这番话转告黥布。黥布随即接见随何。

随何向九江王递交汉王的书信,对他说:“大王既然向楚王称臣,又不肯亲自跟随他去攻打田荣,楚王身先士卒指挥攻城,你却只派出四千兵士去援助。这样,楚王能对大王满意吗? 去年,楚国

---

① 名黥布。秦朝末年,他率部加入项羽领导的反秦大军,屡建战功。秦朝灭亡后,他受西楚霸王项羽封为九江王。王府设在六,位于今安徽省六安市东北。

② 当时,每年从十月开始纪月。随何出使时间,《史记》“高祖本纪”记作汉二年,“黥布列传”记作汉三年。本文据《资治通鉴》卷十汉纪二,记作汉三年。

都城被汉军攻占后,楚王远在齐国,一时难以率领军队返回,调令大王军队救援彭城。大王拥有上万人马却没有一兵一卒渡过淮河前往彭城救援。这一来,楚王能不怪怨大王吗?大王只是口头上依附楚王,实际是坐山观虎斗,观望楚汉二王谁胜谁负。我以为,大王这样犹豫不定,不可取。眼下,楚军虽然强大,但楚王背叛先入关(函谷关,位于今河南省灵宝市东北)攻入咸阳者为王的盟约,又杀害义帝[①],背上不义的恶名,天下诸侯纷纷反叛他。汉王联合诸侯讨伐楚王,从蜀郡(位于今四川省)运来粮食,驻守荥阳、成皋(位于今河南省荥阳市西北),胜利在望。汉楚二王谁胜谁负,形势是显而易见的。对于大王没有依附众望所归的汉王,而托身于岌岌可危的楚王,我实在感到不能理解!诚然,我并不认为大王的兵力能杀灭楚军,但大王若能发兵攻打楚军,在齐国把楚王拖上几个月,汉王夺取天下就有把握了。那时,汉王将会把大片土地封给大王,大王何止拥有眼前这块土地呢?我请求跟随大王一同提着宝剑归附汉王。关键时刻助汉王一臂之力,汉王不会亏待您的!请大王认真考虑。"

黥布听随何说的有理,当即表态说:"恭敬从命。"他答应暗下反叛楚王,归附汉王,但暂时不对外公开。

这时,楚王的使臣也来到六县,紧紧地督促黥布发兵援楚攻

① 名熊心,战国楚怀王熊槐之孙。楚怀王三十年(前299年),楚怀王熊槐被秦昭王骗杀。秦二世二年(前208年),项羽同其叔父项梁在会稽(治所位于今江苏省苏州市)起兵反秦,拥立流落民间的熊心为楚怀王。楚怀王同众将约定,先攻下咸阳的将领封王。项羽在刘邦率部攻下咸阳之后,率部进入咸阳,以其拥兵众多自称西楚霸王,尊称楚怀王为义帝。不久,项羽将义帝迁往江南郴(位于今湖南省郴州市),令人将其害死在途中。

汉。随何听说后,径直闯入黥布和楚王使臣会谈的客厅,坐到楚王使臣上面的位子上。他郑重其事地对楚王使臣说:“九江王已经归附汉王,楚王凭什么还来征调他的军队?”

随何当着楚王使臣的面公开他同九江王的密盟,使黥布大为吃惊,但未作否定。楚王使臣见势不妙,起身要走。随何对黥布说:“事情即然到了这一步,应当立即处死楚王使臣,不能让他回去。而且大王要立即投附汉王,与之同心合力。”于是,黥布下令杀死楚王使臣,起兵攻打楚王。之后,他随从随何从小路投附汉王。

据《史记》卷八·高祖本纪卷九十一·黥布列传

卷九十四·田儋列传

《资治通鉴》卷九·汉纪一

卷十·汉纪二

【简评】

楚汉彭城之战后,刘邦率残部退至虞,处境十分困难。他策划黥布叛楚归汉,是决定能否坚持抗击项羽的关键一步。随何受命后以道义说服黥布归附刘邦,并及时挫败项羽使臣,在很大程度上改变了楚汉两军的力量,使刘邦赖以立足中原而没有西还。

张骞脱身通西域

汉武帝即位(前141年)后,匈奴①骑兵经常南下侵扰西汉北部边疆,甚至深入河南②、朔方③地区抢劫杀人。汉武帝深为匈奴边患而忧虑。汉军抓获的匈奴俘虏供称:匈奴骑兵攻破月氏④,以月氏王头颅骨作为盛酒具饮酒。月氏部族逃遁远方,非常怨恨匈奴,找不到盟国与之共同抗击匈奴。汉武帝听说后,决定派大臣出使月氏,与月氏联络结盟,共击匈奴。

从汉朝到月氏,中途必须经过匈奴辖境,路途遥远而又险阻,汉朝廷决定挑选勇士担当此任。郎(皇帝侍卫官)张骞应召入选。汉武帝命张骞率团出使月氏。

西汉建元二年(前139年),张骞率领一百余名随从人员,以匈奴人堂邑父为向导,从京都长安(位于今陕西省西安市)出发至陇西郡(治所位于今甘肃省临洮县),由陇西西行,寻找并出使月氏。

---

① 西汉北方游牧国家,其势力范围南位于长城,北至今俄罗斯西伯利亚,东位于今辽宁省辽河,西至新疆西南部喀喇昆仑山。匈奴单于(国王)庭位于今蒙古国乌兰巴托。

② 位于今内蒙古河套以南地区。

③ 西汉十三刺史部之一,辖境位于今宁夏区银川市至陕西省壶口一段黄河流域地区。

④ 游牧部族名,又称月支,其故地位于今甘肃省敦煌市以东、祁连山以西地区。汉文帝前三年(前177年),月氏遭匈奴攻击,其大部西移,居地位于今阿姆河以北乌兹别克斯坦国境内,称大月氏。

张骞一行经过匈奴境内时,匈奴人将他们抓捕,押送到军臣单于那里。军臣单于听说张骞一行出使月氏大为恼火,对他们质问道:"月氏在我国的北面,汉朝怎么能派使臣出使呢?我想派使臣出使南越①,汉朝能听任我这样做吗?"军臣单于下令将张骞一行扣留。张骞知道单凭他们这一百多人马不可与匈奴硬抗,只好听任匈奴人安排,伺机逃走。张骞娶匈奴女人为妻,并生下儿子,故意造成安居匈奴的假相。其实,他在匈奴羁押期间,一直把汉朝廷授予他的符节(用金属、玉等器物制作的外交使臣的凭证)珍藏在身边,没有忘记肩负的使命尚未完成。

匈奴人将张骞扣押十多年后,放松了对他的监视。张骞瞅准机会,率领其部众逃出匈奴,继续西行。走了几十天后,张骞一行到达大宛②。

大宛国王早听说汉朝物产丰富,想同汉朝交往而没能实现。大宛王见到张骞后非常高兴,问他要到哪里去。张骞告诉大宛王,他们奉汉朝天子之命出使月氏,被匈奴人扣留十多年,刚刚才从匈奴逃出来。张骞请求大宛王派人给他们引路去月氏,许诺完成使命返回汉朝后,将赠送给大宛王贵重财物。大宛王欣然同意。于是,张骞一行在大宛人的引导下,很快到达康居③,再由康居进入大月氏。

当年,大月氏王被匈奴杀死后,大月氏王的夫人继位为王。之

---

① 古族名,亦称南粤,位于今湖南省南部、广东省、广西区及越南北部地区。当时南越王尚未臣服汉朝。匈奴人若去南越须经汉朝土地。

② 西域国名,都贵山城,位于今乌兹别克斯坦塔什干东南。

③ 西域国名,游牧地位于今哈萨克斯坦国巴尔喀什湖与咸海之间。

后,大月氏出兵征服了大夏[1],大夏向其称臣。张骞抵达大月氏时,大月氏国内局势比较安定,没有对匈奴复仇之意。张骞向大月氏君臣说明来意,他们以离汉朝遥远,没有同意同汉朝结盟。

张骞等人在大月氏、大夏住留一年多时间,大月氏君臣一直不愿同汉朝结盟以抗击匈奴。张骞一行只好取道回国。为了避开匈奴人拦截,张骞等人没有从原路返回,而是沿着南山[2]北麓东行,想从羌人居住区经过,返回汉朝。不料,他们在途中再次被匈奴人抓住。张骞等人又被匈奴人扣留一年多。张骞意志坚强,始终没有向匈奴人屈服。

元朔三年(前126年),匈奴军臣单于去世,其弟左谷蠡王伊稚斜击败太子于单,自立为单于。张骞乘匈奴内乱之机,带着匈奴妻子和堂邑父逃回汉朝。

张骞此次出使大月氏,同时访问了大宛、大夏、康居等国,往返均被匈奴人扣留,备受磨难,历时十三年,最先开通汉朝同西域各国的联系。当初,使团出发时的一百多人大多已亡故,最终只有张骞和堂邑父二人回到长安。

张骞将此次出使西域的情况及沿途所见所闻,向汉武帝详细奏告,受到汉武帝高度赞赏。汉武帝提任张骞为太中大夫(皇帝侍从顾问官员),封堂邑父为奉使君。后来,张骞奉命第二次出使西域。

据《史记》卷一百十·匈奴列传

卷一百二十三·大宛列传

① 西域国名,即吐火罗,位于今阿富汗国北部。
② 即今祁连山、阿尔金山。

《汉书》卷六十一·张骞传

《通鉴纪事本末》卷三·汉通西域

【简评】

为了与大月氏结盟共同抗击匈奴，张骞奉汉武帝之命率团出使大月氏，历经千难万险，第一次开通了汉朝与西域诸国的联系，交流传播了两地的文明成果，其历史功绩是不朽的。张骞第一次出使西域，往返都被匈奴人扣留，历时十多年。他沉着机智，不负使命，两次从匈奴脱身，堪称外交史上的奇迹。

常炜从容应对

冉魏[1]永兴二年(351 年)二月,冉魏帝冉闵率兵围攻后赵[2]都城襄国。后赵帝石祗(后赵帝石虎庶子)派太尉(名誉宰相)张举向前燕[3]王慕容儁求救,许诺将皇帝传国玉玺送给燕王。慕容儁答应派遣御难将军悦绾率三万兵士救援赵国。

冉闵听说燕国将要出兵救援赵国,令大司马从事中郎(名誉宰相府参谋官)常炜出使燕国,去劝说燕王不要出兵援赵。

常炜抵达蓟后,前燕王指派河间(治所位于今河北省河间市)太守(行政长官)封裕接待常炜。封裕质问常炜说:“冉闵是赵国皇帝(石虎)的养子,怎么胆敢忘恩负义,窃取皇位?”

常炜回答说:“曹操是后汉宦官曹腾养育的后代(曹腾养子曹嵩之子),因为朝代变迁而建立曹魏帝业,如果不是天命,怎么能成功?”

封裕又问道:“听说冉闵称帝时令人为他铸造金像,占卜成败,结果金像没有铸成,真有这回事吗?”

常炜答道:“我没有听说过这件事。”

---

① 十六国时期仅存在三年(350—352 年)的政权。都邺城,位于今河北省临漳县西南。

② 十六国之一,都襄国,位于今河北省邢台市。

③ 十六国之一,都蓟,位于今北京市区。

封裕说:“从你们南方来的人,都这样说,你为什么要隐瞒此事呢?”

常炜回答说:“只有那些奸邪虚伪的人,才去假借天命,迷惑大众,魏帝既然掌握历代帝王传下来的玉玺,又据有中原之地,承受天命是理所当然的,无须将真作假,去铸造什么金像!”封裕接着问道:“赵国使臣张举称传国玉玺在襄国。历代帝王传国玉玺究竟在哪里?”

常炜回答说:“魏帝占据邺城时,把胡人[1]官员几乎杀尽了,只有极少数人逃匿到山洞中,他们怎么还顾得上带走玉玺呢?那些想求救于你们的人,什么谎话都可以编造,何止是传国玉玺这一件事!”

前燕王不相信常炜所说传国玉玺在冉魏,认为张举说的是真话。他授意封裕将常炜捆绑起来,身旁堆起木柴,威胁他说:“何去何从,你可要深思熟虑,没有必要使自己烧成一堆灰烬!”

常炜毫不畏惧,义正辞严地回答:“赵国石氏父子贪婪凶暴,燕国君臣是知道的。石虎曾经率领大军攻打燕国都城[2],虽然没有攻下,但他们征服燕国的野心没有改变。魏帝诛灭石氏,固然不是替燕国复仇。但是,作为燕国大臣,听到自己仇敌被别人击溃,应该采取什么态度呢?为什么非但不高兴,反而站在曾经企图灭亡你

---

① 冉闵系汉族人,后赵皇族系羯族人,此处指后赵皇族。

② 东晋咸康三年(337年),鲜卑族慕容部首领慕容皝(慕容儁之父)称王,建国号为燕,都棘城(位于今辽宁省义县西北),史称前燕。当年,慕容皝约请后赵帝石虎(字季龙)率兵共击鲜卑族段部首领段辽。在此期间,石虎指责慕容皝没有如约会师,率领数十万兵士围攻棘城。慕容皝派兵于清晨出击,将石虎大军击退(《晋书》卷一百九·慕容皝载记)。

们的仇敌一边来责难我们呢？这不是令人感到奇怪吗？我听说人死后，魂魄升天。就请你们再放些柴，把火点着，让我能早日升天，我亦就心满意足了！”

封裕向前燕王慕容儁报告常炜宁死不肯屈服。有人建议把常炜杀掉。前燕王说：“常炜不惜牺牲自己的生命来履行国主交给他的使命，不愧是一位忠臣。冉闵有罪，与他的使臣有什么关系？”前燕王下令将常炜松绑，安置到宾馆休息。

前燕王知道赵瞻（其职不详）是常炜的同乡，当天夜里派他去宾馆慰问常炜。赵瞻故作关怀，威胁常炜说：“你为什么不讲实话啊？历代帝王传国玉玺恐怕不在冉闵手里吧？燕王很恼火，打算把你放逐到大辽水，碣石山[①]那里去，这可怎么办啊？”

常炜回答说：“我从小就不会说谎话，对一般老百姓都不敢欺骗，何况是对贵国皇上？我说的都是实话，即使把我沉到东海里，我也还是这么说。违背自己意愿去迎合别人，我实在办不到。”常炜说罢，面向墙壁躺下，不再同赵瞻交谈。

赵瞻将他同常炜所谈情况向前燕王奏告。前燕王下令将常炜押往龙城（前燕故都，位于今辽宁省朝阳市）囚禁。

常炜未能劝止前燕出兵救援后赵。不久，悦绾等人率军将冉魏军队击败。其间，后赵将军刘显投降冉魏，率军将后赵帝石祗杀死，后赵灭亡。

永兴三年（352 年）四月，冉闵率部在常山（即恒山，位于今河北省曲阳县西北）与前燕军展开激战，兵败被俘，五月被杀。七月，

---

① 大辽水，即今辽宁省辽河。碣石山位于今河北省昌黎县北。

前燕军攻入邺城，冉魏灭亡。八月，悦绾从襄国回到蓟城，报告没有查获传国玉玺。这时，前燕王慕容儁才弄清张举说的是谎话，下令将留在蓟作人质的张举斩杀。

之后，前燕王下令释放常炜，让他的儿女去看望他，并赏赐一个女子给他做妾，赐给他谷米三百斛，让他定居在凡城（位于今河北省平泉县南）。

常炜写信向前燕王道谢。前燕王亲自给常炜回信说：当今大乱年头，你没有考虑个人的生死。我赞赏你为臣忠义，把你放到安全的地方保护起来，让你全家团聚。

据《通鉴纪事本末》卷十四·赵魏乱中原

【简评】

乱世出使随时都会遭遇祸难。常炜面对前燕君臣的威胁利诱，从容应对，不避死难，使前燕王深为感动。他虽然未能劝阻前燕出兵，亦未能挽救冉魏败亡，其忠贞不屈的精神令人钦佩。

王慧龙识破刺客

东晋[1]元兴三年(404 年),设在京口(位于今江苏省镇江市)的抚军大将军府中兵参军(主要参谋官)刘裕领兵攻入建康,击败自称楚帝的原相国(宰相)桓玄,借机杀死与其素有积怨的尚书仆射(副宰相)王愉及王愉之子散骑侍郎(侍卫皇帝的武官)王缉全家,唯有时年十四岁的王缉之子王慧龙在和尚僧彬掩护下幸免于难。王慧龙辗转江陵(位于今湖北省荆州市)、襄阳(位于今湖北省襄樊市)、后秦[2],饱经颠沛流离,后来投奔北魏[3]。

王慧龙听说刘裕灭晋建宋称帝(420 年)后,痛哭流涕,奏告北魏明元帝,"请效力南讨"。明元帝为之感动,任命他为金墉城(位于今河南省洛阳市东北)守将。北魏太武帝即位后任命王慧龙为安南大将军左长史(将军府事务长官)。

北魏神三年(430 年),宋文帝(宋武帝刘裕第三子)派右将军到彦之率领五万大军攻打北魏。王慧龙受任假(代理)楚兵将军,领兵在滑台(位于今河南省滑县东)抗击宋将王玄谟部众,相持五十多天,出奇制胜,为北魏军全线击败南朝宋军立了大功。北魏太武帝提任王慧龙为龙骧将军、荥阳(治所位于今河南省荥阳市)太

① 都建康,位于今江苏省南京市。
② 都长安,位于今陕西省西安市。
③ 都平城,位于今山西省大同市北。

守(行政长官),把他放在抗御南朝宋军前哨岗位上。此后,到彦之和南朝宋都督征讨诸军事(前线军事统帅)檀道济多次领军北伐,王慧龙领军奋力抗战,“屡摧其锋”。

王慧龙为北魏良将,成为南朝宋君臣的心腹之患。到彦之在给其友人肖斌的信中称,从江南逃亡到北魏的人多为庸才,唯有王慧龙留在北魏是国家的祸患。宋文帝对王慧龙屡挫宋军十分恼恨,处心积虑想把他这根钉子拔掉。

他派人到北魏散布流言蜚语说:“王慧龙自认为功高而没有受到重用,想引导宋军进入边境,劫持安南大将军叛离魏国。”

有人把这一传闻报告北魏太武帝。太武帝付之一笑说:“这完全是谣言,是齐人忌恨乐毅[①]所玩弄的把戏!”他亲自写信安慰王慧龙说:“义隆畏将军如虎,欲相中害,朕自知之。风尘之言,想不足介意也。”王慧龙自然也听到了中伤他的谣言。他漠然置之,没有向任何人陈述洗白。北魏太武帝的亲笔信使他得到宽慰。

宋文帝反间计失败后,决定改派刺客行刺王慧龙。宋朝廷以二百户封邑、一千匹绢的代价,雇佣一个名叫吕玄伯的刺客,令他伪装投降,求见王慧龙。吕玄伯见到王慧龙时,声称有要事相告,要王慧龙侍卫退出,单独同王将军商量。王慧龙当即看出吕玄伯的诡诈,令人对他搜身,果然从他身上搜出一把锋利的匕首。

吕玄伯连忙向王慧龙叩头,请求将他处死。王慧龙对身边的侍卫人员说:“人各有主,各为各的主人效命。我与此人无怨无仇,

---

① 乐毅为战国后期燕国上将军,率军攻向齐国七十多城邑,齐王出逃,齐国行将灭亡。齐国人用反间计,诱骗燕王调乐毅回国。乐毅害怕被杀,投奔赵国。随后,齐国击败燕军,收复失地。

不忍心将他杀死。”侍卫人员劝告王慧龙说:“刘义隆贼心不死,不把吕玄伯杀掉,恐怕将来还会有类似的诡计谋害将军。”王慧龙坦然地说:“人的生死是由命运注定的,他又怎能害到我?何况我的为人以仁义为准则,何须担忧什么刺客呢!”于是,王慧龙下令将吕玄伯释放。人们听说王慧龙释放刺客,无不佩服王慧龙的豪爽大度。

据《宋书》卷一·武帝本纪上

《魏书》卷三十八·王慧龙传

【简评】

王慧龙遭灭族之难被迫投奔北魏。他率部多次击败宋军,引起宋君臣痛恨。宋文帝派人去北魏散布谣言,派刺客去行刺王慧龙,属特殊的外交活动。耳闻流言蜚语,面对上门刺客,王慧龙沉着镇静,以忠正大义战胜邪恶。

王玄策天竺遇险

唐贞观二十二年(648 年),右卫率府长史(负责警卫太子的官府事务长官)王玄策奉唐太宗之命率团出使天竺①。此前,僧人玄奘于贞观十年(636 年)出访天竺,受到天竺王接见,带回梵文经书六百余部,接着,唐与天竺互派使臣,频繁往来,互通有无。

王玄策一行抵达天竺时,恰逢中天竺国王尸罗逸多刚刚去世,其大臣那伏帝阿罗那顺篡立称王,国内正在动乱。那伏帝阿罗那顺听说唐朝派来使臣,下令军队阻击。

这一情况完全出乎王玄策的意料之外。他别无选择,只好率领随行的三十多人奋起抵抗。但毕竟寡不敌众,使团成员,或被中天竺兵击杀,或被俘虏,所带财物及沿途经过国家所献贡品亦被抢劫一空。王玄策和副使蒋师仁临危不惧,镇定自若,趁天竺人不备,飞马逃脱。

王玄策等人逃到吐蕃②西部边境,借调依附唐朝的邻国军队,发布讨伐那伏帝阿罗那顺的檄文。吐蕃派出一千二百名骑兵,泥婆罗③派出七千名骑兵。王玄策随即率领两国八千多名骑兵分道

---

① 位于今印度,时分东西南北中五天竺。中天竺国都茶镈和罗城,又名曲女城,位于今印度勒克瑙贡达。

② 位于今西藏地区。当时,唐文成公主为吐蕃赞普(国王)松赞干布之妻。

③ 位于今尼泊尔国。

进攻中天竺国都茶镈和罗城，接连攻打三天，攻陷其城。中天竺兵士死伤惨重。那伏帝阿罗那顺弃城逃走。不久，那伏帝阿罗那顺收集残兵向茶镈和罗城反攻，蒋师仁率众将其击败，那伏帝阿罗那顺等人被俘。王玄策此举威震天竺，东天竺王尸鸠摩送来大量牛马慰劳其军队。

之后，王玄策等人将那伏帝阿罗那顺押至唐京都长安(位于今陕西省西安市)。唐太宗听说后十分高兴，对大臣们说："人的耳目往往被声色所迷，口鼻常常被美味所误，这是失去道德操守的祸根。如果婆罗门(天竺别称)国王不派兵抢劫我国使臣的财物，他怎么会当俘虏被押到长安来呢?"

此后，唐朝于天竺等国继续通好，使臣往来不断。

据《新唐书》卷二百二十一上·天竺

《旧唐书》卷一百九十八·天竺

【简评】

王玄策奉命出使天竺，不意遭天竺军队袭击。危难时刻，他没有束手就擒，而是指挥使团奋起抗战。接着，他同副使蒋师仁从吐蕃、泥婆罗借来援军，大败天竺叛军，活捉天竺叛王，在万里之外宣扬了国威，伸张了正义。

浑瑊赴会遭袭

唐兴元元年(784 年),唐德宗派使臣向吐蕃[1]借兵,以援助唐朝廷军平息朱泚叛乱[2],许诺事成后将安西(位于今新疆库车县、和田县、喀什市和焉耆回族自治县)、北庭(位于今新疆吉木萨尔县北)两镇割让给吐蕃。吐蕃派兵击溃朱泚叛军后,唐德宗想把安西、北庭两镇划给吐蕃,被大臣们劝止。

贞元二年(786 年)秋天,吐蕃大相(宰相)尚结赞率军大规模入侵泾州(治所位于今甘肃省泾川县北泾河北岸)、陇州(治所位于今陕西省陇县东南)、邠州(治所位于今陕西省彬县)、宁州(治所位于今甘肃省宁县),其游动骑兵骚扰好畤(位于今陕西省永寿县西南好畤河镇),唐京城长安被迫实行戒严。唐德宗诏令河中(治所位于今山西省永济市西南蒲州)节度使浑瑊率部屯驻咸阳(位于今陕西省咸阳市),以护卫京都。

尚结赞对其部下说:“唐朝的良将,只有李晟、马燧、浑瑊三人,

---

① 位于今西藏自治区,首府逻些城,位于今西藏拉萨市。

② 朱泚原为唐凤翔(治所位于今陕西省凤翔县)节度使(军政长官),曾任泾原(治所位于今甘肃省泾川县北)节度使,因其弟范阳(治所位于今北京市区)节度使朱滔谋反受牵,被软禁京都长安(位于今陕西省西安市)。唐建中四年(783 年),淮西(治所位于今河南省汝南县)节度使李希烈反叛朝廷,率兵围攻襄城(位于今河南省襄城县)。泾原驻军奉调赴援襄城守军,路经长安时因不满兵饷发动兵变,拥朱泚称帝。唐德宗逃往奉天(位于今陕西省乾县)。

我们应当用计策除掉他们。”

在尚结赞所说的三人中,河东(治所位于今山西省太原市)节度使马燧极力建议唐德宗同吐蕃讲和;凤翔节度使李晟与宰相张延赏不和已被削去军权,调到朝廷挂任太尉(名誉宰相)虚职。

令尚结赞感到恐惧的只剩下河中节度使浑瑊一人。于是,尚结赞的主要目标是谋害浑瑊。

贞元三年(787 年)三月,尚结赞领兵占据盐(治所位于今陕西省定边县)、夏(治所位于今陕西省靖边县北白城子)二州后,欲侵犯长安,假意提出要与唐朝和谈,并点名请浑瑊主持双方会盟。唐德宗没有察觉尚结赞的阴谋,答复同意会盟。五月初,唐德宗任命浑瑊为会盟使、兵部尚书(朝廷主管军事的部门长官)崔汉衡为副使、特进(正二品文散官)宋奉朝为都监(随团监察官),率二万兵士前往平凉川(位于今甘肃省平凉市西北),同吐蕃会盟。为防备和盟不成重开战端,唐德宗令华州(治所位于今陕西省华县)节度使骆元光率本镇八千兵马随浑瑊西行作为后援。

浑瑊从长安出发之前,李晟特意提醒他说:“吐蕃人多诈,进入会盟地点后,不可不严加防备。”张延赏听说后对唐德宗说:“李晟是不希望会盟成功的,所以才告诫浑瑊严加防备。如果我们表现出对吐蕃有怀疑,吐蕃自然也就怀疑我们的诚意。这样,会盟怎么会成功呢?”于是,唐德宗又召见浑瑊,严肃地告诫他说:“对待吐蕃要抱有诚意,不能单凭自己的猜疑而拒绝吐蕃的诚意。”

闰五月十九日,浑瑊率使团抵达会盟地。浑瑊将部队驻扎在附近,按双方事先约定,他带领三千名武装官兵进入会盟场地东西两侧。骆元光的部队驻扎在三十里之外。尚结赞却把数万名精锐骑兵埋伏在会场西边。

浑瑊被“诚意”的圣旨束缚住手脚,听任吐蕃巡逻兵在唐军营区穿来穿去,进进出出,没有制止。而唐军巡逻兵一进入吐蕃军营,便被吐蕃军擒获。对此,浑瑊等人忍让而保持沉默。

会盟的场所是吐蕃军设置的帐幕。随浑瑊等人进抵会谈场地的四百名官兵被安排在帐幕外面。浑瑊按约只带主要随员入帐会谈。

浑瑊一行进入帐幕,刚刚脱下军装,换上会盟的礼服,帐内突然响起三声战鼓。埋伏在幕后的吐蕃武士狂呼乱喊,一齐冲杀过来。宋奉朝等人当场被杀,崔汉衡逃出帐外被吐蕃骑兵抓获。浑瑊临变不慌,避开蜂拥在帐前的吐蕃武士,从帐幕后面逃出,骑上停在帐外的一匹战马,飞奔而去。乱箭从浑瑊马背上嗖嗖飞过,他幸免没有受伤。部将辛荣率部冲上来阻击吐蕃追兵,浑瑊得以脱走。

当浑瑊逃回自己营寨时,所率二万名兵士因遭受吐蕃骑兵的袭击,死的死,逃的逃,营房已空空荡荡。他策马扬鞭,逃往设防牢固的骆元光军营,才脱离险境。

当天,唐德宗在早朝时对各位大臣说:“今天与吐蕃讲和,战争就要停止,这是国家的福气啊!”众臣附和着议论一会,高高兴兴结束了朝会。晚上,朝廷收到从前方传来的快报,称“吐蕃劫持会盟使团,他们的兵马已经大举向东侵犯。”唐德宗闻讯,不禁大吃一惊,要不是群臣劝阻,他又要离开京都,避难出走。

据《通鉴纪事本末》卷三十二·吐蕃叛盟

《旧唐书》卷一百三十四·浑瑊传

【简评】

唐德宗诚心想同尚结赞讲和而丧失对其应有的警惕。浑□临行时李晟提醒他多加防备,受到张延赏诋毁,为此,唐德宗又以“诚意”教训浑□一通。浑□实际上是被朝廷捆着手脚去同尚结赞会谈的。入会遭袭,浑□本人也负有不可推卸的责任。尚结赞耀武扬威,无和谈诚意,已经十分明显,浑□竟然视而不见。对皇帝忠诚,按其旨意办事,不等于听任尚结赞摆布,贸然步入他的陷阱。吐蕃兵众踊在前帐拦击,从后帐冲出才能避其锋芒。危急时刻,浑□正确抉择,显示出超人的才智。

韩延徽出使难归

韩延徽是唐幽州安次(位于今河北省廊坊市)人,年轻时以出众的才学被幽州(治所位于今北京市区)节度使(军政长官)刘仁恭召入幕府,任命为幽州观察度支使(主管军费财粮)。刘仁恭之子刘守光囚禁其父自称幽州节度使后,任命韩延徽为参军(军事参谋官)。

后梁[1]乾化三年(913 年)十月,晋王[2]李存勖领兵围攻幽州,讨伐自称大燕皇帝的刘守光。刘守光惊恐万状,派遣韩延徽出使契丹[3]求援。

韩延徽抵达契丹皇都后,向契丹帝耶律阿保机(辽太祖)递交求援信,坚持不行跪拜之礼。契丹帝大为恼火,下令将韩延徽扣留契丹,处罚他去放牧马羊。契丹帝憎恶刘守光囚父弑兄(刘守文),不肯出兵救援。不久,刘守光兵败被俘,晋王李存勖占领幽州。

契丹皇后述律氏认为,老是让韩延徽放牧马羊不妥,向皇帝建

---

① 唐天祐四年(907 年),宣武(治所汴,位于今河南省开封市)节度使朱温逼唐哀帝让位,改国号为大梁,史称后梁,即位为后梁太祖,都汴。

② 唐乾宁二年(895 年),唐昭宗封河东(治所位于今山西省太原市)节度使李克用为晋王。李克用去世后,其子李存勖袭位为晋王。李存勖领兵击败刘守光后,于后梁龙德三年(923 年)建国号唐,史称后唐,即位为后唐庄宗。当年,后唐庄宗率军攻灭后梁,定都洛阳(位于今河南省洛阳市)。

③ 后梁贞明二年(916 年),契丹族(游牧地位于今内蒙古东南部西拉木伦河、老哈河流域)首领耶律阿保机建国号契丹,称帝,都皇都,位于今内蒙古巴林左旗南。后改国号为辽。

议说:“那个被扣留的汉族使臣守节不屈,是个贤才,应该以礼相待,让他为我们做事才对。”契丹帝听取皇后的意见,召见韩延徽与之交谈。他对韩延徽的言谈举止十分满意,任用他参谋军事。韩延徽知道刘守光已被俘杀,纵使南返,也已无从回报使命,便答应留在契丹供职。

当时,契丹开国不久,百事待举。韩延徽建议契丹朝廷仿照汉人建造宫殿,建设城市,确定君臣名分,制订相对稳定的婚姻制度,并鼓励农耕。他为改变契丹人游牧生活,促进农牧业发展,融合与汉族的关系,做出突出贡献,深受契丹君臣的信赖。

韩延徽留居契丹数年后,怀乡心切,伺机逃离契丹,回到晋阳(位于今山西省太原市西南),投靠晋王李存勖。晋王不计前隙,收留韩延徽。掌书记(主管文秘的官员)王缄却对韩延徽十分嫉妒,极力排斥。韩延徽深感不安。为了避免祸难,不久,他以回幽州老家看望母亲为名离开晋阳。

韩延徽不敢回家探望母亲,经过常山(即恒山,位于今河北省曲阳县西北)时,他躲藏到老朋友王德明家里。过了许多天后,韩延徽决定返回契丹。王德明劝韩延徽不可再回契丹,韩延徽笑着说:“我回契丹不会有什么危险。契丹皇帝失去我,如同失去左右手。他见到我回去,一定会很高兴。”

韩延徽重返契丹后,契丹帝耶律阿保机确实异常高兴,拍着他的肩膀问道:“这段时间你到哪里去了?”

韩延徽回答说:“我很挂念母亲,回老家看望母亲去了。”

契丹帝又问道:“为什么不辞而走?既然走了,为什么又回来?”

韩延徽说:“如果连母亲都忘了,我就是不孝的儿子;如果离开皇上,我就是不忠的臣子。我虽然不辞而别去看望母亲,心里却时时在想着陛下。所以,我看望了母亲便回来了。”

契丹帝听韩延徽这么说,更加高兴,赐予他“匣列”(辽语意为“复来”)之名,任命他为守政事令(试任宰相),让他参与决策军政大事。

后来,晋王李存勖派使者来到契丹。韩延徽乘机托使者给晋王带去一封信。信中说:“非不恋英主,非不思故乡,所以不留,正惧王缄之谗耳。”韩延徽拜托晋王照顾他的母亲,信中许诺说:“延徽在此,契丹必不南牧。”

由于韩延徽从中斡旋,晋王(后唐庄宗)在位期间,契丹和中原一直相安无事。韩延徽官至契丹宰相,历事辽太祖、辽太宗、辽世宗三朝,于辽应历九年(959 年)在辽国去世,终年七十八岁。

据《辽史》卷七十四·韩延徽传

卷七十一·后妃传

《新五代史》卷七十二·四夷附录第一

《资治通鉴》卷二百六十八·后梁纪三·乾化三年

《通鉴纪事本末》卷四十一·契丹入寇

【简评】

韩延徽出使契丹被扣,不久其国主被俘国家灭亡。他无可回报,便留在契丹供职。后来,他思念故土,从契丹逃回,投奔晋王李存勖,因处境险恶又被迫返回契丹。契丹时处建国初期,韩延徽努力传播中原文化,为推进契丹的文明发展,加强辽太祖与晋王(后唐庄宗)使臣之间友好往来,维护北方地区的和平与安定作出贡献。

呼庆借故辩争

北宋重和元年(1118 年)二月,宋徽宗赵佶为了恢复同女真[1]通商买马的友好关系,派遣武义大夫(主事出使的武官)马政、平海指挥使(海防部队军官)呼庆等人率团出使金国,随行人员有登州(位于今山东省蓬莱市,当时为通往辽东等地的港口)小校(下级军官)王美等人。

女真族原属辽国[2],其独立组建金国后,与北宋之间隔着辽国。宋朝廷知道,马政、呼庆等人若从陆路走,难以从辽国通过,令他们从海路出行。

马政、呼庆一行从登州(位于今山东省蓬莱市)入海,抵达勃海北岸后,金国巡逻士兵将他们抓捕,抢去他们的财物,并扬言要将他们杀死。马政、呼庆等人再三说明来意,才幸免于难。金国士兵将他们捆绑着押往北方,大约走了三千里路,才到达金太祖完颜阿骨打居住的拉林河(今黑龙江省挠力河)畔。

---

① 部族名,居住地位于今松花江中游地区。辽天庆五年(1115 年),女真族首领完颜阿骨打在按出虎水(位于今黑龙江省哈尔滨市南阿什河)地区建国,国号为金,即位为金太祖。金太宗(金太祖之弟)即位(1123 年)后,建都会宁府,位于今黑龙江省阿城市南。

② 辽神册元年(916 年),契丹族首领耶律阿保机(辽太祖)建契丹国,都皇都(位于今内蒙古巴林左旗南),又称辽国。辽太宗耶律德光即位后,契丹疆域向南延伸至燕云十六州(位于今北京市及河北、山西两省北部地区)。辽保大五年(1125 年),辽国被金军攻灭。

金太祖以礼接见马政、呼庆等人，向他们询问道："宋朝为什么要派使臣来?"他们答称欲同贵国恢复友好往来。金太祖同大臣们商议后，决定留下王美作为人质，派遣使臣索多、李庆善等人携带国书和生金、貂皮、人参等土特产品，随同马政、呼庆回访宋朝。

宣和元年(1119 年)正月，马政、呼庆带领金国使臣索多、李庆善等人抵达京都开封(位于今河南省开封市)。宋徽宗接见索多、李庆善等人，并委任李庆善为修武郎(低级武官)。十多天后，宋徽宗派遣直秘阁(主管朝廷图书的官员)赵有开、马政及呼庆等人随同索多等人回访金国。

赵有开一行动身之前，宋朝廷讨论回复金太祖的书信规格。有人建议使用国书，按照两国间的信函格式行文。赵有开认为，金国国王只不过相当于宋朝的一个州镇节度使(地方军政长官)而已，使用诏书就足够规格了，用不着使用国书。宋徽宗听从赵有开的意见。

北宋使团抵达登州尚未登船渡海，赵有开突然病故。这时，宋朝廷获悉辽国封金国国王为东怀王。于是，宋徽宗传令马政不要再去金国，只派呼庆等人带着登州地方的信函，随同索多等人出使金国。

当年六月，呼庆等人到达金太祖军帐所在地。金太祖看了呼庆递交的登州公函，很不高兴，指责宋朝廷迟迟不派使臣回访，更不该让使臣仅持地方州府的公函出使金国。

面对金太祖的责难，呼庆解释说："由于我朝使臣赵有开到达登州后突然去世，所以耽误了时间。当时听说贵国同辽国通好，我们急于想早日赶到贵国这边来，临时要登州出具信函，没有其他意思。如果贵国能与辽国断绝往来,宋朝廷马上就会另派大臣来与你们共商大事。”金太祖听了呼庆的陈述,余怒未息,下令将呼庆等人拘留。

呼庆在被金国扣留期间,要求会见金太祖,多次同金国君臣展开辩论,坚持陈述他的立场。金太祖知道,是宋朝廷对金国轻慢无礼,而不能怪罪于呼庆个人。他没有关闭同宋朝通使的大门,对呼庆说:“跨海求好,非吾家本心。”“所以遣使人报聘者,欲交邻耳。”“归见皇帝,若果欲结好,请早示国书;或仍用诏,决难从命。”

当年年底,金太祖与近臣完颜宗翰等商议,决定将呼庆等人放还。呼庆一行获释后,起早带晚赶路,于第二年正月回到登州。随行人员中,有的人冻烂皮肤,有的人冻掉指头。

据《续资治通鉴》卷九十三 · 宋纪九十三

【简评】

呼庆两次出使金国,饱经风雨。第一次,开通与金国的外交关系,他被金国兵士绑架,吃了不少苦头。第二次,由于宋朝廷失礼,他被金国扣留半年。呼庆不怕金国君臣恫吓,坚持辩争终于获释回国。

吴激故国情结

吴激字彦高,北宋[①]建州(位于今福建省建瓯市)人。其父吴拭(亦记作吴栻)曾任苏州(治所位于今江苏省苏州市)知府(行政长官)等职,善于诗文。他的岳父米芾是大书法家。由于家庭环境熏陶,吴激在诗词字画上造诣很深。

北宋靖康二年(1127 年)[②],吴激(其职不详)奉朝廷之命随团出使金国。金国君臣爱慕吴激的才华,把他留在金国,没有让他返回南宋[③]。吴激没有像多数被金国扣留的宋朝使臣那样坚决拒绝留下做官,而是接受金国委任的官职。为了稳定吴激的思想,金朝廷任命他为翰林待制(朝廷撰写公文的官员)。

诚然,吴激入金国做官出于迫不得已。尽管金朝廷给予他优厚的待遇,他仍然时常思念南方的故国。

一次,他同宇文虚中[④]等人应邀到张侍御(监察官,其名不详)

---

① 都开封,位于今河南省开封市。

② 据《中国大百科全书? 中国文学》? 吴激。

③ 北宋靖康元年(1126 年)闰十一月,金国(都会宁府,位于今黑龙江省阿城市南)军队攻入开封。第二年四月,金军将宋太上皇赵佶(宋徽宗)、宋钦宗赵桓(太上皇长子)掳至北方。五月,康王赵构(太上皇第九子)在南京(位于今河南省商丘市南)即位为宋高宗。之后,宋高宗率众臣南迁,保守淮河以南地区,定都临安(位于今浙江省杭州市),史称南宋。

④ 宇文虚中原为南宋资政殿大学士(皇帝高级顾问)。南宋建炎二年(1128 年),他奉命出使金国被留,入金朝廷做官,受任知制诰(负责拟草诏令)等官职。

家赴宴。席间,张侍御令侍女唱歌助兴,其中有一人仪容凄婉。吴激感到奇怪,经询问得知,该女原是北宋宣和殿宫女,北宋灭亡时,她随太上皇被掳至北方。由此,吴激心中顿时生起万千感慨,当即写下《人月圆》(王步高主编《金元明清词鉴赏辞典》,下同)一词:

南朝千古伤心事,犹唱后庭花。旧时王谢,堂前燕子,飞向谁家?恍然一梦,仙肌胜雪,宫髻堆鸦。江州司马,青衫泪湿,同是天涯。

又有一次,吴激在会宁府遇见一个原为北宋梨园(泛指歌舞戏班)歌女,头发花白了,仍漂泊在几千里之外的异国他乡卖唱,不禁勾起他异乡飘零的情思,与之在思想上产生共鸣。为此,吴激写下《春从天上来》一词,并谱上乐曲,一时广为人们传唱。

留金以后,吴激对养育他成长的江南水乡,时常流露出无限眷念之情,他在词中写道:

"千里伤春,江南三月,故人何处汀州?"

《满庭芳》

"书剑忆游梁。当年事,底处不堪伤。""回首断人肠。流年去如电,双鬓如霜。"

《风流子》

"鸥似雪,水如天,忆当年。到家应是,童稚牵衣,笑我华颠。"

《诉衷情》

金皇统二年(1142年),吴激被排挤出金朝廷,派往深州(治所位于今河北省深州市)担任知州(行政长官)。他怀着无限失落和忧伤上路,到任三天猝然去世,疑为被人暗害或自杀。

据《金史》卷一百二十五·吴激传

《中国历史大辞典》· 吴栻

【简评】

吴激奉命使金,入金朝做官,不足称道。留金期间,他对南宋故国不能忘怀,其所作诗词哀婉悱恻,读来令人动情。

和世泰权作谎奏

清[1]嘉庆二十一年(1816 年)闰六月,英国使臣阿美士德、马礼逊一行携带贡品抵达天津。清工部尚书(朝廷主管百工建造的部门长官)苏楞额受命为钦差大臣(皇帝指令全权负责处理某项事务的高级官员),前往迎接并设宴招待阿美士德一行。

宴会前,双方就礼仪问题发生分歧。苏楞额提议英使臣先向中国皇帝牌位行三跪九叩礼谢宴,然后入席。马礼逊声称英国礼节与中国不同,向国王牌位行免冠拜揖一俯首是最高礼节。双方争执不下,苏楞额只好让步,同意英国使臣向嘉庆帝牌位行三免冠九拜揖九俯首礼后入席。

第二天,苏楞额按原定计划带英国使团进京。嘉庆帝听了苏楞额的奏报后,斥责其"大错",应让其"在津等候,毋庸亟亟起程来京",称"进表之日,行礼仍不能如仪,必将贡使押送天津。""朕实不愿受此虚誉,有损国体!"

之后,嘉庆帝听说英国贡船启程南去,勃然大怒,指斥苏楞额无能,改令理藩院尚书(主管外交及少数民族事务的部门长官)和世泰、礼部尚书(朝廷主管礼仪、教育的部门长官)穆克登额为钦差大臣,赴通州(位于今北京市通州区)迎接英国使臣,并向其演习朝

---

① 都北京,位于今北京市区。

见礼仪。嘉庆帝告诫和世泰等人说:“时间以七月六日为限,限内愿行朝见礼,即日带其入朝,超过时限仍不愿如仪行礼,及时将情况上报,听候旨令。”

和世泰等人抵达通州后,主动向英国使团演习朝见礼仪,英国使臣坚持不答应按中国礼仪行朝见之礼。迫于时限,和世泰等人隐瞒真相,于七月五日谎奏:“英使演习礼节,起跪不甚自如,勉力尚堪成礼。”嘉庆帝予以认可。七日凌晨,和世泰等人陪同英国使臣去圆明园朝见嘉庆帝。

当时,王公大臣已经聚集在圆明园宫殿内,嘉庆帝于卯正二刻(早晨五点三十分)传令升殿受礼。英国使臣则以礼服未备、国书未带为由,坚决拒绝按中国礼节朝见嘉庆帝。和世泰只好继续撒谎。他第一次向嘉庆帝报称:“英国使臣走得不快,等他们走到门口时,再奏请让他们入宫。”嘉庆帝第二次传令召见,和世泰又谎报英国正使正在拉肚子,须少缓片刻。过了一会,嘉庆帝第三次传令英使入见,和世泰又谎报英国正使病倒了,不能朝见。嘉庆帝信以为真,便传令由副使朝见。和世泰又奏报说:“副使也病了,等正使病好后一同朝见”。嘉庆帝大为恼火,下令立即遣送英国使臣回国。

第二天,嘉庆帝的怒气稍微消了一些,命乾清门侍卫布彦泰给英国使臣送去白玉如意(长柄,头呈灵芝形或云形,象征吉祥如意,可供赏玩)一支、翡翠玉朝珠一盘、大荷包二对、小荷包八对,作为给英国国王的赠礼。接着,嘉庆帝又命苏楞额火速赶往通州,接收英国赠送的地图四张、英国王妃像二张、英国绘画九十五张。嘉庆帝还给英国国王写了一封信,派人交给英国使臣,由其带回英国。

信中称:“朕念尔国王笃于恭顺,深为愉悦”,“朕以远国小臣,未娴仪度,可从矜恕”,“嗣后毋庸遣使远来,徒烦跋涉,但能倾心效顺,不必岁时来朝。”

事后,嘉庆帝以“办理英使入贡事宜舛谬”,下令撤销苏楞额工部尚书、镶红旗(清初八旗组织之一)汉军都统(军政长官)职务,撤销和世泰理藩院尚书、镶白旗汉军都统职务和穆克登额礼部尚书、镶黄旗汉军都统职务。

据《清通鉴》卷一七三·清仁宗嘉庆二十一年

【简评】

十六世纪,英国在资本原始积累进程中,开始对外掠夺,与葡萄牙、西班牙争夺海上霸权,侵占北美大陆为其殖民地。十七世纪,英国爆发资产阶级革命,建立议会君主制,政治体制发生重大变革。十八世纪,英国兴起工业革命,科技发展和机器广泛应用使英国成为世界上第一个工业强国。与此同时,英国攻占印度,将其沦为殖民地和商品倾销市场。侵占印度后,英国把侵略的矛头主要对准中国(参阅《中国大百科全书·外国历史》·英国历史、英国殃民扩张、英国征服印度的战争)。对于英国发生的这一切,清朝廷竟一无所知,以致嘉庆帝称其“国王笃于恭顺”,“赐尔国王白玉如意”等,“以示怀柔”。闭关锁国,夜郎自大,这是清朝廷的悲剧所在。清朝君臣的愚昧腐败,导致日后的中国沦为英国等国的半殖民地。和世泰作为清外交大臣处事应当开诚布公,不该对嘉庆帝和英国使臣两头撒谎。然而,他撒谎有方,避免了嘉庆帝和英国使臣之间可能出现的尴尬局面。

中国古代历史风云

列国交聘（下）

叶秀松　编著

北京师范大学出版社
安 徽 大 学 出 版 社

五、出使被扣守节不屈

古代官员奉命出使，被出使国扣留屡见不鲜。他们中许多人牢记使命，忠于职守，不怕威胁，不受利诱，餐风饮露，备受折磨，始终坚韧不拔而不辱使命。他们是搏击长空的雄鹰，是凌寒挺立的苍松。他们所展现的气节是民族的灵魂，他们所坚持的信念是国家的根本。他们的浩然之气是中华民族宝贵的精神财富。

叔孙豹临难不逃

鲁昭公元年(前 541 年)正月,鲁国①派遣国卿(宰相)叔孙豹(叔孙穆子)去虢地(位于今河南省三门峡市东南)参加诸侯国盟会。此次盟会是由楚国②令尹(宰相)公子围和晋国③国卿赵武(赵文子,又称赵孟)共同主持的。盟会的主题是重申五年前各诸侯国代表在宋国④订立的互不侵犯盟约。

盟会期间,鲁国执掌国政的国卿季武子违犯盟约规定,派兵攻打莒国⑤,占领郓邑(位于今山东省沂水县东北)。对于鲁国的这一举动,与会各诸侯国代表都感到吃惊和愤慨。叔孙豹事先并不知道季武子会在盟会期间领兵攻打莒国,作为鲁国与会代表,他的处境十分难堪。

公子围听说鲁国出兵攻打莒国大为恼火,对赵武说:“我们这次盟会,就是重温各国之间互不侵犯盟约。盟会还没有结束,鲁国就发兵攻打莒国。这是对我们盟会的藐视和挑战,应当把参加盟会的鲁国代表处死,以惩罚鲁国破坏会盟。”

赵武认为,违犯盟约攻打莒国的罪魁是季武子,叔孙豹出使在

---

① 春秋诸侯国,都曲阜,位于今山东省曲阜市。

② 春秋国名,都郢,位于今湖北省荆州市西北纪南城。

③ 春秋诸侯国,都新田,位于今山西省曲沃县西北。

④ 春秋诸侯国,都商丘,位于今河南省商丘市。

⑤ 春秋诸侯国,都莒,位于今山东省莒县。

外没有参与此事,无罪过。公子围听不进赵武的意见,准备将叔孙豹拘捕。

赵武随即私下会见叔孙豹,对他说:“公子围为人刚愎自用,听不进不同意见。他要惩罚鲁国,首先要给你治罪,你何不瞅空逃走呢?”

叔孙豹回答说:“我是奉国君之命,代表鲁国来参加盟会的。鲁国已经违犯盟约触怒诸侯,如果参加盟会的鲁国使臣再逃走,鲁国一定会受到与会各国的讨伐。我不能为着自己活命而把危难推给国家。作为鲁国使臣,我不可以逃避应负的责任。如果诸侯国与会代表同意把我杀掉,不再讨伐鲁国,我情愿被处死。只要能使鲁国安全,能使鲁国民众免除祸难,我个人是生是死倒也无所谓。”赵武听叔孙豹这么说,深为他对国家的忠诚所感动。

与会晋国大夫(朝廷中等级别的官员)乐桓子(《国语》记为乐王鲋)许诺帮叔孙豹向赵武讲情,派人向叔孙豹索取财物,遭到叔孙豹拒绝。乐桓子恼羞成怒,转而劝说赵武杀死叔孙豹。

赵武对乐桓子说:“叔孙豹是个忠臣,他甘愿以死换取其国家的安全,这样的人应当受到保护。一个国家,做臣子的如果都能像叔孙豹这样为国家尽忠忧虑,是大国,便不会丧失权威;是小国,便不会被大国欺凌。人臣如果都能像叔孙豹这样甘愿为国献身,哪里还有败亡的国家?忠臣处在难中,不加以救护,不吉利啊!”乐桓子无话可说。

赵武决意救助叔孙豹,再次劝告公子围说:“鲁国与莒国争夺郓地由来已久。假如吴国[1]与楚国发生领土纷争，楚国能顾及盟约而不同吴国争战吗？鲁国和莒国此次交战，如果对莒国没有根本危害，令尹可以不必过问，会盟各国亦无须对鲁国兴师动众。这样，对维护楚国的盟主地位只有好处，没有坏处。”

经赵武这么一说，公子围没有再坚持要惩处叔孙豹。接着，赵武又去劝说参加盟会的楚国其他大臣。楚国与会大臣赞同赵武的意见。于是，叔孙豹获得赦免。

据《左传》昭公元年

《国语》晋语八·赵文子请免叔孙穆子

【简评】

鲁国国卿叔孙豹出使参加盟会，其国家却违犯盟约出兵攻打莒国。主持盟会的楚令尹公子围欲处死叔孙豹以惩罚鲁国。叔孙豹以国家利益为重，为使鲁国避免诸侯联军讨伐，甘愿为国献身。其舍己为国的精神感动了晋国国卿赵武。赵武力劝公子围，叔孙豹得以赦免。此事说明，忠正赢得人心。

---

① 春秋国名，都吴，位于今江苏省苏州市，为楚国邻国。

蹶由被扣话凶吉

吴王余祭十一年(前537年)十月,楚灵王率领诸侯联军攻打吴国[①]。吴王余祭派兵迎战。楚太宰(宰相)薳启强所率的军队设防不严,在鹊岸(位于今安徽省铜陵市西南)反被吴军击败。楚灵王率军转至罗汭(位于今河南省罗山县)。

吴王乘胜想同楚国[②]讲和,派他的弟弟蹶由到楚军军营去慰劳楚军将士。楚军将领却下令把蹶由抓起来,扬言要杀死他,用他的血祭祀战鼓。蹶由毫不畏惧。

楚灵王派人审问蹶由,向他威吓道:“我国大王要我们问问你,你来之前是否占卜过,到我们这里来吉利吗?”

蹶由回答说:“吉利。我国君王听说大王将要向敝国出兵,就用国家守龟占卜,占卜的卦象是吉利,于是派下臣来犒劳贵国军队。”

蹶由接着说:“请你们转告贵国大王,贵国如果以礼仪迎接下臣,而使敝国麻痹懈怠,忘记会受贵国进攻的危险,吴国就真的危险了。大王听说下臣前来慰问贵国军队,大动肝火,扣留下臣,还要用他的血祭鼓,吴国君臣听说后,当然也就要严加防备了。吴国虽然不算强大,但早作防备,也可以阻止贵国军队的进攻。不管贵

---

① 都吴,位于今江苏省苏州市。
② 都郢,位于今湖北省荆州市西北纪南城。

军进攻还是不进攻,吴国都做好了充分准备,这不是吉利吗?下臣个人生死是小事,能使国家加强防备,不是最大的吉利吗?”

奉命审问蹶由的官员,将蹶由说的这番话报告楚灵王。楚灵王下令将蹶由囚禁起来,不要把他杀死。不久,楚军由罗汭渡河,抵达汝清(位于今安徽省阜南县南)。由于吴军早有设防,楚军不能进入吴国。楚灵王害怕遭受吴军袭击,便率军撤回,并将蹶由押到楚国囚禁。蹶由在楚国囚禁期间,一直没有屈服。

吴王僚四年(前523年),楚令尹(宰相)子瑕向楚平王奏告说:“蹶由并没有什么罪过,长期把他拘禁在楚国,诸侯国会对楚国说三道四。应当对他宽赦。”楚平王同意子瑕的意见,下令将蹶由释放回吴国。蹶由的不屈精神为他自己树立了高大的形象。

据《左传》昭公五年

昭公十九年

【简评】

楚国出兵攻打吴国,反被吴军击败。吴王乘胜派蹶由犒劳楚军,企图同楚国谈和。蹶由抵达楚军军营后不料被扣留。楚王令人以生死吉凶对蹶由加以威胁,蹶由毫不畏惧。他借题发挥,以对他施礼还是加害会给楚国带来吉凶,劝导楚国君臣。楚灵王看出他是个志士,没有将他杀害。蹶由被楚国囚禁十四年,没有屈服,最终获释回国。蹶由的不屈精神为他自己树立了高大的形象。

苏武守节不降

匈奴①且鞮侯单于即位后,把原先匈奴扣留的汉朝使臣路充国②等人释放回国。汉武帝赞赏且鞮侯单于的这一友好举动,决定将扣留在汉朝的匈奴使臣遣送回国。

西汉天汉元年(前100年)三月,汉武帝派遣移中厩监(主管鞍马鹰犬射猎等物)苏武以中郎将(警卫部队将领)的名义,持汉朝廷符节(用金属、玉等器物制作的外交使臣的凭证),护送被扣匈奴使臣回国。随同苏武出使的有副中郎将张胜、假吏(临时委任的官员)常惠等一百多人。苏武一行带去丰厚的金币赠送给且鞮侯单于,以答谢其释放汉朝使臣归汉。

副使惹事　祸难临头

且鞮侯单于接见苏武等人时骄横无礼。苏武等人深感失望。

---

① 西汉北方游牧国家,其势力范围东西位于今辽宁省辽河至新疆西南部喀喇昆仑山,北南位于今俄罗斯西伯利亚至长城。单于(国王)庭设地位于今蒙古国乌兰巴托。

② 西汉元封四年(前107年),匈奴乌维单于派贵人(高级官员,其名不详)出使汉朝。该贵人抵达西汉都城长安(位于今陕西省西安市)不久病逝。随后,汉武帝派路充国佩二千石印绶(相当朝廷部门长官职级)护送该贵人灵柩出使匈奴。乌维单于怀疑其贵人是被汉朝人杀死的,下令将路充国扣留。

在办完朝廷交付的使命后,苏武准备率团回国。这时,出乎他意料的事情发生了。

匈奴丁灵王卫律,祖先是匈奴人,后来其家族迁居西汉长水(位于今陕西省蓝田县)。卫律在汉地出生长大,早年与汉朝协律都尉(主管宫廷音乐)李延年交为朋友,经李延年推荐,卫律曾作为汉朝官员出使匈奴。不久,卫律在返回途中听说李延年被杀①,惧怕受牵治罪,投附匈奴而受到信任。卫律的同乡长水人虞常此时亦流亡在匈奴。当初,虞常未来匈奴之前同张胜有过交往。

虞常听说张胜作为副使随同苏武来到匈奴,私下去拜访张胜,对他说:"听说汉朝天子非常怨恨卫律,我可以埋伏弓弩手将卫律射死。我的母亲和弟弟都还在汉朝,事成后,希望他们能得到汉朝的赏赐。"张胜没有将虞常所说之事向苏武报告,便擅自同意虞常暗杀卫律,并答应他的要求。

与此同时,虞常又策划另一事端。匈奴缑王是昆邪王姐姐的儿子,曾和昆邪王一起投降汉朝。后来,缑王随汉将赵破奴(浞野侯)攻打匈奴,兵败回归匈奴。虞常与缑王以及当初跟卫律投降匈奴的人暗中密谋,想伺机劫持且鞮侯单于的母亲阏氏(皇太后),一同返回汉朝邀功。

之后一个月,且鞮侯单于外出打猎,其母亲阏氏留在单于庭。虞常乘机邀集七十多人准备劫持阏氏,其中有一人夜间逃出去将此事告发。且鞮侯单于的亲族当即领兵反攻,杀死缑王并将虞常抓捕。且鞮侯单于指令由卫律处理这起事件。

---

① 西汉征和三年(前90年),李延年之兄贰师将军李广利领军出征匈奴,兵败投降匈奴,李延年受牵被杀。

张胜听说后,害怕虞常供出先前同他约定暗杀卫律之事,便向苏武报告。苏武说:“事情已经到了这一步,必然要牵连到我。要是被匈奴人凌辱后才死,那将辜负国家,有辱使命。”苏武意欲自杀,被张胜、常惠等人劝止。不久,虞常果然供出与张胜的预谋。且鞮侯单于听说后勃然大怒,下令将苏武等汉朝使臣扣留。

守节不屈　拒不投降

匈奴单于召集众大臣商议,想将苏武率领的汉朝使团成员全部处死。左伊(其职不详)秩訾说:“因为一个汉朝使臣参与谋杀丁灵王,而把这批汉使全部杀掉,这样处罚太重。如果他们图谋单于,又该怎样加罪?最好是迫使他们向我们投降。”且鞮侯单于接受秩訾的意见,决定诱迫苏武等人投降。

且鞮侯单于先派卫律去劝降苏武。苏武对在场的常惠等人说:“向匈奴人卑躬屈膝,也许能活命。那样,又有什么脸面再回到汉朝?”说罢,苏武拔出佩刀自杀。卫律大惊失色,急忙召来医生抢救。匈奴医生在地上挖了一个坑,坑内放上碳火,将苏武平放在坑上,轻踏他的背部,将他腹腔内的血水排引出来。当时,苏武已经奄奄一息。经匈奴医生抢救,他才慢慢苏醒过来。且鞮侯单于闻讯后惊叹不已,他钦佩苏武的气节,派人早晚去看望,为他治疗伤口。

苏武逐渐痊愈后,卫律又开始劝他投降。卫律当着苏武的面,斩下虞常的头颅。接着,他举剑要刺张胜。张胜吓得丧魂失魄,连忙请求投降。卫律转身威胁苏武说:“你的副使有罪,你应当受到连坐。”苏武回答说:“我本来就没有参与他们的密谋,与他又不是亲属,凭什么道理要让我连坐?”卫律举起剑对准苏武。苏武大义凛然,巍然不动。

卫律见硬的不行,又来软的一手。他转而对苏武说:“可以如实告诉你苏先生,我卫律背离汉朝归附匈奴的路是走对了。我有幸受到单于大恩,封我为王,手下有数万民众,家中有满山遍野的马羊,真可以说是富贵到了极点。苏先生今天要是投降,明天不是和我一样吗?如果白白地死在这荒原野外,又有谁知道你是汉朝的忠臣呢?”

苏武轻藐地望着卫律,闭口不答。

停了一会,卫律又说:“苏先生如能听从我劝告,向匈奴投降,我就和你结为兄弟。否则,你今后即使再想见我,我也不会再来见你!”

苏武听卫律这么说极为恼火,破口大骂道:“你身为汉朝的使臣、汉人的儿子,却忘恩负义,背叛汉天子和你的亲人,投降异族,我要见你干什么?单于相信你,让你决定我们这些人的生死。你心术不正,不主持公道。你明明知道我不会投降,却硬要借此挑起两国的战争。如果你害死我们这批汉朝使臣,匈奴的灾祸也就降临了!”

卫律无计可施,只好向且鞮侯单于报告苏武不肯投降。且鞮侯单于见苏武如此崇尚气节,越发想争取他归顺匈奴。他改变方式,下令将苏武囚禁在一个大地窖中,断绝供给他饮食,企图逼迫苏武投降。苏武吞食积雪与毡毛充饥,一连抗争许多天,没有死去,更没有向匈奴人屈服。单于亦毫无办法,便下令把苏武流放到北海(今俄罗斯贝加尔湖)荒无人烟的地方,让他放牧一群公羊,声称等公羊产奶才放他回国。常惠等人则被囚禁在别的地方。

苏武到了北海边,没有粮食吃,就挖掘野鼠洞,从中拣取野果充饥。他持汉节牧羊,起卧出行节杖始终不离身边。在这样极端恶劣的环境中,苏武胸怀汉朝,以顽强的毅力熬过五、六年艰难的岁月。

一次,单于的弟弟于靬王到北海打猎,苏武教正他使用弓箭。于靬王很高兴,给了苏武一些衣服和粮食。三年后,于靬王身患重病。他派遣其部属去侍卫苏武,并给苏武送去一些牲畜、衣服、饮具和帐蓬。

于靬王死后,他派往北海的人便离开苏武。当年冬天,丁令①人盗走苏武的牛羊。苏武再次陷入困境。

大义凛然回绝李陵

后来,且鞮侯单于又指派投降匈奴的原汉朝将领李陵去劝说苏武投降。

李陵是汉朝名将李广的孙子,从前曾和苏武一起担任侍中(侍从皇帝的主官),彼此交情很深。苏武出使被扣的第二年,李陵领五千兵士出击匈奴,被匈奴八万兵众包围在浚稽山(位于今蒙古国戈壁阿尔泰山中段),兵败被俘。之后,汉武帝误信李陵教授匈奴练军的谣传,下令将李陵的母亲及其家人处死。由此,李陵投降匈

① 游牧于匈奴以北、北海附近的部族。

奴,在匈奴做官。开始许多年,李陵一直无颜去见苏武。

且鞮侯单于给他下达指令,他不得不奉命行事。

李陵到达北海后,为苏武安排了酒宴和乐舞,对苏武(字子卿)说:“单于听说我同子卿交情很厚,派我来劝劝您,让我们彼此推心置腹地交谈交谈。子卿啊,看来,您这辈子是不可能再回到汉朝故土了,何必还要守着信义,在这荒无人烟的地方白白受苦呢?您身在异乡多年了,可能还不知道您家中的变化。我来到北地之前,您母亲大人已经不幸去世,我扶着她的灵柩一直送到阳陵①安葬。嫂夫人尚年轻,听说已经改嫁他人。前些年,长君和孺卿②先后获罪,都自杀了。您还有两个妹妹,生有两个女儿、一个儿子。阔别十多年,她们是生是死也都不得而知。人生如同早晨的露水,转瞬即逝,您何苦这样长期折磨自己呢?我刚归附匈奴时,心中亦恍恍惚惚,狂躁不安,憎恨自己有负于汉朝,尤其念及我的老母亲已享受朝廷供给的优厚待遇。子卿您不想投降,不会比我当年的思想斗争更厉害吧?现在看来,武帝年事已高,汉朝的法令变化无常,有好几十位大臣无缘无故被灭族,朝中大臣人人自危,不知道什么时候灾祸会降临到自己头上。子卿,一切都已时过境迁,如今,您还去为谁效忠啊?希望您听从我的劝告,不要再推托了!”

---

① 位于今陕西省咸阳市东。据《史记》卷一百一十一记载,苏武之父苏建的墓冢在大犹乡。

② 苏武兄弟三人。兄苏嘉(字长君)官至奉车都尉(主管皇帝车辆的侍从官员),因护卫汉武帝乘车碰上柱子,畏罪自杀。弟苏贤(字孺卿)官至骑都尉(骑兵将领或侍从武官),奉命追捕害死驸马(汉武帝女婿)的宦官,没有捕得而畏惧服毒自杀。

苏武回答李陵说:“我们苏家父[①]子都没有什么功德,却受到皇上的信用。我曾同我的兄弟盟誓,愿肝脑涂地,以报效皇上。今天,我如能杀身报国,就是用刀斧砍剁、油锅烹煎,也心甘情愿!希望您不要再说了。”

此后许多天,李陵一直陪着苏武饮酒。有一天,李陵再次对苏武说:“子卿,恳求您听我李陵一句话吧!”苏武仍然毫不松口,回答说:“我知道自己早该死了。单于一定要我投降,我今天就结束与您的聚会,为汉朝效死在您的面前!”李陵见苏武对国家如此忠贞,不禁喟然长叹,自愧弗如,挥泪与苏武告别。李陵不好意思再去见苏武,让他的妻子给苏武送去几十头牛羊。

常惠献计苏武获释

汉昭帝即位(前 87 年)后,匈奴与汉朝恢复和亲。汉朝要求匈奴释放苏武等人,匈奴官员却谎称苏武已死。后来,常惠向看守他的匈奴人请求,获准去看望汉朝派到匈奴来的使臣(其名不详)。常惠将苏武被囚禁在北海的真相告诉汉朝使臣,并给他出个主意,要他对匈奴单于讲,汉朝天子在上林苑(位于今陕西省西安市西渭水以南)射得一只大雁,雁腿上系有一封写在帛上的书信,信上报称苏武等人流放在北海附近。

汉朝使臣听了很高兴,按照常惠的计谋询问匈奴单于。匈奴单于看了左右大臣一眼,对汉朝如此了解苏武等人的情况感到吃

---

① 苏武之父苏建,官至右将军,曾数次随从卫青等大将军出征匈奴,时已病故。

惊,只好向汉朝使臣赔礼说:"苏武等人确实还活着。"

始元六年(前81年)二月,匈奴答应将苏武等人释放回国。李陵为苏武祝贺并设宴为他饯行。临别之际,李陵含着眼泪对苏武说:"子卿,如今您还归故土,名扬匈奴,建功汉朝,历代竹帛所记、所画的名臣名将,有谁能超过您子卿啊!"说着,李陵起舞悲歌,与苏武诀别。

当初,苏武领着一百多人出使匈奴。十九年后,他获释返回汉朝时,只有他和常惠等九人相伴而归。

当年,苏武出使匈奴时正年富力强。十九年后,苏武返回汉朝,他的胡须和头发全白了。

据《汉书》卷五十四·苏武传

《通鉴纪事本末》卷三·武帝伐匈奴

【简评】

《汉书》作者班固评论说:"孔子称'志士仁人,有杀身以成仁,无求生以害仁','使于四方,不辱君命',苏武有之矣"(《汉书》卷五十四)。

清代学者赵翼认为:"《史记》无《苏武传》,盖迁在时,武尚未归也。《汉书》为立传,叙次精采,千载下犹有生气。合之《李陵传》,慷慨悲凉"(《二十二史札记》卷二·汉书增传)。

笔者认为,苏武出使匈奴被扣,备受折磨,不为卫律威胁所屈,不为李陵劝说所动,守节不移,宁死不降,其浩然正气顶天立地,其壮烈事迹彪炳千秋,其官品操守永世楷模。

冯熙宁死不返

吴[①]黄武二年(223 年)四月,蜀[②]先主刘备病故。吴王孙权派遣立信都尉(中级武官)冯熙出使蜀国吊唁。冯熙回国后被任命为中大夫(主事出使的官员)。接着,他又奉命出使魏国[③]。

冯熙到了洛阳后拜见魏文帝。魏文帝板着脸说:“吴王如果想增进我们两国的友好关系,应当向江关(位于今重庆市奉节县东长江南岸)进驻重兵,向巴蜀(位于今重庆市、四川省)悬挂战旗。最

① 三国之一,都武昌,位于今湖北省鄂州市;吴黄龙元年(229 年),孙权称帝,定都建业,位于今江苏省南京市。

② 三国之一,都成都,位于今四川省成都市。

③ 三国之一,都洛阳,位于今河南省洛阳市。

近,我们听说吴国派人去和蜀国重修旧盟[①],想必是有变故了?”

冯熙面对魏文帝的责难,毫不畏惧,坦然回答说:“我奉命借刘备丧期出使蜀国,主要是去观察蜀国动态,并没有其他什么不可告人的阴谋。”

冯熙答道:“吴王能体察下情,善于任用官吏,及时减轻百姓的赋税和徭役,并能经常检查政令是否落实。他教育文官武将爱惜人才。他不咎既往,不以个人恩怨好恶论事待人,一律以现实表现赏功罚罪,臣民都对他感恩戴德,用忠义报答他。如今,吴国有沃野千里,近年五谷丰收,粮棉丝绸堆积如山,老百姓不再闹饥荒;又有雄兵百万,攻无不克,战无不胜,可以说全国上下固若金汤。在我看来,大国皇上所说的旱灾,对我们吴国来说,实在是无关大局。”

魏文帝对冯熙的答话很不高兴。他知道尚书令(丞相)陈群和冯

---

① 东汉建安二十年(215年),占据江南的行车骑将军孙权派其中司马(军事参谋长官)诸葛瑾向占据蜀地的益州(治所成都)牧(行政长官)刘备讨还荆州(位于今湖北省荆州市。建安十五年,孙权为联合刘备共同与丞相曹操对抗,将荆州借给刘备驻守),刘备借故不肯将荆州还给孙权。孙权与刘备失和。建安二十四年(219年),孙权乘镇守荆州的刘备部将关羽领兵北上攻打曹操部将占据的樊城(位于今湖北省襄樊市)之机,派军夺回荆州并击杀回师南返的关羽。蜀章武元年(221年),蜀先主刘备领军讨伐孙权,以报其强夺荆州击杀关羽之仇。孙权向魏文帝曹丕(曹操长子,东汉延康元年即220年,曹丕逼汉献帝退位,改国号为魏,称帝)称臣,魏文帝封孙权为吴王。章武二年(222年),刘备率部进至猇亭(位于今湖北省宜都市北)被孙权部将陆逊领兵击败。刘备逃入白帝城(位于今重庆市奉节县东)。当年十二月,孙权派太中大夫(皇帝侍从顾问官)郑泉出使白帝城,欲与刘备修复旧盟。第二年,刘备在白帝城去世。魏文帝接着问道:“听说吴国近年遭受旱灾,饿死不少人,以你的高见,怎样看这件事呢?”

熙是颍川(位于今河南省许昌市)老乡,指令陈群用重利引诱冯熙归附魏国。冯熙没有接受陈群的诱惑,毅然表明对吴国忠贞不贰。魏文帝不便强留,只好派人送冯熙回国,令人在路上对他多加折磨。

冯熙离开洛阳上路后,魏文帝余怒未息,转而又想把他抓起来,逼迫他投降。他下令火速将冯熙追回来,带至洛阳,慢慢收拾他。

此时,冯熙已行至摩陂(位于今河南省郏县东南)。收到魏文帝召他返回的旨令,冯熙大为吃惊,当即意识到自己祸难临头。他随魏国官员转身往回走,边走边想,魏文帝可能要扣留他,逼迫他投降,如果拒不依从,必然会受到伤害,那样势必有辱使命。他决意以身殉国,宁死也不向魏文帝屈服。路上,冯熙乘身边的人不注意,拔出佩刀自杀。随从护卫连忙抢救。因伤势过重,冯熙死于魏国。

吴王孙权听说冯熙宁死守节,流着眼泪说:“冯熙的忠义与苏武①一样啊!”

据《三国志》卷四十七·吴主孙权传·裴松之注

《通鉴纪事本末》卷十·吴蜀通好

【简评】

冯熙刚刚使蜀返回,接着又奉命使魏,无疑是一次艰难的行程。本来,他完成使命已经动身回国,途中却被魏文帝令人带回。他自知情况不妙,临难不屈,以自杀坚守自己的节操。

---

① 西汉天汉元年(前100年),中郎将(警卫部队将领)苏武奉命率团出使匈奴(西汉北方邻国),被匈奴扣押十九年,始终守节不屈。始元六年(前81年),苏武获释回国。

于什门刚强不屈

北魏[1]神瑞元年(414 年)八月,谒者(主管礼仪或奉命出使的官员)于什门奉北魏明元帝(太宗)拓跋嗣之命出使北燕[2],召谕北燕王冯跋归顺北魏。

于什门抵达北燕都城和龙后,不肯主动入宫拜见北燕王冯跋,派人向北燕君臣传话说:“大魏皇帝有诏书,北燕王必须出宫接受诏书,然后北魏使臣才可入宫。”北燕王无意归附北魏称臣,对于什门如此傲慢无礼不能容忍,派人强拉硬推,把于什门拖进王宫。

于什门被北燕官员强行带到北燕王面前,坚持不向北燕王行跪拜礼。北燕王大为恼火,令人按着于什门的脖子,硬要他下跪。于什门坚决不肯下跪,理直气壮地对北燕君臣说:“冯王如果跪拜接受大魏皇帝的诏书,我自然会按照宾主的礼节向他致敬,你们何须这样苦苦地逼迫我呢?”北燕君臣坚持要于什门行跪拜礼。于什门反复辩争,声色俱厉,没有低头下拜。

双方为会见礼仪僵持不下。北燕王不再搭理于什门。于什门亦背朝着北燕王站着。这时,有人趁于什门不在意,将他按倒,让他从一个人的袴裆下钻出来,对他进行侮辱。北燕王冯跋则愤然退出,下令将于什门扣留,不让他回国。

---

① 都平城,位于今山西省大同市东北。
② 都和龙(即龙城),位于今辽宁省朝阳市。

北燕大臣见于什门意欲凌驾于燕王之上，坚持不肯下拜，请求燕王下令将他杀掉。北燕王说："于什门这样做，是效忠他的主人。"他没有同意处死于什门，下令将他囚禁，迫使他投降。

于什门被囚禁后，坚贞不屈，誓死不向北燕投降。日久天长，他的随身衣帽破烂不堪，不能再穿戴，而且都生满虱子。北燕王派人给他送去衣服，于什门坚决拒绝不受。和龙城里的人都被他的气节所感动，有人赞叹说："古代的忠烈义士，也没有能超过于什门的!"

许多年以后，北魏明元帝拓跋嗣和北燕王冯跋相继去世，于什门仍然被扣留在北燕。

延和元年(432 年)，北魏太武帝(世祖)拓跋焘亲率大军攻打北燕，包围和龙。第二年，北魏军队再次进攻和龙，北燕君臣极为恐惧。延和三年(434 年)闰三月，北燕王冯弘派遣尚书(朝廷部门长官)高颙出使北魏，向北魏太武帝请罪称臣。之后，于什门才得以获释返回北魏。

于什门奉命出使北燕，被北燕扣留长达二十一年，始终没有屈服。北魏太武帝发布诏书嘉奖于什门，称他"勇志壮厉，不为屈节"，赐给他一千只羊，一千匹帛，提任他为治书御史(最高监察机关内设机构长官)，上大夫(教授皇子经书的官员)。

据《魏书》卷八十七·于什门传

《通鉴纪事本末》卷十八·魏灭北燕

【简评】

《魏书》作者魏收评论说：于什门"临危不挠，视死如归"。"其大则光国隆家，其小则损己利物。故其盛烈所著，与河海而争流；峻节所标，共松柏而俱茂"(《魏书》卷八十七)。

朱长生、于提绝食抗争

北魏[1]太和十四年(490年),北魏孝文帝(高祖)拓跋宏(后改名元宏)派遣于提(其职不详)出使高车[2],以观察其虚实。高车候娄匐勒(国王)阿伏至罗随即派使臣跟随于提来北魏进贡。接着,北魏孝文帝派遣员外散骑常侍(皇帝侍从官)朱长生和于提率领使团出使高车。

朱长生一行抵达高车后被引进王庭。高车王阿伏至罗责令他们下拜。朱长生拒绝说:"我是大魏天子的使臣,怎么能向你们地方诸侯下拜?"阿伏至罗见朱长生不肯向他下拜,大为不满,对他们也不施礼仪。双方一开始接触,气氛就很不和谐。

接着,朱长生取出所携金银宝器,以北魏孝文帝的名义赐给高车王。阿伏至罗表示愿意拜受。朱长生当即说道:"你既然愿意归附大魏称臣,就应该真心像臣子那样奉行礼节,为何口中说拜,而实际又不拜呢?"于是,朱长生大声呼喊(高车人有大声呼喊学狼叫的习俗),把阿伏至罗拥出庭帐,逼他当着众臣面拜受北魏孝文帝的礼物。

---

① 都平城,位于今山西省大同市东北。北魏太和十七年(493年)迁都洛阳(位于今河南省洛阳市)。

② 原为北方游牧部落,居鹿浑海(位于今内蒙古鄂尔浑河上游),阿伏至罗当政后将部族迁至高昌(位于今新疆吐鲁番盆地)西北。

阿伏至罗羞于当着众臣面下拜受礼,怒气冲冲地对朱长生说:“你为什么不让我在帐中拜受?这是有意在众人面前侮辱我!”于是,阿伏至罗下令部众强行夺过朱长生等人手中的礼物,把朱长生等人抓捕,囚禁在乱石之中。

阿伏至罗手持兵器威胁朱长生说:“你们如果愿意做我的臣子,就让你们活;如果不肯投降,就把你们杀掉!”

朱长生和于提怒目圆睁,声色俱厉地回答:“哪有天子使臣向你们边远夷族下拜的道理?我们宁做魏国的鬼,亦决不做你的臣!”

阿伏至罗受到北魏使臣顶撞后更加恼火,下令断绝对朱长生等人的饮食供应。朱长生和于提随即与之展开绝食斗争。不久,阿伏至罗派人给他们送来肉和奶酪,朱长生和于提拒绝不受。阿伏至罗只好再作退让,下令将他俩分开,关押到不同的地方,派人分别加以劝慰。

朱长生等人被关押期间,高车发生内乱,阿伏至罗被杀。弥俄突即位为高车王,派使臣向北魏进贡,两国恢复友好往来。

朱长生和于提在高车被囚禁三年,得以获释回国。北魏孝文帝赞赏朱长生和于提出使远域被扣,守节不移,给予他们厚重的奖赏。之后,孝文帝任命朱长生为河内郡(治所位于今河南省沁阳市)太守(行政长官)、于提为陇西郡(治所位于今甘肃省陇西县东南)太守。

据《魏书》卷八十七·朱长生、于提传

卷一百三·高车

【简评】

朱长生、于提出使高车被扣,不怕利刀威胁,坚持绝食斗争,宁死不肯屈服。他们做好了为国献身的思想准备,没有想到日后会获释回国。其实,世间万物都在不停地运动,形势无时不在发生变化。陷入困境的人,有时也能峰回路转,绝处逢生。

徐陵坚持说理

徐陵是南梁[1]东海郯(位于今江苏省镇江市)人,八岁能写文章。他早年博览群书,“纵横有口辩”,以才学被晋安王肖纲(梁武帝肖衍第三子)召为幕僚。之后,徐陵的职务多次变动。在此期间,他编成上起东周下至南梁的诗歌总集《玉台新咏》(据《中国大百科全书·中国文学》·玉台新咏),以此饮誉天下。

南梁太清元年(547 年)十一月,贞阳侯肖渊明(梁武帝之侄)领兵围攻东魏[2]彭城(位于今江苏省徐州市),被东魏军队击败,肖渊明被俘。太清二年(548 年)正月,东魏出兵击败南梁守军,夺取悬瓠(位于今河南省汝南县)、项城(位于今河南省沈丘县)。二月,东魏致书南梁,请求两国和好。

徐陵时任通直散骑常侍(皇帝侍从官)。五月,他受梁武帝之命出使东魏,与东魏官员和谈以修复两国友好关系。东魏朝廷指派中书侍郎(主管拟草并发布诏书的副长官)魏收接待徐陵。

魏收受命主持编修国史,自恃才高,没有把徐陵看在眼里。在欢迎宴会上,魏收存心想挖苦徐陵。当酒宴尽兴的时候,魏收笑着对徐陵说:“今日天气突然热起来,大概是由于徐常侍到来的缘故吧!”

---

① 南朝之一,都建康,位于今江苏省南京市。
② 北朝之一,都邺城,位于今河北省临漳县西南。

徐陵听出魏收话中有话,意在讥讽梁朝热求于东魏,立即反唇相讥道:“当年王肃①逃到你们这里,魏国靠他才制定礼仪制度;今天我奉命来到你们魏国,才使魏侍郎知道什么是冷热。”魏收听徐陵这么说,无言以对,显得十分尴尬。事后,东魏丞相高澄听说魏收首先出语挑衅而口辩又败于徐陵,大为恼火,下令将他关了几天禁闭。

八月,徐陵在东魏的使命尚未完成,南梁国内发生兵变。原东魏投降南梁的大将军侯景从寿阳(位于今安徽省寿县西)起兵攻入建康。太清三年(549 年)三月,侯景囚禁梁武帝,自称大丞相,控制朝政。五月,梁武帝忧愤而死。东魏借口南梁发生变乱将徐陵扣留。在南梁发生战乱的同时,东魏政局也发生急剧变化。高澄被其侍从杀死,其弟高洋接任丞相。第二年(550 年),高洋废黜东魏孝静帝元善见,改国号为齐,即位为北齐文宣帝。南梁由于战乱,与东魏(北齐)中断外交关系,徐陵一直羁留北方。他有感时局骤变,发出“蓟北聊长望,黄昏心独愁”,“屡战桥恒断,长冰堑不流”的长叹(《出自蓟北门行》)。

承圣元年(552 年),南梁平息侯景叛乱。北齐派散骑常侍曹文皎访问南梁,南梁派散骑常侍柳晖回访北齐,两国恢复外交关系。然而,北齐继续扣留徐陵,不让他回国。

徐陵多次请求回国复命,都遭到北齐朝廷的阻止。在这种情

---

① 王肃原为南齐(南朝之一。南齐中兴二年即公元 502 年,相国肖衍废杀齐和帝,改国号为梁,即位为梁武帝)秘书丞(主管图书典籍),其父王奂被齐武帝萧赜派兵击杀后,王肃逃往北魏(北朝之一。北魏永熙三年即 534 年,北魏分裂为东魏、西魏。西魏都长安,位于今陕西省西安市)。

况下,徐陵给北齐尚书仆射(宰相)杨遵彦(即杨愔)写了一封长信,对北齐继续扣留他提出八个不理解,强烈要求放他回国。徐陵在信的最后写道:“天伦之爱,何得忘怀?妻子之情,谁能无累?”“岁月如流,平生何几,晨看旅雁,心赴江淮,昏望牵牛,情驰扬越,朝千悲而掩泣,夜万绪而回肠,不自知其为生,不自知其为死也。”“若一理存焉,犹希矜眷,何必期令我等必死齐都,足赵魏之黄尘,加幽并之片骨,遂使东平拱树,长怀向汉之悲[①],西洛孤坟,恒表思乡之梦[②]!”杨遵彦对徐陵这封信竟不作答复。徐陵坚持说理斗争,始终没有向北齐屈服。

承圣三年(554 年),西魏出兵攻入江陵(位于今湖北省荆州市),俘杀梁元帝肖绎(梁武帝第七子),立雍州(治所位于今湖北省襄樊市)刺史(军政长官)肖詧(梁武帝之孙)为梁主,史称后梁。第二年(555 年)正月,北齐派兵护送被其羁押的肖渊明返回建康即帝位,徐陵才得以随同肖渊明回到南梁。

据《陈书》卷二十六·徐陵传

《资治通鉴》卷一百六十·梁纪十六

卷一百六十一·梁纪十七

卷一百六十四·梁纪二十

---

① 西汉东平思王(封地无盐,位于今山东省东平县)刘宇(汉宣帝之子)生前一直想回到京都长安(位于今陕西省西安市),未能如愿。刘宇死后葬在无盐,其坟墓边松柏皆倾向西方。见《汉书》卷八十·东平思王宇传·颜师古注。

② 东汉校尉(军事将领)温序为国牺牲后葬于京都洛阳(位于今河南省洛阳市)郊外。其长子温寿梦见亡父对他说:“久客思乡里”。温寿请求并获准将其父之坟迁回故乡太原祁(位于今山西省祁县)。见《后汉书》卷八十一·温序传。

卷一百六十五·梁纪二十一

卷一百六十六·梁纪二十二

【简评】

侯景叛离东魏、投奔南梁,导致两国失和,频频交战。南梁几次战败。在这种背景下,徐陵奉命出使东魏与之谈和,无疑是十分艰难的。此间,侯景发动叛乱,囚杀梁武帝,东魏(北齐)借口将徐陵扣留。侯景叛乱平息后,北齐文宣帝与南梁元帝派使臣互访,北齐仍将徐陵扣留不放。徐陵在被羁留的七年中,坚持说理斗争,始终没有向北齐君臣屈服。北齐为了与西魏抗衡,送肖渊明回建康即帝位,徐陵才得以返回南梁。《陈书》作者姚思廉称徐陵"挺五行之秀,禀天地之灵,聪明特达,笼罩今古","亮直存矣"(《陈书》卷二十六)。

蒋俨狱中获救

唐武德七年(624 年),唐高祖派原刑部尚书(朝廷主管刑事的部门长官)沈叔安出使高丽[①],册封高建武为高丽王。唐高祖本来不想“令其称臣”,侍中(侍从皇帝的主官)裴矩等人说:“辽东之地(泛指今辽宁省辽河以东地区),周朝初年是箕子的封国[②],汉朝属玄菟郡[③],魏晋以来受中原皇帝册封,不可允许高丽王不向陛下称臣。”唐高祖采纳裴矩等人意见,与高丽王确定为君臣关系。

贞观二年(628 年),高丽王高建武派使臣向唐朝奏献封域图。贞观十四年(640 年),高建武派其太子桓权向唐朝进贡土特产品,唐太宗以厚礼对桓权加以慰劳。

贞观十六年(642 年),高丽西部大人盖苏文发动政变,杀死国王高建武,拥立高建武之弟大阳的儿子藏为王,自任莫离支(主管军政的长官),独揽国政。盖苏文身佩五把快刀,动辄杀人,左右随从人员都不敢望他一眼。他常令部属伏在地上,踏着部属的脊背上马、下马。他每次出行都令人提前清理道路,老百姓听说盖苏文

---

① 国名,位于今朝鲜半岛北部,都平壤,位于今朝鲜平壤市。

② 箕子为商纣王叔父,因谏阻商纣王淫暴被囚。周武王灭商建周(前 1046 年)后,“封箕子于朝鲜”(《史记》卷三十八·宋微子世家)。

③ 西汉元封三年(前 108 年),西汉朝廷在朝鲜设置乐浪、临屯、玄菟、真番四郡(《汉书》卷六·武帝纪)。玄菟郡治所沃沮,位于今朝鲜咸镜南道咸兴市。

要来,无不惊慌恐惧,纷纷逃离躲避。

贞观十七年(643年),唐太宗册封藏为高丽王,之后又派司农丞(管理宫廷粮储及百官俸禄机构的事务长官)相里玄奖出使高丽,传令盖苏文不要派兵攻打新罗①。盖苏文拒不听从。唐太宗大为恼火,准备以"弑君虐下"的罪名讨伐盖苏文,决定派一名使臣先去高丽窥探情况。朝廷大臣听说盖苏文暴虐无道,都畏葸不前,不敢担当此任。

右屯卫兵曹参军(警卫部队文秘官员)蒋俨得知唐太宗这一意向后,想报名出使高丽。他同友人商量说:"皇上雄才大略,威震四方。高丽是个小蕃国,盖苏文怎么敢谋害唐朝的使臣?我如果领受使命进入高丽,纵使受到他们凌辱迫害,亦是死得其所!"于是,蒋俨主动请求出使高丽。唐太宗点头同意。

蒋俨抵达高丽后,盖苏文不肯以礼接待,竟然下令把他囚禁到地窖中,派人拿着刀威胁他,扬言要把他杀死。蒋俨从容镇定,坚持说理斗争,始终没有向盖苏文等人屈服。

贞观十九年(645年)夏天,唐太宗令刑部尚书张亮率四万兵士从莱州(位于今山东省莱州市)由海路、太子左卫率(主管太子宫警卫)李勣率六万步骑兵由辽东陆路攻入高丽。盖苏文败逃。唐军将蒋俨从狱中解救出来。

唐太宗对蒋俨的气节赞叹不已,提任他为朝散大夫(五品文散官)、会州(治所位于今甘肃省靖远县)刺史(行政长官)。蒋俨在地方任职政绩突出,被推选为优秀长官。后来,蒋俨官至右卫大将

① 国名,位于今朝鲜半岛东南部,都金城,位于今韩国庆州。

军(警卫部队高级将领)。

据《旧唐书》卷一百九十九上·高丽
卷一百八十五上·蒋俨传

【简评】

盖苏文在高丽暴虐无道,唐朝官员大多不敢出使高丽。蒋俨以大无畏英雄气概主动请命,抵达高丽后即被盖苏文囚禁。他不怕威胁,宁死不屈,其坚贞气节堪为外交官楷模。

崔伦被留吐蕃

吐蕃[1]原为汉朝西羌[2]属地。唐贞观八年(634年),吐蕃赞普(国王)松赞干布(弃宗弄讃)开始派使臣向唐朝进贡当地特产。贞观十五年(641年),唐太宗将文成公主(皇族之女)嫁给松赞干布为妻,唐朝与吐蕃建立和亲关系。景龙四年(710年),唐中宗将金城公主(雍王李守礼之女)嫁给吐蕃赞普弃隶蹜赞为妻。

安史之乱期间[3],吐蕃乘唐朝内乱之机,派兵攻占威戎军(治所位于今四川省汶川县)、西平郡(治所位于今青海省乐都县)、廓州(治所位于今青海省尖扎县北)等地。

宝应元年(762年)六月,吐蕃派使臣烛番莽耳等人来唐都城长安(位于今陕西省西安市),向唐朝廷进贡土特产品,请求与唐朝和好。唐朝廷鉴于安史之乱尚未平息,无暇收复被吐蕃所占之地,同意与吐蕃讲和。

宝应二年(763年)三月,唐代宗派遣左散骑常侍(皇帝侍从武官)兼御史大夫(最高监察机关长官)李之芳、右庶子(太子侍从官)兼御史中丞(最高监察机关副长官)崔伦率团出使吐蕃,与吐蕃议和。

---

① 国名,都逻些,位于今西藏自治区拉萨市。

② 西汉时期对居于陇西郡(治所位于今甘肃省临洮县南)以西以南的部族统称为西羌。

③ 唐天宝十四载(755年),范阳(治所位于今北京市区)等三镇节度使(军政长官)安禄山及其部将史思明发动叛乱,史称安史之乱。广德元年(763年),安史之乱被平息。

李之芳、崔伦一行抵达吐蕃后，吐蕃赞普婆悉笼猎赞却背弃其求和诺言，下令将唐朝使臣扣留，不让他们回国。

七月，吐蕃军队攻入大震关（位于今甘肃省清水县东北小陇山），占领河西（位于今甘肃、青海二省黄河以西地区）、陇右（位于今甘肃省陇山、六盘山以西地区）之地。十月，吐蕃军队攻打泾州（治所位于今甘肃省镇原县东南）。吐蕃将领把崔伦押至泾州城下，胁迫他给守城唐军将士写信，劝告他们投降。崔伦坚决抗争，没有答应。吐蕃兵士把崔伦押回逻些城囚禁。

广德二年（764 年）五月，吐蕃释放李之芳回国，仍将崔伦扣留。崔伦历尽磨难，始终没有屈服。此间，他注意考察吐蕃的山川地形，一一牢记在心间，准备返回后报告朝廷。

大历六年（771 年），吐蕃向唐朝廷请和，唐朝廷派御史大夫吴损出使吐蕃，崔伦才得以获释。崔伦回到长安后，受到唐代宗亲自接见。崔伦向唐代宗奏告他羁留吐蕃八年的艰难历程，唐代宗感动得呜咽痛哭。

据《旧唐书》卷一百九十六上·吐蕃上

《新唐书》卷一百六十四·崔衍传附崔伦传

《通鉴纪事本末》卷三十二·吐蕃入寇

【简评】

安史之乱发生后的一个时期，吐蕃与唐朝时战时停。崔伦在吐蕃请和的背景下奉命前往谈和，不料被扣留。他不肯为吐蕃军队招降泾州官兵，以致正使李之芳获释回国，他仍然被羁留吐蕃，前后达八年之久，其守节不屈的精神感人至深。

姚坤拒留字据

后唐[①]同光四年(926 年)四月,后唐都城洛阳发生兵变,后唐庄宗李存勖闻讯率侍卫兵士抵御,被流箭射死。中书令(宰相)、蕃汉内外马步军都总管(最高军事将领)李嗣源领兵控制局势,继位为后唐明宗。

七月,后唐明宗派往契丹[②]告丧的供奉官(皇帝侍从官)姚坤见到契丹帝耶律阿保机(辽太祖)。当时,契丹帝正领兵攻打渤海国(都龙泉府,位于今黑龙江省宁安市西南)。他听说后唐庄宗为乱兵所杀,放声大哭,向姚坤问道:“你们新即位的皇帝得知洛阳发生兵变,为什么不率兵救援?”姚坤回答说:“皇上当时在汴州[③],赶到京都救援时,已经晚了。”

辽太祖自恃国力强大,一直想向南扩大自己的势力范围。攻灭渤海国后,他想乘中原内乱之机出兵南下,转而对姚坤说:“你们先帝虽然同我是世交,却多次与我争战。现在的皇帝与我没有怨

---

① 五代之一。后梁(五代之一)龙德三年(923 年),晋王李存勖(其父李克用受唐昭宗封为晋王,李存勖系承袭其父王位)建国号唐,史称后唐,即位为后唐庄宗,都洛阳,位于今河南省洛阳市。

② 后梁贞明二年(916 年),契丹族首领耶律阿保机建契丹国,又称辽国,称帝,都皇都,位于今内蒙古巴林左旗南。其游牧地位于今内蒙古东南部西拉木伦河、老哈河流域。

③ 位于今河南省开封市。

恨,完全可以与我友好相处。如果你们能把大河(黄河)以北的地方划给我,我就不会派兵南下了。"

姚坤回答说:"贵国皇帝所说的,可不是我这个使臣有权答复的。"

辽太祖碰了一个软钉子,大为恼火,当即下令将姚坤囚禁,企图逼他屈服。

过了十几天后,辽太祖又令人把姚坤带来,对他说:"如果你们把大河以北划给我们有困难,把镇州①、定州②、幽州③三个州划给我们也可以。"说着,辽太祖拿出纸笔,要姚坤写下书状立据。姚坤宁死不屈,断然拒绝契丹帝递来的纸笔。辽太祖勃然大怒,声言要把姚坤杀死。经政事令(宰相)韩延徽④劝解,姚坤才幸免于难,被押回囚室。

当月,辽太祖回师返至扶余(位于今吉林省松原市)猝然病逝。九月,辽太祖中子耶律德光即位为帝(辽太宗),由其母述律太后决断国事。韩延徽劝说述律太后将姚坤放回后唐。

据《旧五代史》卷三十四·后唐庄宗本纪八

《通鉴纪事本末》卷四十一·契丹入寇

---

① 治所位于今河北省正定县,辖境位于今河北省石家庄市及其周边邻近市、县。

② 治所位于今河北省定州市,辖境位于今河北省石家庄市以北、满城县以南、安国市、饶阳县以西地区。

③ 治所位于今北京市区,辖境位于今北京市、天津市。

④ 韩延徽是唐幽州安次(位于今河北省廊坊市)人,原为幽州观察度支使(主管军费财粮)后梁乾化三年(913年),他奉自称燕帝占据幽州的刘守光派遣出使契丹。不久,刘守光被晋王李存勖俘杀。此后,韩延徽留契丹做官。

【简评】

姚坤出使契丹,辽太祖向他提出领土要求,他毫不含糊地加以拒绝。辽太祖逼他写下书状,作为日后南攻的由头。面对契丹帝的威胁,姚坤寸步不让,把自己的生死置之度外,坚决不留字据,维护了国家的尊严。

耶律资忠羁中著述

契丹[1]统和十一年(993 年),高丽[2]国王王治向契丹帝耶律隆绪(辽圣宗)称臣,辽圣宗将鸭绿江东岸的兴化(位于今朝鲜义州东南)、道州(位于今朝鲜平安北道林东郡)等六州数百里地[3]赐予高丽王。

开泰元年(1012 年)四月,高丽王询派其特使蔡忠顺赴契丹称臣。辽圣宗传令要询亲自来朝见。八月,询又派使臣田拱之来契丹奏报,称他本人有病不能来朝。当年,高丽也没有按规定将进贡的财物如期送达。

开泰二年(1013 年),辽圣宗派遣中丞(最高监察机关副长官)耶律资忠出使高丽,询问高丽王为何不按惯例朝见进贡,并要其退还统和十一年所赐予的六州之地。高丽王不肯归还土地,耶律资忠无功而还。为此,耶律资忠受到契丹权贵的攻击,被贬为上京副留守(军政副长官)。

开泰三年(1014 年)二月,耶律资忠奉命再次出使高丽,索还六

---

① 国名,又称辽国,都上京,位于今内蒙古巴林左旗南,后建中京,位于今内蒙古宁城县。

② 国名,位于今朝鲜半岛北部。

③ 该地原属渤海国(唐朝封国,都龙泉府,位于今黑龙江省宁安市渤海镇),朝鲜半岛北部为其属地。辽天显元年(926 年),辽太祖耶律阿保机领兵攻灭渤海国,兴化等六州为辽领地。

州之地。高丽王竟下令将耶律资忠扣留,不让他回国。耶律资忠守节不移,没有向高丽人屈服。在羁留高丽的日子里,耶律资忠时常怀念辽圣宗和他自己的亲人。他把当时内心感受记述下来,汇编成《西亭集》。辽圣宗同群臣宴会时,也经常提起耶律资忠,不止一次对身边的大臣说:“资忠亦能享受到我们这样的快乐吗?”

开泰八年(1019年)八月,辽圣宗派遣军队攻打高丽。高丽王询派使臣向契丹求和。

开泰九年(1020年)五月,高丽王派使臣向辽圣宗送来投降书,耶律资忠由此获释回国。辽圣宗亲自到郊外迎接耶律资忠,并设宴慰劳他。

据《辽史》卷八十八·耶律资忠传

卷百十五·高丽

《中国历史大辞典》? 耶律资忠、渤海

【简评】

辽国与高丽虽为君臣关系,但不够牢固,两国间时和时战。耶律资忠奉命出使高丽讨还六州之地,显然难以成功。他被高丽扣留六年,始终没有屈节。被留期间,他将自己的阅历感受写出来,编为《西亭集》,令人为之感叹。

刘韐不受利诱

北宋[①]宣和七年(1125 年)九月,金国[②]准备派兵攻打宋朝,以擒获辽天祚帝[③],派使臣李孝和来宋朝报喜,借以观察宋朝动态。宋朝廷不知道金国意欲南攻,继续同金国使臣洽谈云中[④](位于今山西省大同市)收回事宜。十月,金国组建左、右两路南下大军,"金人部署已定,而举朝不知,遣使往来,泄泄如平时"(《续资治通鉴》卷九十五·宋纪九十五)。

刘韐时任真定(治所位于今河北省正定县)知府(行政长官),最先从谍报中获悉金国即将攻打宋朝。他火速将此情报奏告朝廷,同时下令加固城防,以抵御金军。不久,金军南下,刘韐率领城中军民奋起抵抗,将金军击退。宋钦宗赵桓赞赏刘韐的功绩,提任他为资政殿学士(皇帝侍从顾问)。

靖康元年(1126 年)十月,金国军队围攻宋都城开封。刘韐时任京城四壁守御使(城防守卫部队总指挥),率部坚持抗击金军。

---

① 都开封,位于今河南省开封市。

② 都会宁府,位于今黑龙江省阿城市南。

③ 辽,国名,都中京(位于今内蒙古宁城县)。辽保大五年(1125 年)二月,辽天祚帝被金军俘获,辽国灭亡。

④ 后唐清泰三年(936 年),河东(治所位于今山西省太原市)节度使(军政长官)石敬瑭为向辽国求援攻打后唐末帝,将燕云十六州(位于今北京市及河北省、山西省部分地区)割让给辽国。云州(即云中)为十六州之一。

宋钦宗接受宰相张邦昌同金军议和的主张,撤除防御。闰十一月,金军攻破开封。宋钦宗令刘韐去金军军营求和。

刘韐抵达金军军营后,金国仆射(副宰相)韩正让他住进燕地(位于今北京市境内)一所寺庙,对他说:“金国宰相了解你,马上就会让你做官。”

刘韐性格刚强,“临大事则毅然不可回夺”,断然回答说:“我宁可死,也不会苟且偷生,不会去侍奉外姓国君!”

第二年春天,金军策划劫持宋太上皇(宋钦宗之父,即宋徽宗)和宋钦宗北去,立张邦昌为帝。一天,韩正对刘韐说:“宋朝皇帝已经被留在金军大营。金国皇上准备立一个不是姓赵的人为中原皇帝,想让你顶替我的职务。这样,你就可以把家属接过来,一起到北方去。你与其白白等死,不如到北方去过富贵的日子。”

刘韐仰首望天,厉声质问道:“你们果真要这样逼我吗?”韩正回答说:“你可要想开一些。你的国家灭亡了,皇帝当了俘虏,你还顾及谁啊?”

刘韐看金国人不会放过他,派身边的随从给家人送去一封短信,信中说:“金人不以予为有罪,而以予为可用。夫贞女不事二夫,忠臣不事两君;况主忧臣辱,主辱臣死,以顺为正者,妾妇之道,此予所以必死也。”

信送出后,刘韐洗浴身体,换上干净衣服,喝了一杯壮行酒,自缢而死。燕地人深为刘韐的忠义所感动,在他生前所住僧舍四壁题写挽联诗句,赞颂他的气节,沉痛悼念八十天才将他安葬在寺西边的山岗上。

据《宋史》卷四百四十六·刘韐传

【简评】

刘□出使被扣后，以国家大义为重，不受金国高官厚禄的引诱，写信与家人诀别，决心以身殉国，其忠贞气节不可夺。民众对他百般敬仰，深切悼念，是对他最好的评价。

李若水痛骂粘罕

北宋[1]靖康元年(1126 年)八月,金国[2]东、西两路大军再次南下。十一月,北宋京都戒严。李若水时任著作佐郎(负责撰写朝政日录及祭祀祝词),奉宋钦宗赵桓之命,以假徽猷阁学士(主管宋哲宗文书档案的名誉官员)充任副使,随同资政殿学士(皇帝高级顾问)冯澥出使金西路军指挥部求和。

冯澥、李若水率领使团行至中牟(位于今河南省鹤壁市西)时,遇见驻守河防的宋军官兵纷纷逃散。使团中有人畏惧不敢继续往前走,建议冯澥带着他们从小路返回去。冯澥就这一建议向李若水征求意见,问道:“你看该怎么办?”李若水回答说:“边防兵士畏惧敌军而溃散,我们怎么能仿效他们?眼下,正是国家需要我们效命的时候。”李若水同冯懈商量后,当即下令“敢言退者斩”,使团一行人的情绪才稳定下来。

冯澥、李若水率团抵达怀州(位于今河南省沁阳市)后,金西路军统帅粘罕(完颜宗翰)下令兵士将李若水等人软禁,只让冯澥一人与之会面。粘罕执意南攻,无意和谈,对冯澥提出的和谈方案一

① 都开封,位于今河南省开封市。

② 北宋政和五年(1115 年),女真族完颜部首领阿骨打在按出虎水(位于今黑龙江省阿什河流域)建国,国号为金。金太宗完颜晟即位(1123 年)后,建都会宁府(位于今黑龙江省阿城市南)。

概拒绝。冯澥、李若水只好率使团返回。之后,宋钦宗提任李若水为吏部侍郎(朝廷主管官吏任免的部门副长官)。

闰十一月,金军攻破开封,驻扎在郊外。粘罕以议和退师,要挟宋钦宗去其设在青城(位于今河南省开封市南郊)的军营,宣称金国皇帝欲另立宋朝皇帝。

靖康二年(1127 年)正月,粘罕要宋钦宗再去其军营会谈。

宋钦宗不愿再去,但又不敢加以拒绝,他左右为难,忧心忡忡。李若水主动为宋钦宗分忧,请求陪同他前往。

宋钦宗一行进入金军军营后,粘罕骄狂无礼,避而不提和谈之事,只是逼迫宋钦宗换穿金国人服装。李若水抱住宋钦宗放声大哭,痛骂粘罕失信如狗。金兵将李若水拖到门外,将他打得血流满面,昏倒在地上。粘罕下令不要将他打死。

李若水醒来后拒绝饮食。粘罕派人劝他说:“事态发展到这一步,谁也无力挽回了。昨天,你虽然出言不逊,我国丞相(粘罕)并没有生气。今天,你如果投降,明天便可以富贵。”李若水毅然回答:“天上没有两个太阳,我李若水岂能有两个国主!”

随行的某位官员见粘罕盯上李若水不肯放过,劝告他说:“侍郎父母年事已高。你如能稍稍委屈一下,还有希望回去见到父母。”李若水回答说:“国家危难到如此地步,我不能再顾及自己的家!忠臣侍奉国君,只能效死,不能有别的选择。我在这里如被金国人害死,你回去后不要马上告诉我的父母,让我的兄弟慢慢对他们说。”

十天以后,粘罕召见李若水,问他为什么不同意废黜宋钦宗,改立不是姓赵的人当皇帝①。李若水回答说:“太上皇是为天下生灵着想,主动引咎让位给太子(赵桓)的;当今皇上仁孝慈俭,没有过失,怎么能轻易将他废黜?”

粘罕指责宋朝皇帝失信。李若水指着粘罕反驳道:“如要说失信,你是最不守信用的!”李若水历数粘罕失信的五件事后,破口骂道:“你是猪圈里的一条毒蛇,是个大贼,你们灭亡的日子不会很远了!”粘罕被骂得狗血喷头,勃然大怒,当即下令将李若水拉出去处死。李若水回过头,对粘罕骂得更加厉害。

路上,李若水对跟在他身旁的侍从谢宁说:“为国而死,是我的职份,干嘛要牵累上你!”李若水临刑时面无惧色,仰天慷慨高歌:“矫首问天兮,天卒无言,忠臣效死兮,死亦何愆?”金兵用利刀割下他的舌头,接着割断他的喉颈。李若水就义时年仅三十五岁。

之后,谢宁返回南宋②,向宋高宗报告李若水壮烈牺牲的经过。宋高宗感动得流下眼泪,发布诏书称:“若水忠义之节,无与比伦”。

开封民众对李若水忠贞殉国交口赞颂,称“靖康之难,死节之士,公为第一”。人们写诗为之悼念:“烈烈李公,实备全德。义动幽冥,气贯金石。”“勇甚雷霆,天地动色。命轻鸿毛,名高斗极。”“滔天之溺,砥柱独立。死得其所,震耀方册(上海古籍出版社《宋诗纪事》卷四十二)”。

---

① 当时,金国想废去太上皇和宋钦宗的帝位,改立一个顺从金国的非赵姓的人当皇帝,暗中已确定立宋宰相张邦昌。

② 北宋靖康二年(1127年)四月,金军将太上皇、宋钦宗掳至北方。五月,康王赵构(太上皇第九子)在南京(位于今河南省商丘市南)即位为宋高宗。之后,宋高宗率众臣南迁,保守淮河以南地区,定都临安(位于今浙江省杭州市),史称南宋。

据《宋史》卷二十三·钦宗本纪

卷四百四十六·李若水传

《宋史纪事本末》卷五十六·金人入寇

卷五十七·二帝北狩

【简评】

李若水随宋钦宗赴金军军营,见金西路军统帅粘罕无意和谈,逼迫宋钦宗换穿金人服装,义愤填膺,破口大骂。金国兵士将他打得鲜血淋漓,昏倒在地。他凛然不屈,舍家为国,舍生取义,临刑慷慨高歌,其赤胆忠心流芳千古。

滕茂实自撰墓志

北宋靖康元年(1126 年)正月,宋钦宗赵桓派工部员外郎(朝廷主管百工建造的部门内设机构副长官)滕茂实以工部侍郎(工部副长官)的名义作为副使,随同签书枢密院事(最高军事机关副长官)路允迪出使设在河东(位于今山西省太原市)的金[①]西路军指挥部,请求和谈。金西路军统帅粘罕(完颜宗翰)下令将滕茂实扣留,放路允迪等人回宋。

粘罕早听说滕茂实很有才能,没有虐待他,令人把他送到代州。滕茂实的哥哥滕绹原为宋代州(治所位于今山西省代县)通判(行政副长官)。金军占领代州后,滕绹投降金军。当年闰十一月,金军攻破开封(宋都城,位于今河南省开封市)后,粘罕又令人把滕茂实的弟弟滕华实从开封接到代州,让滕茂实同兄弟住在一起,由其亲人感化他,使他叛宋降金。滕茂实与滕绹志向不同,誓死不肯背离宋朝。

靖康二年(1127 年)春天,金军将领将宋钦宗及太上皇(宋钦宗之父,即宋徽宗)扣押在军营。金太宗将他们废为平民,立宋宰相张邦昌为楚帝。四月,金军东、西两路分别将太上皇和宋钦宗掳

---

① 宋北方邻国,都会宁府,位于今黑龙江省阿城市南。北宋宣和七年(1125 年)十月,金国出动东、西两路大军,分别从平州(位于今河北省卢龙县北)、云中(位于今山西省大同市)南下攻宋。

往北方。

滕茂实听说京都沦陷、二帝被掳，无比悲哀，决心以身殉国。他挥泪为自己写了悼词，并篆书“宋工部侍郎滕茂实墓”九个大字，以朝廷授予他出使所用黄旗包起来，托付给其友人朔宁府（治所位于今山西省朔州市）司理（主管刑狱诉讼）董诜。

五月十三日，滕茂实得知宋钦宗一行被金军押到代州郊外，当即穿戴宋朝廷授予他的衣冠，出城迎拜钦宗，伏在地上号泣。金国官员劝告滕茂实说：“你的国家已经灭亡了，国君当了俘虏被押到北方。金国之所以把你留下来，是想重用你啊！”滕茂实闭口不答。宋钦宗等人将要被押离代州时，滕茂实请求跟随宋钦宗一起北去，金国官员没有同意。

金国官员强迫滕茂实脱去宋朝官服，换穿金国官服，他坚决不答应。其间，他写诗明志，甘愿舍弃妻儿，长眠异乡。诗中写道：“同来悉已归，我独留塞垣。形影自相吊，国破家亦残。呼天竟不闻，痛甚伤肺肝。相逢老兄弟，悼叹安得欢。波澜卷大厦，一木难求安。”“况我禄数世，一死何足论。远或殁江海，近或死朝昏。敛我不须衣，裹尸以黄旛。题作宋臣墓，篆字当深刊。我室年尚少，儿女皆童顽。四海无置锥，飘流倍悲酸。谁当给衣食，使不死饥寒（上海古籍出版社《宋诗纪事》卷三十九）？”人们无不为他舍家为国视死如归的精神所感动。

不久，滕茂实便忧愤成疾，在云中去世。当地民众感念滕茂实对国家的忠诚，将他安葬于雁门山，每年定时去他的墓地祭扫（《宋诗纪事》卷三十九）。

后来,董诜逃奔南宋[①],将滕茂实的忠贞不屈及其为自己所写的悼词墓志报告宰相张浚。南宋朝廷追授滕茂实为龙图阁直学士并优抚其家人。

据《宋史》卷四百四十九·滕茂实传

《续资治通鉴》卷九十八·宋纪九十八

【简评】

滕茂实出使被扣,与其兄迥然不同,誓死不向金国投降。他听说京都被金军攻破,徽、钦二帝被掳,悲痛欲绝,慨然为自己写下悼词和墓志,决心以身殉国,其忠贞气节令人敬佩。

① 北宋靖康二年(1127年)五月,楚帝张邦昌主动退位,康王赵构(宋徽宗第九子)即位为宋高宗。之后,宋高宗携群臣南迁,定都临安(位于今浙江省杭州市),史称南宋。

林冲之遗恨北国

林冲之是北宋[①]兴化军莆田(位于今福建省莆田市)人。北宋靖康元年(1126年),他从南康(治所位于今江西省星子县)太守(行政长官)的职位调任主客郎中(负责外交礼仪和外国来使食宿安排)。闰十一月,金国[②]军队攻破北宋京都开封。危难时刻,林冲之奉宋钦宗之命,以副使随同中书侍郎(副宰相)陈过庭出使金东路军求和。陈过庭、林冲之抵达金军军营即被拘禁。

南宋[③]建炎二年(1128年),集英殿修撰(相当于朝廷部门副长官)宇文虚中奉宋高宗之命出使金国。金国将宇文虚中扣留,委任他为知制诰(负责拟草诏书的官员)。之后,金国朝廷亦想要陈过庭、林冲之二人出来做官。陈过庭、林冲之严词加以拒绝。金国官员大为恼火,随即将林冲之转移到奉圣州(位于今河北省涿鹿县)囚禁。两年后,陈过庭在忧愤中死于燕山(位于今河北省玉田县西北)囚所。

---

① 都开封,位于今河南省开封市。

② 北宋政和五年(1115年),女真族首领完颜阿骨打建国号为金。完颜阿骨打(金太祖)病故后,其弟完颜晟继位(1123年)为金太宗,建都会宁府(位于今黑龙江省阿城市南)。

③ 北宋靖康二年(1127年)四月,金军将宋太上皇赵佶(宋徽宗)、宋钦宗赵桓(太上皇长子)掳至北方。五月,康王赵构(太上皇第九子)在南京(位于今河南省商丘市南)即位为宋高宗。之后,宋高宗率众臣南迁,保守淮河以南地区,定都临安(位于今浙江省杭州市),史称南宋。

建炎四年(1130年)九月,金太宗封刘豫[①]为“齐”帝,作为其代理人让他管理中原地区。

金国官员又逼迫林冲之去刘豫朝廷做官,林冲之宁死不肯屈从。金国官员随即将林冲之押至上京(位于今内蒙古巴林左旗南)囚禁,林冲之仍然不为屈服。此后,金国官员又把林冲之迁移到寒冷的显州(位于今辽宁省北宁市),囚禁在一座寺庙里。林冲之备尝艰苦,守节不移,胸怀大义,随遇而安。在这座寺庙里,他度过长达十多年漫漫岁月。

后来,林冲之患了重病。临终前,他对被囚禁在金国的宋朝难友说:“我今年七十二岁了,怀着对朝廷一颗忠心入土,自己没有什么遗恨,所恨的只是国仇未报!”说着,林冲之向南恸哭一声,气绝辞世。该庙僧人在寺庙旁边选个地方,将林冲之安葬。

据《宋史》卷四百四十九·林冲之传

《续资治通鉴》卷九十七·宋纪九十七

【简评】

林冲之作为战败国使臣抵达金军军营即被囚禁。他忠贞不渝,拒绝金国官员的利诱,既不入金国做官,也不去伪齐做官。为此,他几次被迁移囚所,备受折磨。他胸怀大义,被金国囚禁十多年始终没有忘记宋朝。临终,他向南恸哭,以国仇未报而抱恨长逝。作为外交官,林冲之做到以身殉国,守节不移。

---

① 刘豫原为南宋济南府(治所位于今山东省济南市)知府(行政长官)。南宋建炎二年,金军围攻济南,刘豫杀害济南守将关胜,投降金军。

王伦宁死不屈

王伦是北宋莘县(位于今山东省莘县)人,出身贫苦家庭,为人侠义,胆大心细,早年被人雇为护卫保镖,经常往来于京都开封(位于今河南省开封市)和西京洛阳(位于今河南省洛阳市)之间,练就处事应变的才能。

北宋靖康元年(1126 年)闰十一月,金国[①]军队攻破开封,驻扎在郊外。一天,宋钦宗因事来到宣德门城楼上。城门内外一时聚集数千民众喧闹不止,护卫人员劝解不了,宋钦宗无法离走。这时,王伦求见宋钦宗,自我推荐,称他能把喧闹的人群赶走。宋钦宗将所佩夏国[②]进贡的宝剑授予王伦。王伦随即下楼,手举皇帝令剑,大声传达钦宗意旨,安抚众人。许多人纷纷离去,少数人仍在那里喧闹。王伦随即下令护卫兵士将其强行驱散。由此,王伦被授予修职郎(低级官员)。

---

① 都会宁府,位于今黑龙江省阿城市南。
② 都兴庆府,位于今宁夏区银川市。

第一次使金促使金国同意议和

南宋[①]建炎元年(1127 年)十一月,宋高宗任命王伦为朝奉郎(文散官),以刑部侍郎(朝廷主管刑事的部门副长官)的身份率团出使金国,去慰问被金军劫持到北方的太上皇(宋徽宗)和宋钦宗。从此,王伦步入长年出使金国的外交生涯。

建炎二年(1128 年)五月,王伦率团到达云中(位于今山西省大同市)。当时,宋朝北方许多州的军队仍在坚持抗金斗争,双方不断交战。王伦会见金左副元帅粘罕(完颜宗翰),向他说明来意,要求探望徽、钦二帝。粘罕不仅没有同意他的要求,反而下令将王伦一行扣留,不让他们回国。

后来,王伦从一个名叫陈忠的商人那里获悉,徽、钦二帝被囚禁在黄龙府(位于今吉林省农安县)。王伦与副使朱弁等人商量,给了陈忠一些金子,委托他去黄龙府暗暗向二帝通告信息。这样,二帝才知道康王已经即帝位。

建炎四年(1130 年)九月,金太宗完颜晟将南宋叛臣刘豫[②]封为"齐"帝,让其管理河南之地[③]。金国"自立刘豫之后,南侵淮,西

① 北宋靖康二年(1127 年)四月,金军将宋太上皇赵佶(宋徽宗)、宋钦宗赵桓(太上皇长子)掳至北方。五月,康王赵构(太上皇第九子)在南京(位于今河南省商丘市南)即位为宋高宗。之后,宋高宗率众臣南迁,保守淮河以南地区,定都临安(位于今浙江省杭州市),史称南宋。

② 刘豫原为南宋济南府(治所位于今山东省济南市)知府(行政长官)。南宋建炎二年(1128 年),金军攻打济南,他杀死守城将领关胜,投降金军。后来,刘豫被金国立为"齐"帝,都汴京(即开封)。

③ 位于淮河以北至黄河以南地区。

侵蜀,生还者少而得不偿费”(《续资治通鉴》卷一百九·宋纪一百九)。金国君臣对南攻宋朝产生厌倦。

绍兴二年(1132 年),金都元帅粘罕派都点检(警卫部队长官)乌棱思谋去旅馆看望王伦。王伦同他谈及两国关系的发展变化,对乌棱思谋说:“当年海上之盟①,两国结为兄弟,相约万世不变。事隔不久,贵国大臣就想发兵南下,被先大圣(指金太祖完颜阿骨打)制止。最近几年,金军南攻宋朝,这恐怕违反先大圣的旨意吧?自古以来,都有南朝北地之分。你们何不放归我二帝,退还我疆土,让南北两地的百姓都能免除战争的灾难、让先大圣在天之灵得到安慰呢?请您转告贵国当政大臣,希望能考虑我们的意见。”

乌棱思谋认为王伦说的很在理,回去后向粘罕作了报告。之后,粘罕来到宋朝使臣住的旅馆,对王伦说:“上国派来的使臣,都没有把话说清楚。思谋向我转告侍郎的话是想议和,这不过是侍郎自己这么说说而已,不是南朝真实的意图吧?”王伦回答说:“我作为南朝的使臣,就是奉和谈的旨意出使的,不然的话,我来到你们这里干什么?请元帅考虑,是不是这样?”粘罕不予回答。

八月,粘罕派乌棱思谋答复王伦,称金国愿意同宋朝举行和平谈判,让他回国向朝廷报告。

九月,王伦回到临安,向朝廷报告他被金国扣留五年的情况和金国的和谈意向,受到宋高宗嘉奖。当时,南宋朝廷正准备讨伐刘豫,把与金国和谈的事搁在一边。

---

① 北宋宣和二年(1120 年),宋朝派使臣赵良嗣北渡渤海进入金国,代表宋朝廷同金国签订联合消灭辽国(都中京,位于今内蒙古宁城县。辽保大五年即 1125 年,辽国为金国所灭)的盟约。

绍兴三年(1133 年),王伦受任接伴使(负责接待外国来使),与金国使臣李永寿会谈。李永寿等人言谈举止骄傲无礼。王伦与之叙谈当年在云中时的旧事,李永寿等人佩服王伦的气节,随即改变了态度。

第二次使金促使金国同意归还河南之地

绍兴七年(1137 年)春天,南宋朝廷获悉太上皇及宁德太后(太上皇皇后郑氏)已经去世,任命王伦为徽猷阁待制(管理宋哲宗文书档案的官员),以假直学士(名誉高级文散官)身份率团出使金国,要求金国放还太上皇及宁德太后梓宫(灵柩)归国。临行时,宋高宗要王伦向金左副元帅挞懒(完颜昌)转告:"河南之地,上国既然不想拥有,与其交给刘豫,还不如归还宋朝。"

王伦一行路过睢阳(位于今河南省商丘市南)时,刘豫安排他们住在旅馆里。刘豫此时已不再受金国君臣信赖,怀疑南宋派使臣去金国策动他下台,派人给王伦送去亲笔信,要取走他所携的国书。王伦回答说:"我所持圣朝国书,须当面交给金国皇帝。国书赋予我的使命,就是请求让我迎归太上皇和太后的梓宫。"刘豫不相信王伦的话,派人加以胁迫,再次向他索要国书。这时,金国派来迎接宋朝使臣的官员赶到,王伦一行才得以脱身。

九月,王伦抵达涿州(位于今河北省涿州市)见到挞懒等人,对他们说:刘豫既然能背叛宋朝,有朝一日很难说不背离贵国。接着向他们转达宋高宗请求归还河南之地。之后,王伦向金熙宗完颜亶递交国书。金熙宗同大臣们商议,同意与宋朝议和,让王伦回国报告。

当年冬天,金熙宗下令废黜刘豫帝位。不久,王伦一行动身回国。挞懒为王伦送行,对他说:“您这次回到南朝,好向朝廷报告了。从今以后,两国和谈不会再有什么障碍。”

王伦回到临安后向宋高宗奏告,称金国同意放还太上皇及皇太后梓宫,同意归还河南之地。王伦还奏告说,是他在挞懒面前陈述刘豫靠不住,促使金国将刘豫废黜。宋高宗听了王伦奏告后十分高兴,给予他特别优厚的奖励。

第三次使金促使和谈向前进展

绍兴八年(1138 年)秋天,宋高宗再次派遣王伦率团出使金国,商谈奉迎太上皇和皇太后梓宫回国的具体事宜。王伦一行抵达金国后,金熙宗接连三天设宴招待他。之后,金熙宗没有向王伦答复送还宋太上皇梓宫一事,却派遣签书宣徽院事(主管礼仪的副长官)萧哲、左司郎中(丞相府高级官员)张通古随王伦出使南宋,最后商定送还宋太上皇梓宫事宜。

萧哲等人来到南宋后,言论举止傲慢,引起宋朝大臣不满。有人将这一情况归罪于王伦。御史中丞(最高监察机关长官)勾龙如渊对受书礼仪事先没有商定颇为不满,召见王伦责备说:“你作为使臣为两国通好,所有的事应当在金国国内反复议定,哪有等金国使臣来到国内才讨论的道理呢?”王伦感到委屈,流着眼泪说:“我多次出使金国,往来于虎口之中,万死一生,今天反而受到中丞如此责备!”宰相秦桧劝慰王伦说:“中丞没有别的意思,只是想激发你完成使命罢了。”王伦说:“对于身负的使命,我不敢不尽力!”

此后,王伦见到张通古,动了点主意威吓他。张通古害怕了,说服萧哲,同意由秦桧去他们住的旅馆受书,并签订迎归太上皇梓宫和归还河南之地的协议。

第四次使金情况突变而被囚禁

绍兴九年(1139年)春天,宋高宗任命王伦为同签书枢密院事(最高军事机关副长官),第四次派遣他率团出使金国,迎归太上皇及皇太后梓宫并收回河南之地。

王伦率团抵达东京(开封),会见金右副元帅兀术(完颜宗弼),提出交割河南之地的问题。兀术反对将河南之地归还宋朝,把王伦留在汴京,抽身秘密返回燕京(位于今北京市区),向金熙宗报告说:“河南之地怎么能割还给宋朝?这是挞懒、宗盘(又名蒲鲁虎,时任尚书令执掌朝政)主谋割让给宋朝的,二人一定是暗中勾结宋朝。如今,宋朝的使臣已经来到汴京索还土地,可不能让他们离境回国。”

金熙宗听信兀术意见,随即改变态度,不再同意把河南之地交还宋朝,并下令将挞懒和完颜宗盘处死。王伦获悉金朝廷这一变化后,派人火速回国内报告,以加强防备。

当年十月,金熙宗接见王伦。王伦向金熙宗递交国书,陈述来意。金熙宗避而不答,反令翰林待制(负责书写诏书的官员)耶律绍文当场对王伦进行质询。

耶律绍文向王伦问道:“你知道挞懒犯了什么罪吗?”王伦回答

说:“不知道。”耶律绍文指责王伦说:“你到金国来,没有一句话提及宋朝每年要向金国交纳货币,只是来索要河南之地。你只知道有个挞懒元帅,哪里知道还有上国?”

王伦针锋相对,寸步不让,回答耶律绍文说:“是贵国使臣萧哲带着国书到宋朝去,同意归还太上皇梓宫及河南之地的。天下人都知道,你们金国愿意遵循海上之盟,让人民休养生息,派遣使臣去宋朝通好。”耶律绍文无言以对。

金熙宗下令放还宋朝副使蓝公佐等人,以“反间贰我君臣”的罪名,将王伦一人拘留,押至河间(位于今河北省河间市)囚禁。王伦在河间熬过六年艰难的岁月,始终没有向金国屈服。

拒绝入金做官舍生取义

绍兴十四年(1144 年)七月,金朝廷派人去河间会见王伦,称金国将要任命他为平滦三路都转运使(主管河北地区财税,正三品官)。王伦知道,宋朝和金国已于一年前达成和平协议,过去被扣留在金国的宋朝使臣已全部获释回国。他对金国官员说:“我是奉命出使金国的,不是前来投降的!”金朝廷又派人对王伦施加威胁,王伦则坚决要求将他放还宋朝,宁死不肯留在金国做官。

金朝廷见王伦坚持不肯屈服,竟指使人去迫令王伦自杀。王伦听说要他自尽,从容自若,视死如归。他把身边的物品赠送给金国执行命令的人,请求他们稍微延缓一点时间。然后,他穿戴好宋朝廷授予他的衣冠,面向南方,心里默念着宋朝廷,放声恸哭说:“臣奉命出使,被金国人扣留到今天。金国人想玷污我的名节,要我去为他们当官做事,臣怎么能贪生怕死,自辱使命啊!”王伦哭着向南遥拜,再拜,上吊自缢而死,时年六十一岁。南宋朝廷为表彰王伦以身殉职,授予他“愍节”的荣誉称号。

据《宋史》卷三百七十一·王伦传

《续资治通鉴》卷一百一·宋纪一百一

卷一百十一·宋纪一百十一

【简评】

清代学者赵翼认为:“王伦使金,间关百死,遂成和议。世徒以胡铨疏斥其狎邪小人,市井无赖;张焘疏斥其虚诞;许忻疏斥其卖国,遂众口一词,以为非善类,甚至史传亦有家贫无行、数犯法幸免之语,不知此特出于一时儒生、不主和议者之诋□。而论世者则当谅其心,记其功而悯其节也。伦本王旦弟□之后,初非市侩里魁。其奉使在建炎元年。是时金人方掳二帝北去,凶焰正炽,谁敢身入虎口?伦独慷慨请行,其胆勇已绝出流辈。及至金被留,久之,尼玛哈(旧名粘罕)使乌陵思谋至,伦即以和议动之,欲使其还两宫归故地。尼玛哈虽不答,然和议实肇端于此。”“已而尼玛哈有许和意。绍兴二年,先遣伦归,次年即遣李永寿、王翊来,值刘豫内犯,议遂中格。七年,徽宗郑后讣至,复遣伦充使奉迎,并乞河南、陕西地。是冬,豫既废,伦入见金主,金遂以乌陵思谋、石庆偕伦来议。八年,再使金。金即遣张通古等来,许归梓宫母后及河南、陕西地。九年,伦充使再往金,竟以河南、陕西地先付之。设使金不渝盟,则存没俱归,境土得复。伦之功,岂南渡文武诸臣所可及哉?只以金人自悔失策,旋毁前议,伦遂被拘于河间。其后和议再成,遂不得身预其事。然创议于敌势方张之时,与收功于两国将平之日,其难易既不同。且伦之议和,则请帝后疆土全归,而未议及岁币。迨秦桧主和，则寸土不归，反岁输银绢二十五万两匹，徒得一母后、二旅榇而已。其难易更不可以道里计。”“其周旋于事势难处之会，即朱弁、洪皓辈有不能及者。□弁、皓仅完臣节，伦则兼济国事。其所任为独难，故皓归亦极言伦以身殉国。弃之不取，缓急何以使人？实深服其心力俱殚也。及被拘六年，金人欲用为平滦三路都转运使。其时两国和议久成，化雠为好，即受金官职，亦非反颜事仇，□家本莘县，乡土已属于金，于私计亦甚便。乃力拒不受，甘被其缢死。是不惟谋国之忠，历百艰而不顾，而徇国之烈，甘一死而不挠。”“而区区身后之名，又以市井无赖数语，传为口实，至今耳食者，几视为□功捭阖之人。此不可不急为别白也(《二十二史札记》卷二十四·王伦)。”

笔者认为，王伦奉命使金，卓有成效，显示其非凡的外交才能。金熙宗本已同意将河南之地割还宋朝，后听信兀术之言反悔，处死挞懒等人，并将王伦囚禁。王伦四次使金，为宋、金和议奉献了毕生的精力。他先后被金国扣留长达十年之久，历尽磨难。宋、金达成和议后，金国将所扣宋朝使臣全部放回，唯独不肯释放王伦，可见金国对其德才何等看重。王伦誓死不向金国称臣，最后遥望南方，从容就义，其高风亮节光耀千秋。

朱弁以印守节

北宋①靖康二年(1127 年)四月,金国②军队攻占开封后,将太上皇(宋徽宗)赵佶、宋钦宗赵桓(太上皇长子)及皇族后妃侍臣共四百七十余人劫持到北方。五月,康王赵构(太上皇第九子)在南京(位于今河南省商丘市南)即帝位,为宋高宗。之后,宋高宗率群臣南迁扬州(位于今江苏省扬州市),史称南宋③。十一月,宋高宗和大臣商议,决定派遣使臣去金国慰问徽、钦二帝及两宫人员。

朱弁时在扬州游历,获悉朝廷征招出使金国的人员后,他甘冒风险,主动报名。朱弁早年就读于太学(朝廷主办的最高学府),后在新郑(位于今河南省新郑市)结婚成家。金军南下时将朱弁家庭毁坏,国破家亡使他对金国怀有刻骨仇恨,决意献身抗金斗争。于是,宋高宗任命朱弁为修武郎(低级武官),以吉州(治所位于今江西省吉安市)团练使(军事长官)的名义充任使团副使,随同朝奉郎(虚职文官)王伦出使金国。

朱弁随王伦到达云中(位于今山西省大同市)后,会见金西路军主帅粘罕(完颜宗翰),强烈要求拜见徽、钦二帝。粘罕骄横无礼,拒不答应他们的要求,指令兵士将他们软禁在旅馆里。朱弁无

---

① 都开封,位于今河南省开封市。
② 都会宁府,位于今黑龙江省阿城市南。
③ 南宋建炎三年(1129 年),宋高宗定都临安,位于今浙江省杭州市。

所畏惧,当即给粘罕写了一封信,全面陈述宋、金两国交战与讲和的利害关系。粘罕不予答复,竟下令将王伦、朱弁一行扣留,不让他们回国。

朱弁羁留北方期间,不辱使命,坚持读书,写诗明志,始终没有向金国君臣屈服。

南宋绍兴二年(1132 年)八月,金朝廷派知制诰(负责拟草诏书的官员)宇文虚中①前来通知王伦、朱弁二人,称金国同意议和,要他俩确定一人去元帅府接受金国国书,回国通报。朱弁当即表态说:“我来到金国,本来就做好了死在这里的准备,今天怎么能考虑先回国呢?请让正使受书回国报告天子,以促成两国和好。如能早日让二帝返回宋朝,我就是死在国外,尸骨无人收埋,也心甘情愿!”

王伦同金军左副元帅粘罕接谈后,动身回国。临行前,朱弁对王伦说:“古时候的使臣持有符节(用金属、玉等器物制作的外交使臣的凭证),如今我们出使没有符节,却有朝廷的印章。印章就是符节。请你把印章留给我,万一有什么意外,我可以抱着印章去死,那样也就能死而不朽了。”王伦走后,朱弁把印章紧紧藏在怀中,起卧行止概不离身。

不久,金朝廷派人劝朱弁去刘豫②伪齐朝廷当官,引诱他说:

---

① 宇文虚中原为南宋集英殿修撰(相当于朝廷部门副长官)。南宋建炎二年(1128 年),他出使金国被留,入金朝廷做官,常谏阻金兵南下,后被金国处死。

② 刘豫原为南宋济南(治所位于今山东省济南市)知府(行政长官)。南宋建炎二年(1128 年),刘豫投降金军,后被立为伪齐皇帝,都汴京(即开封)。

"去刘豫那里当官,可以作为你返回宋朝的过渡。"朱弁断然拒绝说:"刘豫是国家的叛贼,我恨不得吃他的肉,怎么可能去向他称臣!你们如果强迫我去,我只有一死而已!"

金国官员对朱弁不肯屈服十分恼火,断绝对他的饮食供应,以逼迫他屈服。朱弁忍饥抗争,不为所屈。金国官员被朱弁的忠贞所感动,只好恢复对他饮食供应。

之后,金朝廷又派人引诱朱弁入金国做官。朱弁回答说:"自古以来,两国交战,使臣往来于两国之间是常有的事。接待来使的国家,如果认为使者带来的意见可以接受,就接受好了;如果认为使者带来的意见不能接受,将使者囚禁或杀死亦罢,任命使臣官职何从谈起?我的官职是宋朝廷任命的,我宁愿死,也决不会答应你们而让我朝受到侮辱!"

朱弁在羁留金国期间经常写诗自励,对故国念念不忘,赤胆忠心,以坚贞的气节经受住严酷环境的种种考验。他的《客怀》一诗写道:"兵气常时见,客怀何日开?形骸病自瘦,鬓发老相催。已负秦庭哭,终期汉节回。风雷识我意,一雨洗氛埃"(上海古籍出版社《宋诗纪事》卷四十三)。

朱弁预料他这样同金国官员抗争,总有一天要被金国处死,写信与被金国扣留的徽猷阁待制(管理宋哲宗文书档案的官员)洪皓(建炎三年使金被扣)共勉,信中说:"对金国来说,杀害宋朝使臣,是用不着多加考虑的小事。如今,我们遇上这种噩运,该当舍生以保全大义啊!"

有一次,朱弁把被扣留在云中的宋朝使团成员请在一起饮酒,对他们说:"我已从近郊寺庙得到一小块葬身之地,一旦以死报国,拜托诸位把我埋在那个地方,在墓碑上刻写'有宋通问副使朱公之墓',就是我最大的欣慰了!"朱弁的一番话,把在坐的人都说哭了,而他却谈笑自若,对众人说:"这是为人之臣应有的气节,你们伤心什么?"

绍兴五年(1135 年)四月,宋太上皇在五国城(位于今黑龙江省依兰县)病逝。朱弁闻讯后悲痛不已,当即作挽联表示哀悼。该挽联写道:"叹马角之未生,魂消雪窖;攀龙髯而莫逮,泪洒冰天。"后来,王伦再次出使金国返归宋朝,将朱弁这幅挽联带回,宋高宗看后感伤得热泪盈眶。

绍兴七年(1137 年),粘罕病死。朱弁随即派李发等人潜回宋朝报信并附上金国的虚实情况,建议朝廷抓住这一机遇,发兵收复中原。南宋朝廷正与金国商议迎接太上皇梓宫(灵柩)归国事宜,没有采纳朱弁的建议。

绍兴八年(1138 年),金国使臣乌陵思谋、石庆充(《宋史》卷三百七十一·王伦传,记作石庆)来到南宋,向宋朝廷称赞朱弁忠节。宋高宗下令赐给朱弁三十两黄金。

绍兴十三年(1143 年)七月,宋、金两国达成和议。朱弁在被金国扣押长达十七年后终于获释回国。

朱弁拜见宋高宗,报告出使情况后建议说:"与金国和盟固然可以信守,但对于他们的欺诈之心亦应提高警惕;同金国战争诚然已经停下,但防御大计仍须经常研究。"宋高宗认为朱弁讲得很有道理,赐给他丰厚的金帛。宰相秦桧却痛恶朱弁"言敌情",有关部门推崇朱弁使外十七年劳绩,建议越级提任他的职务,秦桧却只同意任命朱弁为奉议郎(八品虚职文官)。

绍兴十四年(1144 年),朱弁受秦桧排斥,郁愤而逝。

据《宋史》卷三百七十三·朱弁传

《续资治通鉴》卷一百十一·宋纪一百十一

【简评】

朱弁的人生旅途多难而壮丽。他出使金国被扣十七年,守节不屈,令人钦佩。他写诗明志,其诗文广为人们传诵。“诗穷莫写愁如海,酒薄难将梦到家”(《春阴》,见胡小伟主编《中华五千年名诗一万首·宋诗》)是朱弁羁留金国时的名句。他的传世作品有《曲洧旧闻》、《风月堂诗话》等。

张邵面斥强敌

南宋[1]建炎三年(1129 年)闰八月,金国[2]军队再度南下。宋高宗赵构决定派使臣去金军军营求和,征召愿意担负此任的人。朝廷文武百官没有人请求出行。衢州(治所位于今浙江省衢州市)司刑曹事(主管刑狱的官员)张邵听说后激愤慷慨,主动请求奉命出使。宋高宗随即提任张邵为直龙图阁(皇帝侍从官员),以假礼部尚书(朝廷主管礼仪、教育的部门名誉长官)的身份,率团出使金东路军指挥部。

张邵一行到达潍州(位于今山东省潍坊市)后,金军指挥部派人设宴接待他们。席间,金军官员令艺人奏起欢乐的乐曲。张邵对接待的金军官员说:“我朝太上皇和先帝仍被囚禁在北方[3],我作为宋朝大臣来到你们这里,无心欣赏乐曲,请不要再奏乐了!”张邵恳求再三,在场的人都为他的话语所感动,有的人甚至流下泪来。

第二天,张邵入见金军左监军(监督军务的高级军官)挞懒。挞懒傲慢无礼,指责张邵不肯向他下拜。张邵回答说:“监军和张邵分别为北朝、南朝的大臣,彼此没有下拜的礼仪。”挞懒坚持要张

---

① 都临安,位于今浙江省杭州市。

② 都会宁府,位于今黑龙江省阿城市南。

③ 北宋靖康二年(1127 年)四月,金军占领北宋都城开封(位于今河南省开封市)后,将太上皇(宋徽宗赵佶)和宋钦宗赵桓(太上皇长子)劫持去北方。

邵下拜,张邵坚决不答应。他施过揖礼,直接把国书递到挞懒面前,毫不客气地说:“战争的胜负不在于兵力的强弱,而在于谁方正义,谁方非正义。宣和①以来,我们宋朝不是没有强大的军队,是因为你们背离盟约,突

然开战,暂时占了上风。如今,贵国准备扶立宋朝叛臣刘豫②,又不断派兵南侵,正义就不在你们那里了!”挞懒勃然大怒,接过张邵递交的国书后,拂袖而去。接着,挞懒下令将张邵扣留,押送到密州(位于今山东省诸城市),囚禁于柞山砦。

建炎四年(1130 年)九月,金太宗完颜晟封刘豫为“齐”帝,都汴京(位于今河南省开封市)。此后,金国官员将张邵转押至汴京,要刘豫任命他做官。张邵见到刘豫时仅仅施以拱手作揖之礼,直呼刘豫为“殿院”。接着,张邵声色俱厉,以君臣大义痛斥刘豫的叛逆行径。刘豫没有料到会受到张邵当众辱骂,恼羞成怒,随即下令将张邵戴上刑具,投入监狱。

张邵在狱中备受折磨,坚贞不屈,刘豫无计可施。后来,刘豫只好把张邵又移交给金国官员。金国官员将张邵秘密囚禁在燕山(位于今河北省玉田县西北)的一座寺庙里。随同张邵出使的宋朝官员,都不知道张邵被囚禁在何处。

---

① 宋徽宗年号(1119 年—1125 年)。宣和二年(1120 年),宋、金两国曾订立盟约。

② 刘豫曾任南宋殿中侍御史(最高监察机关下设的殿院长官),后调任济南(治所位于今山东省济南市)知府(行政长官)。南宋建炎二年(1128 年),金军围攻济南,刘豫杀害守城将领关胜,投降金军,受金国任命为东平(治所位于今山东省东平县)知府,京东西路(治所位于今河南省商丘市南)安抚使(军政长官)。

在燕山囚室，张邵仍未停止斗争。他给金国官员写信，对刘豫的丑行进行揭露鞭笞，称刘豫依仗金国的势力，不断向南方出兵，打了败仗就像老鼠一样两头逃窜，打了胜仗就像吃饱的老鹰那样飞向远方，终究不会给你们金国带来什么好处。金国官员看了张邵这封信，大为反感，又把他向北迁移到会宁府囚禁。

绍兴十三年(1143 年)七月，宋、金两国达成和议，张邵被金国囚禁十四年后获释回到南宋。张邵回国时，将出使被扣死在金国的干办审计司(负责审核京官俸禄机构的官员)崔纵的遗骨带回，交给其家人。

据《宋史》卷三百七十三·张邵传

卷四百七十五·刘豫传

【简评】

大敌当前，在众臣后缩退避的情况下，张邵挺身而出，奔赴国难，难能可贵。他身在虎穴，无所畏惧，在强敌面前意气昂扬，理直气壮，厉言痛斥挞懒和刘豫无道无义，其刚烈不屈的精神，凛然不可侵犯。

月里麻思被囚终身

蒙古①窝阔台汗十三年(1241 年)十一月,窝阔台汗(元太宗)去世。十二月,蒙古达鲁花赤(某地军政长官)月里麻思奉朝廷之命,率领由七十余人组成的外交使团出使南宋②议和③。临行前,月里麻思对随行人员说:“我与你们奉命南下,与宋朝和谈。南方人狡诈多变,难以对付。如果遭遇祸害,我们都应当以死报国,千万不能有辱使命。”

月里麻思一行抵达淮河岸边时,受到南宋兵士阻止。宋军将领(其名不详)对月里麻思等人很不友好,挥舞大刀威胁说:“你们这些人的命运,现在都掌握在我们手中。顷刻之间,我们就能决定你们是生还是死。你们要是投降宋朝,马上都能当上官。要不然,我们决不会放过你们!”

月里麻思毫不畏惧,义正辞严地回答说:“我们是奉我国君主

---

① 金泰和六年(1206 年),蒙古贵族铁木真(成吉思汗)所建国家,位于今蒙古国鄂嫩河至克鲁伦河一带,后势力范围扩大。蒙古至元八年(1271 年),忽必烈汗改国号为“大元”,定都大都(位于今北京市区)。

② 都临安,位于今浙江省杭州市。

③ 当时,蒙古军队时常南下与南宋军队交战。南宋淳祐元年(1241 年)十月,蒙古兵围攻安丰(即安丰军,治所位于今安徽省寿县)。南宋淮东(即淮南东路,治所位于今江苏省扬州市)提刑(主管刑狱及监察该路官员)余玠率领水军将蒙古军击退。十一月,蒙古军攻占成都(位于今四川省成都市)、汉州(位于今四川省广汉市)。

之命前来贵国进行友好和谈的,应该受到你们欢迎才对,没有想到你们会诱逼我们投降。如果你们不讲通使礼仪,我们只能选择为国赴死!”

宋军守将看出月里麻思不会屈服,便下令将他及其随行人员抓起来,押往长沙(位于今湖南省长沙市)飞虎寨囚禁。

之后,蒙古和南宋一直处于敌对状态,且蒙古军队南攻不断,月里麻思等人一直未能北返。月里麻思被南宋囚禁长达三十六年,始终坚贞不屈,最后在飞虎寨囚室去世①。

元世祖忽必烈听说月里麻思以身殉职,深为悲痛,下令对其家属厚加安抚。

据《元史》卷一百二十三·月里麻思传

《续资治通鉴》卷一百七十·宋纪一百七十

【简评】

月里麻思使宋被囚长达三十六年,始终没有屈服,其事迹是一曲悠悠悲歌,为历史所罕见,可惜史籍留传简略。

---

① 《宋史》卷四十七·瀛国公本纪记载:南宋德祐元年(1275 年)十月,元军围攻潭州(位于今湖南省长沙市),湖南安抚使兼知州(军政长官)李芾率部坚守三个月,迎战数十次。第二年正月城被攻破,李芾及全家尽死。据此推测,月里麻思可能在元军攻城期间为宋军杀害。

郝经放雁寄书

蒙古[①]蒙哥汗(国王)九年(1259年)二月,蒙哥汗领兵围攻南宋[②]合州(位于今重庆市合川市东),受到守城将领王坚率部顽强抵抗。七月,蒙军尚未攻克合州,蒙哥汗突然生病去世。

蒙哥汗之弟、漠南(治所金莲川,位于今河北省沽原县东)总管(军政长官)忽必烈当时正领兵开赴鄂州(位于今湖北省武汉市武昌)。收到讣告后,忽必烈不但没有引军北撤,反而率军渡过长江,围攻鄂州。

宋理宗赵昀派遣右丞相兼枢密使(最高军事机关长官)贾似道率军进驻汉阳(位于今湖北省武汉市汉阳区),援助鄂州守军。贾似道畏惧蒙古大军,不敢与其正面交锋,率部移驻黄州(位于今湖北省黄冈市)。不久,蒙军发起猛烈攻势,贾似道惊恐万状。十二月已亥日,他背着朝廷秘密派遣其部将宋京去蒙古军营,向蒙古称臣纳币求和。忽必烈没有答应。

在此期间,忽必烈获悉其胞弟阿里不哥在和林策划即汗位,召

---

① 金泰和六年(1206年),蒙古族首领铁木真建蒙古国,称成吉思汗。都和林,位于今蒙古国后杭爱省鄂尔浑河上游右岸厄尔得尼召北哈尔和林。蒙哥汗即位后派兵南下,占据淮河以北地区。蒙古至元八年(1271年),忽必烈汗将国号改为大元,为元世祖。第二年,元世祖忽必烈定都于大都(位于今北京市区)。

② 都临安,位于今浙江省杭州市。

集部将商议对策。江淮荆湖等路(位于今长江中下游地区)副安抚使(军政副长官)郝经(泽州陵川即今山西省陵川县人)极力主张忽必烈答应宋朝讲和,迅速撤军回国,抢先即汗位。忽必烈采纳郝经这一建议,随即率部北撤。

贾似道见蒙军北撤,为隐瞒其向忽必烈称臣求和的丑行,乘机率军击败蒙军后卫部队。之后,他向宋理宗谎报鄂州解围,以邀功请赏,并指使其亲信撰写《福华编》,颂扬他救援鄂州的战功,沽名钓誉。

忽必烈回国即汗位后,想起贾似道称臣求和一事,认为两国既然停战,应当派遣使臣去宋朝,通告他已经即位为蒙古汗,并继续与宋朝进行和谈。

忽必烈汗召集大臣讨论派遣使臣同宋朝议和一事,众臣都为之惶恐不安。大家心里清楚,多年来,蒙古军队对宋朝攻战不息,宋朝军民对蒙古的仇恨很深。在这种情况下,任何一个蒙古大臣出使宋朝,难免都会有风险。平章(丞相)王文统(益都即今山东省青州市人)向来忌恨郝经的才能和声望,建议派郝经出使宋朝,想借机把他除掉。忽必烈汗没有察觉王文统这一图谋,他认为郝经忠诚可靠,于是任命他为翰林侍读学士(皇帝学术顾问官)、国信使,派他佩带金虎符率团出使南宋。

有人提醒郝经:“王文统提议你出使宋朝不怀好心,你可以以病谢辞。”郝经回答说:“南北开战这几年,江淮地区的老百姓惨遭战祸。我这次出使宋朝,虽然是以微贱之躯步入不测之地,但如果能使战争停止,实现和平,将百万生灵从战乱中解救出来,我亦就如愿以偿了。”

忽必烈汗中统元年(1260 年)四月,郝经率团出发。临行前,忽必烈汗以葡萄美酒为郝经一行饯行。

在此之前,王文统暗中对济南(位于今山东省济南市)守将李璮(王文统女婿)发出指令,要他在郝经与宋朝大臣和谈期间,领兵出击宋军,企图借宋朝人之手杀死郝经。

当郝经一行抵达济南时,李璮派人送信给郝经,要他停止前进。郝经派人将李璮的信报告朝廷,继续率团南行。此后,李璮领兵攻打淮安(位于今江苏省淮安市),被南宋淮东(镇所位于今江苏省扬州市)制置使(军事长官)李庭芝领军击败。

七月,郝经率团抵达宿州(位于今安徽省宿州市),派副使刘人杰、参议高寿羽先行与南宋朝廷联系,征询让使团进入南宋的具体日期。南宋朝廷没有答复他们。郝经只好亲自写信给南宋宰相贾似道及李庭芝。

李庭芝刚刚领军击败李璮部众的进攻,回信对郝经的和谈诚意表示怀疑。贾似道则正在为他解除鄂州之围夸夸其谈,生怕郝经出使谈和暴露他向蒙古称臣求和的真相,传令让郝经一行南行,将他们软禁在真州(位于今江苏省仪征市)宋军忠勇营内。

郝经被囚禁后,多次给宋理宗写信,详细陈述两国和与战的利害关系,要求宋理宗接见或者释放他们。他的每封信都被贾似道扣压。宋理宗听说蒙古国王派使臣来到宋朝,想召见蒙古使臣,贾似道借故加以阻止。与此同时,贾似道指派亲信对郝经等人的住处昼夜看守巡逻,严禁外人接近,并指令无限期对郝经等人加以监禁。

郝经为人崇尚气节,被囚后始终坚贞不屈。他时常作诗咏志,其诗写道:“燕南壮士江城客,孤馆无眠心已折。”“劝君且莫多叹嗟,家人恨杀生离别”(《后听角行》,见胡小伟主编《中华五千年名诗一万首》)。“计拙仍持节,途穷拟问天。难为绕指铁,万折志弥坚”(《新馆感春》,转引自李兴盛著《中国流人史》)。随员中有人产生动摇,对郝经坚持不向南宋投降有些埋怨。郝经开导他们说:“既然进入宋朝国境,我们这些人的生死命运就要由他们决定了。我已下了决心,至死也不会屈辱使命。你们也要做好思想准备,经受住长期囚禁的考验,要耐着性子等待获得自由的那一天。我观察,宋朝灭亡的日子不会很远了。”

郝经早年读书万卷,知识渊博。为了阐述他的学术思想以留存后世,郝经在被囚期间克服种种困难,撰写了《续后汉书》、《易春秋外传》、《太极演》、《原古录》、《通鉴书法》、《玉衡贞观》等著作。

元至元十二年(1275 年),元世祖忽必烈令丞相伯颜率军南下,并派遣礼部尚书(朝廷主管礼仪、教育的部门长官)中都海牙和行枢密院都事(最高军事机关事务官员)郝庸(郝经之弟)等人出使宋朝,就郝经等人长期被扣留一事向宋朝廷问罪。在这种情况下,贾似道不得不将被他囚禁长达十六年之久的郝经等人释放。

郝经获释的当年,汴地(位于今河南省开封市)有人射落一只大雁,雁腿上系着一条帛带,帛带上写有这样一首诗:“霜落风高恣所如,归期回首是春初。上林天子援弓缴,穷海累臣有帛书。”诗后面的落款写道:“至元五年①九月一日放雁,获者勿杀,国信大使郝经书于真州忠勇军营新馆。”郝经竟是这样忠于自己的国家,忠于

① 蒙古忽必烈汗年号,即 1268 年。

自己的使命。

长期的监禁生活摧垮了郝经的身体。郝经回国后第二年(1276 年)七月因病去世，终年五十三岁。元世祖忽必烈极为悲痛，追授他“文忠”荣誉称号。

据《元史》卷一百五十七·郝经传
《宋史纪事本末》卷一百二·蒙古南侵
卷一百三·郝经之留

【简评】

郝经才高望重受到丞相王文统忌排陷害，他了解南宋丞相贾似道擅自向蒙古求和称臣的真相，奉命使宋又受到欺世盗名的贾似道迫害。蒙、宋两国丞相王文统、贾似道二人，异曲同工，都想把郝经置于死地。郝经被囚禁后，在艰难困苦的逆境中，没有丧失气节，也没有消磨意志，他放雁寄书，期盼返回元朝，潜心学问，坚持著书立说，始终让生命闪耀着夺目的光彩。

左懋第宁断头不剃发

明崇祯十七年(1644 年)三月,李自成率领农民起义军攻入京城北京(位于今北京市区)。崇祯帝自杀,明朝灭亡。

左懋第时任刑科左给事中(朝廷主管刑事的部门监察官),正出巡长江防务。他听说农民军入京,朝廷覆灭,无以返京奏报,便滞留江南。

四月,清①睿亲王多尔衮②率军围攻北京,李自成兵败撤离。多尔衮率部入驻北京,随后决定将京都由沈阳迁至北京。

五月,福王朱由崧(明神宗朱翊钧之孙)在南京(位于今江苏省南京市)即位称帝,为弘光帝,史称南明。左懋第随即投附南明弘光朝,受任兵科都给事中(朝廷主管军事的部门监察主官),接着被提任为右佥都御史(最高监察机关副长官)。

面对清军不断向南进攻的态势,弘光帝决定派遣使臣去北京同多尔衮谈和。此间,左懋第的母亲在燕(位于今北京市)去世。

---

① 明万历四十四年(1616 年),女真族(后改称满族)首领努尔哈赤在赫图阿拉(位于今辽宁省新宾县西部)建国号为金,史称后金。后金天聪十年(1636 年),后金汗(国王)皇太极(努尔哈赤第八子)改国号为清,为清太宗,定都沈阳(位于今辽宁省沈阳市)。

② 努尔哈赤第十四子。清崇德八年(1643 年)八月,清太宗病逝,睿亲王多尔衮时任大将军,拥立年仅六岁的皇嫡子福临即位为顺治帝(清世祖)。多尔衮为主要辅政大臣。

左懋第想借出使之机回燕安葬母亲，便主动请求前往北京与清朝廷议和。于是，弘光帝任命左懋第为兵部右侍郎（朝廷主管军事的部门副长官），派遣他率团出使清朝。

七月，左懋第一行携十万两白金（银），由三千名兵士护送，前往北京。十月初，他们抵达张家湾（位于今北京市通州区东南）。

清朝廷派人传话，只准左懋第带一百人入京。左懋第身穿孝服进入北京，经与清朝官员严正交涉被安排住在鸿胪寺（主管重大朝会及外国使臣进贡礼仪的机构）。之后，左懋第要求去明朝皇陵祭奠并改葬崇祯帝，清朝廷没有同意。左懋第便在住所摆放祭品，哭祭崇祯帝。

清朝廷决意夺取天下，拒绝同左懋第和谈，于十月二十八日将左懋第所率使团遣送出都城。使团副使左都督（军事将领）陈洪范见清朝廷意欲派兵南征，暗中变节投降，请求清朝廷让他回江南，招引明将刘泽清等人降附，并建议清朝廷将左懋第等人扣留，不要放回。清朝廷接受陈洪范的主意，当即派骑兵追拦南明使臣，将已经返至沧州（位于今河北省沧州市）的左懋第等人强行带回北京，加以软禁。

左懋第被清军扣留后，当即给多尔衮写去一封信，强烈要求将他们放回南方。信发出后，左懋第没有收到清朝廷答复，劝降的人却纷至沓来。

有一天，原明蓟辽（辖区位于今北京市、天津市、河北省、辽宁省)总督(军政长官)洪承畴①来到左懋第住所。未等洪承畴开口,左懋第便向他挖苦道:“你可是鬼啊？松山那场决战,不是听说你以身殉国、先帝还特意为你奠祭吗？你早已在阴间得到封赏了,今天怎么还活着呢?”洪承畴碰了钉子后只好灰溜溜地离开。

此后,原明大学士(宰相)李建泰也来劝降。左懋第厉声痛斥说:“你身为明朝宰相,先帝亲自为你出征饯行。你兵败不能以身殉国,先降贼(指农民起义军),又降清,今天还有什么脸面来见我?”

清顺治二年(1645 年)五月,左懋第听说南京失守,弘光帝兵败出逃,悲恸欲死,一连七天都不吃不喝。一天,左懋第的堂弟左懋泰来探望。左懋泰原为明吏部员外郎(朝廷主管官吏任免的部门内设机构副长官),投降李自成农民军后,又投降清朝并做官。左懋第见左懋泰进门,没有理睬他,对身边的人说:“此人不是我弟弟。”当即把他喝斥出去。

后来,使团成员有人发生动摇,副使太仆少卿(主管皇宫用马及畜牧业的副官)马绍愉私下投降清朝。接着,副将艾大选遵照清朝官员的指令剃去头发。左懋第见艾大选剃发降清,气得用木棍将他打死。由此,清朝廷下令将左懋第逮捕入狱。同时入狱的,还有拒绝剃发的使团参谋陈用极等五人。

闰六月十二月,多尔衮召见左懋第。左懋第见到多尔衮时,只

① 明崇祯十四年(1641 年),清军围攻锦州(位于今辽宁省锦州市),洪承畴率十三万步骑兵救援。第二年,洪承畴在松山(位于今辽宁省凌海市南)兵败被俘,投降清军,受任清秘书院大学士(二品文官,位同副宰相)。开始,明朝廷以为洪承畴战死,崇祯帝曾率群臣为他祭悼。

行长揖礼而不下拜。多尔衮就左懋第不愿投降,给他列了五大罪状。左懋第义正辞严,一一驳斥,毫不屈服。多尔衮下令要他剃发,左懋第毅然回答:“我头可断,发不可剃!”

多尔衮令当时在场的原明兵部侍郎金之俊(其投降清朝后受任原官)对左懋第进行最后的劝降。金之俊煞费口舌,劝告无效,困惑不解地问道:“先生为何不知道天下兴亡呢?”左懋第反诘道:“先生为何不知道人间羞耻呢? 我今天只选择一条路,死! 你无须再多嘴!”

多尔衮软硬兼施,左懋第始终坚贞不屈。多尔衮大为恼火,下令将左懋第等六人处死。清兵随即将左懋第等六人押往闹市刑场。

左懋第视死如归,一路上神态自若。行至宣武门外,他回头看了看陈用极等人,问道:“后悔吗?”陈用极回答说:“我一生追求仁,现在实现了仁,无怨无悔!”

临刑,左懋第口占绝命诗一首:“漠漠黄沙少雁过,片云南下意如何。丹忱碧血消难尽,荡作寒烟总不磨。”接着,左懋第向南方拜了四拜,慨然说道:“我们忠于大明的心血用尽了!”说罢,他巍然端坐,从容受刑。

据《明史》卷二百七十五·左懋第传

《清通鉴》卷一·清世祖顺治元年

卷二·清世祖顺治二年

【简评】

《明史》作者张廷玉等评论说:“左懋第仗节全贞,蹈死不悔,于奉使之义,亦无愧焉”(《明史》卷二百七十五)。

六、心系朝廷献身异域

当国家需要的时候，一些大臣、公主（还有少数侠士乃至君王）远离故国，奉行外交使命。他们寄身异域，心系朝廷，竭尽全力，报效国家。由于所处情况千差万别，他们的命运也各不相同。有的长年献身于绝域，晚年回归祖国；有的被囚遇难，长眠于异国土地。他们用热血和生命谱写出一曲曲悲壮的歌，永远激励着后人。

申舟知难赴命

楚庄王即位(前613年)后,楚国[①]国力日趋强大。楚庄王十三年(前601年),楚国出兵攻灭舒(国名,位于今安徽省庐江、舒城二县)。楚庄王十六年(前598年),楚国出兵攻破陈国[②]。楚庄王十七年(前597年),楚国出兵攻破郑国[③],又击败赴郑国救援的晋国[④]军队。楚庄王极力想在诸侯国中称霸,在不断出兵征讨的同时,频频派遣使臣去各国扬威。

楚庄王十九年(前595年)夏天,楚庄王派大臣(其职不详)申舟(又名文之无畏)出使齐国[⑤],并对他交待说:"你路过宋国[⑥],不必向他们请求借路,直接从他们那里走过去就是。"与此同时,楚庄王派遣公子冯出使晋国,也要他不必向郑国借路。

申舟受命后,想起二十二年前的一件往事。

楚穆王九年(前617年)冬天,申舟时任左司马(军政参谋官),随同楚穆王去孟诸(宋地,位于今河南省商丘市东北)牧场打猎。宋昭公陪同他们一起狩猎。一天,楚穆王传令将取火工具装车,明

① 春秋国名,都郢,位于今湖北省荆州市西北纪南城。
② 春秋诸侯国,都陈,位于今河南省淮阳县。
③ 春秋诸侯国,都郑,位于今河南省新郑市。
④ 春秋诸侯国,都绛,位于今山西省翼城县东南。
⑤ 春秋诸侯国,都临淄,位于今山东省淄博市东。
⑥ 春秋诸侯国,都商丘,位于今河南省商丘市南。

天一大早出发。宋昭公没有执行楚穆王这一命令。为此,申舟鞭打了宋昭公的侍从官,并将其押至随行部队将士面前示众。当时,有人对申舟说:“国君是不能侮辱的。”申舟回答说:“这是按规定办事,我不敢爱惜自己的生命而放弃职守。”

二十多年过去了,申舟没有忘记这件事,他知道宋国君臣也不会忘记这件事。因此,他对楚庄王说:“郑国人聪明,宋国人愚蠢。公子冯经过郑国不借路,没有危险;我经过宋国不借路,必然要被他们杀害。”楚庄王回答说:“他们如果胆敢伤害你,我就派军队去消灭他们。”申舟没有推辞,决心为楚王的霸业献出自己的生命,将自己的儿子申犀引荐给楚庄王,请国王日后给予关照,然后便出发了。

申舟途经宋国时,没有申请借路,宋国人果然不让他路过,把他扣押。宋文公就此事召集群臣商议如何处理。右师(执政大臣之一,主管百官教训)华元认为宋国虽小,不可任凭楚国凌辱。宋国君臣本来对申舟就记恨在心,对他这次如此轻藐宋国尤为恼火,随即将他处死。

楚庄王听说申舟被宋国君臣杀害,勃然大怒,将手一挥,猛地从座位上站起来,拔脚就向外走。侍从官员追到院子,才给他送上鞋子;追到门口,才给他送上佩剑;追到路边,才让他坐上车子。

当年(前595年)九月,楚庄王亲率军队攻打宋国,将宋都城商丘团团包围。几个月后,商丘城内“析骨而炊,易子而食”。第二年五月,宋国右师(执政大臣之一,主管百官教训)华元被迫出城向楚将子反求和,请楚军后退三十里,愿入楚国充当人质。子反将此事奏告楚庄王。楚庄王见宋国已经屈服,下令楚军撤除对商丘的包围。

据《左传》文公十年
宣公十四年
宣公十五年
《史记》卷三十八·宋微子世家
卷四十·楚世家

【简评】

申舟(文之无畏)作为楚国使臣出使齐国,奉命路经宋国时不得向宋国借路。二十二年前,他与宋国结怨尚属按规定执行军令,而此次无视宋国则属于肆意挑衅。他知道这样做必然会有祸难,向庄王陈说此行危险,把儿子托付给庄王,毅然上路。为了楚国称霸诸侯,他甘愿献出自己的生命而在所不惜。

楚怀王赴秦被囚

楚怀王二十七年(前 302 年),楚国[1]派往秦国[2]作为人质的太子横与秦国某大夫(朝廷中等级别的官员,其名不详)发生争斗。太子横将对方打死,尔后逃回楚国。

楚怀王二十八年(前 301 年),秦国联合齐[3]、韩[4]、魏[5]等三国举兵攻打楚国,击毙楚将唐昧,攻占楚国重丘(位于今山东省巨野县西南)。

楚怀王二十九年(前 300 年),秦军再次进攻楚国,击毙楚军将领景缺及其部众二万多人。楚怀王熊槐感到恐惧,把太子横派到齐国做人质,请求与齐国讲和。

楚怀王三十年(前 299 年),秦国又派兵攻占楚国八座城邑。接着,秦昭王嬴稷派人给楚怀王送去一封信,信上说:“始寡人与王约为弟兄,盟于黄棘[6],太子为质,至欢也。太子陵杀寡人之重臣,不谢而亡去,寡人诚不胜怒,使兵侵君王之边。今闻君王乃令太子

---

① 战国国名,都郢,位于今湖北省荆州市西北纪南城。
② 战国国名,都咸阳,位于今陕西省咸阳市东北。
③ 战国国名,都临淄,位于今山东省淄博市东。
④ 战国国名,都郑,位于今河南省新郑市。
⑤ 战国国名,都大梁,位于今河南省开封市。
⑥ 位于今河南省新野县东北。楚怀王二十五年(前 304 年),楚怀王与秦昭王在此地签订盟约。

质于齐以求平。寡人与楚接境壤界,故为婚姻,所从相亲久矣。而今秦楚不欢,则无以令诸侯。寡人愿与君王会武关①,面相约,结盟而去,寡人之愿也。”

楚怀王接到秦昭王这封信后,忧心忡忡,十分为难。应约赴会,怕受骗上当;拒绝赴会,怕激怒秦王。大臣(其职不详)昭雎劝告楚怀王说:“秦国像虎狼一样,有吞并诸侯的野心,不可相信。大王还是不要去武关为好。增派部队,加强边境防御就是了。”楚怀王之子子兰认为,不可拒绝秦王的友好邀请,力劝父王应约赴秦。

楚怀王反复思考,权衡利弊。他想到楚国已经饱受秦国侵害,不能因为他不肯赴约而再遭祸难。赴会,理在楚国;不赴会,则楚国缺理。事关个人安危,更关系国家存亡,还是应以国事为重。于是,楚怀王冒着风险前往秦国。

楚怀王抵达武关后,没有见到秦昭王,却被秦国士兵劫持到咸阳。之后,秦昭王会见楚怀王,不以平等的礼仪接待,而把楚怀王看作是秦国属国的君主。楚怀王大为恼火,后悔没有听取昭雎的意见。

接着,秦昭王胁迫楚怀王将楚国巫(位于今湖北省长江中上游地区及重庆市)和黔中(位于今湖南省西部及贵州省东部)两郡之地割让给秦国。楚怀王岔开他的话题,只想同秦昭王签订盟约。秦昭王却坚持要楚怀王先答应割让土地再谈结盟。楚怀王怒不可遏,指着秦昭王说:“你欺骗我来到秦国,不要指望我会割让土地!”秦昭王勃然大怒,下令将楚怀王软禁,不让他回国。

---

① 秦地,位于今陕西省丹凤县东南。

昭雎等人听说楚怀王被楚国扣留，估计一时难以回国，便派人把太子横从齐国接回国，拥立为楚顷襄王，并通告秦国。秦昭王得知太子横被立为楚国新王非常恼火，再次派兵攻打楚国，又斩杀五万楚国官兵，攻占析（位于今河南省西峡县）等十五座城邑。

楚顷襄王二年（前 297 年），楚怀王从囚所溜出来，想逃回楚国。秦昭王听说楚怀王出逃，下令军士在通往楚国的各条道路堵截追捕。楚怀王连忙改走小路逃到赵国[①]，请求赵国派人护送他回楚国。赵惠王年少且即位不久，害怕由此得罪秦国，不敢接纳楚怀王。楚怀王准备逃往魏国，被追过来的秦国军士抓获。楚怀王被押回秦国囚禁，不久便病倒了。

楚顷襄王三年（前 296 年），楚怀王由于极度忧愤，在秦国病逝。

楚怀王的遗体运回楚国后，举国悲哀。楚顷襄王宣布同秦国绝交，楚国上下同仇敌忾，一时间流传这样的民谣："楚虽三户，亡秦必楚"（《史记》卷七 · 项羽本纪）。

据《史记》卷四十 · 楚世家

【简评】

楚怀王受秦昭王诈骗，入秦被扣。他逃出囚所，企图返回楚国，被秦兵抓回，最后客死秦国。楚怀王的悲剧在于没有看清秦王亡楚之心，对其抱有幻想，以致受骗上当。后来，楚国贵族的后代项羽以及沛公刘邦领兵攻灭秦朝，应验了"亡秦必楚"的民谣。

---

① 战国国名，都邯郸，位于今河北省邯郸市。

荆轲一去不复还

燕[1]王姬喜的太子名姬丹,早年被送到赵国[2]作人质,同秦国[3]送到赵国作人质的公子楚之子嬴政[4]交为朋友。后来,嬴政回到秦国即位为王,太子丹转入秦国作人质。秦王政对太子丹不再以礼相待。由此,太子丹对秦王政产生怨恨。燕王喜二十三年(前232年),太子丹从秦国逃回燕国。

燕太子丹意欲除掉秦王政

当时,燕国弱小,秦国强大,太子丹无力举兵讨伐秦王政。秦

① 战国七大国之一,都蓟,位于今北京市区。

② 战国七大国之一,都邯郸,位于今河北省邯郸市。赵王赵迁八年(前228),赵国被秦国军队攻灭,赵王迁被俘,赵公子嘉(赵王迁异母兄弟)逃入代(位于今河北省蔚县东北)称王。赵代王嘉六年(前222年),赵代国被秦国军队攻灭。

③ 战国七大国之一,都咸阳,位于今陕西省咸阳市东北。

④ 公子楚是秦昭王太子安国君之子。当时,秦昭王年老,安国君正妻华阳夫人没有生儿子,其继承人尚未确定。在邯郸经商的吕不韦图谋进入秦国掌握政权,用重金买通华阳夫人,帮助公子楚立为安国君的继承人,并将他的一名怀孕的妾送给公子楚,生下嬴政。后来,吕不韦谋划公子楚回秦国即位为王,嬴政随之回到秦国。

国军队每天都在向东进发,力图攻灭韩国①、魏国②、赵国和齐国③。燕国和秦国之间虽然隔着魏国、韩国和赵国,同样是秦国的吞并目标,处于秦军的间接威胁之下。

太子丹忧心忡忡,苦苦寻求除掉秦王政、挽救燕国的方略。太子傅(太子辅导老师)鞠武建议太子丹联合齐、韩、魏、赵等国以及北方的匈奴④、南方的楚国⑤共同抗击秦军。太子丹认为,各国君臣的思想不好统一,鞠武的谋划难以实现;即使能实现,操作起来耗费的时间亦太长,已为形势发展所不允许。他心中暗想,此时此刻,要是能派人杀死秦王政,既能解除燕国的燃眉之急,也能了却他的心头之恨。他把这一想法告诉鞠武。鞠武为太子丹引荐隐士田光,称其“智深而勇沉,可与谋”。太子丹向田光问计,田光向太子丹推荐他的朋友荆轲。

荆轲是卫国人,卫国被秦国灭亡后,他流亡燕国。荆轲喜爱读书击剑,嗜好饮酒,与隐士高渐离、田光交为朋友。高渐离擅长击筑(一种乐器),荆轲常同他在街市上饮酒。每当酒饮到尽兴的时候,高渐离便开始击筑,荆轲则顺着高渐离所击的音节唱歌。歌罢,两人相对而泣,旁若无人。田光知道荆轲有壮烈的志向,不是一个普普通通的人。

---

① 战国七大国之一,都郑,位于今河南市新郑市。韩王韩安九年(前230年),韩国被秦国军队攻灭。

② 战国七大国之一,都大梁,位于今河南省开封市。魏王魏假三年(前225年),魏国被秦国军队攻灭。

③ 战国七大国之一,都临淄,位于今山东省淄博市。

④ 部族名,游牧地位于今内蒙古及其以北地区。

⑤ 战国七大国之一,都寿春,位于今安徽省寿县。

荆轲献计谋刺秦王政

太子丹会见荆轲后，向他透露谋刺秦王政的计划，想委托他去实施。荆轲知道此行对他来说意味着什么。在他看来，自己的生死是小事，太子丹的计划事关燕国存亡，郑重其事地对太子丹说："太子所说的是国家大事，我才能低下，恐怕不能够胜任这一使命。"太子丹极力拜托荆轲，态度非常诚恳。荆轲没有再推辞。于是，太子丹将荆轲尊为上卿（享受宰相待遇），给予其优厚的生活待遇，让其尽情享受。

过了很长一段时间，荆轲还没有动身之意。此时，韩国、赵国已被秦国灭亡，秦军已经进抵燕国南部边境。太子丹心急如焚，坐卧不安。他会见荆轲，以十分痛切的口气对他说："秦军早晚就要渡过易水[①]了，我想，像现在这样侍奉你，恐怕时间也不会很长了。"太子丹的意思是催促荆轲快点动身。

荆轲理解太子丹的心情，回答说："我一直在考虑怎样才能见到秦王。现在去秦国，没有能使秦王兴奋的事，是见不到秦王的。如果太子今天不约见我，我也要去拜见太子了。我最近想出一个办法，秦王悬赏购买樊于期[②]的头，如今樊将军逃亡在燕国，我如能带上樊将军的头，许诺割让燕国督亢[③]之地给秦国，并向秦王献上

---

① 位于今河北省易县南。

② 樊于期原为秦国将领，因得罪秦王政逃亡燕国，投奔燕太子丹。之后，秦王下令将其父母家族全部杀害，并悬赏以千斤黄金、万户封邑购买其头。

③ 位于今河北省涿州市东。

该地地图,秦王必定会高兴地接见我,这样我才能有机会为太子效命。”

太子丹说:“樊将军在危困的时候来投靠我,我不忍心因为燕国的事再伤害这位长者,请你重新考虑方案吧!”

荆轲知道太子丹不忍心处死樊于期,便自己去会见樊于期,对他说:“秦王对待将军是太狠毒了!你的父母和全家族的人都被他无辜杀死,现在又听说秦王悬赏千斤黄金和万户封邑来买你的头。将军打算怎么办呢?”

樊于期仰天长叹,流着眼泪说:“我樊于期对秦王恨之入骨,就是想不出报仇的办法啊!”

荆轲说:“眼下我想了个办法,既能够为将军报仇雪恨,又可以解除燕国的危难,你看怎么样?”

樊于期向荆轲身边靠拢过来,问道:“请您告诉我,有什么好办法?”

荆轲说:“希望能得到将军的头,去献给秦王。趁他接见我高兴的时候,替您杀死他!不知道将军还有没有比这更好的办法?”

樊于期说:“我日夜寻思,痛恨报仇无门,今天荣幸听到您的指教!”说罢,他随即自杀。

荆轲听说燕国人秦舞阳十三岁时曾经杀过人,是名勇士,把他聘为助手。

燕王喜二十七年(前228年)秋天,荆轲同秦舞阳带着燕王喜的书信、樊于期的头颅、督亢地图和一把用毒药煮过的锋利匕首及若干金币,离开燕国都城蓟,出使秦国。

太子丹穿戴白色的衣帽为荆轲送行。他知道,荆轲此次出使秦国,无论刺中还是不能刺中秦王,他都会被秦王卫士杀死,再也不会活着回到燕国。高渐离一路击筑悲歌。众人一直把荆轲送到易水岸边。荆轲挥手向太子丹、高渐离等人诀别,慷慨悲歌:“风萧萧兮易水寒,壮士一去兮不复还!”歌罢,他登车而去。

图穷匕首见荆轲毙命

燕王喜二十八年(前 227 年)十月①,荆轲和秦舞阳到达咸阳。他们随即去拜访秦国中庶子(太子侍从官)蒙嘉,给他送去价值千金的礼物,委托他帮助引见秦王政。蒙嘉早在嬴政当太子时就侍奉在他身边,深受秦王信赖。他替荆轲向秦王报告说:“燕王确实畏惧大王的声威,不敢出兵抵抗大王的军队,愿意向大王称臣,献出督亢之地,只求保住先王宗庙。他惧怕大王,不敢亲自来向大王投降,特意砍下樊于期的头,绘好督亢地图,派遣使臣来向大王奏告。最近,燕国使臣已经来到咸阳。他们等候大王召见,愿听从大王的命令。”秦王听蒙嘉奏告后非常高兴,传令安排隆重的欢迎仪式,在咸阳宫接见燕国使臣。

这天,秦王穿着礼服,端坐在宫中等候燕国使臣前来拜见。荆轲手捧盛着樊于期头颅的匣子,秦舞阳手捧装着地图的匣子,依次入宫。走到台阶时,秦舞阳见秦王及文武百官威风凛凛地坐在各自的位子上,吓得变了脸色。秦国大臣们露出惊异的神色。

荆轲回过头对秦舞阳笑了笑,上前向秦王行跪拜之礼后说:

---

① 当时,每年纪月从十月开始。

“我这个侍从生长在北方边远的乡下,没有见过世面,更没有见过天子,所以有些怯场,请大王多多包涵。”

拜见礼毕,秦王要荆轲把地图拿给他看。荆轲打开匣子,献上地图。秦王开启卷着的地图。当秦王把地图完全打开时,一把银光闪闪的匕首展现在他的面前。刹时间,荆轲左手抓住秦王的衣袖,右手拿起匕首直朝他刺去。秦王猛力一甩,扯断衣袖而脱身,没有被荆轲刺中。他惊恐万状,连忙抽拔佩在身上的宝剑,因剑鞘长而没有拔出,只好绕着柱子逃命。

文武大臣都被这突如其来的祸变惊得目瞪口呆,手足无措。秦国法律规定,众臣不得携带武器进入宫殿,持有武器的侍卫人员一律守在宫外,没有国王召令不得入宫。荆轲紧追秦王不放,情况非常危急。侍从医官夏无且连忙用药袋子投击荆轲。千钧一发之际,有人高叫“大王快把剑移到背上拔!”仓皇失措的秦王这才拔出剑来,砍断荆轲的左腿。荆轲倒在地上,使劲将匕首投向秦王。匕首没有投中秦王,却扎进秦王身旁的铜柱。

秦王转身又朝荆轲砍了几剑。荆轲八处受伤,遍身流血。他知道再也无法完成使命,靠在铜柱边盯着秦王哈哈大笑,吼叫道:“要不是想活捉你,回报燕太子,你也就没命了!”

秦王左右的人一齐冲上来将荆轲和秦舞阳杀死。

秦王遭遇这场风险,怒不可遏。当月,他即下令将军王翦率兵攻打燕国,攻破燕都城蓟。燕王喜及太子丹退居辽东(位于今辽宁省辽河以东地区)。

据《史记》卷八十六·刺客列传

《资治通鉴》卷六·秦纪一

【简评】

司马光认为:“燕丹不胜一朝之忿以犯虎狼之秦,轻虑浅谋,挑怨速祸,使召公之庙不祀忽诸,罪孰大焉!而论者或谓之贤,岂不过哉!夫为国家者,任官以才,立政以礼,怀民以仁,交邻以信;是以官得其人,政得其节,百姓怀其德,四邻亲其义。夫如是,则国家安如磐石,炽如焱火,触之者碎,犯之者焦,虽有强暴之国,尚何足畏哉!丹释此不为,顾以万乘之国,决匹夫之怒,逞盗贼之谋,功隳身□,社稷为墟,不亦悲哉!”“荆轲怀其豢养之私,不顾七族,欲以尺八匕首强燕而弱秦,不亦愚乎”(《资治通鉴》卷七·秦纪二)。

笔者认为,燕太子丹谋刺秦王政(后称秦始皇)不完全是为报“一朝之忿”。当时,秦国意欲吞并东方各国,无意与各国讲信义结为友好邻邦,韩、赵等国相继被秦军攻灭,秦国大军已进抵燕国边境,燕国不是“安如磐石”,而是“危如累卵”。燕军抵抗力量有限,燕国可以采取其他办法阻止秦军入侵。燕太子丹派荆轲行刺秦王,既是报复私怨,更是反抗秦军入侵的一次特殊外交活动。荆轲原是卫国侠士,卫国被秦军攻灭后,他留居燕国,对秦王政未尝不怀仇恨。他应命使秦,明知“壮士一去兮不复还”,抱定以身殉职,亦不应视为愚,其出发点不仅是报答燕太子丹后来的“豢养之私”,主要还是舍生取义以抗秦救燕。

江都公主长眠乌孙

西汉[①]元封六年(前105年),乌孙[②]昆莫(国王)猎骄靡派使臣来长安,意欲同汉朝通商友好。匈奴获悉乌孙与汉朝通好,准备出兵攻打乌孙。乌孙昆莫听说后十分惊恐,随即派使臣来到汉朝,请求娶汉公主为妻,与汉朝结盟抗击匈奴。

当初,汉武帝鉴于汉北部边境地区时常受到匈奴骑兵侵扰,想同与匈奴不和的国家结成联盟,共同抗御匈奴。元鼎二年(前115年),汉武帝向曾经出使西域[③]被匈奴扣留多年的原太中大夫(皇帝侍从顾问)张骞询问有关情况。张骞对汉武帝说:“臣留居匈奴时,听说乌孙和大月氏[④]两国原来都在祁连(即今甘肃省祁连山)与敦煌(位于今甘肃省敦煌市)之间。后来,乌孙被大月氏击败,其部众投附匈奴。乌孙昆莫猎骄靡即位后,借助匈奴兵力击败大月氏,占据大月氏领地,不再依附匈奴。为此,匈奴多次出兵攻打乌孙而没有获胜,乌孙昆莫一直不肯向匈奴屈服。”张骞建议,用厚礼引导乌孙昆莫率部向东回迁,迁至原匈奴浑邪王居住的张掖郡(位于今甘肃省张掖市西北),与之联姻结盟,让他们听从汉朝调遣。这样,如

---

① 都长安,位于今陕西省西安市。

② 西域国名,位于今天山以西、伊犁河以南地区。都赤谷,位于今吉尔吉斯斯坦国伊什提克。

③ 泛指玉门关(位于今甘肃省玉门市)以西至今天山南北及中亚地区。

④ 西域国名,位于今阿姆河以北乌兹别克斯坦国境内。

同“断匈奴右臂”。汉武帝赞同张骞的意见,随即任命他为中郎将(警卫部队将领),率三百人出使乌孙。

张骞一行抵达乌孙后,乌孙昆莫猎骄靡态度冷淡,礼仪不周。张骞转达汉武帝的旨意说:“乌孙如能迁回到东方故地,汉朝皇帝愿将公主许配给昆莫,两国结成兄弟邻邦,一同抗击匈奴,匈奴一定会败亡。”乌孙昆莫为此召集群臣讨论,大臣们都畏惧匈奴,不愿意再回迁到东方。张骞没有得到乌孙昆莫的明确答复,当年返回汉朝。

此时,乌孙昆莫主动派使臣来同汉朝结盟,汉武帝当然十分高兴。他当即同意乌孙昆莫猎骄靡聘婚请求。接着,乌孙昆莫以一千匹马作为聘礼,派使臣迎娶汉朝公主。汉武帝将江都王刘建①的女儿刘细君封为江都公主,派使臣护送江都公主远嫁乌孙昆莫。乌孙昆莫封江都公主为右夫人。

匈奴听说汉朝与乌孙通婚,随即也送一名女子嫁给乌孙昆莫。乌孙昆莫封其为左夫人。

江都公主与乌孙昆莫左夫人系来自两个敌对国家,彼此争风吃醋、明争暗斗可想而知。本来,她远嫁乌孙,不能适应当地的生活习惯,就感到日子难熬,加之猎骄靡年老、语言不通,更使她忧愁寡欢。在孤寂无奈中,江都公主写了一首怀乡诗:

吾家嫁我兮天一方,远托异国兮乌孙王。穹庐为室兮旃为墙,以肉为食兮酪为浆。居常土思兮心内伤,愿为黄鹄兮归故乡!

汉武帝听说江都公主写了这首诗,十分同情,派使臣带上礼品

---

① 江都王府设广陵,位于今江苏省扬州市西北。西汉元狩二年(前121年),江都王刘建谋反败露自杀,朝廷削除江都王封国,改设广陵郡。刘细君时尚年幼。

前去慰问远在天涯的汉家女儿。

乌孙昆莫猎骄靡的太子当时已经去世,太子的儿子军须靡被立为太孙,号称岑陬。猎骄靡年事已高,想让他的太孙军须靡续娶江都公主。江都公主不同意,写信把这一情况报告汉武帝。汉武帝回信勉励她说:你还是随从乌孙国的风俗吧,不可忘记我们联合乌孙共同抗击匈奴的大事!于是,江都公主改嫁乌孙太孙军须靡为妻。

乌孙昆莫猎骄靡去世后,由太孙军须靡继承其昆莫位。江都公主为军须靡生下一个女儿,取名叫少夫。为了汉朝廷能与乌孙结盟共击匈奴,江都公主远嫁乌孙昆莫后再也未能返回祖国。没过多年,她怀着对故国的无限思念长眠在乌孙的土地上。

据《汉书》卷六十一·张骞传

卷九十六下·西域传·乌孙国

《通鉴纪事本末》卷三·汉通西域

【简评】

古代国与国之间结盟,往往以两国王族通婚作为纽带,王族女儿(公主)远嫁他国国王,负有特殊的外交使命。汉武帝为了联合乌孙共同抗击匈奴,将江都公主远嫁乌孙王。江都公主以国事为重,诀别亲人故土,入居乌孙国随其风俗,为促进西汉和乌孙的友好关系奉献了青春和生命。她在乌孙所作怀乡诗感人至深,催人泪下。江都公主比众所周知的王昭君(名王嫱,汉宫女)出嫁匈奴呼韩邪单于(时为西汉竟宁元年即前33年,呼韩邪单于多年与汉朝亲近)时间早几十年,路途更为遥远,处境也更为艰难,其功名不应被埋没。

解忧公主为国解忧

西汉太初年间(前104年—前101年)①,江都公主②在乌孙③去世。汉武帝为保持与乌孙联姻关系以共同抗御匈奴④,封楚王刘戊⑤的孙女刘解忧为公主,将她嫁给乌孙昆莫军须靡。

解忧公主同军须靡没有生儿子。军须靡匈奴籍妻子生下儿子泥靡。军须靡病重时,泥靡年龄幼小。临终前,军须靡嘱咐众臣,由其堂弟翁归靡继位为昆莫,等泥靡长大后,翁归靡将昆莫位让给泥靡。翁归靡继位为昆莫后,号称肥王。解忧公主随俗改嫁肥王翁归靡。

西汉本始二年(前72年),匈奴派兵攻打乌孙。解忧公主与乌孙昆莫翁归靡上书汉朝廷,请求派兵救援。第二年春天,汉宣帝派

---

① 史书记年不详,此据《中国历史大辞典》解忧公主。

② 西汉元封六年(前105年),汉武帝应乌孙昆莫(国王)猎骄靡请求,将江都公主刘细君(江都王刘建之女)嫁给猎骄靡为妻。猎骄靡年老,将江都公主转嫁给其孙军须靡为妻。猎骄靡去世后,军须靡继位为昆莫。不久,江都公主去世。

③ 西域国名,位于今天山以西、伊犁河以南地区。都赤谷,位于今吉尔吉斯斯坦国伊什提克。

④ 西汉北方游牧国家,其势力范围位于长城至今俄罗斯西伯利亚、辽宁省辽河至新疆西南部喀喇昆仑山,单于(国王)庭位于今蒙古国乌兰巴托。

⑤ 楚王府设彭城,位于今江苏省徐州市。汉景帝三年(前154年),楚王刘戊参与吴王刘濞叛乱,兵败自杀。

解忧公主与肥王共生下三个儿子和两个女儿。长子名元贵靡,次子名万年,三子名大乐,长女名弟史,小女名素光。弟史嫁给龟兹

遣御史大夫(最高监察机关长官)田广明等人率十五万骑兵,分五路进攻匈奴。乌孙昆莫派五万骑兵,由汉朝派往乌孙的使臣校尉(领兵武官)常惠指挥,从西向东袭击匈奴。匈奴损失惨重,从此一蹶不振。

王绛宾,联结了龟兹同汉朝和乌孙的亲缘关系。万年受到莎车[①]王(其名不详)喜爱。莎车王没有儿子。他于西汉元康元年(前65年)去世,莎车大臣拥立万年为莎车王,以结交乌孙,依靠汉朝。当时,万年在西汉都城长安(位于今陕西省西安市)。汉朝廷获悉莎车大臣的意愿后,当即派遣奚充国(其职不详)等人护送万年去莎车即王位。万年即位为莎车王不久,前莎车王之弟呼屠征发动政变,将万年同奚充国等人一起杀害,自立为王,背离汉朝。解忧公主为之悲伤不已。当年,汉使臣冯奉世出使大宛[②],征调西域诸国军队,将呼屠征击杀。

乌孙肥王去世后,乌孙大臣按照军须靡临终遗嘱,拥立泥靡为乌孙昆莫,号称狂王。解忧公主随俗又改嫁给狂王为妻,生下一个儿子名鸱靡。

乌孙狂王因母亲是匈奴人,与解忧公主感情不合。为时不长,两人关系破裂。狂王暴戾凶狠,不得人心。解忧公主看到狂王执政倾向于匈奴,认为这样下去是乌孙的灾难,对汉朝亦构成隐患。她深为忧虑,萌生等待时机除掉狂王的念头。

甘露元年(前53年)四月,西汉朝廷派遣卫司马(警卫部队军官)魏和意、副侯(宫门警卫军官)任昌出使乌孙。解忧公主决意借

---

① 西域国名,位于今新疆莎车县。

② 西域国名,都贵山城,位于今乌兹别克斯坦塔什干东南。

助汉朝使臣的威力对狂王动手。她对魏和意和任昌二人说:“狂王已经成为乌孙的祸害,人们都不拥护他,处死他很容易。”魏和意和任昌接受解忧公主意见,与之密谋借宴请狂王之机将他杀死。

乌孙狂王不知道汉朝使臣的预谋,应魏和意宴请按时赴宴。

席间,魏和意指使武士乘狂王不备,拔刀向他刺杀过去。武士没有刺中狂王要害。狂王受伤后骑马飞奔而去。

乌孙狂王的儿子细沈瘦闻讯后,率兵将解忧公主和魏和意率领的使团包围在赤谷城中。西域[1]都护(西汉朝廷派驻西域的军政长官,都护府设乌垒城,位于今新疆轮台县东小野云沟附近)郑吉获悉此事后,征调西域各国军队前去救援,给他们解了围。

不久,乌孙肥王匈奴籍妻生的儿子乌就屠发动兵变,袭杀乌孙狂王,自称昆莫。随同解忧公主去乌孙的侍女冯嫽的丈夫,是乌孙右大将,该右大将(没有出面,似乎已死)与乌就屠是好朋友。经冯嫽、郑吉等人出面安抚,乌就屠答应就任乌孙小王,由解忧公主同肥王生的长子元贵靡就任乌孙大王,二王分地而治。

后来,元贵靡和鸱靡先后病死,解忧公主的子女大多亡故。此时,解忧公主已年近七十。她漂泊乌孙,感到十分孤单和悲伤。

甘露三年(前51年)五月,解忧公主上书汉宣帝,称其年纪已老,思念故乡,请求准许她回归故国,让尸骨埋在汉朝的土地上。汉宣帝对解忧公主的遭遇非常同情,随即派人去乌孙国迎接她回国。

当年冬天,解忧公主回到阔别四十多年的京都长安,受到朝廷

---

① 位于今甘肃省玉门市以西至中亚地区。

优厚的接待。两年后,解忧公主病逝。

据《汉书》卷九十四上·匈奴传

卷九十六下·西域传下·乌孙国

《通鉴纪事本末》卷三·汉通西域

卷四·匈奴归汉

【简评】

解忧公主奉命远嫁乌孙王,为发展西汉同乌孙的友盟以共同抗击匈奴,在乌孙顽强奋斗了四十多年,历尽沧桑,饱经磨难。此间,她扩展了汉朝与西域诸国的联系,促使汉朝与乌孙联合出兵击败匈奴军,为乌孙的稳定作出了特殊的贡献。她的英雄业绩可歌可泣,堪称女中豪杰。

冯嫽劝乌就屠归汉

冯嫽是西汉公主刘解忧(楚王刘戊的孙女)的侍女,她知书达礼,办事机敏,深受刘解忧信赖。

西汉太初年间(前104年至前101年)①,汉朝嫁到乌孙②的江都公主③去世。为了保持同乌孙联姻以共同抗击匈奴④,汉武帝将解忧公主嫁给乌孙昆莫军须靡。冯嫽随同解忧公主远赴乌孙,嫁给乌孙国右大将(其名不详)为妻。

主侍二人在乌孙定居以后,解忧公主派遣冯嫽携带汉朝符节(用金属或玉等器物制作的外交使臣的凭证)出使乌孙周边的邻国。冯嫽举止言谈沉稳有度,在乌孙周边国家中赢得良好的声誉,被尊称为"冯夫人"。

解忧公主同乌孙昆莫军须靡没有生儿子。军须靡去世时,他同匈奴籍妻所生的儿子泥靡尚年幼,由其堂弟翁归靡继位,号称肥

---

① 据《中国历史大辞典》? 解忧公主。

② 西域国名,位于今天山以西、伊犁河以南地区。都赤谷,位于今吉尔吉斯斯坦国伊什提克。

③ 西汉元封六年(前105年),汉武帝应乌孙昆莫(国王)猎骄靡请求,将江都公主刘细君(江都王刘建之女)嫁给猎骄靡为妻。猎骄靡年老,将江都公主转嫁给其孙军须靡为妻。猎骄靡去世后,军须靡继位为昆莫。不久,江都公主去世。

④ 西汉北方游牧国家,其势力范围位于长城至今俄罗斯西伯利亚、辽宁省辽河至新疆西南部喀喇昆仑山,单于(国王)庭位于今蒙古国乌兰巴托。当时,匈奴骑兵时常侵扰汉北部边境地区,西汉和匈奴连年交战。

王。肥王续娶解忧公主为妻,生下三男二女。肥王死后,乌孙大臣按照军须靡临终遗嘱,将已经长大成人的泥靡拥立为昆莫,号称狂王。狂王续娶解忧公主为妻。狂王当政后暴虐无道,丧失人心。由于其母是匈奴人,他对解忧公主尤其粗暴无礼。不久,解忧公主与乌孙狂王关系破裂。

甘露元年(前53年),汉朝廷派卫司马(领兵武官)魏和意率团出使乌孙。解忧公主同魏和意等人密谋,借宴会之机令人刺杀乌孙狂王。之后某一天,狂王应魏和意之请赴宴,被汉朝使团的武士刺伤后逃匿。肥王匈奴籍妻生的儿子乌就屠闻讯大为惊恐,担心汉朝使臣也会对他动手,随即逃亡到北山(即今新疆天山),扬言其母娘家匈奴要派兵来征讨,以此收揽部众。接着,乌就屠率部袭杀狂王,自立为乌孙昆莫。

汉朝廷不能容忍乌孙从此倒向匈奴一边,随即派遣破羌将军辛武贤率一万五千名兵士抵达敦煌(位于今甘肃省敦煌市),准备讨伐乌就屠。

西域[①]都护(西汉朝廷派驻西域的军政长官,都护府设乌垒城,位于今新疆轮台县东小野云沟附近)郑吉为了避免汉朝与乌孙失和开战,出面斡旋。他知道冯嫽的丈夫乌孙右大将(此时该右大将似已去世)与乌就屠关系亲密,认为冯嫽在乌就屠面前说话很有分量,委派冯嫽去劝说乌就屠归汉。

冯嫽欣然受命,亲自赴北山会见乌就屠。冯嫽对乌就屠说:"汉朝大军已经出发前来征讨乌孙。这一来,乌孙势必为汉军所

---

① 泛指玉门关(位于今甘肃省玉门市)以西至今天山南北及中亚地区。

灭。与其这样,昆莫不如尽快投附汉朝。”乌就屠听冯嫽这么一说,十分恐惧,当即答应归附汉朝,只要求汉朝封他一个小王名号。

汉宣帝获此奏报后,非常惊喜,诏令冯嫽速回京都长安(位于今陕西省西安市)。冯嫽回京后,汉宣帝亲自接见她,并询问乌孙国有关情况。然后,汉宣帝派谒者(侍从皇帝主管礼仪的官员,常充任使臣)竺次为正使、期门官(皇帝随身警卫武官)甘延寿为副使率众护送冯嫽返回乌孙。

冯嫽回到乌孙都城赤谷后,乘坐锦车,手执汉节,召令乌就屠前来拜见汉朝派驻赤谷的大臣长罗侯常惠。常惠当众宣布汉宣帝诏令,立元贵靡(解忧公主与肥王所生长子)为乌孙大王、乌就屠为乌孙小王,由二王分地治理乌孙,并当场颁发王印。

这时,破羌将军辛武贤的部队尚未出塞,汉朝廷下令其撤回。由于冯嫽出面调解,一场即将燃起的战火烟消云散,西汉同乌孙的联盟经受了考验,得以继续发展。

甘露三年(前 51 年),解忧公主以其年近七十上书汉朝廷,请求返回故土。汉宣帝诏令她回国。冯嫽陪伴解忧公主在乌孙度过四十多年漫长岁月,随同解忧公主回到长安。

黄龙元年(前 49 年),解忧公主病逝。冯嫽考虑元贵靡在解忧公主离开乌孙之前已经去世,对元贵靡年幼的儿子星靡继位为乌孙大王放心不下,上书朝廷请求出使乌孙,辅佐星靡执政,安抚其部众。汉宣帝十分高兴,当即批准冯嫽的请求,派遣上百名卫士和随从人员护送冯嫽再次出使乌孙。冯嫽最终是返回祖国,还是长眠于乌孙大地,史书没有记载,不得而知。

据《汉书》卷九十六下 · 西域传下 · 乌孙国

《通鉴纪事本末》卷三·汉通西域

【简评】

冯□随同解忧公主远嫁乌孙，为发展西汉同西域诸国的友好关系贡献了毕生的精力。她善于言谈交流，在西域各国享有崇高声誉；她处事沉着机智，说服乌就屠归附汉朝，显示出卓越的外交才能，不愧为中国古代杰出的女外交家。解忧公主去世后，她不顾年高体衰，主动请求再次出使乌孙，其不畏艰难无私奉献的精神令人肃然起敬。

谷吉亡命绝域

西汉五凤四年(前54年),匈奴①发生内乱,呼韩邪单于之兄左贤王呼屠吾斯在东部自立为郅支单于,领军击杀在西部自立且领兵东讨的闰振单于,接着又驱逐呼韩邪单于,占据单于庭,史称北匈奴。呼韩邪单于退居大漠(今蒙古高原沙漠)以南,依附于汉朝,史称南匈奴。

呼韩邪单于请求让其部众留居光禄塞(位于今内蒙古包头市西北),派其儿子去汉朝都城长安(位于今陕西省西安市西北)作人质。汉朝廷同意呼韩邪单于的请求,并派遣长乐卫尉(守卫长乐宫的军事长官)董忠等率军保护其部众。之后,郅支单于也将其儿子驹于利受派到长安作人质,其内心却对汉朝援助呼韩邪单于十分怨恨。

后来,郅支单于看到呼韩邪单于受到汉朝保护,难以将其击败,决定率部西征。郅支单于率军首先击败乌孙②军队,接着向北

---

① 西汉北方游牧国家,其势力范围位于长城至今俄罗斯西伯利亚、辽宁省辽河至新疆西南部喀喇昆仑山,单于(国王)庭位于今蒙古国乌兰巴托。

② 西域国名,位于今天山以西、伊犁河以南地区。都赤谷,位于今吉尔吉斯斯坦国伊什提克。

吞并乌揭[①]、坚昆[②]、丁令[③]三国,定都坚昆。

初元五年(前44年),郅支单于派使臣向汉朝廷进贡,要求汉朝将他留在长安作人质的儿子驹于利受护送回国。汉元帝就此事召集大臣讨论,决定派卫司马(领兵武官)谷吉率众护送驹于利受回国。

御史大夫(最高监察机关长官)贡禹等人认为,郅支单于并没有归附汉朝的诚意,现在所居之地又在遥远的绝域,谷吉护送驹于利受,只要把他送出汉朝边境即可返回。

谷吉上书汉元帝,称:"中国对于边远的夷族应当不断施行恩义。郅支单于的儿子驹于利受到长安来,时至今日,我们已经养育他十年。汉朝对于他们父子的恩德是很厚的。如果只把驹于利受送出边境,不把他送到本国,我们与他们就此也就断绝关系。这样,会使他们不再向往归顺中国,以致忘记以前的恩德而结下新的仇怨,对我们汉朝不利。议事大臣鉴于从前江乃始[④]出使他们那里蒙受耻辱,替我担忧,我内心十分感激。我有幸手持大汉朝符节,料想他们不敢胡作非为。如果他们对我不讲道义,郅支单于将畏罪遁逃远方,不敢再接近我国边境。失去一个使者而能换来边境地区民众的安宁,这对国家有利,也能实现我个人的夙愿。"谷吉请求将驹于利受一直送到郅支单于庭。汉元帝为谷吉拳拳报国之心所感动,批准他的请求。

---

① 位于今新疆克拉玛依市以西至哈萨克斯坦国、蒙古国境内。

② 位于今俄罗斯叶尼塞河上游地区。

③ 位于今俄罗斯贝加尔湖西南。

④ 江乃始(其职不详)曾奉命出使北匈奴,郅支单于怨恨汉朝支持呼韩邪单于,对他加以扣押虐待。

当年,谷吉等人长途跋涉,历尽辛苦,终于把驹于利受送到设在坚昆的郅支单于庭。谷吉本想以诚信感动郅支单于,不料郅支单于自恃离汉朝遥远,非但没有感谢汉朝之意,反而下令将谷吉一行残忍杀害。之后,郅支单于害怕汉朝出兵来攻,率部由坚昆迁至康居①,建造单于城(位于都赖水即今哈萨克斯坦锡尔河以西)。

后来,汉朝接连派遣三批使臣去康居,查问谷吉等人的下落。郅支单于态度傲慢,拒不回答汉朝使臣的质问。

建昭三年(前36年),汉朝驻西域副校尉(主管西域事务的军政副长官)陈汤等人领兵进抵康居,攻入单于城,击杀郅支单于。陈汤等人在单于宫内,搜出汉朝使臣所持的符节和谷吉携带的写在帛上的书信。

据《通鉴纪事本末》卷四·匈奴归汉

《汉书》卷七十·陈汤传

卷九十四下·匈奴传下

【简评】

北匈奴郅支单于对西汉朝廷怀有怨恨,他自恃离汉朝遥远,扣留凌辱汉朝使臣江乃始等人。谷吉奉命护送郅支单于之子回国,不远万里,甘冒风险,将其送至郅支单于庭,诚心诚意为着改善汉朝与北匈奴的关系,却不幸遇害。谷吉是中国古代为促进邦交有好而献身的千百个外交使臣之一,他的名字已载入史册。

① 位于今哈萨克斯坦国南部。

班超复通西域

班超是东汉扶风安陵(位于今陕西省咸阳市东北)人,早年胸怀大志,博览群书,善于口辩。其父班彪生前继司马迁《史记》续写西汉历史而没有完成。其兄班固继承父业,在家乡续写西汉历史[①],受人诬陷入狱。班超赴京都洛阳(位于今河南省洛阳市)上书,申诉其兄冤枉,班固得以获释。

东汉永平五年(公元62年),朝廷召任班固为校书郎(校注宫廷图书的官员),班超同母亲随之入居京都。由于生活贫困,班超常为官府抄写文书,以挣钱糊口。他对这样长年为人抄抄写写很不如意,曾当着别人的面扔去手中的笔,怅然慨叹说:“身为大丈

① 班彪曾计划继《史记》之后,编著西汉历史。东汉建武三十年(公元54年),班彪书稿没有完成去世。班固继承父亲遗志,耗费多年心血,写成西汉历史巨著《汉书》。

夫,虽然干不出惊天动地的事情,也当像张骞[1]、傅介子[2]那样去国外建功,怎么能把宝贵年华长期消磨在这刀笔之上!"旁边的人听他这么说无不嗤之以鼻,把他的话当作笑料传播。班超听说后恨恨地说:"这般庸人哪能知道壮士的志向!"

率团进入鄯善[3]初露锋芒

永平十五年(72 年)冬天,汉明帝"欲遵武帝故事,击匈奴,通

① 张骞是西汉人,初任郎(皇帝侍卫官)。汉武帝建元二年(前 139 年),他奉命出使西域(位于今甘肃省玉门市以西至中亚地区)大月氏国(位于今阿姆河以北乌兹别克斯坦国境内),寻求与其结盟共同抗击匈奴(汉朝北方游牧国家,单于庭位于今蒙古国乌兰巴托)。途中,张骞一行被匈奴扣押十多年。后来,张骞等人逃出匈奴,西行经大宛(西域国名,位于今乌兹别克斯坦国境内)、康居(西域国名,位于今哈萨克斯坦国境内),抵达大月氏,最先开通西汉与西域各国的外交关系。

② 傅介子是西汉人,西汉元凤年间(前 80 年—前 75 年),他受任中郎(皇帝侍从警卫官),奉汉昭帝之命去楼兰(西域国名,位于今新疆若羌县)、龟兹(西域国名,位于今新疆库车县)等国追查暗害汉朝使臣一事,并在龟兹亲自斩杀匈奴使臣。后来,傅介子再次奉命出使西域,诱杀楼兰王。

③ 西域国名,原名楼兰,都伊循城,位于今新疆若羌县东米兰。

西域”①(《后汉书》卷二十三·窦固传),派遣奉车都尉(主管皇帝车马的将军)窦固率兵屯驻凉州(治所位于今甘肃省张家川回族自治县),准备出击匈奴。班超系窦固同乡,当时由兰台令史(校定朝廷文书及宫中藏书的官员)免官闲居,受窦固召聘为假司马(非正式任命的将帅属官),跟随窦固出征。

永平十六年(73 年),窦固率部西出酒泉要塞(位于今甘肃省酒泉市),击败匈奴军,进驻伊吾(位于今新疆哈密市)。班超率领其部众与匈奴骑兵激战于蒲类海(位于今新疆巴里坤湖畔),斩杀数百名匈奴兵,获胜而还。

窦固想乘胜打破匈奴对西域的控制,以重新开通汉朝与西域各国的联系,决定就近选派官员出使西域。他发现班超智勇双全,才能出众,便令班超同从事(将军府属官)郭恂率领外交使团出使西域。

班超一行三十六人首先到达鄯善,受到鄯善王广以贵宾的礼仪接待。没过多少天,鄯善王忽然改变态度,对班超一行怠慢疏远。班超察觉出鄯善王态度转变,对随行人员说:“你们是否感觉

---

① 西汉建元二年(前 139 年),汉武帝苦于匈奴骑兵经常南下侵扰,听说大月氏怨恨匈奴,派遣张骞率团出使大月氏,以联络其共同抗御匈奴骑兵。张骞访问了大宛、康居、大月氏等国,最先开通西汉与西域诸国的联系。此后,汉武帝派使臣武官驻访西域各国。神爵二年(前 60 年),汉宣帝设立西域都护府(治所乌垒城,位于今新疆轮台县东小野云沟附近),任命郑吉为都护西域骑都尉(即西域都护,汉朝廷派驻西域的军政长官),监护西域三十六国。西汉末年,录尚书事(丞相)王莽建“新朝”称帝后,与西域各国断绝联系,西域都护府废置,西域各国为匈奴所控制。东汉建武二十四年(48 年),匈奴再次分裂,南匈奴归附汉朝,向南内迁,居于云中郡(位于今内蒙古托克托县境内)等地。北匈奴留居漠北(今蒙古高原沙漠以北),控制西域各国,与汉朝廷对抗。窦固率部系出击北匈奴。

出鄯善王对我们的态度冷淡了?”随行人员说:“西域人待人接物的礼仪没有一定的,不会有别的原因。”班超说:“不,不能这样简单地看待这件事。我想,准是匈奴最近也派来使臣,鄯善王感到有压力才疏远了我们。精明的人,要在事情没有发生之前看出苗头,眼前的态势再明显不过了!”

班超当即令人把鄯善王派来陪侍他们的官员找来,假装已经知道匈奴使臣到来,辟口问道:“匈奴使臣来到此地有几天了?你们安排他们住在哪里?怎么不同我们照面啊!”

鄯善陪侍官员毫无思想准备,脱口答道:“他们来到已有三天了,住在离这儿三十多里以外的一处宾馆里。”班超探清情况后没有同郭恂商议对策,他认为郭恂是文官,胆小怯懦,决定撇开他采取行动。班超令人将鄯善陪侍官软禁,召集随行人员饮酒,对大家说:“如今我们身处遥远的绝域,匈奴使臣一到,鄯善王就不敢同我们接近了。如果匈奴使臣命令鄯善王把我们抓起来,交给他们,这样,我们就会被他们送去喂豺狼了!大家看怎么办?”生死攸关之际,使团随员都表示愿意跟随班司马同生共死。

班超接着说:“现在唯一的办法,就是乘夜间放火攻打匈奴使臣,杀死他们的人马,消除威胁我们的祸源。这样,鄯善国王才会惧怕我们。我们才能建立大功。”众人连声叫好。

当天夜里刮起大风,班超带领其随从手持刀剑弓弩,飞马赶到匈奴使臣的住地。他们借助风势,一边放火,一边擂鼓呐喊。匈奴使者不知道围攻他们的人从哪里来,来了多少人,惊慌失措,乱作一团。班超率部斩杀匈奴使臣及其部属三十多人,另外还有一百多匈奴人被烧死。

第二天,班超派人请鄯善王来观看匈奴使臣首级。鄯善君臣为之惊恐。班超令人贴出布告,晓谕安民。鄯善王表示从今以后臣属汉朝,不再同匈奴来往,并决定把其儿子送到汉朝作人质。

开通西域南道大显身手

班超一行返回伊吾后,向窦固报告在鄯善袭杀匈奴使臣的情况。窦固十分高兴,向汉明帝奏报班超的功绩。汉明帝任命班超为军司马,指令班超率团继续出使西域。

不久,班超率领三十六人抵达于阗①。当时,于阗王广德刚刚率兵击败莎车②军队,在西域南道称雄。广德接受匈奴使臣监护,对班超一行态度十分冷淡。于阗巫师声称:“神已经发怒,责问于阗为何要倾向汉朝,快把汉朝使臣的马拉来给我做祭品!”于阗王广德迷信巫术,随即派宰相私来比向班超索要马匹。

班超暗下了解私来比向他索要马匹的缘由,假装答应献马,但要巫师亲自来把马拉去。巫师赶到班超住地后,班超下令将他斩首,并把私来比抓起来痛打几百皮鞭。接着,班超提着巫师首级去见于阗王,声色俱厉地对他进行谴责。

此前,于阗王已听说班超在鄯善斩杀匈奴使臣一事。他见班超怒气冲冲,十分恐惧,当即向班超投降,并派兵攻杀匈奴使臣。随后,班超对于阗官民大加赏赐抚慰。西域南道诸国国王听说于阗归附汉朝,纷纷将王子派往东汉作为人质。这样,汉朝与西域南

---

① 西域国名,位于今新疆和田县。

② 西域国名,位于今新疆莎车县。

道各国在中断联系六十五年后,彼此又开始派员互访。

改立疏勒[①]王威震龟兹[②]

永平十七年(74 年),班超出使西域北道。行前,他摸清了北道有关情况,知道龟兹王建是匈奴扶立的,仗恃匈奴的势力,称霸西域北道。建派兵攻占疏勒,杀死疏勒王,立龟兹人兜题为疏勒王,由此,疏勒人对龟兹王十分怨恨。班超一行从小道进入疏勒后,住在离兜题所居盘橐城(其地不详)九十里的地方。接着,班超派其部下田虑等人先去招降兜题。临行前,班超对田虑说:"兜题是龟兹人,疏勒国的人不会听从他的命令,如果兜题不愿投降,可当场抓捕他。"

田虑等人到达盘橐城,入见兜题,说明来意。兜题见田虑人少,毫无投降之意。田虑乘兜题不注意,扑上去将他抓捕。兜题左右侍卫惊恐逃走。田虑驰马报告班超。班超当即赶到盘橐城,召集疏勒文武百官,列举龟兹王暴虐无道的罪行,动员他们反抗龟兹,并立原疏勒王哥哥之子忠为王。班超对疏勒王忠和文武官员说:"兜题该不该杀呢?当然该杀。但杀死他对我们没有好处,放他回去能让龟兹人感受到汉朝的威严德政。"疏勒君臣表示听从汉朝使臣决定。于是,班超下令将兜题释放回龟兹。龟兹王及其大臣为之震惊。

---

① 西域国名,王府设在疏勒,位于今新疆喀什市。
② 西域国名,王府设在延城,位于今新疆库车县。

当年十一月,窦固率军征服车师[①]。之后,他率部返回京都,奏请朝廷复置西域都护及戊己校尉(主管屯田的武官,隶属西域都护)。于是,汉明帝任命陈睦为西域都护,都护府设在龟兹它乾城(位于今新疆新和县西南);耿恭为戊校尉,率部屯驻车师后部金满城(位于今新疆吉木萨尔县城北十二公里破城子);关宠为己校尉,率部屯驻车师前部柳中城(位于今新疆鄯善县鲁克沁)。

处境险恶坚持留守

永平十八年(75 年),匈奴听说窦固大军撤回汉朝,出兵围攻金满城和柳中城,车师随之叛离汉朝。戊己校尉所属兵士不多,寡不敌众,关宠战死,耿恭坚持抗战数月,后经酒泉太守(行政长官)段彭率兵救援东返。十一月,焉耆[②]、龟兹联军攻杀陈睦。势态发生逆转,班超处境十分危险。他毫不畏惧,会同疏勒王忠率众坚守盘槖城达一年多,击败龟兹、姑墨[③]联军数次进攻。

建初元年(76 年)三月,汉章帝考虑班超等人留在疏勒势单力薄,难避风险,诏令班超率部回国。疏勒上下为之惊慌,该国都尉(军事将领)黎弇忧心忡忡地说:“汉朝使臣抛弃我们而去,我国必然会再次被龟兹灭亡,我实在舍不得让汉朝使臣离去!”说罢,黎弇拔剑自杀。班超一行路过于阗时,于阗国王和大臣号啕痛哭,抱住

---

① 西域国名,分前部、后部。车师前部治所交河城,位于今新疆吐鲁番市西北交河故城遗址,车师后部治所务涂谷,位于今新疆吉木萨尔县南泉子街一带。

② 西域国名,位于今新疆焉耆回族自治县。

③ 西域国名,位于今新疆阿克苏市东。

班超的马腿坚决不让他走。班超将上述情况奏告汉章帝,获准率部返回疏勒,并击杀在其离开后与尉头[①]联兵投附龟兹的疏勒两城头目。

建初三年(78 年)闰四月,班超联络调集疏勒、康居、于阗、拘弥[②]等国一万名兵士,一举攻陷姑墨石城(位于今新疆温宿县西)。

建初五年(80 年)五月,班超欲使西域各国都归附汉朝,上书朝廷请求出兵攻打仍不肯归附的龟兹、焉耆二国。汉章帝知道徐干与班超志同道合,随即任命他为假司马,让他率一千名志愿兵士赴援班超。徐干率部赶到疏勒后,班超部众与之会合,击杀投附龟兹的疏勒都尉番辰。

班超筹划攻打龟兹,想借助乌孙[③]兵力,上书朝廷说:"乌孙大国,控弦十万,故武帝妻以公主[④],至孝宣皇帝,卒得其用[⑤]。今可遣使招慰,与共合力。"汉章帝接受班超的意见,令他派人重新开通与乌孙的联系。

建初八年(83 年)十二月,汉章帝任命班超为将兵长史(主管边郡军事的武官)。此后,汉章帝派卫侯(宫门警卫军官)李邑护送乌孙使臣回国。李邑系初次去西域,到达于阗时正赶上龟兹军队攻打疏勒。他闻讯惊恐万状,不敢前进,于是上书称西域不能平

---

① 西域国名,位于今新疆阿合奇县东南。

② 西域国名,位于今新疆于田县克里雅河以东。

③ 西域国名,位于今天山以西、伊犁河以南地区。都赤谷,位于今吉尔吉斯坦国伊什提克。

④ 汉武帝在位期间为联合乌孙共同抗击匈奴,先后将江都公主(江都王刘建之女)和解忧公主(楚王刘戊孙女)嫁给乌孙昆莫(国王)为妻。

⑤ 汉宣帝本始二年(前 72 年),乌孙出动五万骑兵,配合西汉军队击败匈奴。

定,同时诋毁班超"拥爱妻,抱爱子,安乐外国,无内顾心"。

班超听说后叹息说:"我没有像曾参①那样经常反省自己,多次受到谗言诽谤,恐怕是被在朝廷当政的人怀疑了!"于是,班超要他的妻子离去。汉章帝知道班超忠于朝廷,李邑对班超的指责系诬告,于是对李邑严加痛斥,责令他去班超那里听候调遣。

李邑抵达不久,班超即派他护送乌孙王的儿子去京都作人质。徐干对这么快安排李邑回京很不理解,对班超说:"李邑曾极力诋毁你,又想败坏开通西域的大业。你何不按照皇上诏令,把他留下来接受你调令,改换其他人护送乌孙人质去洛阳呢?"班超回答说:"你这么说,对我的为人还没有真正了解。正因为李邑诋毁过我,所以我今天才让他回京都去。只要我经常反省自己不出毛病,干嘛怕人对我说三道四!单凭意气用事把他羁留在这里,不是忠臣应有的胸怀!"

征服龟兹焉耆复通西域

元和元年(84 年)十二月,疏勒王忠受莎车王引诱背叛汉朝,退守乌即城(位于今新疆乌恰县)。班超改立其府丞(相当于丞相)成大为疏勒王。元和三年(86 年)九月,忠从康居借兵攻打班超,派人向班超诡称投降。班超识破其奸计,假装受降,斩杀忠及其部众,重新控制西域南道。

章和元年(87 年),班超率领于阗等国二万五千兵士进攻莎

① 春秋末期人,孔子学生,提出"吾日三省吾身"的修养方法。

车,龟兹王率姑墨等国五万兵士前去救援莎车。班超采取诱敌深入的策略,击溃龟兹援军,迫使莎车王投降。此次出师大捷,使班超威震西域各国。

大月氏曾派兵帮助汉军攻打车师,当年又向汉朝廷进贡珍宝。大月氏王派使臣拜访班超,请求娶汉朝公主。班超加以拒绝并扣留大月氏使臣。大月氏王极为恼火。

永元二年(90 年)五月,大月氏王派副王谢率七万兵士攻打班超。班超的部属见自己人少,十分恐惧。班超对其部众说:"月氏的兵虽然多,但他们从几千里外赶来,军用物资供应不上,没有什么可担忧的!我们只要把粮食藏起来,坚守城市,他们便无计可施,最后只有投降。"谢领兵攻打班超所居盘橐城,久攻不下。班超估计他们的粮食快吃光了,要向龟兹借粮,便派几百名兵士埋伏在路边拦截。大月氏军大败,谢请求班超放他一条生路。班超同意放谢回去。从此,大月氏每年向汉朝进贡。

永元三年(91 年)春天,东汉车骑将军窦宪领兵击败北匈奴,北匈奴单于远逃不知去向。十月,龟兹、姑墨等国归附汉朝。十二月,东汉朝廷重建西域都护府,任命班超为西域都护,驻龟兹它乾城。汉朝廷改立龟兹王尤利多派往洛阳作人质的儿子白霸为龟兹王,废去尤利多的王位,由班超和汉朝使臣姚光奉命在龟兹国监督王位移交,并由姚光率众带尤利多去洛阳。此时,焉耆、尉犁[①]仍不肯归附。

永元六年(94 年),班超调动龟兹、鄯善等八国军队共七万多

---

① 西域国名,位于今新疆焉耆回族自治县西南。

名兵士进攻焉耆,击杀不肯依附汉朝的焉耆王广、尉犁王汎等人,改立焉耆左侯元孟为焉耆王。之后,班超留住焉耆半年,安抚焉耆百姓。

至此,西域五十多个国家一直到海滨四万里,全部归附东汉。西域各国都派人质到洛阳,并向东汉朝廷进贡物品。

永元七年(95 年),汉和帝下达诏令,表彰奖赏班超复通西域的丰功伟绩。诏令说:班超奉命出使西域,“出入二十二年,莫不宾从。改立其王,而绥其人。不动中国,不烦戎士,得远夷之和,同异俗之心。”汉和帝册封班超为定远侯,同时封给他一千户食邑。

永元九年(97 年)十二月,班超派遣掾(都护府属官)甘英出使大秦①、条支②,一直到西海③,上述各地都是前人没有去过的。

暮年获准返京功在千秋

班超久在绝域,年老思归东方故土。永元十二年(100 年),班超派其儿子班勇上书朝廷,述其“犬马齿歼,常恐年衰,奄忽僵仆,孤魂弃捐”。请求朝廷将他召回,称“不敢望到酒泉郡,但愿生入玉门关”。东汉朝廷对于班超的这份奏书竟然迟迟不作答复。

永元十四年(102 年),班超的妹妹班昭(时受命在宫中修史)上书,请求朝廷将班超召回。奏书说:“超之始出,志捐躯命,冀立微功,以自陈效。会陈睦之变,道路隔绝,超以一身转侧绝域,晓譬

---

① 古罗马国,位于今意大利。
② 位于今叙利亚。
③ 泛指今波斯湾、红海、阿拉伯海及印度洋西北部。

诸国,因其兵众,每有攻战,辄为先登,身被金夷,不避死亡。赖蒙陛下神灵,且得延命沙漠,至今积三十年。骨肉生离,不复相识。所与相随时人士众,皆已物故。超年最长,今且七十。衰老被病,头发无黑,两手不仁,耳目不聪明,扶杖乃能行。虽欲竭尽其力,以报塞天恩,迫于岁暮,犬马齿索。蛮夷之性,悖逆侮老,而超旦暮入地,久不见代,恐开奸宄之源,生逆乱之心。而卿大夫咸怀一切,莫肯远虑。如有卒暴,超之气力不能从心,便为上损国家累世之功,下弃忠臣竭力之用,诚可痛也。故超万里归诚,自陈苦急,延颈逾望,三年于今,未蒙省录。""妾诚伤超以壮年竭忠孝于沙漠,疲老则便捐死于旷野,诚可哀怜。"

汉和帝看了班昭的奏书,受到感动,随即派戊己校尉任尚接替班超西域都护职务,传令班超离开西域,回返汉朝。

班超从永平十五年(72 年)随军西征,到永元十四年(102 年)八月返回京都洛阳,献身西域长达三十一年。回到洛阳后一个月,班超便溘然长逝。朝廷上下无不为之哀痛。

据《后汉书》卷四十七·班超传

卷四十上·班彪传、班固传

卷二十三·窦固传

《通鉴纪事本末》卷六·西域归附

卷七·两匈奴叛服

【简评】

班彪、班固耗尽终生心血写成的《汉书》,是一部辉煌的历史巨著。班超的一生则是一部英雄史诗。他重新开通西域的不朽业绩,在一定程度上奠定了西部各少数民族统属中华大家庭的基础。他数十年如一日,出生入死,献身西域,其舍家为国的风范永世长存。

阎负、梁殊临难不屈

前秦[①]寿光二年(356 年)正月,前秦王苻生令征东大将军晋王苻柳派遣参军(参谋军官)阎负、梁殊出使前凉[②],试图说服前凉君臣归附前秦。

当时,前凉王张玄靓年仅七岁,由凉州牧(行政长官)、都督中外诸军事(最高军事机关长官)张瓘辅佐执掌朝政。前凉王的先辈张轨原是西晋[③]凉州刺史(军政长官)。西晋灭亡后,北方陷入分裂割据的局面。张轨之子张寔及其后代虽立国称王,仍臣属于东晋[④](《晋书》卷八十六)。

阎、梁二人抵达姑臧后,会见张瓘。张瓘对他们说:“我们凉国世代忠于晋朝没有变,我作为凉国大臣,同晋朝以外没有外交关系,不知二位有什么事来到我们这里?”

阎、梁二人答称:“我国晋王苻大将军说,秦、凉两国是邻居。我们两国虽然被山河阻隔,但风俗相通,道路相连。我们奉晋王之

① 十六国之一,都长安,位于今陕西省西安市西北。

② 十六国之一,都姑臧,即凉州,位于今甘肃省武威市。

③ 三国魏咸熙二年(265 年),相国司马炎逼魏帝曹奂退位,改国号为晋,即位称帝,史称西晋。都洛阳,位于今河南省洛阳市。西晋建兴四年(316 年),西晋为汉国(都平阳,位于今山西省临汾市西南)灭亡。

④ 西晋建兴四年(316 年),西晋灭亡。第二年,晋琅邪王司马睿在建康(位于今江苏省南京市)称晋王,次年称帝,史称东晋,拥有淮河以南地区。

命前来与你们建立友好关系,张都督难道不欢迎吗?”

张瓘说:“我们凉王前后六代,一直都侍奉晋朝。今天,如果我们与苻大将军互通使节,对上违背先辈志向,对下毁坏兵民气节,怎么能这样做呢?”

阎负、梁殊说:“晋朝皇室久已衰微。据我们所知,你们凉国先王曾对二赵(即前赵①、后赵②)称臣,这是识时务的。如今,大秦国威震北方,凉王为什么不舍弃晋朝,侍奉秦国,以永葆福分和禄位呢?”

张瓘说:“中原人好自食其言。过去,石赵(后赵)派使臣来我国结盟和好,石赵使臣的车子刚刚返回,他们的骑兵就攻打过来了。我们被中原人骗怕了,不敢再同他们重提结盟的事。”

阎、梁二人板起面孔说:“中原帝王,各有不同。赵国皇帝为人奸诈,秦国皇帝笃守信义,难道能一样看待吗?”

张瓘反问道:“照你们所说,既然秦国威力无比,晋朝衰微,秦国为何不先攻取江南而委屈二位到我们这里来呢?”

阎、梁二人毫不掩讳地说:“秦国大王认为,江南必须用武力征服,那是下一步的事;黄河以西可以用道义感化,所以派我们先到你们这里来建立友好关系。如果你们不认识到天命所向,我国军

---

① 十六国之一,西晋永兴元年(304 年),匈奴族首领刘渊建国号为汉,汉国灭亡西晋后,迁都长安(位于今陕西省西安市西北),改国号为赵,史称前赵。前赵光初十二年(329 年),前赵为后赵所灭。

② 十六国之一,前赵光初元年(318 年),前赵大将军石勒在襄国(位于今河北省邢台市)称赵王。光初十二年(329 年),石勒领兵攻灭前赵,次年称帝,迁都邺城(位于今河北省临漳县西南),史称后赵。后赵永宁二年(351 年),后赵为冉魏(后赵大将军石闵所建国家,都邺城)所灭。

队可以缓几年攻取江南,先挥师向西,那样,恐怕凉州之地很快就不再是你们的领土了。"

张瓘不以为然地说:"我国拥有三州[①]之地,十万雄兵,西有葱岭(今昆仑山)作依托,东有黄河为天然防线,进攻别的国家力量有余,守卫自己的领土还怕你们秦国?"

阎、梁二人威胁说:"你们凉州山河险固比不上崤山[②]和函谷关[③],物产丰富比不上秦州(治所位于今甘肃省天水市)和雍州(治所位于今陕西省西安市西北),我国君王战旗一挥,十天半月就将这些地方拿下[④]。眼下,凉国如果不肯臣服,秦国大王一旦发怒,调集百万大军西进,不知你们怎么对付?"

张瓘有些畏怯,转而赔笑说:"这事应当由凉王决断,不是我能决定的。"

阎负、梁殊进逼说:"凉王尚幼,张都督执掌朝政,凉州安危,就取决于你了!"

张瓘害怕了,只好以凉王的名义发布诏令,派使臣随阎、梁二人去长安,向前秦称臣。

前秦建元十二年(376 年)五月,前秦王苻坚指责前凉王张天锡"臣道未纯",下令武卫将军苟苌等率领十三万步骑兵进驻西河

---

① 三州即凉州、沙州(治所位于今甘肃省敦煌市)、河州(治所位于今甘肃省兰州市西)。

② 位于今河南省陕县东南。

③ 位于今河南省灵宝市东北。

④ 东晋永和六年(350 年),氐族首领苻洪在枋头(位于今河南省浚县西南)自称三秦王。第二年,苻健(已故苻洪第三子)率兵西进,攻入长安,定国号为秦,史称前秦,都长安,称帝。

边(位于今甘肃省境内黄河东岸),同时派遣尚书郎(朝廷部门内设机构长官)阎负、梁殊二人带着诏书征召张天锡来长安朝拜;如果张天锡违抗命令,前秦军队便立即渡河进行讨伐。

七月,阎负、梁殊一行抵达姑臧。张天锡看过阎、梁二人递交的前秦王诏书后左右为难,他知道苻坚意欲灭亡前凉,如果去长安朝见苻坚,便不会再让他返回;如果他拒绝不去,前秦军队必然要攻打过来。张天锡召集群臣商议对策。多数大臣认为向前秦屈服是莫大耻辱,主张调集国内精兵,再向西边和北边的邻国请求借兵,共同抵抗前秦大军,能够战胜前秦军队。张天锡见群臣情绪激昂,挽起袖子大声说道:“孤的主意已定,再说投降的人斩杀!”于是,张天锡决定拒绝前秦王召见。

之后,张天锡派人对阎负、梁殊二人说:“前凉王是不会向别人屈服的。你们是想活着回去,还是想死在这里?”阎负、梁殊二人不怕威胁,毫不屈服,重申前秦王的诏令。张天锡大为恼火,下令将阎负、梁殊等人绑在军营门外的柱子上,令兵士用乱箭把他们活活射死。

前秦王苻坚听说阎负、梁殊等人被前凉残杀,勃然大怒,随即下令向前凉进军。八月,前凉王张天锡兵败投降前秦,前凉灭亡。

据《晋书》卷一百十二·苻生载记

卷一百十三·苻坚载记上

《通鉴纪事本末》卷十五·苻秦灭凉

【简评】

前秦王定都长安后意欲兼并其东西两个邻国前燕(都邺,位于今河北省临漳县西南)和前凉。阎负、梁殊第一次出使前凉,经过一番舌战,迫使张□代前凉王张玄靓称臣。前秦建元六年(370年),前秦王苻坚领兵攻灭前燕,接着积极筹划灭亡前凉。前秦大军压境,前凉君臣面临生与死的抉择。在这种情况下,阎、梁二人再次出使前凉,其所冒风险可想而知。前凉王张天锡以生死对阎、梁二人加以威胁,他们宁死不屈,甘愿为国献身,其精神可嘉。

丘冠先吐谷浑遇害

南朝齐[1]建元元年(479 年),南齐太祖肖道成封吐谷浑[2]王慕容拾寅为都督西秦河沙三州诸军事(军事长官)、西秦河二州刺史(行政长官)、河南王。拾寅去世后,南齐太祖续封其世子慕容易度侯为河南王。

永明三年(485 年),南齐武帝肖赜派给事中(侍从皇帝协助处理监察事务)丘冠先出使吐谷浑,颁布进封易度侯为车骑大将军命令,并送芮芮[3]使臣回归。丘冠先此行历时三年,直到永明六年(488 年)才返回南齐。

永明八年(490 年)八月,吐谷浑王慕容易度侯去世。南齐武帝授予其世子慕容休留茂为都督西秦河沙三州诸军事、西秦河二州刺史,而没有封他为王。丘冠先时任振武将军,奉命率领使团前往吐谷浑吊唁,并代表南齐武帝对慕容休留茂追授官号。

丘冠先一行抵达吐谷浑后,慕容休留茂获悉南齐武帝没有封他为王,大为不满。他逼令丘冠先向他下拜。丘冠先称他是齐朝

---

① 都建康,位于今江苏省南京市。辖境位于今淮河至秦岭以南,四川省大雪山以东。

② 匈奴族,又称蠕蠕,游牧地位于今甘肃省西南部、新疆东南部、青海省、西藏自治区、四川省西部。王府设在伏俟城,位于今青海省青海湖西岸布哈河河口附近。

③ 部族名,又称柔然,王庭位于今蒙古国鄂尔浑河东侧。

持节使臣,严词加以拒绝。慕容休留茂十分尴尬,自感在本国大臣面前脸上无光。他随即令人把刀架在丘冠先脖子上,以此逼迫他让步。丘冠先毫无惧色,寸步不让,对慕容休留茂及其大臣说:"杀不杀我,是你们的事;身为齐朝大臣,不向你们下拜,是我丘冠先的事!"慕容休留茂见丘冠先不肯屈服,勃然大怒,令人将丘冠先捆绑起来,押到绝壁边,将他推下万丈深渊①。

南齐武帝听说丘冠先在吐谷浑遇害,十分悲痛。他亲自接见丘冠先的儿子丘雄,安慰他说:"你的父亲秉承朝廷使命,守节不屈,不辱使命,我非常赞赏他的忠诚。他献身绝域,连尸体都无法找到,使我感到非常痛心!"南齐武帝赐给丘冠先家属十万钱、三十匹布,以示慰问。

据《南齐书》卷五十九·河南吐谷浑氏

《南史》卷七十三·丘冠先传

【简评】

丘冠先第一次出使吐谷浑往返历时三年,与吐谷浑君臣相处,彼此较为熟悉。他第二次出使吐谷浑理应一帆风顺,其遭遇祸难系南齐武帝没有给吐谷浑新主封王所致。面对架在脖子上的利刀,丘冠先毫不屈服,直到惨遭杀害,令人为之叹惜。

① 《南史》卷七十三·丘冠先传载,蠕蠕人对丘冠先"以刃临之","遂见杀"。

义成公主暗救隋炀帝

隋开皇十九年(599 年),隋文帝将皇族女儿义成公主嫁给突厥[1]启民可汗为妻。后来,启民可汗去世,其子咄吉世继位为始毕可汗。义成公主从突厥风俗,改嫁始毕可汗为妻。始毕可汗即位后,突厥势力日益强大。

大业十年(614 年)[2],右光禄大夫(一品文官)护北蕃军事(总管北方军务)裴矩向隋炀帝建议设法分散始毕可汗势力。隋炀帝决定另选一名皇族公主嫁给始毕可汗之弟叱吉设,并授予叱吉设南面可汗。叱吉设没有敢接受。始毕可汗听说此事后,对隋朝产生怨恨。

此后,裴矩征得隋炀帝同意,诱杀始毕可汗的谋臣史蜀胡悉。裴矩派人对史蜀胡悉说:"经皇上批准,将要在马邑(位于今山西省朔州市)摆出大量奇珍异物,供边境贸易。如果你能提前到马邑来,就能够买到价廉物美的奇货。"史蜀胡悉信以为真,没有报告始毕可汗,带人连夜驰往马邑。裴矩在马邑埋伏军士将史蜀胡悉杀害。事后,隋炀帝派人去通告始毕可汗,称史蜀胡悉背叛突厥,投

① 隋北方邻国,可汗(国王)庭位于今蒙古国杭爱山东段。

② 《隋书》卷四·炀帝纪下,记大业十年七月,"车驾次怀远镇";卷六十七·裴矩传,记其"从师至怀远镇,诏护北蕃军事。矩以始毕可汗部众渐盛,献策分其势"。

奔隋朝,隋朝把他杀了。始毕可汗知道史蜀胡悉是被隋朝人诱杀的,从此便与隋朝断绝联系。

大业十一年(615 年)八月,隋炀帝巡视北方边塞。始毕可汗闻讯准备率领数十万骑兵袭击隋炀帝的车队。义成公主听说后,深为隋炀帝及其车队的安全而担忧,随即派亲信火速潜回隋朝,将始毕可汗举兵南下的情况报告隋炀帝。

隋炀帝获悉始毕可汗预谋后大吃一惊,当即命令车队驰入雁门城(位于今山西省代县)。齐王杨暕(隋炀帝第二子)率领军队殿后,进入崞县城(位于今山西省浑源县)。

不久,突厥大军果然长驱南下,接连攻下雁门地区三十九座城,只剩下雁门和崞县两座孤城尚未攻下。隋炀帝见雁门被围,惊恐万状,下令拆除民房以加强防御工事。

当时,雁门城内共有军民十五万人,城内粮食仅够吃二十天。突厥军队的攻势愈来愈猛,箭矢如雨,直射到隋炀帝面前。隋炀帝眼看陷入绝境,抱着赵王杨杲(隋炀帝第三子)的头,痛哭不止,两只眼睛都哭肿了。跟随在隋炀帝身边的文臣武将,有的劝说皇上率领精锐骑兵突围南奔;有的认为这样做危险太大,不如奖励将士加强防御,并尽快从内地调兵救援。

危急关头,隋炀帝采纳内史侍郎(负责拟草诏令的官员)萧瑀的计谋,派遣一名勇士前往义成公主那里求救。义成公主闻讯,急中生智,随即派人驰马飞奔始毕可汗营地,报称“北边有急”。始毕可汗接到义成公主书信,于九月下令撤军回国。这时,隋朝救援部队赶来,隋炀帝及其随行部众才得以脱险。

据《隋书》卷八十四·突厥

卷六十七·裴矩传

《资治通鉴》卷一百八十二·隋纪六

【简评】

义成公主远嫁突厥可汗,人在突厥,心在隋朝。她听说始毕可汗欲率军袭击隋炀帝,派人飞马回隋朝报信,使隋炀帝得以退守雁门城。之后,她得知隋炀帝被围在雁门城,情况危急,又派人以"北边有急"谎报始毕可汗,调虎离山,使隋炀帝得以脱险。义成公主以其特殊身份为掩护,实际成为隋朝派往突厥的高级间谍。

宁国公主拒绝殉葬

唐天宝十五载(756年)七月,原范阳(治所位于今北京市区)等三镇节度使(军政长官)安禄山带领叛军逼近京都长安(位于今陕西省西安市)。唐玄宗逃往成都(位于今四川省成都市),退称太上皇。太子李亨在灵武(位于今宁夏区灵武市西南)即位为唐肃宗,组织各地将士反攻叛军,并派遣使臣赴回纥①借兵平叛。回纥毗伽阙可汗派太子叶护领兵配合唐朝廷军作战。

至德二年(757年),唐朝廷军与回纥军联合击败叛军,收复西京长安和东京洛阳(位于今河南省洛阳市)。唐肃宗和太上皇先后返回京都。为了答谢回纥出兵帮助平叛,唐肃宗应回纥毗伽阙可汗请求,决定将其二女儿宁国公主嫁给他为妻。

乾元元年(758年)七月,唐肃宗命其堂弟汉中郡王李瑀为正使、堂侄左司郎中(宰相府高级官员)李巽为副使,带着加封毗伽阙可汗为英武威远可汗的册命,护送宁国公主远嫁回纥。唐肃宗亲自为宁国公主送行到咸阳磁门驿(位于今陕西省咸阳市北)。临别时,宁国公主流着眼泪对父皇说:"儿以国事为重,纵使死在北方也毫无遗恨。"唐肃宗挥泪与女儿作别。

李瑀一行抵达回纥牙帐(王宫)时,毗伽阙可汗坐在帐中的座位

---

① 唐北方邻国,可汗(国王)庭位于今蒙古国哈尔和林西北。

上，叫李瑀等人站在帐外。李瑀没有向回纥可汗行跪拜礼。毗伽阙问道："两国君主和大臣之间都有规定的礼节，你见到我为何不跪拜?"李瑀回答说："唐朝天子感念可汗立有大功，将公主嫁给可汗，以结两国姻好。过去，中国与邻近国家联姻，嫁出的都是皇族的女儿。宁国公主是唐天子自己的亲生女儿，且才貌出众，不远万里嫁给可汗。如今可汗是唐朝天子的女婿，按照礼节规定，怎么能坐在位子上一动不动接受诏令呢?"毗伽阙可汗听李瑀这么说，连忙起身接受唐肃宗的诏书。

乾元二年(759年)四月，毗伽阙可汗病死。回纥牙官都督(文臣武将)想要宁国公主殉葬，宁国公主拒绝他们的要求，据理力争说："按照我们中国的礼规，丈夫死了，妻子在治丧期间只需服丧，早晚哭灵。治丧过后，三年内不穿鲜艳服装。回纥既然娶了中国媳妇，也应该依照中国礼规。如果依照回纥的礼规，何必又要从万里之外娶中国媳妇呢?"牙官都督觉得宁国公主说的有道理，便遵照中国礼规，没有强求宁国公主殉葬。

宁国公主亦依照回纥某些礼规，哭着用刀划破面部，让血和泪一齐顺着脸面往下流，以示极度哀痛。宁国公主在回纥没有生孩子。毗伽阙可汗安葬后，她极力请求返归唐朝。当年八月，宁国公主得以返回长安。

据《旧唐书》卷一百九十五·回纥

【简评】

宁国公主以国事为重，远嫁回纥可汗，义无反顾。毗伽阙可汗病故后，按回纥习俗她当殉葬。宁国公主坚持以汉朝礼仪说服回纥文臣武将，避免以身殉葬，而以回纥礼规划破面部志哀。不久，她经过力争获准返回唐朝，可见其智慧超人。

傅察迎使被掳

北宋宣和七年(1125 年)十月,宋徽宗任命吏部员外郎(朝廷主管官吏任免部门内设机构副长官)傅察为接伴使(负责迎接陪伴外国使臣),率团北行,迎接金国[①]贺正旦使(向皇帝祝贺新年的使臣)。当时,金国已抛弃同宋朝的盟约[②],准备派东、西两路大军南下攻宋。对此,宋朝廷却一无所知。

傅察一行抵达燕地(位于今北京市、河北省北部地区)时,听说金国正出兵南下。有人劝他不要急于再往北去,傅察回答说:“我受命出迎金国使臣,听说有祸难就停止前进,怎么能完成皇上交付的使命呢?”傅察不避风险,领着使团成员继续北行,到达韩城镇(辽设韩州,治所位于今辽宁省昌图县北八面城)后,才安排住下,等候金国使臣。

傅察一行等了许多天,没有等到金国使臣,却等来了数十名骑马的金国人。他们闯入傅察居住的旅馆,强行把傅察等人拉上马,领着他们往北走。走到快过边境的地方,傅察觉察情况不妙,对领

---

① 辽天庆五年(1115 年),女真族首领完颜阿骨打在其居住地按出虎水(位于今黑龙江省哈尔滨市南阿什河)流域建国,国号为金。金天辅七年(1123 年),金太祖完颜阿骨打病故,其弟完颜晟继位为金太宗,建都会宁府(位于今黑龙江省阿城市南)。

② 北宋宣和二年(1120 年),宋、金订立盟约联合攻打辽国(都中京,位于今内蒙古宁城县)。辽保大五年(1125 年)二月,辽国被金军攻灭。

路的金国人说:“我们是奉命来迎接你们国家使臣的,按照惯例只能迎到此地为止。”傅察令其随从人员停下来,不得再往前走。

金国人当即翻脸,强行将傅察一行拉上他们的马车,逼迫他们朝东北方向又走了一百多里。这时,傅察等人遇上金国二太子(金太祖第二子)斡离不(完颜宗望)。斡离不要傅察向他下拜。傅察回答说:“如果我们奉命出使贵国,见到贵国皇帝,当然要致敬。这次我们奉命迎接贵国客人,是你们的人硬把我们带到这里来的。再说,我们在路上遇见太子,太子虽然是贵人,但毕竟还是贵国的臣子。我作为宋朝使臣,只能向贵太子施以平等的宾礼,拜见从何谈起?”

斡离不见傅察不肯下拜,恼羞成怒,威胁说:“我正率军南下,谁还承认你是什么使节!你还是把宋朝防务情况一五一十地告诉我吧,否则就把你杀死!”

傅察毫不示弱地回答说:“我国皇上怀有圣人的仁义道德,我们与贵国友好,互派使臣,往来不断,没有什么对不起你们的地方。太子不顾两国友好率兵南下,想干什么呢?我回去后将要向朝廷报告。”

斡离不冷笑道:“你还想返回你们的朝廷吗?”

金兵把傅察一行团团围住,刀枪林立,以生死加以威逼。他们见傅察不肯下拜,竟将他按倒在地,逼迫他下跪。傅察拼死挣脱,随即站起来同斡离不争辩。斡离不见傅察宁死不屈,只好自我解嘲说:“你今天不向我下拜,以后想拜也拜不成了。”说罢,他扬长而去。

傅察意识到斡离不不会放过他,对随行的官员侯彦等人说:

"我必定要死在这里了。我的父母一向特别喜爱我,听说后必然会极度悲伤。你们如果能逃脱回国,请转告我的父母双亲,我已经为国献身了,劝他们不要过多悲伤。"随行人员听傅察这么说,都感动得泪流满面。

当天晚上,金兵将傅察与其随行人员隔离,分别囚禁。之后,斡离不率金东路军南下,下令将傅察押至燕地杀害。傅察遇难时年仅三十七岁。使团随行将官武汉英收取傅察遗体火化,将其骨灰包起来,令使团的侍卫兵士沙立将其骨灰携带回国。

沙立走到涿州(治所位于今河北省涿州市)被金兵抓捕。他在土牢里被囚禁两个月,伺机逃回宋朝,将傅察的骨灰交给其家人。此时,金军已逼近北宋都城开封(位于今河南省开封市),宋朝君臣顾不上为傅察举行悼念活动。后来,侯彦等人向人们讲述傅察宁死不屈与斡离不抗争的经过,听说的人,无不为之悲伤和感动。

据《宋史》卷四百四十六·傅察传

【简评】

傅察奉命出迎金国贺正旦使,秉职有余,机灵不足。听说金军南下,他应停止前进,火速派人返回朝廷报告,无须继续北行,迎至边境地区。这一失误导致他的使团被金国兵士劫持。面对金军将领斡离不的威胁,傅察不避死难,坚持说理斗争,直至为国献身,其不屈精神值得肯定。

宇文虚中留金效宋

北宋[1]靖康元年(1126 年)正月,金国[2]军队大举南下,进逼宋都城开封。二月,宋军将领姚平仲率部夜袭金军大营,遭到金军伏击。姚平仲兵败逃亡。宋钦宗(宋徽宗长子,时宋徽宗退称太上皇)意欲派人出使金军大营,说明姚平仲劫营不是宋朝廷旨意,而是其擅自用兵。众臣知道此行艰难,都不肯报名前往。宇文虚中时任资政殿大学士(皇帝高级顾问),刚刚从东南地区募集二万兵士赶回救援京都。他见形势危急,挺身而出,慨然请命。宋钦宗对宇文虚中主动为国分忧十分赞赏,随即派他出使金军。

宇文虚中在都宁驿(设在京城内接待外国使臣的处所)会见金国使臣王汭,递交宋钦宗建议议和的书信。王汭引领宇文虚中前往金军营地。一路上,金军刀枪林立,铁骑如流。宇文虚中进入金军大营后,金军将领要他坐在寒风刺骨的军营之外,从上午一直待到下午。金兵围着他挥舞弓箭大刀,宇文虚中毫无惧色。

第二天,宇文虚中陪同羁留在金军军营的康王赵构(太上皇第九子)去金军统帅帐幕,会见二太子(金太祖第二子)金东路军统帅斡离不(完颜宗望)。斡离不会见他们时傲慢无礼,出言不逊,声称

---

① 都开封,位于今河南省开封市。
② 都会宁府,位于今黑龙江省阿城市南。

要宋钦宗亲笔书写同意将三镇①割让给金国,金国才同意撤军。当晚,金军代表随宇文虚中进入开封,向宋朝廷提出上述要求。宋朝廷表示研究后答复。

随后,宇文虚中奉命第二次出使金军军营,宋钦宗令他务必要将留作人质的康王赵构从金军军营接回京城。宇文虚中同金军将领斡离不会谈,坚持要求接回康王。斡离不同意以肃王赵枢(太上皇第五子)接替康王做人质,第二天,康王获准回到开封城。

宇文虚中因功被提任为签书枢密院事(最高军事机关副长官)。

当月,宋钦宗派遣宇文虚中第三次出使金军军营,许以割让中山等三镇,授权宇文虚中同斡离不商谈议和事宜。宇文虚中开始没有松口同意割地。斡离不坚持要宋朝廷割让三镇。宇文虚中为此悲伤得流泪不语。斡离不厉声追问,宇文虚中说:"太原有太宗(宋太宗)住过的宫殿,保州(位于今河北省保定市)有上皇的祖坟,我们怎能忍心割弃?"斡离不蛮横无理,寸步不让。宇文虚中被迫同意割让三镇,与金军达成和议。斡离不随即率部北撤,开封解除戒严。宇文虚中回到京都后,却被反对议和的大臣弹劾罢官,流放韶州(位于今广东省韶关市)。

南宋②建炎二年(1128年)二月,宋高宗恢复宇文虚中资政殿

---

① 三镇,即中山(治所位于今河北省定州市)、太原(治所位于今山西省太原市)、河间(治所位于今河北省河间市)三镇。

② 北宋靖康元年(1126年)闰十一月,金国军队攻入开封,于第二年四月将宋太上皇赵佶、宋钦宗赵桓掳至北方。五月,康王赵构在南京(位于今河南省商丘市南)即位为宋高宗。之后,宋高宗率众臣南迁,保守淮河以南地区,定都临安(位于今浙江省杭州市),史称南宋。

大学士职务，派他率团出使金国，与金国代表谈判，要求金国放还被其掳往北方的太上皇、宋钦宗（宋高宗即位后尊称宋钦宗为渊圣皇帝）二帝。宇文虚中抵达金国后与金国代表多次会谈，金国拒不同意放还北宋二帝。

第二年春天，金国让宇文虚中一行返回宋朝，仍然不肯放还二帝。宇文虚中说："我奉命到贵国来，是迎接二帝回国的。二帝不放还，我就不能回去。"于是，他让使团随员回国，独自留下。金国坚持不答应放还徽、钦二帝，宇文虚中也就一直留在金国。

宇文虚中留金后没有忘记自己的使命，没有忘记南宋君臣对他的期待。他深知自己处境险恶，坚持同金国君臣进行说理斗争，随时准备为国献身。在此期间，他常常以诗咏志。宇文虚中《在金日作》（之二）一诗写道："遥夜沉沉满幕霜，有时归梦到家乡。

传闻已筑西河馆①，自许能肥北海羊②。回首两朝俱草莽，驰心万里绝农桑。人生一死浑闲事，裂眦穿胸不汝忘"（中华书局 1959 年版《宋诗一百首》）。

金太宗看重宇文虚中才能，委任他官职，宇文虚中亦愿意接

① 鲁昭公十三年（前 529 年），鲁昭公派国卿（宰相）季平子（季孙意如）和大夫（朝廷中等级别的官员）子服惠伯出使拜见晋昭公，请求让鲁国参加盟会。晋昭公下令将季平子和子服惠伯扣留。后经子服惠伯暗中活动，晋昭公同意释放他们回国。季平子却要求晋国召集诸侯国使臣当众宣布他无罪。晋国国卿韩起派人转告季平子，称晋国准备在西河（位于今山西省南部黄河以西地区）修建馆舍，将他长期囚禁在那里。季平子作了让步，答应回国（见《左传》昭公十三年）。诗句意为：听说金人准备将他长期囚禁。

② 西汉天汉元年（前 100 年），中郎将（警卫部队将领）苏武率团出使匈奴（西汉北方邻国）被扣，匈奴人劝其投降并将他流放到北海（即今俄罗斯贝加尔湖）边牧羊，他始终不屈。苏武等人被囚十九年，才获释回国。

受。在金国,宇文虚中先后受任知制诰(负责拟草诏书)兼太常卿(主管礼乐)、金紫光禄大夫(高级文散官)。后来,宇文虚中负责管理金国朝廷文书,金国官员称他为“国师”。

宇文虚中在金国任职期间,结交一批反对金军南下的有识之士,金朝廷没有察觉。每当金军准备南下时,宇文虚中及其私下结交的金国官员总是以江南遥远荒僻、远征劳命伤财而加以劝阻。奉命出使金国的南宋使臣王伦回国后报告朝廷说:“宇文虚中虽未能完成使命,长期留在金国,但他一直守节不屈。”南宋宰相秦桧担心宇文虚中人在金国心在宋,影响两国和好,将他全家迁往金国,企图改变宇文虚中的思想,使他不再与金国离心离德。

金皇统四年(1144 年),金熙宗任命宇文虚中为承旨(皇帝顾问长官)兼礼部尚书(朝廷主管礼仪、教育的部门长官)。宇文虚中身居金国高官后恃才放肆,看不起女真族的达官贵人,认为他们言行粗鲁而常常加以讥笑。由此,女真贵人对他积怨很深。

皇统六年(1146 年),宇文虚中为金朝廷写了一份布告,文中本来充满赞美之词,敌视他的人却断章取义指责他诽谤朝廷,进而指控他谋反。金朝廷下令将宇文虚中逮捕入狱,严加审讯,却查无实据。诬告宇文虚中的人理屈词穷,便将他家中藏书作为谋反的证据。宇文虚中说:“定我死罪,我也接受。至于图书,从南方来的读书人家家都有,北朝高官贵人家里亦都有图书,能凭这一点认定他们都谋反吗?”当年五月,金朝廷不容宇文虚中为自己辩解,下令将他及其全家近百口人活活烧死①。

宋朝君臣获悉宇文虚中全家在金国遇难,深为悲痛。宋孝宗追认宇文虚中为"肃愍",下令为他修建祠庙,以资纪念。

据《宋史》卷三百七十一·宇文虚中传

《宋史纪事本末》卷五十六·金人入寇

【简评】

国难当头,宇文虚中不顾个人安危挺身而出,三次出使金军,卓有成效,他奉命使金,商谈迎回徽、钦二帝,以未完成使命而执意留金,义无反顾。后来,他虽入金廷做官,人在金国心在宋,以另一种方式暗中报效宋朝,不应视其丧失气节。宇文虚中不愧为杰出的外交官,他忠于使命,最终为金人处死,当死而无悔。

---

① 宋人施德操在《北窗炙輠录》中记称:宇文虚中在北作三诗,其一曰:"满腹诗书漫古今,频年流落易伤心。南冠终日囚军府,北雁何时到上林。开口催颓空抱朴,胁肩奔走尚腰金。莫邪利剑今安在?不斩奸邪恨最深。"此诗始陷北中时作。后虚中仕金为国师,遂得其柄,令南北讲和,大母获归,往往皆其力也。近传明年八月间,欲挟渊圣以归,前五日为人告变,虚中觉有警;急发兵直至北主帐下,北主几不能脱,遂为所擒。呜呼,痛哉!实绍兴乙丑也。审如是,始不负太学读书耳。(上海古籍出版社《宋元笔记小说大观》三)。

粘割韩奴殉职西辽

金[1]天辅六年(1122 年),金太祖完颜阿骨打率兵攻打辽国[2]。辽国林牙(主管朝廷文秘的官员)耶律大石被金军俘虏。金军要耶律大石为其引路。不久,耶律大石因功获释,不知去向。

天会二年(1124 年),金国获悉耶律大石在北方重建契丹国[3]称王。当时,金太宗完颜晟正忙于进攻辽国,没有顾及耶律大石。之后,金国出兵先后攻灭辽国、北宋[4]。天会八年(1130 年),金太宗派兵讨伐耶律大石。金军进至兀纳水(其地不详),不知耶律大石居于何处,无功而还。

皇统四年(1144 年),回纥[5]使臣来金国进贡,说到耶律大石所建的国家与其国相邻,耶律大石已经去世,由其儿子耶律夷列继位,仍称大石。

金熙宗完颜亶获悉这一情报后,派遣武义将军粘割韩奴等人

---

① 国名。辽天庆五年(1115 年),女真族首领完颜阿骨打在其居住地按出虎水(位于今黑龙江省哈尔滨市南阿什河)流域建国。金太宗即位后建都会宁府,位于今黑龙江省阿城市南。

② 又称契丹,都中京,位于今内蒙古宁城县。辽保大五年(1125 年),辽国被金军攻灭。

③ 又称西辽,位于今新疆西部至巴尔喀什湖以南地区,后定都虎思斡耳朵,位于今吉尔吉斯斯坦国托克马克。

④ 都开封,位于今河南省开封市。北宋靖康二年(1127 年),金军攻下开封后将太上皇(宋徽宗)和宋钦宗掳往北方,北宋灭亡。

⑤ 即葱岭西回鹘,回纥的一支,位于今喀喇昆仑山以西地区。

随同回纥使臣,出使回纥和西辽,考察那里的风土人情。粘割韩奴离开和州(治所位于今新疆吐鲁番东南)西行,后来再也没有音讯。

大定十六年(1176 年),西辽粘拔恩部长官撒里雅、寅特斯派人赴金朝廷,请求内附金国。金朝廷派秃里(管理边疆事务的官员)余睹等人赴西辽与撒里雅联络,得知粘割韩奴已于当年出使西辽遇害。撒里雅向余睹等人追述了事情经过。

那年,粘割韩奴抵达西辽都城时,耶律夷列刚刚出城,在郊外遇见粘割韩奴。耶律夷列大声喝问道:“你是什么人,敢不下马?”

粘割韩奴回答说:“我是大金国的使臣,奉天子之命来招你投降,你才应当下马听候诏令。”

耶律夷列说:“你独自出使来到我们这里,还需要费什么口舌吗?”他随即下令侍卫人员将粘割韩奴揪下马来,迫使粘割韩奴向他下跪。

粘割韩奴坚决不向耶律夷列跪拜,破口骂道:“你这个反贼,大金天子不忍心出兵讨伐你,派我来招你投降。你即使不能绑着身体去朝廷当面谢罪,也应当敬重天子派来的使臣,怎么胆敢反过来侮辱我呢?”耶律夷列听他这么说,勃然大怒,当场下令将粘割韩奴杀死。

金世宗完颜雍听说粘割韩奴已为国牺牲,深为感动。召见粘割韩奴的儿子详古、娄室说:“你们的父亲奉命出使万里之外,坚守气节,不辱使命,宁死不屈,以身殉国。我深为悲痛。”随后,金世宗提升了粘割韩奴两个儿子的官职。

据《金史》卷一百二十一·粘割韩奴传

卷七·世宗本纪中

【简评】

耶律大石及其后代为躲避金军攻击而西逃,组建西辽,他们对金国怀恨在心。粘割韩奴奉命出访西辽,无异身入虎口。面对耶律夷列的威胁,粘割韩奴大义凛然,不为所屈,虽不失气节,亦如鸡蛋碰石头。设想:粘割韩奴若通过回纥使臣斡旋,以婉转的方式、缓和的口气先与西辽官员接谈,效果或许好些,起码不会当即被杀。外交活动中必须讲究策略。

王祎招降遇难

明洪武四年(1371 年),明太祖朱元璋派遣军队攻取重庆(位于今重庆市)、平定四川(即元四川行省,位于今四川省、重庆市)。西南地区尚有占据云南(即元云南行省,治所昆明,位于今云南省昆明市;辖境位于今云南省及其周边地区)的元梁王把匝剌瓦尔密依附于北元①,没有向明朝廷投降。

洪武五年(1372 年)正月,明太祖派遣翰林待制、同知制诰(负责拟草、书写诏令)兼国史院编修官(参与编写历史)王祎带着诏书,前往云南劝说把匝剌瓦尔密向朝廷投降。王祎曾与宋濂②同时受任为编撰《元史》的总裁,共同主编成《元史》,其名气为天下人知晓。

王祎抵达云南后,会见把匝剌瓦尔密,向他传达明太祖诏令,劝他趁早带着版图向明朝廷投降,否则明朝大军早晚就要来讨伐。把匝剌瓦尔密没有接受王祎的规劝,把他安排住在一处普通的旅馆里。

---

① 明洪武元年(1368 年)闰七月,大将军徐达领兵攻下通州(位于今北京市通州区)。元顺帝妥欢贴睦尔携太子爱猷识理达腊等人离开京城大都(位于今北京市区),逃往应昌(位于今内蒙古克什克腾旗西南)。元顺帝病逝后,太子爱猷识理达腊率部逃至和林(位于今蒙古国哈尔和林),其所建朝廷史称北元。

② 宋濂原隐居著书,明朝初年,他应明太祖召见,步入官场,被称为明代开国第一文臣。明太祖召见王祎时曾经说过:“江南有二儒,卿与宋濂耳。学问之博,卿不如濂。才思之雄,濂不如卿。”

过了几天,王祎又约见把匝剌瓦尔密,进一步劝告他说:“我奉命远道而来,主要是传达朝廷旨意,不想让云南百万民众陷入战祸之中。如今元朝已经灭亡,占据荆湖的陈友谅势力①、占据吴会的张士诚势力②、占据闽关的陈友定势力③、占据巴蜀的明玉珍势力④,都已被朝廷军队消灭。明朝已经统一天下,还有谁能与朝廷匹敌?你自己想一想,如果再不向朝廷投降,朝廷派一名将军,率百万骑兵进抵昆明池(滇池)畔,那时,你就如同在锅里游动的小鱼,怎么能不灭亡呢?”

把匝剌瓦尔密听了王祎这番话,心里感到震惊。之后,他把王祎重新安排到上等宾馆居住,同文武百官商议,准备向明朝廷投降。

这时,北元王爱猷识理达腊派使臣脱脱绕道西番(泛指今甘肃省、青海省等藏族聚居区),前来云南征集粮银,并密谋联兵袭击明朝。脱脱听说明朝使臣王祎来到云南招降梁王,梁王思想有所动摇,十分气恼,强迫梁王要将王祎处死。把匝剌瓦尔密犹豫不决,不想得罪明朝,派人把王祎藏到民间。

脱脱听说王祎被梁王藏匿更为恼火,责备梁王说:“国家已经

---

① 陈友谅于元朝末年起兵抗元,自称汉帝,建都江州(位于今江西省九江市),后被朱元璋军击败。

② 张士诚于元朝末年起兵抗元,自称吴王,建都平江(位于今江苏省苏州市),后被朱元璋军击败俘虏。

③ 陈友定于元朝末年参加元军,征战陈友谅有功,被元朝廷任命为福建分省平章(行政长官),后被朱元璋击败处死。

④ 明玉珍于元朝末年起兵抗元,自称夏帝,都重庆(位于今重庆市),曾出兵云南击败元梁王。明玉珍病故后,其子明昇继帝位。明洪武四年(1371年),明昇兵败向明朝投降。

被颠覆,你不能救国,反而想归附他人吗?"脱脱说着准备骑马离去。梁王迫不得已,只好请王祎出来与脱脱见面。

脱脱出言不逊,想要王祎屈从他。王祎怒斥道:"天命已让你们元朝灭亡,由我们明朝取而代之。你们不过是快要熄灭的灰烬,还敢同日月争光么?何况我和你都是使臣,怎么会屈服于你!"

脱脱受到辱骂后怒气冲冲,以凶狠的眼光逼视王祎,扬言要把他杀掉。有人劝告脱脱说:"王祎这个人,向来很有名气,不可将他处死。"

脱脱把手臂一挥说:"今天就是孔圣人在此,也不能让他再活下去!"

王祎回头对把匝剌瓦尔密说:"你们如果杀了我,朝廷大军马上就会开过来,你们跟着就要被杀头灭族!"脱脱容不得梁王迟疑,当即指使随从武士冲上去将王祎杀害。这一天,是洪武六年(1373年)①十二月二十四日。

据《明史》卷二·太祖本纪二

卷二百八十九·王祎传

《明史纪事本末》卷十二·太祖平滇

【简评】

元梁王自恃地处偏远,依附北元,不肯向明朝投降。王祎奉命前往劝降,历时近两年,以道义使之态度有所转变。北元使臣突然到来,逼迫元梁王交出王祎。王祎临危不惧,坚强不屈,大义凛然,以身殉职,堪称外交官的一面旗帜。

---

① 《明史》王祎传,记为洪武五年,《明通鉴》卷五、《明史纪事本末》卷十二,皆记为洪武六年,据《中国历史大辞典》王祎,记作洪武六年。

郑和西洋遇险

郑和是明云南昆阳(位于今云南省晋宁县)人,早年入燕王朱棣(明太祖朱元璋第四子)王府(设地位于今北京市区)为宦官。燕王起兵攻打明惠帝(明太祖之孙朱允炆),郑和随军南征,受到燕王信赖。

明建文四年(1402 年)六月,燕王领兵攻入京都应天(位于今江苏省南京市),没有抓到明惠帝,也没有发现他的尸体①。当月,燕王即位为明成祖。明成祖对惠帝是死是活心存悬念,怀疑他从暗道潜逃,流亡海外。为了寻找惠帝的下落,并向海外炫耀武力,明成祖下令造大船以备出海。

永乐三年(1405 年)六月,郑和时任太监(宦官机构长官),奉明成祖之命率领船队出使西洋。郑和所率使团由二万七千八百多名兵士护航,分乘六十二艘长四十四丈、宽十八丈的大船,携带大量金银币、丝绸、瓷器、食品等货物,由苏州刘家河(即刘家港,位于今江苏省太仓市东刘河镇海口)入海南行。

永乐四年(1406 年),郑和率领船队抵达爪哇②时,正赶上该国西王兴兵吞并东王领地。郑和的兵士路经东王领地,被西王部众

---

① 《明史》卷五·成祖本纪一,记建文四年(1402 年)六月"壬申,葬建文皇帝。"

② 位于今印度尼西亚爪哇岛。

杀死一百七十人。郑和大为恼火,准备派兵攻打西王,为死难官兵复仇。西王闻讯派遣使臣前来向郑和赔罪,并赔偿黄金一万两。郑和以两国友好为重,便没有发兵讨伐西王。

永乐五年(1407 年),郑和率船队从西洋返抵旧港[①]。他听说旧港酋长(地方长官)广东人陈祖义是当地海盗头目,经常聚众抢劫来往船只,随即派使者去招降陈祖义。

陈祖义假称愿意投降,暗中却策划抢劫郑和船队。郑和等人察觉陈祖义的阴谋后,加强戒备,严阵以待。不久,陈祖义率兵前来抢劫,郑和率领部众将其打得大败,击毙五千余人,活捉陈祖义等海盗头目。九月,郑和率团回国,将陈祖义押至京都。明成祖下令将其斩首。

永乐七年[②](1409 年)九月,郑和第三次率团出使西洋。郑和一行返抵锡兰山[③]海岸时,锡兰山国国王亚烈苦柰儿派人将他们引诱到该国腹地,大肆索要金币,并派出五万兵士去抢劫郑和的船只。郑和获悉此情后下令部众火速回到船上。不料,他们的归路已被锡兰山国兵士阻断。郑和沉着镇定,料定该国重兵出动,国都一定空虚,便果断决定进攻其都城。郑和率领二千多兵士出其不意攻下其都城,活捉国王亚烈苦柰儿及其妻儿、大臣。受命前去抢劫郑和船只的部队,闻讯后撤回都城救援,又被郑和指挥部众打得大败。永乐九年(1411 年)六月,郑和率团回国,将亚烈苦柰儿等一

---

① 位于今印度尼西亚苏门答腊巨港(《二十六史大辞典》典章制度卷·明史·三佛齐)。

② ①

③ 位于今斯里兰卡。

批俘虏押至京都。明成祖出于同海外诸国建立友好关系考虑,下令将他们释放,改立其中深孚众望的邪把乃那为锡兰山国新王。

永乐十年(1412 年)十一月,郑和奉命第四次率团出使西洋。郑和一行抵达苏门答剌[1],遇上其王子苏干剌弑君自立。苏干剌对郑和上次来苏门答剌没有赏赐给他财物怀恨在心,率兵攻打郑和船队。郑和率部奋起抵抗,将其击败。

宣德五年(1430 年)[2]六月,郑和奉明宣宗之命第七次率团出使西洋。宣德八年(1433 年),郑和率船队归国途中,病逝于古里[3]。他的船队由副使王景弘统领,于当年七月返回南京。

据《明史》卷三百四·郑和传

卷三百二十四·爪哇、三佛齐

卷三百二十六·锡兰山

参阅《中国大百科全书·中国历史》? 郑和下西洋

张习孔、林岷主编《中国历史大事本末》

第四卷·郑和下西洋

【简评】

从明永乐三年(1405 年)至宣德八年(1433 年)的二十八年间,郑和奉命先后七次率领使团下西洋,历访三十多个国家,最远到达非洲东海岸的麻林国(位于今肯尼亚国马林迪一带)。郑和率其部众远涉重洋,往返奔波几十万里,数历风险,以至积劳成疾,在国外

---

① 位于今印度尼西亚苏门答腊。
② 《中国历史大辞典》记为宣德六年。
③ 位于今印度南部西海岸科泽科德。

去世。郑和虽然没有寻访到明惠帝的下落,却与西洋各国建立了友好关系,开辟了明朝与南亚各国及非洲大陆海上交往的航道,在中国古代外交史上留下光辉篇章。

杨儒抱病力争

清光绪二十六年(1900年)秋天,八国(英、德、俄、法、美、日、意、奥)联军侵占天津、北京,垂帘听政的慈禧太后携被其软禁的光绪帝仓皇离京西逃。俄国乘机派出十多万兵士占领中国东北三省主要交通线及重要城市,并强迫清盛京(治所位于今辽宁省沈阳市)将军增琪在俄单方拟草的《奉天交地暂且章程》上签字,将中国东北三省视为其殖民地。

当年十一月,清朝廷在与八国公使达成和议后,授命驻俄公使杨儒为全权大臣,与俄国交涉收回中国东北三省交通线及城市事宜。杨儒与俄财政大臣维特接触后,才知道增琪曾与俄国侵略者擅签《奉天交地暂且章程》,当即将此报告朝廷。此前,清朝廷对增琪与俄擅签条约亦一无所知。

光绪帝接到杨儒奏报后极为震惊,指令杨儒在与俄方谈判中,要力争东北三省吏治、兵权均不失中国自主。杨儒随即向俄方郑重声明:中国朝廷不知道《奉天交地暂且章程》,该《暂且章程》无效。

杨儒赴黑海俄皇新宫与俄方代表俄国外交大臣拉姆斯独夫举行会谈,经多次据理力争,俄方同意归还东北三省土地,但仍坚持不愿撤军,也不愿废弃非法的《奉天交地暂且章程》。对此,杨儒严正质问拉姆斯独夫:“你们既然声称保证我国行使主权,为何又不撤回你们的军队？既然声称不侵占我国土地，为何又把东北三省从中国版图划出？”俄方代表无言以答。此间，日本、英国等国就《奉天交地暂且章程》，也先后对俄国表明反对意见。俄国迫于国际舆论压力，只好声明将《奉天交地暂且章程》放置，而由中俄双方另立条约。

光绪二十七年(1901 年)正月二十二日，杨儒与拉姆斯独夫进行第十三次谈判。俄国代表拿出草约第二次修改稿，共有十二款内容，其中居然要求中国政府与俄国政府共同商定俄国在满洲(即东北三省)驻军数额及驻扎地方；中国政府未与俄国政府先行商定前，不能允许他国在满洲修建铁路、开矿及兴办工商企业牟取利益，并勒限杨儒十五天内在“草约”上签字。

杨儒痛斥俄方自食其言，拒绝在他们单方面拟出的这份草约上签字。俄方代表诈称：“中国政府已发训条，饬贵使画押。”杨儒没有接到朝廷所谓“训条”，当即识破俄方代表欺骗伎俩，提出质疑，戳穿他们的谎言。

拉姆斯独失转而威胁道：“中国使臣与俄国签定条约，如果受到中国政府治罪，俄国一定会出面保护。”杨儒义正辞严地回答：“贵大臣怎么能这么说？我是中国官员，干嘛要俄国保护！我有自己的主见和尊严，贵大臣无须对我如此特别关照！”

面对俄国代表蛮横无理的要求，杨儒坚持护卫领土主权的原则立场，寸步不让。中俄谈判陷入僵局。

杨儒与俄方代表连续交锋，心力交瘁。

二月三日，杨儒愤然离开谈判场所，不幸跌伤。他没有躺下休息。二月六日，杨儒抱病同俄方代表继续会谈。俄方又强逼他签约,杨儒不畏强暴,再次拒绝在草约上签字。当天,杨儒离开谈判桌,回到使馆下车时,突然倒在地上,不省人事。

光绪二十八年(1902年)正月十日,杨儒在俄国去世。

据《清史稿》卷四百四十六·杨儒传

《清通鉴》卷二五七·清德宗光绪二十六年

卷二五八·清德宗光绪二十七年

【简评】

杨儒心忧国难,殚精竭虑,据理与俄方代表多次舌战,为捍卫国家主权和领土完整,战斗到生命最后一息。中国人民永远不会忘记那段屈辱的历史,也永远不会忘记杨儒的名字。

七、肆疏懦贪咎由自取

古代一个国家的外交得失，关系其荣辱存亡。君主决定某项外交活动，应当瞻前顾后，斟酌利弊；宰相处理某项外交事务，必须遵循事理，周密细致；使臣履行某项外交使命，要以气节自守，谨慎行事。可是，历史上竟有那么一些君臣，他们在对外交往中骄疏懦贪，损害了国家利益，也引发了他们个人的悲剧，其教训是深刻的。

郑子亹掉以轻心

郑[1]子亹元年(前694年)七月,齐[2]襄公诸儿(齐桓公小白之兄)在首止(卫[3]邑,位于今河南省睢县东南)召集诸侯聚会,邀请郑国国君郑子亹参加。

郑国上卿(宰相)祭仲知道,当年诸儿还是齐国公子的时候,曾同郑子亹斗过架,对郑子亹一直怀恨在心。诸儿即位为齐襄公后荒淫暴虐。祭仲担心他会借机报复,劝郑子亹不要去赴会。

郑子亹对祭仲说:"齐国是个强国,再说厉公还居住在栎邑[4]。我如果不去,齐国就会邀集诸侯国的军队来攻打我们,送厉公回来复位。我想还是应邀赴会为好。去了未必就一定会受到齐国君主的侮辱,即使受一点委屈,亦不至于像你说的那样严重!"

郑子亹不肯听取祭仲的意见,决定应齐襄公邀请,如期去首止赴会。祭仲为了避祸,称病没有陪同郑子亹前往首止。郑子亹任命高渠弥为宰相,让他随同赴会。

---

① 春秋诸侯国,都郑,位于今河南省新郑市。
② 春秋诸侯国,都临淄,位于今山东省淄博市东。
③ 春秋诸侯国,都朝歌,位于今河南省淇县。
④ 郑厉公四年(前697年),郑厉公厌恶上卿祭仲专权,想处死他,结果反被祭仲赶出国都郑,逃至栎邑(郑别都,位于今河南省禹州市)。郑厉公异母弟忽继位为郑昭公。郑昭公与大臣高渠弥有旧怨,高渠弥怕被杀,乘出猎之机将郑昭公射死。随后,高渠弥与祭仲共同拥立郑昭公二弟郑子亹为郑国国君。

郑子亹到了首止后，没有主动去向齐襄公赔罪。齐襄公非常恼火，密令勇士埋伏在路边，乘郑子亹不备，将他杀死。同时将高渠弥逮捕，处以用五匹马分解其身的酷刑[①]。

祭仲得知郑子亹被害，随即派人将郑子亹的弟弟公子婴从陈国[②]接回，立为郑国国君。

据《左传》桓公十八年

《史记》卷四十二·郑世家

【简评】

郑子□对齐襄公借机图谋报复掉以轻心，到了首止后又没有主动去向齐襄公请罪，以致遭受杀身之祸。当时，齐国虽然比郑国强大，但并没有称霸。如果郑子□听取祭仲的意见，加强防御而不去赴会，情况或许不会像他估计的那样严重。

---

① 《史记》卷四十二·郑世家，记作"高渠弥亡归"。

② 春秋诸侯国，位于今河南省淮阳县。

虞公不信唇亡齿寒

晋献公二十二年(前655年),晋国[①]准备出兵攻打虢国[②]。晋国和虢国之间隔着虞国[③],晋军要进攻虢国,必须经过虞国。晋献公派使臣来到虞国,向虞国借路,要求虞公准许晋国军队从虞国经过,去攻打虢国。为此,虞公召集大臣讨论如何答复晋国使臣。

虞公打算借路给晋军通过。大夫(朝廷中等级别的官员)宫之奇劝阻说:"不能让晋国军队通过我国去灭亡虢国,如果答应他们的要求,晋国灭亡虢国后,接着会灭亡我们虞国。"

虞公说:"晋国君主和我是同姓,他不会攻打我。"

宫之奇说:"虢国君主与晋国君主亦是同姓,而且他们还是周[④]天子的直系后代。晋国既然能狠心攻灭虢国,怎么可能还会顾及虞国?虞国和虢国同是小国,如同唇齿关系,相互依存,唇亡则齿寒。"

虞公听不进宫之奇的意见,执意要借路给晋国。宫之奇眼看

---

① 西周初年封国,都绛,位于今山西省翼城县东南,开国君主为周成王之弟姬叔虞。

② 西周初年封国,位于今河南省荥阳市东北,开国君主为周文王之弟姬虢叔。

③ 西周封国,位于今山西省平陆县北,开国君主为周朝大臣姬仲雍的后代姬仲。

④ 此指西周,都镐,位于今陕西省长安县沣河以东。周平王即位(前771年)后,于次年将都城迁至洛邑(位于今河南省洛阳市),史称东周。

虞国将要灭亡,悲伤而又无奈,只好带着家人离开虞国。

当年十二月,晋国军队攻灭虢国后,果然回师将虞国灭亡。虞公和大夫井伯、百里奚等人被晋军俘虏。当时,晋献公正准备把女儿嫁给秦穆公做夫人,便让虞公和百里奚等人陪护其女儿去了秦国①。

三年前,晋献公曾送给虞公一匹屈地(位于今山西省吉县东北)产的良马。虞国灭亡后,晋国大夫荀息把那匹良马拉到晋献公面前,让他看看当年的心爱坐骑。晋献公笑着说:“马,还是我的那匹马,不过齿龄亦老喽!”

据《左传》僖公五年

《史记》卷三十九·晋世家

【简评】

虞公不相信晋国灭亡虢国后转而会灭亡虞国,答应让晋国军队从其国通过去攻打虢国。宫之奇以虢虞两国唇齿相依、唇亡而齿寒加以谏阻,他听不进去。不久,虞国果然为晋国所灭,虞公当了晋国的俘虏。当然,虞公如拒绝晋军通过,其国家也许会首当其冲被晋军攻灭,那样则另当别论。

---

① 西周封国,都雍,位于今陕西省凤翔县南。

晋惠公食言弃义

晋[1]献公在位后期,听信其宠爱的骊姬谗言,对其前妻所生的太子申生、公子重耳和公子夷吾加以迫害。申生被迫自杀,重耳逃奔翟国[2],夷吾逃奔梁国[3]。

晋献公二十六年(前651年)九月,晋献公去世。国卿(宰相)里克杀死骊姬及其儿子奚齐,派人去翟国迎接重耳回国即位。重耳不敢贸然回国而婉言推辞。接着,里克派人去梁国迎接夷吾。

夷吾准备回国即君位,他的亲信随从吕省(《左传》记作吕甥)、郤芮建议说:"国内还有公子可以立为国君,国卿弃之不立而迎立流亡国外的公子,此事不可轻信。我们考虑,除非请秦国[4]派军队护送公子回国,否则恐怕会有危险。"于是,夷吾派郤芮带着厚礼去秦国求援,许诺秦国如能护送他回国即君位,他将把晋国河西之地(黄河以西的土地)割让给秦国。秦国表示愿意帮助夷吾。与此同时,夷吾又派人回国内会见里克,许诺说:"国卿如能帮助公子夷吾回国即君位,夷吾即位后就将汾阳(位于今山西省静乐县西)之地封给国卿。"里克自然格外高兴。

---

① 国名,都绛,位于今山西省翼城县东南。
② 辖地位于今陕西省延安市以东至黄河以西地区。
③ 都少梁,位于今陕西省韩城市。
④ 都雍,位于今陕西省凤翔县南。

当年冬天,秦穆公派军队护送夷吾回到晋国,里克拥公子夷吾即位为晋惠公。

晋惠公元年(前650年)春天,晋惠公派大夫(朝廷中等级别的官员)邳郑出使秦国,代他向秦穆公致歉说:“当初夷吾许诺将河西之地割让给贵国,荣幸得到贵国军队护卫回国即君位。晋国大臣听说此事后,反对将河西之地割给贵国,称河西之地是先君传下来的土地,怎么能擅自将这片土地让给秦国?我争不过大臣们,所以特派使臣来向贵国君主谢罪。”

四月,晋惠公担心里克将会迎立重耳回国夺取他的君位,不但没有给里克封地,反而逼令他自杀。

邳郑在秦国听说里克被杀,十分惊恐悲愤。他知道秦国君臣对晋惠公背弃诺言非常恼恨,向秦穆公献计说:“晋国人本来不想立夷吾为君,其实想立重耳。如今晋国国君背弃同秦国的盟约,又杀死里克,都是吕省、郤芮出的主意。您可用重利召请吕省、郤芮离晋来秦。吕、郤二人如果来到秦国,您改立重耳为晋国国君就容易了。”秦穆公赞同邳郑的意见,当即派人随邳郑去晋国,以重利诱召吕省、郤芮。吕、郤二人怀疑邳郑与秦国有阴谋,劝说晋惠公将邳郑处死。邳郑被杀后,其子邳豹逃奔秦国,受到秦穆公的重用。

晋惠公四年(前647年),晋国发生饥荒,向秦国求购粮食。秦穆公征求大臣们意见。邳豹认为晋惠公无道,不能把粮食卖给晋国,应该乘机去讨伐晋国国君。大夫百里奚说:“自然灾害,哪个国家都难以避免。帮助邻国救灾,是道义之举。应该卖粮食给晋国。”秦穆公崇尚道义,对众臣说:“晋国国君虽然可恶,晋国的民众有什么罪!”于是,他下令将粮食卖给晋国。

晋惠公五年(前646年),秦国发生饥荒,向晋国求购粮食。晋惠公召集群臣商议此事。

大夫庆郑说:"当初,君主是借秦国军队护卫才得以回国即位的,即位后没有兑现先前许诺将河西之地割让给秦国,这样做,我们做臣子的尚能理解。至于秦国求购粮食一事,去年,我国闹饥荒,秦国卖粮食给我们;今年秦国闹饥荒向我国求购粮食,卖粮食给秦国,这是理所当然的,何必还要讨论!"

晋惠公之舅虢射(其职不详)说:"去年,上天把晋国赐给秦国,秦国没有攻取晋国而把粮食卖给我们。今年,上天把秦国赐给晋国,晋国怎么能违反天意啊?应该立即发兵进攻秦国才对。"晋惠公听取虢射的意见,不仅拒绝秦国购粮的要求,反而派兵攻打秦国。秦穆公闻讯极为恼火,下令军队迎击晋军。

晋惠公六年(前645年)九月,晋、秦两国军队在韩原(位于今陕西省韩城市南)展开激战。晋惠公的马奔入泥泞地带,行动缓慢。秦军冲杀过来,晋惠公十分恐惧。正当秦穆公率领士兵追捕晋惠公时,一支晋军冲过来反而将秦穆公包围。危急关头,暗随护卫秦穆公的三百名岐山(位于今陕西省岐山县东北)乡民奋力拼杀,击溃晋军,将秦穆公救护出围,并将晋惠公俘虏。

秦穆公准备将晋惠公处死,以祀上天。

周①襄王听说晋惠公被秦军俘虏,出面为他讲情。秦穆公的夫人是晋惠公同父异母姐姐,哭着请求秦穆公宽恕她的弟弟。秦穆公答应不杀晋惠公,但要他必须履行诺言。晋惠公不得不同意将

① 即东周,都洛邑,位于今河南省洛阳市。

河西之地献给秦国,并派太子圉去秦国做人质。

当年十一月,秦穆公下令将晋惠公释放回国。

据《左传》僖公九年
僖公十年
僖公十三年
僖公十四年
僖公十五年
《史记》卷五·秦本纪
卷三十九·晋世家

【简评】

孔子说:“人而无信,不知其可也”(《论语》为政)。人际交往,国际交往,都得讲诚信。晋惠公同秦国君臣打交道,一再背信弃义。后来,他竟然乘秦国饥荒,领兵攻打秦国。他兵败被俘,咎由自取。秦穆公多次受晋惠公欺诈,最后居然将他释放,似嫌宽容过度。

郑成公背晋盟楚

郑悼公元年(前 586 年),许灵公在楚共王面前控告郑国[①]侵占许国[②]领土。郑悼公派他的弟弟睔到楚国[③]申辩。睔的申辩没有得到楚国认同,楚共王下令将睔囚禁。楚国将领子反是睔结交的朋友。不久,经子反说情,楚共王将睔释放回郑国。

郑悼公对楚共王袒护许国、囚禁睔大为恼火。当时,晋国[④]与楚国争霸。郑悼公决定脱离与楚国的联盟,转而依附晋国。八月,郑国同晋国结盟。楚共王听说郑国与晋国结盟,非常忌恨。

郑悼公二年(前 585 年)六月,郑悼公去世,睔继位为郑成公。当年秋天,楚共王派军队攻打郑国。晋景公听说后,派兵救援郑国,将楚军击退。

郑成公三年(前 582 年)二月,楚共王以当年宽释睔,曾对他施过恩情,想拉拢郑成公投附楚国,派公子成带上很贵重的礼物,约请郑成公重述友情。郑成公应约赶赴楚国邓地(位于今河南省漯河市东南邓店)会见公子成,暗下和楚国结盟。

之后,晋国获悉郑成公秘密同楚国结盟。晋景公对郑成公背着晋国又去同楚国结盟深恶痛绝,决意伺机惩治郑成公。

---

① 都郑,位于今河南省新郑市。
② 位于今河南省许昌县东。
③ 都郢,位于今湖北省荆州市西北纪南城。
④ 都新田,位于今山西省曲沃县西北。

秋天,郑成公像往常一样去晋国朝拜晋景公。郑成公抵达铜鞮(位于今山西省沁县南)住进宾馆后,晋景公当即以"郑私平于楚",下令卫兵将郑成公逮捕。接着,晋景公派将军栾书率兵攻打郑国。郑国大臣伯蠲出面向晋国求和,晋景公竟下令将伯蠲处死。

郑成公四年(前 581 年)春天,郑国公子班(《史记》记作公子如)担心晋军会进一步攻打郑国都城,考虑郑成公被晋国扣留一时不得返回,国家不能长期没有君主,便拥立郑成公的庶兄(非其父正妻所生的异母兄)繻为郑国国君。

栾书听说郑国立了新的国君,认为郑成公成了普通平民,晋国继续扣押他已失去意义,向晋景公建议释放郑成公,乘郑国新立君主之机,同郑国重修旧好。晋景公同意栾书的意见,于当年五月将郑成公释放回国。

据《左传》成公四年
成公五年
成公六年
成公九年
成公十年
《史记》卷四十二·郑世家

【简评】

此事反映春秋后期大国之间对于小国盟国的争夺。当时,楚、晋两国各自拉拢某些小国称霸。郑国既然脱离楚国而同晋国结盟,郑成公不该背着晋国私下又同楚国结盟。他想与晋国结盟的同时又与楚国保持盟国关系,惹怒晋景公,在出访晋国时,不料被晋国扣留。

叔孙侨如谋乱媚外

叔孙侨如(又名叔孙宣伯)是鲁国[①]叔孙氏的后代,鲁成公在位时,他受任大夫(朝廷中等级别官员)。此人好色而又嗜权。他与鲁成公的母亲穆姜私通,又想驱逐上卿(宰相)季文子(又名季孙行父),夺取他执掌朝政的权位。

鲁成公十六年(前575年)四月,晋国[②]军队攻打郑国[③],郑国向其盟国楚国[④]求援。六月,晋、楚两国军队在郑国的鄢陵(位于今河南省鄢陵县西北)交战。当时,晋国和楚国比较强大,鲁国依附于晋国,是晋国的盟国。晋国邀鲁国出军赴援,鲁成公答应出兵。

鲁成公领军出发之前,穆姜为他饯行,要他将季文子赶走。鲁成公说,等他从郑国回来后再说。穆姜大为不满,指着正从他们旁边经过的鲁成公庶弟公子偃、公子鉏,对鲁成公说:"你如果不答应,他们都可以取代你做鲁国国君。"鲁成公听穆姜这么说,决定加强国内防备,推迟出兵赴援。

不久,晋厉公邀请诸侯盟国国君在沙随(位于今河南省宁陵县)集会,商讨下一步攻打郑国和楚国联军的方略。叔孙侨如获悉

---

① 都曲阜,位于今山东省曲阜市。
② 都新田,位于今山西省曲沃县西北。
③ 都郑,位于今河南省新郑市东。
④ 都郢,位于今湖北省荆州市西北纪南城。

此事后,派人给晋新军将军兼公族大夫(主管东方诸侯国事务)郤犨送去一些财物,对他说:"贵国军队同楚国军队在鄢陵交战时,鲁侯停留在国内迟迟不肯赴援,是故意坐观晋、楚两国胜负。"郤犨收了叔孙侨如贿赂,便在晋厉公面前诬告鲁成公。晋厉公大为恼火,声言不想再见到鲁成公。

七月,鲁成公部署好国内留守后,和季文子一起率军加入攻打郑国的诸侯联军。这时,叔孙侨如又派人去对郤犨说:"季文子在鲁国当

权,曾对人说,他宁愿事奉齐①、楚两国,宁愿鲁国亡国,也不想事奉晋国。如果你们不想失去鲁国这一盟国,就趁此次季文子出征的机会把他杀掉。这样,鲁国对晋国就不会三心二意了。"郤犨听信叔孙侨如这番话。九月,他领军在苕丘(其地不详)将季文子抓捕。

鲁成公回国后,立即派大夫子叔声伯(又名子叔婴齐)出使晋国,请求将季文子释放回国。郤犨把叔孙侨如的话透露给子叔声伯,许诺说:"假如你能将季孙行父处死,我就让你在鲁国执政。"

子叔声伯回答说:"叔孙侨如的为人,想必将军您也听说了。他的话,哪能听啊?如果处死季孙行父,就等于惩罚我们的国君,毁坏鲁国。鲁国离晋国的敌国齐、楚二国很近。如果季孙行父被处死,鲁国必然发生内乱。齐、楚二国会乘机灭亡鲁国。那样,你们晋国就真的会失去鲁国这一盟国。到那时候,你们想挽救也来不及了。"

---

① 都临淄,位于今山东省淄博市东。

郤犨觉得子叔声伯说的有道理，尤其赏识他的辩才，对子叔声伯说：“我为你向鲁侯请求一个封邑，好不好？”

子叔声伯回答说：“我只是鲁国的一个普通官员，怎么敢依靠大国来求取丰厚的官禄呢？我奉国君之命前来请求释放我国的国卿，如果能获准，就是将军您对我最丰厚的赏赐了。除此而外，我还敢要求别的什么呢！”

晋国大夫士燮（又名范文子）对大夫栾书（又名栾武子）说：“季孙行父在鲁国先后已辅佐两代国君，他不让其妻妾穿丝绸，不让他的马喂粮食，能说他不是忠心耿耿吗？如果相信谗言而抛弃忠诚，晋国怎么好向天下诸侯交代？子叔声伯奉行国君之命，没有任何私心杂念，对他的国家忠贞不二。我们如果拒绝他的请求，无异就是弃忠扬奸，请您认真考虑拿拿主意吧！”士燮和栾书一起劝说郤犨，他们又一起劝说晋厉公，晋厉公同意将季文子释放回国。

当年十月，子叔声伯将晋国拘留季文子的缘由向鲁成公作了报告，叔孙侨如破坏鲁国和晋国友好关系、祸乱朝政的罪行真相大白。叔孙侨如受到穆姜的庇护而没有受到应有的惩罚。鲁国君臣在一起盟誓，决定将他驱逐出国。叔孙侨如随即逃奔齐国。不久，叔孙侨如又同齐灵公的母亲声孟子私通。他怕在齐国遭祸，又逃奔卫国①。

据《左传》成公十六年

① 都帝丘，位于今河南省濮阳市西南。

【简评】

叔孙侨如是鲁国奸臣,他与鲁成公之母私通,又想夺取上卿之位操纵朝政。为达此目的,他向鲁国盟主晋国诬告鲁国国卿季文子,企图借晋国之手除掉季文子,以取而代之,致使季文子被晋国拘留。子叔声伯奉鲁成公之命出使晋国,揭露叔孙侨如破坏鲁晋联盟的罪行,以诚信说服晋国君臣而使季文子获释回国。谎言毕竟是谎言。搞阴谋诡计的人迟早会暴露,下场都不妙。

蔡灵侯大意丧命

蔡灵侯十二年(前531年)春天,楚灵王派使臣送信给蔡灵侯,约他在楚国①申地(位于今河南省唐河县西北)会面。蔡灵侯准备前往赴约。

蔡国②大臣劝告说:“楚灵王这个人贪婪而不讲信用,一向仇视蔡国,现在忽然送来这么多礼品,说要同我国建立友好关系,这是在引诱我们,君主还是不去为好。”蔡灵侯没有接受大臣们的意见,以为这是一次与楚国建立友好关系的良好机遇,蔡国不应负约,便带着随行人员如期赶到申地。

三月十五日,楚灵王设盛宴招待蔡灵侯,把蔡灵侯及其随行人员都劝醉了酒。随后,楚灵王下令把蔡灵侯等人囚禁。

四月七日,楚灵王以十二年前“灵侯弑其父”③的罪名,下令将蔡灵侯处死,随行的七十名卫士也同时被杀。

接着,楚灵王派公子弃疾率军灭亡蔡国。

据《左传》昭公十一年

《史记》卷三十五·管蔡世家

---

① 都郢,位于今湖北省荆州市西北纪南城。

② 都蔡,位于今河南省上蔡县西南。

③ 蔡景侯四十九年(前543年),蔡景侯为太子般从楚国娶妻,之后与太子妻通奸。为此,太子般杀死蔡景侯,自立为蔡灵侯(《史记》卷三十五)。

【简评】

春秋晚期,楚国称霸诸侯,把蔡国等小国视为蚕食对象。蔡灵侯接到楚灵王的邀请后,只从良好的愿望着想,而没有往步入险处考虑。他不听大臣劝告,轻率应约赴会,以致身死国亡。

张仪纵横捭阖

张仪是战国时期魏国①人，早年拜名士鬼谷子为师，学习治世的方术。学成后，他开始到各国游说。

张仪游说楚国②时，曾同楚国丞相(其名不详)在一起饮酒。过后，丞相发觉自己的玉璧不见了，怀疑被张仪偷去。丞相令人将张仪抓起来，对他进行严刑拷问。张仪没有偷盗楚国宰相的玉璧，坚持不肯屈招。因为没有证据，楚国丞相只好发话将张仪释放。

张仪获释后回到家里，他的妻子劝他说："唉！你要是不出门去求学游说，怎么会遭受这样的折磨和屈辱？"张仪向其妻半开玩笑地问道："你看我的舌头还在不在？"他的妻子笑着说："舌头还在。"张仪自我安慰说："只要我的舌头还在，就足以再去游说天下！"

不久，张仪去秦国③，为秦惠文王征讨各国出谋划策。秦惠文王任命张仪为客卿(由外国人担任的丞相)。张仪受任后，写信警告楚国丞相说："当初，我在楚国陪你饮酒，并没有拿走你的玉璧，你却令人鞭打我。你可要守卫好国家，说不定我真的要偷取你的城邑呢！"

---

① 战国七大国之一，都大梁，位于今河南省开封市。
② 战国七大国之一，都郢，位于今湖北省荆州市西北纪南城。
③ 战国七大国之一，都咸阳，位于今陕西省咸阳市东北。

以割让秦地诓骗楚怀王与齐绝交

秦惠文王更元十二年(前313年)①,秦国准备攻打齐国②,担心齐国的盟国楚国会出兵救援。秦惠文王派遣张仪出使楚国,去离间楚国同齐国的关系。

张仪到达楚国后,楚怀王对他刮目相看,把他尊为上宾,亲自安排他住宿,谦虚地对他说:“我们这里是偏僻落后的地方,先生有什么指教,尽管说。”

张仪向楚怀王建议说:“我说的不一定都对,仅供大王参考。对楚国来说齐国并不可靠,秦国强大,可以依靠。大王应该同齐国断绝关系,同秦国结为友好。如果大王能听取我的意见,与齐国断绝关系,我将请求秦王把秦国商③、于④一带方圆六百里的土地献给楚国,并从秦国挑选一批美女做大王的侍妾,让秦楚两国通婚,永远结为兄弟。”

楚怀王对张仪的甜言蜜语不假思索,当即同意与齐国绝交。楚国众臣亦为之拍手称好,唯有谋士陈轸对此持有不同意见。

陈轸对楚怀王说:“秦国之所以重视楚国,是因为楚国和齐国结成联盟。楚国一旦同齐国绝交,自己也就孤立了。”

楚怀王说:“我不用出动一兵一卒,就能得到六百里土地,有什

---

① 据《资治通鉴》卷三·周纪三赧王二年。
② 战国七大国之一,都临淄,位于今山东省淄博市东。
③ 位于今陕西省丹凤县西北。
④ 位于今河南省西峡县东。

么不好?”

陈轸说:“楚国与齐国断交后,秦国不会白白就把六百里土地献给楚国。这样,楚国在得罪齐国之后,势必又要同秦国闹僵。齐、秦二国反过来联合攻打楚国,楚国就危险了。建议大王与齐国明断暗联,派人跟着张仪到秦国去,假如秦国真的把商、于之地割给楚国,再同齐国断交也不算迟。”

楚怀王对陈轸如此多虑十分厌恶,断然说:“请陈先生不要再多说了,等着看我尽收商、于之地好了。”

为了奖赏张仪对楚国的贡献,楚怀王授予他将相印授,又给了他一些贵重财物。接着,楚怀王派人通知齐国,称楚国从此与齐国废除盟约,断绝往来。随后,楚怀王派遣一名将军(其名不详)出使秦国,跟随张仪去接收商、于之地。

张仪回到秦国后,假装从车上摔下来跌伤,一连三个月没有上朝。楚国派去的使臣只好耐心等待。楚怀王听说后,以为张仪回避楚国使臣,是怀疑楚国同齐国绝交的态度还不够鲜明,便派遣勇士宋遗去宋国①,借用宋国国君的符证,前去辱骂齐宣王。齐宣王对楚国撕毁盟约并派人辱骂大为恼火,不顾有失尊严,主动派使臣求见秦王,请求与楚国使臣见到张仪后,提出要接收商、于之地。张仪果然变卦,回答说:“我有封邑六里,愿献给楚王。”楚国使臣说:“我奉命来接收商、于六百里土地,没听说是六里地。”张仪坚持说,当时他同楚王说的就是六里地。楚国使臣只好回国报告楚

① 战国时期小国,都彭城,位于今江苏省徐州市。《史记》卷四十·楚世家,记作“使勇士宋遗北辱齐王”。

秦国结盟。齐国和秦国结盟后,张仪才上朝露面。

怀王。

楚怀王听了使臣奏报后勃然大怒。第二年(前 312 年)春天,楚怀王令将军屈匄率军进攻秦国。秦国和齐国联军共同迎击楚军,在丹阳(位于今陕西省丹江以北)将楚军击败。屈匄阵亡,楚军死伤兵士达八万人,秦军夺占楚国汉中郡(位于今陕西省汉中市)。楚国随即派兵进攻秦国蓝田(位于今陕西省蓝田县),又被秦军击败,被迫向秦国割让两城求和。

利用矛盾再次使楚怀王受骗

秦惠文王更元十四年(前 311 年),秦国派使臣去要挟楚国,提出要以武关(位于今陕西省丹凤县东南)以外的土地,换取楚国的黔中(位于今湖南省西部和贵州省东部)之地。楚怀王受到张仪诓骗一直怀恨在心,答复秦国使臣说:"无须交换土地,秦国只要能把张仪交给我,我就愿意奉献黔中之地。"

张仪听说后,主动请求出使楚国。秦惠文王对张仪说:"楚王因为没有得到商、于之地而又损兵折将,对您深恶痛绝,您如果再去楚国,楚王恐怕不会放过您。"张仪回答说:"秦国比楚国强盛。我奉大王之命出使楚国,量楚国不敢杀害我。假如楚国杀了我,大王能得到黔中之地,我亦如愿以偿。再说,楚国大臣靳尚是我的老朋友,靳尚同楚怀王宠姬郑袖关系密切。我去楚国,万一遭遇危难,靳尚会想法救我的。"于是,秦惠文王再次派张仪出使楚国。

张仪(其行前可能已派人与靳尚串通)抵达楚国后,楚怀王当即下令将他囚禁,并准备将他杀死。靳尚闻讯后心急如焚,赶忙会见郑袖。靳尚对郑袖说:“张仪是秦王心爱的大臣,大王想处死他。秦国必然会用土地和美女来赎回他。秦国美女一旦来到楚国受到大王宠爱,夫人就会被大王疏远。眼下最好的办法,是请夫人劝说大王把张仪放掉。”

郑袖听说秦国将要派美女来替换张仪,妒火中烧。她认为靳尚的主意很好,便日夜不停地缠着楚怀王,请求释放张仪。郑袖哭着对楚怀王说:“大王没有把黔中之地换给秦国,却要杀死张仪,这必然会激怒秦国。请让我带着孩子搬到南方去住好了,免得秦国军队打来了,把我们母子当作鱼肉宰割!”

楚怀王不能答应以黔中之地同秦国换地,更惧怕秦国派军队攻打楚国。经郑袖这么一说,他下令将张仪释放。张仪对楚怀王说:“我愿请求秦王奉送美女与大王联姻,派太子来楚国作人质,请大王亦将太子派到秦国作人质,这样,秦楚两国可以长期结为兄弟。”楚怀王欣然同意,让张仪返回秦国奏报。

游说各国同秦国结盟

张仪离楚返经韩国①时,对韩宣惠王说:“秦国拥有雄兵百万、战车千乘、良马万匹,攻打不肯臣服的弱国,如同千钧之重压于鸟卵之上。大王不如投附秦国,先投附秦国则安,后投附秦国则危。如果大王反对秦国而投附楚国,秦国大军向东攻取韩国的成皋②、

① 战国七大国之一,都郑,位于今河南省新郑市。
② 位于今河南省荥阳市西北。

荥阳①,大王的宫殿苑林亦将不复存在。我为大王考虑,不如事奉秦国,协助秦国攻打楚国。这样,秦王会十分高兴地同大王结成联盟。"韩王接受张仪的意见,决定背离楚国,投附秦国。

张仪回到秦国后,向秦惠文王奏报使楚及游说韩王的情况。秦惠文王十分高兴,封张仪为武信君。

接着,秦惠文王派张仪出使齐国。张仪抵达齐国后拜见齐宣王②,对齐宣王说:"如今,楚国与秦国已经和解,赵国③被秦国打败,韩国愿意投附秦国。大王应毫不犹豫地事奉秦国。否则,秦国联合韩国出兵攻打齐国南部,齐国就危险了。那时,大王回过头来想投附秦国,可能也来不及了!"齐宣王表示愿意接受张仪的谋划,继续同秦国结盟。

之后,张仪又奉命出使赵国和燕国④,说服赵王和燕王投附秦王。张仪游说各国事奉秦国的外交活动,史称连横。

被迫离秦归魏

张仪完成使命后,动身回秦国奏报。途中,他获悉秦惠文王去世,太子荡继位为秦武王。

秦武王即位后,秦国许多大臣在武王面前诋毁张仪,称"张仪为人不守信用,出卖秦国利益,左右逢源以讨取先王欢心。秦国如

---

① 位于今河南省荥阳市。

② 《史记》记作齐湣王。据《中国历史大辞典》,齐宣王在位时间为前319年—前301年,齐湣王在位时间为前300年—前284年。

③ 战国七大国之一,都邯郸,位于今河北省邯郸市。

④ 战国七大国之一,都蓟,位于今北京市区。

果继续信用他,恐怕要被天下人取笑。”

秦武王当太子时就不喜欢张仪,经大臣们挑拨,他对张仪更加戒备。诸侯各国听说张仪不再受到秦王信任,纷纷改变当初向张仪的许诺,背离秦国。

秦武王元年(前310年),齐国派使臣来到秦国,对张仪加以责备。张仪害怕由此获罪被杀,设法脱身离开秦国。他向秦武王奏告说:“齐国既然如此憎恨我张仪,我如果继续留在秦国,齐国势必会派兵来攻打秦国。为大王考虑,我请求离开秦国,去魏国(《史记》记作梁)。这样,齐国必然发兵攻打魏国。大王可以乘齐、魏交战之机,出兵进攻韩国,出函谷关①,收缴周②天子传国宝器,挟天子可以成大业。”秦武王信以为真,随即派三十辆军车将张仪送入魏国。

张仪到了魏国后,魏襄王任命他为丞相。不久,齐国果然发兵攻打魏国。魏襄王(《史记》记作梁哀王)大为恐惧。张仪对魏襄王说:“大王不必忧愁,请让我使齐军退去。”于是,张仪派其门徒冯喜去楚国,买通楚国君臣。尔后,冯喜得以冒充楚国使臣去齐国。

冯喜抵达齐国后,对齐宣王说:“楚王派我来到贵国,想请问一下大王,为何对张仪那样厚爱而成全他?”齐宣王说:“寡人对张仪痛恨到极点,他到了魏国,我就派兵攻打魏国,成全他之说从何谈起?”冯喜说:“据我所知,张仪去魏国是同秦王合谋的。他们料到大王因憎恨张仪会发兵攻打魏国,这样,秦国可以乘齐、魏交战之机派兵进攻韩国,进而夺取周天子的传国宝器。如今,大王发兵攻

---

① 位于今河南省灵宝市东北。
② 当时周朝临近灭亡,只有洛邑(位于今河南省洛阳市)。

打齐国的盟国魏国，这正好中了张仪的奸计，不是厚待张仪，成全他同秦王定下的计谋，又是什么呢?”齐宣王感到这个楚国使臣说的有道理，随即下令从魏国撤军回国。

据《史记》卷七十·张仪列传

【简评】

张仪是战国时期富有才华的外交家。他纵横捭阖，不讲诚信，为秦国的利益游说各国，遭致楚、齐各国的怨恨，最终亦被秦国君臣所排斥。他心中的失落和无奈无法排解，以致忧愤成疾，不久在魏国去世。缺少政治信仰和礼义仁信，以狡诈诓骗追名逐利，是张仪的悲剧所在。

魏齐妄罚使官

魏[1]安僖王七年(前270年),魏安僖王派遣中大夫(朝廷中等级别的官员)须贾率团出使齐国[2]。须贾一行在齐国停留几个月时间。此间,齐国君臣发现须贾的侍从官范雎[3]能言善辩,气度不凡。齐襄王想收留范雎,派人私下宴请他,给他送去十斤黄金。范雎推辞,没有接受齐襄王的馈赠。须贾听说此事后,对范雎产生怀疑,认为范雎准是把魏国的什么机密透露给齐国了。

魏齐偏信须贾诬告对范雎施刑

回国后,须贾把这件事报告丞相魏齐。魏齐非常恼火,不问青红皂白,令人打了范雎一顿板子,把范雎的肋骨打断,牙齿打掉。范雎动弹不得,假装昏死过去。魏齐令人用草席把范雎卷起来,扔到厕所里。这时,魏齐的侍从仍不肯放过,往范雎身上撒尿,继续对他进行侮辱。

范雎见魏齐派来的打手离去,小声向看守他的人哀求,请他把他放掉,许诺今后会重重报答他。看守答应范雎的请求,向魏齐谎

---

① 战国国名,都大梁,位于今河南省开封市。
② 都临淄,位于今山东省淄博市东。
③ 《史记》卷七十九,记作范睢。此据《中国历史大辞典》记作范雎。

报称,卷在草席中的犯人没有气息了,可不可以将他扔到野外去?魏齐当时喝醉了酒,听说范雎死了,随口答复看守把他扔掉。范雎得以脱身。魏齐酒醒后听说捆在草席中的范雎不见了,派人四处追捕,没有逮到。魏国人郑安平把范雎隐藏起来。范雎随即改名为张禄。

范雎智逃劫难入秦[①]为相

此后不久,秦昭王派遣谒者(主管外交事务)王稽出使魏国。郑安平听说后想方设法会见王稽。王稽向郑安平询问:"魏国有没有贤能的人愿意跟我到西方去游历?"郑安平回答说:"我的同乡张禄先生是个人才,他想会见你,同你讨论天下大事。不过,他有仇人,不敢白天来拜见你。"王稽说:"你带他夜里来,在我这里见面方便。"

张禄同王稽见面后,王稽看出张禄多才健谈,邀请他跟他一起去秦国。张禄满口答应。王稽同张禄约定,要他在某日赶到他们回国路过的三亭(位于今河南省尉氏县西南)南面等他。张禄如约在三亭南面搭上秦国使团的马车,逃离魏国,跟随王稽来到秦国。

王稽一行返抵湖地(位于今河南省灵宝市西北)时,遇上秦国丞相穰侯(名魏冉)的出巡车队。张禄听说穰侯独揽秦国朝政,反对接纳外国说客,躲在车子里不敢出来。穰侯问了王稽出使情况后,接着问道:"你该不会把外国的说客带回秦国来了吧?"王稽回

---

① 都咸阳,位于今陕西省咸阳市东北。

答说:“不敢。”两人施礼后分手。

张禄捏着一把汗,气不敢出。他担心穰侯转回来搜查车子,便要王稽让他下车步行。张禄跟在秦国使团的车后,与之保持一段距离。不一会,穰侯果然派骑兵回头来查看王稽的车子。张禄幸免被穰侯查获。

王稽回到咸阳,奏报出使魏国情况后,向秦昭王推荐张禄。秦昭王当时没有接见张禄。一年以后,穰侯想领兵经过韩国[①]和魏国,去攻打齐国的纲邑(位于今山东省宁阳县北)、寿邑(位于今山东省东平县南),以连接他的封邑陶邑(位于今山东省定陶县西北)。

张禄听说后,上书请求拜见秦昭王。秦昭王随即召见张禄。张禄对秦昭王说,秦军隔着韩国和魏国去攻打齐国不合适,应中止穰侯攻打纲、寿二地的计划。同时,他向秦昭王论述征讨各国的大计,提出远交近攻的策略。秦昭王接受张禄的意见,随即任命张禄为客卿(由外国人担任的丞相)。

魏安僖王十一年(前266年),秦昭王厌恶穰侯专权,将穰侯免职迁往陶邑,任命张禄为丞相。张禄厚报郑安平和当年营救他的看守及王稽等人。

须贾使秦备受奚落

魏安僖王听说秦国新任丞相张禄很受秦王信赖,便派须贾出

---

① 都郑,位于今河南省新郑市。

使秦国,祝贺张禄荣升,并想借此请求同秦国结盟。

张禄听说魏王派须贾出使来到咸阳,便穿上旧衣服,从小街前往宾馆,会见须贾。须贾一眼便认出前来拜访他的人是范雎。他为范雎居然还活在人世大吃一惊;又见范雎贫寒落魄的样子,不由产生同情之心,问他如今以什么谋生。范雎答称他在秦国为人帮工。须贾对当初迫害范雎表示歉意,留范雎喝酒,并送给他一件绸袍。须贾谈到如今秦国是丞相张禄当政,说他此次来主要想求见张丞相,问范雎有没有门路帮他私下先牵个线。范雎答应通过他的主人帮须贾引荐。

第二天,范雎换了套普通衣服,乘着一辆大马车,来到须贾所住的宾馆。范雎手持"主人"给张丞相的信件,声称受"主人"委托,带须贾去张丞相住宅。路上,范雎亲自为须贾驾驭马车。到了丞相家大门口,范雎对须贾说,他要先进去向丞相通报,请须贾在门外稍候片刻。

须贾等了很长时间不见范雎出来,便向守门人施礼,请他们帮忙找一下从这辆车上下来进入门内的范雎。守门人大惑不解地问道:"刚才同你们一起来,下车进门的就是张丞相啊!你怎么喊他叫范雎?"须贾一听惊呆了,连忙请求进门,脱光上身衣服,爬到范雎面前,跪着向他叩头谢罪。

范雎当众历数须贾当年陷害他的罪状,声称念其赠送绸袍尚有故人之情,可以放他回国。尔后,范雎设宴招待各国来访使臣,酒菜非常丰盛,故意将须贾安排在下席,让两个受过黥刑(将脸部划破留下黑色印记)的囚犯逮着他,强逼他吞咽马吃的饲料。范雎令须贾回去传话给魏王,快快把魏齐的头送来,不然的话,他就要领兵去血洗大梁。

魏齐无处安身被迫自杀

须贾回到魏国后,向魏安僖王奏称:“新任秦国丞相张禄就是范雎,范雎索要魏丞相的头,大王近期若不把魏丞相的头送到秦国,范雎就要领兵攻打大梁。”魏安僖王将须贾奏报的情况转告魏齐。魏齐听说后惊恐万状,仓皇离开魏国,逃奔赵国①,躲藏在赵惠文王之弟丞相平原君(名赵胜)家里。

魏安僖王十二年(前265年),秦昭王获悉魏齐藏在赵国丞相平原君家里。为了替张丞相报仇,他假意邀请平原君访问秦国,称愿与他结为“布衣之友”,作“十日之饮”。平原君接信后十分惊喜,对秦昭王友好的表示没有产生任何疑问,欣然应邀来到秦国,拜见秦王。

秦昭王热情接待平原君,一连几天同他在一起共同饮酒。一天,秦昭王对平原君说:“从前,齐桓公得到管夷吾辅政②,称他为仲父(叔父),如今范丞相为我辅政,亦是我的叔父。听说范丞相的仇人魏齐藏在贵丞相家里,希望您派人回去把他的头拿来。否则,我不会让您出关(即函谷关,位于今河南省灵宝市北)。”平原君则以魏齐不在他家里,加以推辞。

秦昭王转而写信给赵惠文王。信中说:“如今,你的弟弟(平原

① 都邯郸,位于今河北省邯郸市。
② 即管仲,齐桓公夺取齐国君位(前685年)后,任命管仲为国卿(丞相),齐国获得大治,致使齐桓公称霸诸侯。

君)来到秦国,范丞相的仇人魏齐却躲在他家里。你必须派人马上把魏齐的头送到秦国来。不然的话,我就派兵攻打赵国,你的弟弟也别想出关。"

秦昭王的信发出后,赵惠文王去世,其太子赵丹继位为赵孝成王。赵孝成王看过秦王的来信,当即派兵包围平原君的家。魏齐闻讯,慌忙从平原君家逃出,连夜求见赵国丞相虞卿。虞卿估计不能说服赵孝成王停止逮捕魏齐,便将相印交给部下,陪着魏齐一起抄小路逃跑。他们日夜兼程,转身逃回大梁城外,想请信陵君魏无忌(魏安僖王之弟)帮忙转逃楚国①。

信陵君害怕由此得罪秦国,加之不了解虞卿的为人,不肯接待他们。信陵君的门客侯嬴听说后,对信陵君说:"虞卿是个不恋富贵肯于急人之难的义士,应该成全他。"信陵君听侯嬴这么说,改变对虞卿等人的态度。等到信陵君驾车到郊外出迎时,魏齐因不被本国接纳羞愧恼恨,已拔刀自杀。

赵王听说魏齐自杀,派人去魏国求购魏齐的头,把它包装好送给秦国。随后,秦昭王释放平原君回国。

据《史记》卷七十九·范睢列传

《资治通鉴》卷五·周纪五

【简评】

魏齐身为魏国丞相不作调查而偏信须贾诬告,下令对随同须贾出使的范睢严刑拷打,将其置于死地。范睢死里逃生,改名换姓

---

① 都陈,位于今河南省淮阳县。

逃入秦国,以其才能受任秦国丞相。范雎当权后,乘须贾出使秦国之机肆意泄愤。秦昭王为了替他复仇,对藏匿魏齐的赵国丞相平原君及赵王施加压力,迫使魏齐逃回魏国走投无路而自杀。魏齐由于处事失误,付出的代价是惨重的。

安国少季失于手软

汉高帝十一年(前196年),汉高帝刘邦封赵佗①为南越②王,赵佗向汉朝廷称臣。后来,赵佗之孙赵胡继位为南越王,假称有病,不再去朝拜汉天子,只是把太子婴齐派到汉都城长安(位于今陕西省西安市西北)充当朝廷警卫官。赵胡去世后,太子婴齐回国继位为南越王。婴齐即位后也推说有病,不肯朝拜汉天子。西汉元鼎三年(前114年)③,南越王婴齐去世,太子赵兴继位为南越王。

元鼎四年(前113年)秋天,汉武帝派遣右内史(京都地区行政长官)安国少季率团出使南越,劝说南越王赵兴要像内地封国的封王一样,定期朝见天子。

汉武帝之所以派遣安国少季出使南越,可能是考虑到他与新即位的南越王赵兴的母亲有着特殊的关系。当初,婴齐在长安期间所娶的妻子樛氏,在未嫁给婴齐之前与安国少季有私情。后来,樛氏嫁给婴齐生下儿子赵兴,婴齐回南越国即王位,樛氏随同他从

---

① 赵佗是秦朝真定(位于今河北省正定县)人。秦二世胡亥即位(前210年)后,将赵佗从龙川县(治所位于今广东省龙川县西佗城)县令(行政长官)调任行南海郡(治所位于今广东省广州市)尉事(代理军政长官)。之后,赵佗乘秦朝灭亡天下大乱之机,领兵攻占桂林郡(治所位于今广西区桂平市西南古城)、象郡(治所位于今广西区崇左县),自立为南越武王。

② 南越,亦作南粤,位于今湖南省南部、广东省、广西区及越南北部。都番禺,位于今广东省广州市仓边街附近。

③ 据《中国历史大辞典》·婴齐。

长安来到南越,被立为王后。赵兴即位后,尊奉其母为王太后。

安国少季抵达南越后,与王太后重叙旧情,很快说通王太后和南越王赵兴答应上书汉天子称臣。汉武帝接到由安国少季令人转递的南越王奏书后,当即批准他们的请求。南越王和王太后准备随同安国少季去长安朝见汉武帝。此间,安国少季和王太后旧情复燃,在南越国被传炒得满城风雨。他使越顺利的背后却潜伏着危机。

此时,操纵南越国实权的是丞相吕嘉。吕嘉虽然年岁已高,在南越国仍举足轻重。他连任三代国王的丞相,朝中文武百官多属他的部下。吕嘉家族在南越国做大官的有七十多人,大多娶王族女儿做妻子,他家族中的女儿大多嫁给王族男儿为妻,吕嘉的家族和南越王族已融为一体。南越王赵兴年轻,且即位不久,一切得听吕嘉的。王太后是中原人,本来就被朝中大臣视为外乡人,同安国少季的风流韵事更使她声名扫地。吕嘉在南越国的威望,比南越王赵兴和王太后都要高。

吕嘉在安国少季来到番禺后数次称病,迴避同他见面。他极力反对南越王上书西汉朝廷称臣。南越王没有听从他的意见,吕嘉极为不满,决意背离南越王。安国少季痛恶吕嘉不肯臣服,亦想以汉天子使臣的名义处死他,但由于吕嘉掌握实权,他无能为力。

元鼎五年(前 112 年)十月[①],王太后担心吕嘉发动叛乱,宴请吕嘉等少数大臣和安国少季所率使团成员,企图借汉朝使臣的权威诛杀吕嘉。吕嘉接到邀请后意识到可能会遭暗害,赴宴时让其

---

① 当时,每年纪月从十月开始。

弟率领兵士守候在宫外。

席间,王太后对吕嘉说:“南越归属汉朝,这对国家有利,而丞相却反对这样做,不知丞相为何这样怨恨汉朝?”王太后想用此话激怒汉朝使者,挑唆他们对吕嘉动手。安国少季知道吕嘉必有戒备,没敢指使随从人员行动。吕嘉看出宴会气氛不对,立即起身往外走。王太后怒气冲冲地追上去,想用矛从背后刺杀吕嘉,被南越王赵兴阻止。

不久,汉武帝听说吕嘉控制南越局势,拒绝安国少季规劝,不肯依附朝廷,派遣原济北王丞相韩千秋和王太后弟弟樛乐率二千名兵士开赴南越,准备以武力胁迫吕嘉归附。吕嘉获悉韩千秋率部进入南越境内,随即发动叛乱。

吕嘉首先派兵杀死南越王赵兴和王太后,接着下令杀死安国少季等汉朝使臣。然后,吕嘉引诱韩千秋、樛乐率军进抵番禺,将他俩及其部众围攻杀害。

元鼎六年(前111年)冬天,伏波将军路博德等人领兵将吕嘉等人抓获,平定南越。

据《史记》卷一百一十三·南越列传

《汉书》卷九十五·两粤传

《资治通鉴》卷二十·汉纪十二

【简评】

安国少季出使南越以私情说服王太后及南越王向西汉天子称臣,但他忽视了当时南越国是丞相吕嘉掌握实权,对劝说吕嘉归附朝廷所下功夫不够,且缺乏对其防范。他与王太后旧情复燃无异授人以柄,使吕嘉等人借以煽动叛乱。王太后设宴欲除掉吕嘉,没有经过周密策划,显系冒险。安国少季则畏惧吕嘉势力而失之手软。若安国少季杀死吕嘉,固然也难以逃脱被杀,但南越的局面会是两样。

郭吉狂言胁匈奴单于

西汉元封元年(前110年)十月,汉武帝在征服两越[①]以后,亲自率领十八万骑兵抵达朔方(位于今内蒙古包头市西南),向匈奴[②]炫耀武力。同时,他派遣郭吉(其职不详)出使匈奴,去劝说匈奴乌维单于向汉朝称臣。

郭吉到达匈奴后,匈奴负责接待的官员问他此次来匈奴的使命是什么,郭吉回答:“我见到单于以后才能说。”

乌维单于接见郭吉时,郭吉威胁说:“现在,南越王的头颅正悬挂在汉朝都城(位于今陕西省西安市西北)的北门下。如果单于还能南下与汉朝作战,汉朝皇帝亲自率领将士正等待在边境上。如若不能出战,就得赶快向汉朝称臣。你们何必要远走,逃到幕北[③]那寒冷荒僻没有水草的地方呢?”

没等郭吉把话说完,乌维单于勃然大怒,下令将负责接待郭吉的官员斩首,将郭吉扣留。接着,匈奴兵士将郭吉押到北海(位于今俄罗斯贝加尔湖)附近软禁。

天汉元年(前100年),匈奴且鞮侯单于有意改善同汉朝关系,

---

① 南越和东越合称两越。南越位于今湖北省南部、两广地区及越南北部;东越位于今福建省及浙江省南部。

② 汉北方游牧国家,单于(国王)庭位于今蒙古国乌兰巴托。

③ 即漠北,位于蒙古高原沙漠以北地区。

下令将不肯投降匈奴的汉朝使臣释放,郭吉才获释回国。

据《史记》卷一百十·匈奴传

《资治通鉴》卷二十·汉纪十二

【简评】

汉武帝即位后派兵反击匈奴骑兵南侵是必要的。匈奴虽然兵败北逃,但并没有被征服。郭吉奉命出使匈奴,胁迫单于向汉朝称臣,出言不逊,被其扣留是难免的。

王敬枉杀于阗王

东汉元嘉元年(151 年),西域长史①赵评在于阗②患痈病去世。赵评的儿子(其名不详)从内地前往奔丧。

当时,拘弥③与于阗两国不和,拘弥王成国与于阗王建之间积怨很深。赵评之子路经拘弥时,成国对他说:“是于阗王指令医生将毒药放到赵长史疮口,将你父亲害死的。”赵评之子信以为真,办完丧事返抵敦煌(位于今甘肃省敦煌市)时,他将成国的话告诉敦煌太守(行政长官)马达。

元嘉二年(152 年)元月,东汉朝廷任命王敬为西域长史。王敬经过敦煌时,马达将赵评之子所述赵评死因转告王敬,要王敬暗下核实此事。

王敬先到拘弥国,拘弥王成国对他说:“于阗国的人都想拥戴我做国王,眼下可以以谋杀前长史赵评的罪名将于阗王建处死,于阗必定臣服。”王敬新官上任,急于建立功名,竟接受成国的意见。

不久,王敬抵达于阗。他设宴邀请于阗王建,准备乘机将建杀死。有人把王敬这一阴谋报告建,建不相信,反问道:“我没有罪,

---

① 东汉朝廷派驻西域(位于今甘肃省玉门市以西至中亚地区)的军政长官,治所柳中,位于今新疆鄯善县西南鲁克沁。

② 西域国名,位于今新疆于田县克里雅河东。

③ 西域国名,位于今新疆和田县。

王长史凭什么要杀我?”

第二天,于阗王建应王敬之邀带着数十名随行人员赴宴。入席坐定后,建站起来行酒。王敬突然变脸,喝令手下武士将建抓起来。建的随行人员慌忙逃散。王敬无意当场将建杀死。在场的拘弥主簿(主管文秘)秦牧取出刀来说:“大事已经决定,为什么还要迟疑?”说着,他当即冲上去将于阗王建杀死。

于阗将军输僰闻讯后,随即带领兵士赶来攻打王敬。王敬提着建的头颅跑到城楼上,向围攻的兵士宣告说:“是汉朝天子指令我杀死你们国王建的。”输僰没有理睬王敬,下令兵士放火焚烧房子,冲上城楼将王敬斩杀,并把他的头颅悬挂在闹市。

据《后汉书》卷八十八·西域传·于阗国

《资治通鉴》卷五十三·汉纪四十五

【简评】

王敬作为朝廷新任西域长史,对拘弥、于阗二国不和应当知晓。他受马达嘱托调查赵评死因是可以的,但他没有调查便听信拘弥王的诬告。尤其荒唐的是,他竟采纳拘弥王的诡计,走马上任便将于阗王杀死,事后还冒称是奉汉天子的旨令行事。王敬急于功名,轻率枉杀,使他自己亦身首异地。

吴大帝轻信拒谏

吴[①]嘉禾二年(233 年)二月,辽东[②]太守(行政长官)公孙渊派遣校尉(警卫军官)宿舒、郎中令(侍从官)孙综携带文书出使吴国,向吴大帝孙权称臣。

公孙渊的祖父公孙度原为东汉辽东太守。东汉晚期,天下大乱,公孙度割据辽东。公孙度临终前传位给其子公孙康。公孙康死时,其子公孙渊年幼,由其弟公孙恭袭位。魏[③]明帝即位后,公孙渊夺取公孙恭之位。魏明帝任命公孙渊为扬烈将军、辽东太守。公孙渊仗恃辽东南临大海,西有山峦阻隔,表面上依附魏国,实则独立为王,且多次派使官携带礼品访问吴国。魏明帝听说公孙渊暗下派人同吴国联系,大为恼火,于吴嘉禾元年(232 年,即魏太和六年)九月,派兵从水陆两路讨伐公孙渊。魏军未能攻下辽东,无功而还。

吴大帝知道魏国军队刚刚攻打过辽东,公孙渊与魏明帝关系破裂,对于公孙渊主动派人来吴国称臣非常高兴,特意颁布大赦令。吴大帝隆重接待宿舒、孙综等人,决定封公孙渊为燕王,并打

---

① 三国之一,都建业,位于今江苏省南京市。

② 即辽东郡,辖境位于今辽宁省辽河以东地区,治所襄平,位于今辽宁省辽阳市。

③ 三国之一。东汉延康元年(220 年),魏王曹丕逼汉献帝退位,即位称帝,改国号为魏,都洛阳,位于今河南省洛阳市。

算派遣太常(主管礼仪的官员)张弥、执金吾(主管宫外保卫的武官)许晏、将军贺达率领万名军士,携带金银财宝,乘船渡海出使辽东,册封并赏赐公孙渊。

丞相顾雍等人对公孙渊派遣使者称臣持怀疑态度,认为不可对公孙渊恩遇过重,只需要派少量官兵把公孙渊的使者护送回去就行了。吴大帝对顾雍等人的意见听不进去。

退休在家的辅吴将军张昭听说吴大帝不肯接受顾雍等人的意见,十分焦虑,出面劝告吴大帝说:"公孙渊因为与我国联系得罪了魏国君臣。他是害怕再被魏国攻打,派使者到吴国来求援的,称臣并不是他的本意。如果公孙渊改变主意,把我国派去的使臣和将士扣下,以此向魏国证明他无意投附吴国,我国派去的使臣和将士就回不来了。那样,岂不是让天下人取笑吗?"

吴大帝对张昭的意见同样听不进去,反复对他进行诘责。张昭的态度更加坚决,语气更加激烈。吴大帝忍耐不住了,按着佩剑怒气冲冲地对张昭说:"吴国文武百官,进宫向我叩拜,出宫则向将军您叩拜,我对您亦是敬重到极点了。可您多次在众人面前顶撞侮辱我,我担心有朝一日控制不住自己,做出我不愿意做的事情来!"

张昭凝视着吴大帝,痛心地说:"我知道陛下不会采纳我的意见。我之所以想竭尽愚忠,是因为太后(孙权之母吴氏)临终时把我叫到床前,嘱咐我辅佐陛下,太后的话音一直还在我的耳边回响!"说着,张昭泪流满面。

此时,吴大帝也动了感情。他将佩剑扔在地上,与张昭相对哭泣。然而,吴大帝一意孤行,最后还是令张弥、许晏等人率领万名兵士携带财物出使辽东。

张昭恼恨自己的意见不被采用,从此称病不再定期上朝。吴大帝更为恼火,下令用土坯封堵张昭家的大门。张昭赌着一口气,令人在门里面又加封上一层土墙。

当年(233 年)六月,张弥、许晏等人率部从海上乘船抵达辽东。未出张昭所料,公孙渊果然变卦,下令将张弥、许晏等人斩首,送到魏国都城洛阳,并收编张弥所率部众、夺取吴军所携珍宝及军用物资。魏明帝对公孙渊此举极为赞赏,封他为乐浪公。

吴大帝听说公孙渊将张弥等人斩杀,以投附魏国,怒不可遏,恨恨地说:“我活到六十岁,历尽人间沧桑,不料却被鼠辈戏弄,令人气涌如山!我如果不亲手斩掉鼠辈脑袋,扔进大海,再也无颜立国!为了洗雪这一仇恨,我纵使遇到再大的波折也不悔恨!”

上大将军陆逊、尚书仆射(副丞相)薛综等人认为隔海远征辽东不是一件容易的事,极力上书劝阻,并对吴大帝加以宽慰。吴大帝虽然余怒未息,亦只好不再重提远征辽东一事。

吴大帝后悔不已,下令拆除砌在张昭家门口的封墙,亲自登门向张昭赔礼,请张昭继续定期上朝参议军国大事。

据《通鉴纪事本末》卷十·魏平辽东

《三国志》卷八·公孙度传、公孙渊传

卷四十七·吴主权传

卷五十二·张昭传

【简评】

轻信公孙渊而导致损兵折将,是孙权一生中重大失误之一。

轻信固然危险,更可怕的是拒谏。孙权的失误在于固执已见,独断专行。开国元勋张昭出面谏阻,居然受到他刀剑威胁、封门制裁,别的大臣当然更不在他话下。吴国与辽东远隔大海,从陆路走,中间隔着魏国。吴大帝上当后欲举兵报复公孙渊而不可能,只能"气涌如山",遗恨终生。

李顺出使受贿

北魏[1]太武帝拓跋焘即位(423 年)后,"不好珍丽,食不二味",致力于东攻西伐,志在统一北方。

北魏始光四年(427 年),北魏军队攻入夏国[2]都城统万,之后,俘虏夏国国王赫连昌。神四年(431 年)六月,北魏军队攻灭夏国,夏王赫连定被吐谷浑[3]兵士俘虏。八月,北凉[4]国王沮渠蒙逊慑于北魏国力强盛,将其儿子沮渠安周派到平城作人质,表示愿意向北魏称臣。北魏太武帝派遣尚书(朝廷部门长官)李顺率团出使北凉,册封沮渠蒙逊为凉王。

使凉受贿

延和元年(432 年)十二月,李顺奉命再次出使北凉,以探察其虚实,为日后北魏出兵攻打北凉做准备。北凉王沮渠蒙逊派中兵校郎(军事参谋官)杨定归转告李顺,称其年老多病,"不堪拜伏",等几天才能同李尚书见面。李顺回答说:"凉王年老,朝廷是知道

---

① 都平城,位于今山西省大同市。
② 都统万,位于今陕西省靖边县北。
③ 北魏属国,都伏俟城,位于今青海省青海湖西岸布哈河河口附近。
④ 都姑臧,位于今甘肃省武威市。

的。我奉命带来皇上的诏书,凉王作为藩臣,哪有称老不按时会见朝廷使臣的道理?”

第二天,沮渠蒙逊安排会见李顺。李顺进入王宫时,沮渠蒙逊坐在座位上不肯起身行见面之礼。李顺大为光火,厉声说道:“没想到你这个老头子竟然这样没有礼貌!你难道不怕亡国吗?竟敢凌辱大魏朝廷?看你这副样子,眼睛已经走神了,我无须再见你!”李顺手握符节(用金属、玉等器物制作的外交官凭证),怒气冲冲地转身朝外走。沮渠蒙逊命令杨定归将李顺追回来,起身向李顺施礼,拜受北魏太武帝的诏书。

沮渠蒙逊拜受诏书后仍不肯服气,对李顺说:“依靠德政治理天下,才能昌盛;凭借武力征服天下,自己势必亦要衰亡。魏朝如今拥有的天下已经很大了,应当用德政教化臣民,这样才能实现天下大治。如果只想着用武力征服,恐怕不可能永远胜利。”李顺回答说:“魏朝当今皇上即位以来,志在安定四海。皇上派遣大军扫荡暴虐,安抚百姓,昭示德政而惩罚罪孽,我不知道王所称凭武力征服天下从何谈起?”北凉王无话回答。

接着,沮渠蒙逊设宴招待李顺。沮渠蒙逊后悔与李顺会面时出言不逊,害怕李顺返回平城后报告魏朝廷,席间暗暗将金宝揣入李顺怀中。李顺没有推辞,将沮渠蒙逊所给的金宝收下。

李顺回到北魏后向太武帝奏报出使情况,说沮渠蒙逊确实年老多病,不会再活多久。他死后,可能由其最能干的儿子沮渠牧犍继位,但沮渠牧犍的才能远不及其父。

延和二年(433 年)四月,北凉果然向北魏朝廷奏报沮渠蒙逊去世,请求册封沮渠牧犍为北凉王。太武帝赞赏李顺考察判断准确,厚加赏赐,提任李顺为安西将军,并让他参议军政大事。

劝阻伐凉

司徒(宰相)崔浩听说李顺收受沮渠蒙逊金宝,秘密向太武帝告发。太武帝不肯相信。此后,北魏太武帝又多次派遣李顺出使北凉。沮渠牧犍继续用金宝贿赂李顺,以致将他收买,为北凉所用。

太延三年(437 年),北魏太武帝在出兵攻灭北燕①后,派遣李顺出使北凉,以观察那里的动态。李顺从北凉返回后,北魏太武帝征询他的意见说:"过去,我同您不止一次密议图取北凉的大事,当时因为忙于向东方征战,没有顾得上西方。如今燕国已经平定,向西进军的时机成熟了。您多次出使凉国,对那里的情况了解得很透彻。我想今年举兵西征,您看能不能攻下凉国?"李顺回答说:"我国兵民多年来一直劳苦于征战,没有得到休息。不可以接连出征,以增加兵民的疲劳,建议皇上等几年再说。"北魏太武帝接受李顺的意见,推迟出兵攻打北凉。

太延五年(439 年)三月,北凉王沮渠牧犍与其嫂李氏通奸,李氏出于妒忌,投毒欲把北凉王后(武威公主、北魏太武帝之妹)毒死。之后,武威公主虽然获救,但沮渠牧犍拒绝将李氏交给北魏处置。

北魏太武帝召集群臣讨论对策,想以此事为口实,发兵攻打北

① 都龙城,位于今辽宁省朝阳市。

凉。崔浩认为:沮渠牧犍罪恶之心已经充分暴露,应当派兵加以征讨。李顺及其亲信随从则以凉国都城百里之内无水草,军马难以停留,加以阻挠。

崔浩引用《汉书·地理志》所载“凉州之畜,为天下饶”,对李顺等人的话予以驳斥。崔浩指出:“凉州如果没有水草,其畜牧业怎么能名扬天下?姑臧城是汉朝人建造的,如果那里没有水草,汉朝人怎么会在该地建筑城池、设立郡县?说姑臧那里没有水草纯属欺人之谈!”

李顺等人争辩说:“耳闻不如目见。我们这些人亲眼所见那里没有水草,你怎能闭着眼睛同我们争论此事呢?”

崔浩严正指出:“你们接受了人家的金钱,帮凉国人说话,以为我没有去过那里,未曾亲眼见到那里有没有水草,便可以蒙混欺骗吗?”

北魏太武帝当即制止他们争辩,决定抓紧准备,尽快出兵攻打北凉。

论罪处死

当年八月,北魏军队攻灭北凉。北魏太武帝抵达姑臧,看到姑臧城外水草丰盛,才知道李顺欺骗了他,崔浩所引《汉书》记载属实无误。不久,凉州人徐桀告发李顺使凉期间受贿。事发后,崔浩进一步弹劾李顺“受牧犍父子重贿”,欺诈误国。北魏太武帝大为恼火,下令将李顺逮捕严加审查。经查李顺收受西凉王父子贿赂属实。

太平真君三年(442 年),北魏太武帝下令将李顺处死。

据《魏书》卷四上·世祖太武帝纪上

卷三十六·李顺传

卷三十五·崔浩传

《通鉴纪事本末》卷十八·魏灭夏

魏灭北凉

【简评】

李顺奉命多次出使北凉,观察其国情和防务情况,以为日后北魏出兵平凉作准备。此间,他接受北凉王贿赂,反而为北凉效力,编造谎言,劝说北魏太武帝延缓伐凉,其通敌叛国,罪不容赦。在外交活动中,能不能经受金钱美色的考验,对外交官来说始终都是严峻的关口。

阎知微出使通敌

周[①]万岁通天元年(696 年)九月,突厥[②]默啜可汗派使臣持国书来唐朝,称愿意帮助唐朝攻打契丹[③],同时请求做武女皇儿子、将其女儿嫁给唐朝封王,并请求把咸亨年间(670 年—673 年)投附唐朝被安置在丰、胜、灵、夏、朔、代[④]等六州降户遣返突厥。随后,武女皇派遣豹韬卫大将军(主管宫廷警卫)摄春官尚书(朝廷主管礼仪、教育的部门代理长官)阎知微、左卫郎将(警卫部队副将领)摄司宾卿(代理主管迎宾礼仪)田归道率团出使突厥,授予默啜可汗左卫大将军、迁善可汗。阎知微会见默啜可汗时,按突厥礼仪行舞蹈礼,低头吻其靴尖,田归道只行长揖礼,没有向默啜可汗下拜。默啜可汗赐给阎知微三品官服饰,而将田归道软禁。

通天二年(697 年)三月,阎知微、田归道一行从突厥返回,默啜可汗派使臣随同他们来唐朝,再次要求与唐朝通婚及遣返六州降户。途中,阎知微授予突厥使臣红袍银带,并令人送信给朝廷,

---

① 唐载初元年(690 年),皇太后武则天将唐睿宗李旦(武则天与唐高宗所生第四子)贬为皇嗣,自称圣神皇帝,将国号改为周,将她的侄、侄孙封为王。

② 唐北方邻国,可汗(国王)庭位于今蒙古国杭爱山东段。

③ 唐北方游牧部族,游牧地位于潢水(今内蒙古西拉木伦河)、土河(今内蒙古老哈河)流域。

④ 丰州治所位于今内蒙古五原县南,胜州治所位于今内蒙古准格尔旗东北,灵州治所位于今宁夏区灵武市西南,夏州治所位于今陕西省靖边县北,朔州治所位于今山西省朔州市西南,代州治所位于今山西省代县。

要朝廷准备以隆重的礼仪迎接突厥使臣。田归道随即上书提出异议,认为欢迎礼仪不必太隆重。武女皇赞同田归道的意见。

阎、田二人返回朝廷后,在武女皇面前激烈争论,阎知微认为与突厥和亲后,可以确保边境地区的安宁,田归道则认为突厥必然会负约,不可把和平的希望寄托于和亲,应加强边境防御。

武女皇就突厥的请求征求大臣意见。纳言(宰相)姚王寿、鸾台侍郎同平章事(宰相)杨再思以契丹尚未征服为由,极力主张答应默啜可汗的要求。于是,武女皇下令将六州降户数千帐遣返,与此同时,送给突厥四万斛谷种,五万段绸布,三千套具和数万斤铁,并同意与其通婚。

圣历元年(698 年)六月,武女皇指令其侄孙淮阳王武延秀带着丰厚的聘礼,赴突厥迎娶默啜可汗的女儿为妻。阎知微和武卫郎将(宫廷警卫将领)摄司宾卿杨齐庄、监察御史(最高监察机关官员)裴怀古等人陪同武延秀前往突厥。

当武延秀一行抵达黑沙南庭(其地不详)时,等候在那里的默啜可汗翻然变卦说:"原来议定,我女儿是嫁给李姓皇帝儿子的,眼下来的男儿姓武,他是皇帝的儿子吗?我们突厥人几代以来,都是降附李姓皇帝为臣的。听说李姓皇帝的后代没有灭尽,还有两个儿子在。今天,我正要派军队去帮助李姓皇子立为皇帝。"

默啜可汗下令将武延秀、杨齐庄、裴怀古等人扣留,任命阎知微为南面可汗,要他跟随突厥十万大军南下,去袭击唐静难军(唐方镇名,治所位于今陕西省彬县)等地。

裴怀古被扣后,突厥官员引诱他留下做官,他坚决拒绝。突厥官员威吓要杀死他,裴怀古毫不畏惧,慨然回答说:"我忠于我的国家。宁可死,也决不毁坏气节,去求生!请你们将我杀掉吧,我站在这里决不逃避!”突厥官员把他押回囚所。后来,裴怀古乘突厥看守松懈之机逃回晋阳(位于今山西省太原市西南)。

九月,默啜可汗指使阎知微招谕赵州(治所位于今河北省赵县)官兵投降。阎知微来到赵州城下,拉着突厥军官的手,一边唱着《万岁乐》的歌曲,一边跳舞。守卫赵州的将军陈令英在城楼上向阎知微喊话说:“你身为尚书,位子已经不轻了,还和来犯的突厥人一起踏歌,难道不感到惭愧吗?”阎知微低声答道:“不得已,《万岁乐》。”他洋洋得意,边说边跳。

赵州失陷后,刺史(行政长官)高叡与其妻秦氏宁死不降,被突厥兵杀害。

突厥兵撤离赵州时,将阎知微和杨齐庄放回唐朝。武女皇听说阎之微投降变节大为恼火。十月,武女皇下令将阎知微和杨齐庄逮捕,押赴天津桥南(位于今河南省洛阳市旧城西南),要文武百官一齐拔箭将他俩活活射死。

武延秀被突厥羁押后,没有投降。唐神龙元年(705年),武女皇病重被逐退位,太子李显(武则天第三子,曾即位为唐中宗,被母太后废黜)复位。默啜可汗想同唐朝和亲,随即让武延秀回国,并让他给唐朝带去书信。武延秀被突厥扣留七年,至此才得以回到唐朝。

据《资治通鉴》卷二百五·唐纪二十一

卷二百六·唐纪二十二

《通鉴纪事本末》卷二十九·突厥叛唐

《旧唐书》卷一百九十四上·突厥上

卷一百八十三·武延秀传

卷一百八十五·裴怀古传

【简评】

阎知微出使突厥卑躬屈膝。默啜可汗背弃盟约举兵南攻唐(周)朝,他竟然助纣为虐,得意忘形,帮助劝说唐军投降。这样的败类当然不会有好下场。

石敬瑭割地求援

后唐[1]河东(治所晋阳,位于今山西省太原市)节度使(军政长官)、北面总管(北方地区军政长官)石敬瑭(后唐明宗李嗣源的女婿)与凤翔(治所位于今陕西省凤翔县)节度使李从珂(后唐明宗的养子)互相猜忌,勾心斗角。

向契丹[2]割地称儿

后唐清泰元年(934 年),李从珂领兵攻入京都洛阳,废杀后唐闵帝李从厚(后唐明宗第三子),即位为后唐末帝。李从珂称帝后,调令武宁(治所位于今江苏省徐州市)节度使张敬达为北面行营副总管(北方军事副长官),让其领兵进驻代州(治所位于今山西省代县),加强对石敬瑭监控。石敬瑭大为反感,与后唐末帝的矛盾进一步加深。

清泰三年(936 年)五月,后唐末帝发布诏令,将石敬瑭调任天平(治所位于今山东省东平县西北)节度使。石敬瑭知道此举意在削弱其势力,拒不服从这一调令,决定和后唐末帝公开对抗。他致信后唐末帝称:“你只是先帝的养子,不应当继承皇位,应当把皇位

---

① 五代之一,都洛阳,位于今河南省洛阳市。
② 后唐北方邻国,又称辽国,都皇都,位于今内蒙古巴林左旗南。

让给先帝的儿子许王李从益。”后唐末帝看了石敬瑭此信勃然大怒，随即下令撤销他的官职，捕杀其在京都任职的两个儿子，命张敬达率领三万名兵士对晋阳实施包围。

石敬瑭极为恐惧，决定以割地为代价，向邻近的契丹屈膝求援。他令掌书记（主管文秘）桑维翰拟草致契丹国王耶律德光书信，信中向契丹国王称臣，愿“以父礼事之”，请求契丹出兵帮助他攻打李从珂，许诺事成之后将卢龙（治所位于今北京市区）至雁门关（位于今山西省代县西北）以北诸州土地割让给契丹。

都押牙（节度使府警卫长官）刘知远劝阻说：“向契丹国王称臣就很可以了，用对待父亲的礼节事奉他太过分了。拿丰厚的金银绸缎贿赂契丹王，就足以能使他出兵，不必许诺割给他土地。如果将土地割给契丹，恐怕将来会成为中原的大患，那时后悔就晚了。”

石敬瑭没有听取刘知远的意见，派遣使者带着他的“奏书”，从小道奔往契丹求援。契丹国王看了石敬瑭的“奏书”后喜出望外，答应率军救援。

当年(936年)九月，契丹国王亲率五万骑兵（号称三十万大军）南下。闰十一月，石敬瑭率部会同契丹军攻入洛阳。后唐末帝李从珂兵败自焚，后唐灭亡。

在此期间，石敬瑭建国号为大晋，史称后晋。契丹国王册封石敬瑭为大晋皇帝，赐给他皇帝衣冠。石敬瑭即位为后晋高祖后迁都汴（位于今河南省开封市），将原来许诺的卢龙至雁门关以北十六州①土地割让给契丹，并许诺每年将向契丹进贡三十万匹帛。此后，在两国交往中，后晋高祖称契丹国王为"父皇帝"，契丹国王则称后晋高祖为"儿皇帝"。

"儿皇帝"日子难过

石敬瑭向契丹割地称儿，本想安安稳稳当个"儿皇帝"。可是，与他的愿望相反，他的皇位始终没有安稳过。

后晋天福二年(937 年)二月，契丹军队回撤，要收取云州。大同节度使沙彦珣不愿交地，契丹军士将其劫持。云州众军士推举节度判官(节度使主要属官)吴峦主持州事，组织抗击契丹军达半年之久。

后来，后晋高祖请求契丹国王解除对云州的包围，将吴峦改任为武宁节度副使。

当年六月，天雄(治所魏州，位于今河北省大名县东北)节度使范延光受部众鼓动，反叛后晋朝廷。后晋高祖派兵围攻范延光部，为时一年多未能平定。直到第二年九月，双方达成妥协。

---

① 石敬瑭割给契丹十六州是：幽州(治所位于今北京市区)、蓟州(治所位于今天津市蓟县)、瀛州(治所位于今河北省河间市)、莫州(治所位于今河北省任丘市北)、涿州(治所位于今河北省涿州市)、檀州(治所位于今北京市密云县)、顺州(治所位于今北京市顺义区)、新州(治所位于今河北省涿鹿县)、妫州(治所位于今河北省怀来县东南)、儒州(治所位于今北京市延庆县)、武州(治所位于今河北省宣化县)、云州(治所位于今山西省大同市)、应州(治所位于今山西省应县)、寰州(治所位于今山西省朔州市东北神头)、朔州(治所位于今山西省朔州市)、蔚州(治所位于今河北省蔚县)。

天福四年(939 年),契丹国王派使臣来汴,要后晋高祖将逃亡契丹的已故义武(治所位于今河北省定州市)节度使王处直之子王威任命为义武节度使。后晋高祖答称须逐级提拔。契丹国王大为恼火,随即派使臣前来质询后晋高祖:“你从节度使一跃而成为天子,也是逐级提拔的吗?”后晋高祖只好以厚礼向契丹国王致歉,并将王处直之兄的孙子彰德(治所位于今河南省安阳市)节度使王廷胤改任为义武节度使。

天福五年(940 年),居住雁门关以北诸州的吐谷浑①人被划归契丹后,不服契丹管制,有千余帐户南奔后晋。为此,契丹国王派使臣对后晋高祖进行责难。后晋高祖只好下令将吐谷浑人强行赶回故地。

天福六年(941 年)四月,成德(治所位于今河北省正定县)节度使安重荣耻于向契丹称臣,杀死路过的契丹使臣。契丹君臣极为恼火,怪罪后晋高祖。后晋高祖派使臣赴契丹赔礼道歉。之后,安重荣致书天下各州郡,指斥后晋高祖对契丹行“父事之礼”,“困耗中国”。接着,他联络山南东道(治所位于今湖北省襄樊市)节度使安从进起兵讨伐后晋高祖。

天福七年(942 年)正月,安重荣兵败被杀。后晋高祖令人将安重荣的首级送往契丹,以平息其君臣的怒火。三月,新任彰义(治所泾州,位于今甘肃省泾川县北)节度使王周弹劾该镇原节度使张彦泽贪残不法二十六条罪状,激起朝廷众臣的义愤。四月,右谏议大夫(主管议论朝政得失)郑受益上书批评后晋高祖“赏罚无

① 北方游牧部族,当时散居蔚州等地。

章”,称朝廷内外议论陛下受了张彦泽百匹良马而放任其胡作非为。刑部郎中(朝廷主管刑事的部门内设机构长官)李涛等人奏请将张彦泽处死,言词十分激烈。后晋高祖喝令他们退下,李涛等人坚持不退。后晋高祖极为恼火,拂衣而起,退入内宫。

后晋高祖称帝以后,不仅国内动荡不安,而且经常要承受来自契丹的责难,内外双重压力使其忧虑成疾。

当年六月,后晋高祖在郁愤中去世,时年五十一岁,由其侄石重贵继位为后晋少帝。

石重贵称帝后,改变对契丹的态度,称孙不称臣,后晋与契丹之间的关系随即破裂。

开运三年(946 年),契丹军攻入汴,后晋少帝被俘,后晋灭亡。

据《通鉴纪事本末》卷四十一·石晋篡唐范杨之叛
《资治通鉴》卷二百八十一·后晋纪二
卷二百八十二·后晋纪三
卷二百八十三·后晋纪四
《旧五代史》卷七五——卷八十·晋高祖纪
《新五代史》卷九·晋出帝本纪

【简评】

《旧五代史》作者薛居正等人认为:石敬瑭“图事之初,召戎为援,猃狁自兹而孔炽,黔黎由是以罹殃。迨至嗣君,兵连祸结,卒使都城失守,举族为俘。亦犹决鲸海以救焚,何逃没溺;饮鸩浆而止渴,终取丧亡”(《旧五代史》卷八十)。

清代学者王夫之认为:“以石氏论,称臣称男,责赂无厌,丑诟相仍,名为天子,贱同仆隶”“石氏之世,君非君,将非将,内叛数起,外夷日逼,地蹙民穷”“拒契丹以灭石氏者,安重荣耳,虽兵败身死、蒙叛臣之号,而以视延寿①辈之腥污,犹有生人之气矣”(《读通鉴论》卷三十·五代下)。

① 即赵延寿,早年娶后唐明宗李嗣源之女为妻,受任驸马都尉(皇帝侍从警卫官),后升任上将军。后唐清泰三年(936年),契丹军赴援石敬瑭,赵延寿奉后唐末帝之命救援张敬达军。赵延寿屯兵不进,随即投降契丹。

桑维翰屈求契丹

桑维翰是五代时期洛阳(位于今河南省洛阳市)人,个子矮小而脸长得特别长。他虽然面貌奇丑,却一心想当大官,出人头地,写了《日出扶桑赋》一文表达心志。桑维翰考中进士后,后唐[①]河东(治所位于今山西省太原市)节度使(军政长官)北面总管(北方地区军政长官)石敬瑭(后唐明宗李嗣源的女婿)将他录用为掌书记(主管文秘的官员)。

献计投靠契丹[②]

后唐清泰三年(936年)春天,石敬瑭与后唐末帝李从珂(后唐明宗的养子)的矛盾激化。后唐末帝调任石敬瑭为天平(治所位于今山东省东平县西北)节度使,企图削弱他长期镇守河东形成的势力,石敬瑭大为忧惧,称病迟迟不肯赴任。在石敬瑭去留两难之际,桑维翰鼓动石敬瑭反叛朝廷,并向他献出投靠契丹之计。桑维翰对石敬瑭说:"契丹国王一向与明宗称兄道弟,契丹部落近在云、应二州[③],您若能委屈自己,诚心诚意事奉契丹国王,万一有急事,

① 五代之一,都洛阳,位于今河南省洛阳市。
② 后唐北方邻国,都皇都,位于今内蒙古巴林左旗南。
③ 云州治所位于今山西省大同市,应州治所位于今山西省应县。

早上派人去求援,晚上契丹军就能开过来,还愁什么事不能成功?"石敬瑭采纳桑维翰的计谋,决定以割让土地为条件,请契丹出兵帮助他攻打后唐末帝。都押牙(节度使府警卫长官)刘知远劝阻不可将土地割给契丹,以免留下后患,石敬瑭拒而不听。

五月,石敬瑭致书后唐末帝,称其为明宗养子不应继位,要其将皇位让给许王李从益(后唐明宗之子)。后唐末帝极为恼火,随即下令进驻代州(治所位于今山西省代县)的北面行营副总管(北方军事副长官)张敬达率兵攻打石敬瑭。石敬瑭惊恐万状,令桑维翰拟草文书,派人向契丹称臣,愿以侍奉父亲的礼节侍奉契丹国王耶律德光,请求契丹出兵援助其攻打李从珂,许诺事成后将卢龙道(位于今河北省迁安市西北)至雁门关(位于今山西省代县西北)十六州[①]割让给契丹。契丹国王答应出兵救援。

九月,契丹国王率五万大军赴援石敬瑭。十一月,石敬瑭建国号大晋,史称后晋[②];受契丹国王封为皇帝,即后晋高祖。后晋高祖随即将许诺的土地割让给契丹。桑维翰因献计割地求援有功,被后晋高祖提任为中书侍郎、平章事(宰相)、充枢密院使(侍从皇帝的主官兼顾问)。

---

① 石敬瑭割给契丹十六州是:幽州(治所位于今北京市区)、蓟州(治所位于今天津市蓟县)、瀛州(治所位于今河北省河间市)、莫州(治所位于今河北省任丘市北)、涿州(治所位于今河北省涿州市)、檀州(治所位于今北京市密云县)、顺州(治所位于今北京市顺义区)、新州(治所位于今河北省涿鹿县)、妫州(治所位于今河北省怀来县东南)、儒州(治所位于今北京市延庆县)、武州(治所位于今河北省宣化县)、寰州(治所位于今山西省朔州市东北神头)、朔州(治所位于今山西省朔州市)、蔚州(治所位于今河北省蔚县)和云州、应州。

② 都汴,位于今河南省开封市。

向契丹国王讨好哀求

后唐诸道行营都统(前线军事总指挥)赵德钧心怀异志。他受后唐末帝之命统领各路军马反击石敬瑭,却屯驻团柏谷(位于今山西省祁县东)按兵不动,意欲借助契丹兵力夺取天下。

当年闰十一月,赵德钧派人给契丹送去大量金银和绸布,请求契丹国王立他为帝,许诺将与契丹结为兄弟国家,仍让石敬瑭镇守河东。契丹国王认为赵德钧兵力强大,打算答应他的要求。

后晋高祖听说后极为惊恐,连忙派桑维翰出使契丹。桑维翰拜会契丹国王时讨好说:"我朝皇上在危困之时得到贵国义兵救援。贵军一出战,唐军就败溃了。赵德钧向来惧怕贵国强大,他的话荒诞不经,不可相信。大王已经帮助我朝皇上立国,前功不可放弃。如果贵国能帮助我朝皇上夺取天下,他一定会竭尽中原的财力以贡奉贵国"。契丹国王听桑维翰这么说,还有些犹豫,没有明确表态。桑维翰急了,跪在契丹国王帐前哀求,从早晨一直到晚上都在那里哭泣。契丹国王似乎受到感动,回绝赵德钧使者,决定支持石敬瑭不动摇。

当月,在契丹军配合下,后晋高祖领兵攻入洛阳,后唐末帝自杀,后唐灭亡。

后晋天福六年(941 年),成德(治所位于今河北省正定县)节度使安重荣耻于向契丹称臣,杀死路经成德的契丹使臣,准备同契丹决战,引起两国关系紧张。

此时,桑维翰因损公肥私、与民争利被贬为泰宁(治所位于今山东省兖州市)节度使。他听说安重荣杀死契丹使臣后,向后晋高祖递上密奏,称投靠契丹"虽卑辞降节,屈万乘之尊;而庇国息民,实数世之利。"桑维翰提出不可与契丹抗争的七条理由,得到后晋高祖认同。安重荣反抗朝廷被杀后,后晋高祖派人将其首级送往契丹,暂时缓和两国的矛盾。

指望契丹保护失算被杀

天福七年(942 年)六月,后晋高祖病逝,其侄石重贵继位为后晋少帝(出帝),将桑维翰召回朝廷任侍中(侍从皇帝的主官)。后晋少帝拒绝桑维翰与契丹和好的主张,采纳同平章事兼侍卫马步都指挥使(警卫部队将领)景延广的意见,向契丹只称孙,不再称臣,两国关系笼罩阴云。

此后,契丹和后晋开战,双方死伤都很惨重。契丹军败退后,桑维翰指使其亲信向后晋少帝建议说:"陛下欲制服契丹,安定天下,非采纳桑维翰的计谋不可。"于是,后晋少帝令景延广出镇洛阳(位于今河南省洛阳市),任命桑维翰为中书令(宰相)、枢密使,由其执掌朝政。

桑维翰当权后,放肆接受贿赂,不到一年便"积货钜万"。此间,后晋少帝生病。桑维翰暗下派人密奏太后(后晋高祖皇后李氏),为石重睿(后晋高祖幼子)选派教师。后晋少帝听说此事后对桑维翰产生怀疑,将其贬为开封府尹(京都地区行政长官)。

开运三年(946 年)十二月十日,契丹军队击败后晋主力部队,随后攻入后晋都城汴,左龙武大将军(主管警卫部队)张彦泽随同后晋少帝向契丹投降。这时,有人劝桑维翰乘乱逃跑。桑维翰知道契丹人不会伤害他,不肯离开官府,声称"我是大臣,国家败亡,我能到哪里去逃死啊!"

当初,桑维翰多次劝说后晋少帝与契丹和好,都被他拒绝。后晋少帝担心桑维翰会在契丹国王面前泄露这些往事,授意张彦泽杀死桑维翰以灭口。张彦泽意欲掠取桑维翰的家产,欣然接受这一指令。

张彦泽派人送信给桑维翰,谎称少帝召见他。桑维翰骑马刚上大街即被抓捕。当月十八日夜,张彦泽派人将桑维翰勒死,对契丹国王则谎称其自尽。契丹国王耶律德光信以为真,十分惋惜地说:"我无意处死桑维翰,他何必要自杀啊!"

据《旧五代史》卷八十九·桑维翰传

《新五代史》卷二十九·桑维翰传

《通鉴纪事本末》卷四十一·石晋篡唐

卷四十二·契丹灭晋

【简评】

清代学者王夫之认为:桑维翰"急请屈节以事契丹,敬瑭智劣胆虚,遽从其策,称臣割地,授予夺之权于夷狄,知远争之而不胜。于是而生民之肝脑,五帝三王之衣冠礼乐,驱以入于狂流""祸及万世,则万世之罪人,自生民以来,唯桑维翰当之"(《读通鉴论》五代中·十六)。

曹光实失察受骗

北宋太平兴国七年(982年)五月,自称夏州(治所位于今陕西省靖边县白城子)留后(军政长官)的李继捧因无法控制其宗族内部的矛盾冲突,向宋朝廷献出他所统治的夏州、银州(治所位于今陕西省横山县东)、绥州(治所位于今陕西省绥德县)、宥州(治所位于今内蒙古鄂托克旗东南)之地,请求迁居宋朝京都开封(位于今河南省开封市)。

宋太宗赵光义重赏李继捧,并派出使臣前往夏州等地将李继捧同族亲属接往开封。与此同时,宋太宗任命汝州(治所位于今河南省汝州市)团练使(军事长官)曹光实为夏、银、绥、宥等州都巡检使(代表朝廷巡察军政),负责处理接管四州事务。

李继捧的族弟李继迁不愿归附北宋。他听说宋朝廷派来使臣迎接其部族内迁,声称为乳母治丧,带着数十名亲信逃至地斤泽(位于今内蒙古鄂托克旗东北),在那里聚集力量,抗拒北宋朝廷收编。

雍熙元年(984年)九月,曹光实[1]等人率领精兵夜袭地斤泽,

---

[1] 《续资治通鉴》卷十二·宋纪十二,记为夏州知州(行政长官)尹宪领兵袭击李继迁。到了约定日期,李继迁派数十人去银州郊外迎接曹光实。曹光实带领一百名骑兵随同他们前往约会地点。当曹光实一行行抵葭芦川时,李继迁迎上去施礼,并领着他们往北走。突然,李继迁举手挥鞭。顿时间,埋伏在四面的兵士蜂拥而上。曹光实猝不及防,当场被乱兵杀死。

击溃李继迁部,斩杀其五百余名部众,俘虏李继迁的母亲、妻子及一千四百帐户,并获取数以万计的牛羊。李继迁只带少数随从逃遁。此后,宋太宗任命李继捧为夏州刺史(行政长官),要他率部讨伐李继迁。李继捧返回夏州后,向宋太宗报告,称李继迁已经悔过归顺。宋太宗当即任命李继迁为银州刺史。其实,李继迁并没有降服于宋朝,他对在地斤泽遭受曹光实部众袭击尤为怀恨在心,仍然带着一帮人马迁徙无常。

雍熙二年(985 年)二月,李继迁派人去银州送信给曹光实,称其处境窘迫,已不能继续生存,请求投降。他在信中称曹光实为舅,愿与之结为姻亲,并提出与曹光实在葭芦川(位于今陕西省横山县境内)会面的具体日期。曹光实接信后不假思索,信以为真。为了独领招降李继迁的功劳,曹光实没有向别人声张,决定单独前往受降。

据《宋史》卷四 · 太宗本纪一

卷二百七十二 · 曹光实传

《续资治通鉴》卷十二 · 宋纪十二

【简评】

李继迁不愿随李继捧归附北宋。曹光实奉命接管夏州等地,已经引起李继迁忌恨。他率部夜袭李继迁部众,使之恨上加仇。对此,曹光实疏忽失察。李继迁设下伏兵,以投降称舅约其在葭芦川会面,曹光实竟信以为真。轻信,贪图功名,使曹光实命归黄泉。

张邦昌受封异姓皇帝

北宋靖康元年(1126年)正月,金国[①]军队围攻宋朝都城开封(位于今河南省开封市),宋朝廷处于生死存亡的危急关头。宋钦宗赵桓不再支持兵部侍郎(朝廷主管军事的部门副长官)李纲继续组织开封军民抗战,派遣知枢密院事(最高军事机关长官)李棁前往金军大营,向金东路军统帅斡离不(完颜宗望)求和。斡离不提出要宋朝增加犒劳金军费用,割让太原、中山、河间三镇[②],派亲王和宰相去金军军营做人质,作为和谈条件。宋钦宗同意斡离不提出的这三项和谈条件,任命中书侍郎(副宰相)张邦昌为少宰(宰相),陪同康王赵构(宋钦宗之弟)出使金军大营为人质。

面对金军入侵,宋朝众臣围绕和议与抗战展开激烈的争论。张邦昌虽然力主和议,但他不情愿充作人质,害怕赴金军大营后被金军扣留不得返回。临行前,张邦昌请求宋钦宗签署不改变割地的决定,宋钦宗没有同意。

康王和张邦昌进入金军大营不久,京畿宣抚司都统制(主管京都地区治安保卫的将领)姚平仲率军夜袭金军军营。斡离不大为恼火,责问张邦昌是怎么回事。张邦昌回答说,这是姚平仲个人行

---

① 都会宁府,位于今黑龙江省阿城市南。

② 太原镇治所位于今山西省太原市。中山镇治所位于今河北省定州市。河间镇治所位于今河北省河间市。

为,不是出自宋朝廷的旨意。斡离不对张邦昌的解释表示认同,未作深究。由此,张邦昌被宋钦宗提任为太宰兼门下侍郎(宰相)。

二月,肃王赵枢(宋钦宗之弟)替代康王入金军大营作人质,张邦昌随康王从金军大营返回,出任河北路割地使,与金军将领进行割地谈判。这时,金西路军统帅粘罕(完颜宗翰)率兵南攻,有人上书弹劾张邦昌暗下通敌,是“社稷之贼”。于是,张邦昌被降为观文殿大学士(名誉宰相)。

不久,金军北撤。当年秋天,金军再次南下。闰十一月,金军攻下开封。

靖康二年(1127 年)二月,太上皇(即宋徽宗,宋钦宗之父)赵佶和宋钦宗先后被金军统帅诱骗扣留。宋朝廷一时无主,处于瘫痪状态。

当时,金军准备北撤。金太宗完颜晟决定立一个不是姓赵的人做皇帝,以充当金国在中原的代理人。金军统帅要宋朝廷中力主议和的翰林承旨(负责拟草诏书、传达诏令)吴幵、吏部尚书(朝廷主管官吏任免的部门长官)莫俦召集百官,推举一名不是姓赵的官员当皇帝。在场的宋朝文武百官没有一个人说话,面面相觑,不知如何是好。这时,尚书员外郎(朝廷部门官员)宋齐愈从金军军营返回。众人询问金军统帅意向是谁,宋齐愈手书“张邦昌”三字给大家看。于是,众人同意让张邦昌主持国事。尚书右丞(副宰相)同知枢密院事(最高军事机关副长官)孙傅、御史中丞(最高监察机关长官)秦桧等人坚持立赵氏皇帝弟子为帝,反对立张邦昌为异姓皇帝。金军统帅听说后,下令将孙傅、秦桧等人逮捕。

就张邦昌本意来说,亦不想当这个异姓皇帝。当金军统帅催促他尽快答应即帝位时,“邦昌始欲引决”,想一死了之。当时有人劝张邦昌说:“当初,宰相没有死在金军大营;今天,您难道想惹恼金军来屠杀京城官兵百姓吗?”经人这样劝说,张邦昌才没有再推辞。

三月,金太宗派使臣进入开封,宣布册封令,将国号宋改为“大楚”,封张邦昌为楚帝。张邦昌向北跪拜接受册封,即位为大楚皇帝。

张邦昌受封为楚帝后,宣赞舍人(负责引导百官朝会的官员)吴革等人拒绝事奉不是姓赵的皇帝,密谋起事。京城四壁都巡检使(主管京城城门保卫)范琼曾持剑为金军驱逼徽、钦二帝入金军大营,是暗通金军的内奸。他诈称支持吴革的行动,将吴革及其儿子诱捕杀害。

张邦昌自知即位为“大楚”皇帝不得人心,诚惶诚恐,内心极为不安。他对原宋朝百官称“予”,而不称“朕”,亲手拟草公文称“手书”,而不称“诏书”。他经手任命的朝廷大臣,职务前面都加一个“权”字,意为临时代理。张邦昌没有改变宋朝的纪元年号,也没有坐上紫宸殿皇帝宝座去接见金国使臣。权知枢密院事领尚书省(代理最高军事机关长官、宰相)王时雍在张邦昌面前称“臣启陛下”,受到张邦昌斥责。由此可见,张邦昌的所谓“大楚”皇帝并未真正到位,实际上只是临时主持陷入瘫痪状态的宋朝朝政而已。

四月,金军撤退,将徽、钦二帝及后妃等人掳至北方。权领门下省(代理宰相)吕好问对张邦昌说:“众心归附于你,是因为慑于金军的权威。如今,金军撤走了,你的地位还能保持长久吗?”吕好问建议张邦昌理智退位,迎立康王赵构即帝位,迎奉元祐皇后①垂帘听政。张邦昌没有迟疑,接受吕好问的建议。王时雍劝阻说:"你既然已经当上皇帝,势如骑虎难下。退不退位,应当深思熟虑,三思而后行。他日如被老虎伤害,后悔就来不及了。"张邦昌没有听取王时雍的意见。

之后,张邦昌发布文书,尊称元祐皇后为宋太后,派人将她接入延福宫。同时,他派人给康王送去一封亲笔信,表示愿将皇位让给康王,信上称其"所以勉循金人推戴者,欲权宜一时以纾国难也,敢有他乎?"张邦昌只做了三十三天楚帝,自动退位。

五月,康王赵构在南京(位于今河南省商丘市)即帝位,为宋高宗(后来宋高宗率群臣南迁,史称南宋,都临安,位于今浙江省杭州市)。张邦昌拜见宋高宗时,"伏地恸哭请死"。宋高宗对他加以抚慰。接着,宋高宗封张邦昌为同安郡王,任命他为太保(名誉宰相)。

此后,宰相李纲弹劾张邦昌"国破而资之以为利,君辱而攘之以为荣",建议将其在闹市斩首,"以为乱臣贼子之戒"。宋高宗就此批示说:"邦昌僭逆,理合诛夷,原其初心,出于迫胁,可特与免贷,责授昭化军节度副使,潭州②安置。"

当年(1127 年)九月,宋高宗听说张邦昌即伪帝后与华国靖恭夫人李氏(身份不详)关系暧昧,而李氏有拥戴张邦昌、冒犯宋朝的言论。于是,宋高宗发布诏书历数张邦昌罪状,下令他在潭州自杀。

---

① 元祐皇后系宋徽宗之兄宋哲宗皇后孟氏。当年失宠被废,后来因后宫失火,入住民间私宅。金军攻破开封后尽掳后宫嫔妃,孟氏幸免被掳。

② 治所位于今湖南省长沙市。

据《宋史》卷四百七十五·张邦昌传

《宋史纪事本末》卷五十六·金人入寇

卷五十八·张邦昌僭逆

【简评】

张邦昌不赞成抵抗南下金军,主张同金国议和,故为金军统帅看中。他虽无意篡夺宋朝皇位,却屈服于金军将帅威逼,接受金太宗册封为楚帝。他即位为楚帝后没有把自己看作皇帝。金军北撤后,他便自行退位,请康王赵构即位为帝。张邦昌的行为固然有失大节,但他没有做叛国害民之事,与刘豫[①]不可相提并论。

① 刘豫原为南宋济南府(治所位于今山东省济南市)知府(行政长官)。南宋建炎二年(1128年),金军攻打济南,他杀死守城将领关胜,投降金军。后来,刘豫被金国立为“齐”帝,都汴京(即开封),占据淮河以北地区,不断出兵攻打南宋。

施宜生隐语泄密

施宜生是北宋邵武(位于今福建省邵武市)人,年轻时由太学生(宋朝廷主办的最高学府学员)选任颍州(治所位于今安徽省阜阳市)教授(训导考核学生的官员)。北宋靖康元年(1126 年)冬天,金国①军队攻入宋都城开封(位于今河南省开封市),施宜生返回江南。后来,施宜生因犯罪逃离南宋②,投入伪齐③,上书献攻取南宋的计策,受任大总管府(设于某地主管军事民政的机构)议事官。伪齐帝刘豫被废后,施宜生转入金国做官,官至翰林侍讲学士(皇帝学术顾问)。

金正隆四年(1159 年)冬天,金朝廷派施宜生率团出使南宋,庆贺新年。施宜生因犯罪北逃,不想再返回江南见到宋朝故人,极力推辞此行,金朝廷没有同意。不久,施宜生一行抵达南宋都城临安近郊。宋高宗派遣吏部尚书(朝廷主管官吏任免的部门长官)张焘

---

① 都会宁府,位于今黑龙江省阿城市南。金贞元元年(1153 年),金帝完颜亮(海陵王)迁都中都(位于今北京市区)。

② 北宋靖康二年(1127 年)四月,金国军队将宋太上皇赵佶(宋徽宗)、宋钦宗赵桓(太上皇长子)掳至北方。五月,康王赵构(太上皇第九子)在南京(位于今河南省商丘市南)即位为宋高宗。之后,宋高宗率众臣南迁,保守淮河以南地区,定都临安(位于今浙江省杭州市),史称南宋。

③ 南宋建炎四年(1130 年)九月,金太宗册立刘豫为齐帝,定都汴(即开封)。刘豫原为南宋济南(治所位于今山东省济南市)知府(行政长官),杀济南守将关胜,投降金军。南宋绍兴七年(1137 年)十一月,金国废黜刘豫,占据淮河以北地区。

在都亭(设在京城近郊接待国外来使的驿站)迎接施宜生一行。

此前,南宋礼部侍郎(朝廷主管礼仪、教育的部门副长官)孙道夫曾出使金国,返回后向宋高宗报告金国正大力征兵造船,准备举兵南下。宋高宗不大相信,认为宋朝对待金国君臣礼遇优厚,他们找不出什么借口向宋朝发兵。孙道夫说:“金帝亮既然能亲手杀死其国君①,夺取帝位,向南发兵还顾忌什么师出有名无名?”此后,南宋派往金国的间谍不断送回金军将要南下的情报。宋高宗仍不能确定金军是否真的要南下,不敢贸然下令增强边境防御,生怕轻举妄动会触怒金国皇帝,惹起祸端。

张焘知道施宜生是福建人,以热情的礼仪接待他,以志士走遍天下不忘故乡之情的话语抚慰感召他,婉转地向施宜生探问金军是否有南下的意向。施宜生被张焘的话语所感动,见他的随行人员不在身旁,用隐语回答说:“今日北风刮得很紧。”接着,他又拿起桌上的毛笔,敲着桌面说:“笔来,笔来。②”在场的人都听出施宜生话中的含义。于是,宋高宗下令加强边境防御。

正隆五年(1160年)春天,施宜生一行回到金国。副使耶律辟离刺告发施宜生用隐语向宋朝泄露军事秘密。金帝完颜亮大为恼怒,下令将施宜生逮捕审讯,而后将他投入开水锅活活煮死。

据《金史》卷七十九·施宜生传

《宋史纪事本末》卷七十四·金亮南侵

---

① 金皇统九年(1149年)十二月,完颜亮时任平章政事(丞相),带领其亲信闯入金熙宗完颜亶寝宫,将金熙宗杀死,自立为帝。

② “笔来”谐音为“必来”。

【简评】

施宜生怀有南方情结可以理解,但他身为金国的使臣,不该向南宋官员泄露金国的军事秘密。乡情和职守二者若需要抉择,当以忠于职守为要。

任得敬图谋分国

西夏[1]大德五年(1139 年)六月,夏崇宗李乾顺去世,其长子李仁孝即位为夏仁宗。第二年正月,夏仁宗派遣使臣去金国[2]祝贺新年。五月,金熙宗派使臣赴夏国,宣布册封李仁孝为夏国皇帝。此后,夏国依附金国,两国使臣频繁往来,一直保持着友好关系。

夏仁宗即帝位后,国内不断发生动乱。宰相任得敬(夏仁宗外祖父)由于平叛有功,被封为楚王。任得敬长期在朝廷专权,仍不满足,晚年竟谋划称帝。他不是采用兵变逼迫夏仁宗让位,而是企图借助外国威力胁迫夏仁宗划出一部分地盘,让他另外立国。

乾祐元年(1170 年)闰五月,任得敬胁迫夏仁宗向金国朝廷上书,请求将夏国西南路(位于今甘肃省及青海省部分地区)及灵州啰庞岭一带(位于今宁夏区灵武市)划给任得敬另立一国,请金世宗完颜雍册封任得敬为帝。

金世宗就此事同宰相们商量。尚书令李石说:“此事属于夏国内政,我们管它干什么!可以答复同意他们自行决定。”金世宗说:“一个国家的君主,怎么会无缘无故分割自己的国土让别人另成立一个国家?这必定是权臣强逼要夺去这些土地,不是夏国皇帝的

① 国名,都兴庆府,位于今宁夏区银川市。
② 都会宁府,位于今黑龙江省阿城市南。金贞元元年(1153 年),迁都中都,位于今北京市区。

本意。夏国皇帝长期向我们称臣,如今为贼臣所逼,我作为四海之主,岂能容忍!如果夏国皇帝无力解决这一问题,难以保住他的君位,我们应派兵去讨伐夏国的逆臣,不能批准他分国的请求。"

随后,金世宗下令退回夏国的贡物,并要夏国使臣带给夏仁宗一封诏令,该诏令说:"先业所传,自当固守,今兹请命,事颇乖常,未知措意之由来,速当遣使以询。"任得敬看了金世宗这一诏令非常恐惧不安。

夏仁宗得知金世宗反对夏国分国,挺起腰杆。他当机立断,于当年八月下令将任得敬逮捕,随即以篡国罪将他处死。

据《金史》卷一百三十四·西夏

《西夏纪事本末》卷三十四·得敬乱邦

《续资治通鉴》卷一百四十一·宋纪一百四十一

【简评】

任得敬控制西夏朝政,图谋分国称帝,夏仁宗无力阻止。他要夏仁宗给金世宗上书请求册封,以使其分国合法化。金世宗洞察夏仁宗此次上书出于无奈,没有批准,而要夏仁宗再派使臣前往金国说明缘由。任得敬分国阴谋以失败告终。此事反映了西夏后期其君臣对金国的依赖。

斡璋出使违命

金[1]大定十三年(1173年)岁末,大兴尹(京都地区行政长官)斡璋奉金世宗完颜雍之命率团出使南宋[2],向宋孝宗祝贺春节。斡璋启程上路后,金世宗派人骑马飞驰追上了他,特意告诫他说:"宋朝如果不遵照过去约定的礼仪接待使团,你当慎重对待,不能轻易向他们递交国书。宋朝皇帝如果不召见你,你就带着国书回来。如果他们强迫要你交出国书,你也不要去参加他们的宴会。他们的回书和礼物一概不能接受。"斡璋记下金世宗上述旨令后继续率团南行。

不久,斡璋一行抵达南宋都城临安。宋朝接待官员安排由太子赵惇(时任临安府尹)接受国书,斡璋没有同意。

此后,宋朝负责接待的官员来到斡璋等人所住的宾馆,软硬兼施,强迫他交出国书。这时,斡璋把金世宗的旨令抛之脑后,竟将国书交给宋朝陪伴官员,并且参加了他们的欢迎宴会,接受了很多礼物。

斡璋一行回国后,随行人员将其在宋朝出使的情况报告朝廷。金世宗听说后非常恼火,想把斡璋处死。左丞相良弼劝解说:"斡

① 国名,都中都,又称大兴府,位于今北京市区。
② 都临安,位于今浙江省杭州市。

璋担任将军以来,多次领兵打败宋军①,宋朝君臣早就对他怀恨在心。这次他们这样做,很难说不是有意设计陷害他。今天如果把他处死,很可能正中宋朝奸计。”

金世宗认为良弼说的也有道理,便免去斡璋的死罪,下令打他一百五十大板,将他革职除名。

据《金史》卷六十五·斡璋传

【简评】

使臣在外交活动中,坚持一定的接待规格和礼仪程序,代表一个国家的尊严。斡璋违反君令,擅自接受南宋降格接待,有损国格,理应受到惩处。

① 大定二年(1162年),斡璋任彰化军(治所位于今甘肃省泾川县北)节度使(军政长官),率部参与击败宋将姚良辅所率十万大军,攻占原州(治所位于今甘肃省镇原县)。后来,斡璋又率部在德顺州(治所位于今甘肃省静宁县)击败宋将吴璘部众。

陈新甲随意丢放密件

明崇祯十四年(1641年),明朝政局出现严重危机。陕西米脂(位于今陕西省横山县境内)贫民李自成领导农民军攻占洛阳(位于今河南省洛阳市),围攻开封(位于今河南省开封市);清[①]军围攻锦州(位于今辽宁省锦州市),并将明蓟辽(辖区位于今北京市、天津市、河北省、辽宁省)总督(军政长官)洪承畴率领的十三万援军分割包围在松山(位于今辽宁省凌海市南)一带。面对两面受敌的态势,兵部尚书(朝廷主管军事的部门长官)陈新甲应清军议和的要求,私自派遣官员去同清军代表谈和,以便集中力量对付农民军。

陈新甲把同清军议和一事告诉兵部侍郎(兵部副长官)傅宗龙。傅宗龙在离京出任陕西总督时,把此事透露给大学士(宰相)谢升。谢升考虑国家已处在生死存亡的危急关头,便把傅宗龙所说陈新甲派人同清军议和一事报告庄烈帝(崇祯帝)朱由检。崇祯帝随即召见陈新甲,严词加以责备。陈新甲叩头谢罪。谢升就此向崇祯帝进言说:"假如清军肯议和,和盟形成,我们反倒可以作为一个依恃。"崇祯帝沉默很久,没有表态。

---

① 明万历四十四年(1616年),女真族首领努尔哈赤建国号为金,史称后金。后金崇德元年(1636年),皇太极(努尔哈赤第八子)在沈阳(位于今辽宁省沈阳市)称帝,改国号为清。

崇祯十五年(1642 年)春天,锦州和松山相继失守,洪承畴投降清军,明朝廷面临的形势更加严峻。在这种情况下,崇祯帝下令陈新甲秘密同清军议和。陈新甲随即指令职方郎中(主管军事地图及地形勘测的官员)马绍愉带着书信去清军军营联络和谈事宜。清太宗皇太极同意议和,并派人将马绍愉护送到连山(位于今辽宁省锦西市)。

未等马绍愉回到京都(位于今北京市区),谢升将崇祯帝决意议和的事告诉给事中(侍从皇帝的官员)方士亮等人。方士亮等人转身出门便弹劾谢升"诽谤君父,泄禁中语"。此前,朝廷百官都不知道与清议和一事,众臣听说后无不为之一惊。言论官员纷纷上书弹劾谢升。崇祯帝十分恼火,随即革除谢升的官职。

崇祯帝决定继续同清秘密和谈,把此事全权委托给陈新甲,并多次向他下达指令,告诫他千万不能泄露。谢升被罢官后,朝廷官员对和议一事仍然议论纷纷,许多人上书反对和议,都不知道崇祯帝授命陈新甲同清继续和谈的内情。

当年八月某日,奉命与清联络和议的马绍愉将有关情况用密语写了份书面报告,交人送给陈新甲。陈新甲看了这份密报后疏忽大意,竟把它随手丢放在茶几上,然后离家外出。陈新甲家中的小仆人以为是紧急军事文书,将该密件拿出去交人抄写。于是,陈新甲仍在同清军和议一事便传开了,朝廷内外,舆论哗然。

崇祯帝听说风声是从陈新甲家传出来的,勃然大怒,严厉指斥陈新甲,责令他自己交代。陈新甲不但不服罪,反而大谈自己的功劳。崇祯帝越发气恼,随即下令将陈新甲逮捕入狱。

陈新甲入狱后,上书崇祯帝,请求对他宽恕。崇祯帝没有答应。此后,陈新甲传话给其家人和亲信,对监狱内外的官员大行贿赂。给事中廖国遴等人为营救陈新甲,求助于刑部侍郎(朝廷主管刑事的部门副长官)徐石麒,遭到徐石麒拒绝。大学士周延儒等人也出面为陈新甲讲情,崇祯帝仍不同意对其宽赦。当月,崇祯帝下令将陈新甲押往闹市斩首。

据《明史》卷二百五十七·陈新甲传

《明通鉴》卷八十八·崇祯十五年

【简评】

陈新甲作为兵部尚书未向崇祯帝奏请批准,擅自同清军将领谈和,显为过失。他的另一严重失误是随意丢放绝密文件,以致造成朝廷百官思想混乱,他自己亦为此付出惨重的代价。

松筠先斩后奏

清乾隆五十年（1785 年），内阁学士（负责传递奏书）兼副都统（八旗组织中每旗的军政副长官）松筠受朝廷之命，前往库伦（清北部重镇，位于今蒙古国首都乌兰巴托）治理中国同俄罗斯边境贸易事务。

此前，俄属布里雅特[1]人乌拉勒斋曾带领其同伙抢劫库伦中国商人的货物。事后，俄国官方没有按照约定惯例将乌拉勒斋等人交由中方处理，而仅仅对他们处以罚款，以赔偿中国被劫商家的经济损失，将他们流放远方，予以庇护。为此，清理藩院（朝廷主管少数民族事务兼管与俄罗斯外交、贸易事务的机构）曾致信俄国政府，要求俄方遵照惯例交出乌拉勒斋等人。俄方借故推脱，不肯交出乌拉勒斋等人。于是，乾隆帝下令停止恰克图[2]边境贸易。

松筠到达库伦后，朝廷任命他为驻库伦办事大臣、户部侍郎（朝廷主管户籍财政的部门副长官）。松筠同俄国人打交道开诚布公，履约守信，很快稳定了边境秩序，使得中俄双方相安无事。不久，俄方对由于他们的原因导致边界贸易停止有些后悔，撤换边界官员，并多次向中方请求重新开通边境贸易。清朝廷一直没有

① 蒙古部族，原属中国，后游牧地北移，位于今俄罗斯贝加尔湖周围。
② 原为中俄边界通商要埠，旧市街属俄，新市街属清，位于今蒙古国阿尔丹布拉克。

同意。

乾隆五十五年(1790 年)春天,清术勒干(其地未详)卡伦(边防哨卡)哨兵进行正常边防巡逻,被布里雅特人杀害。松筠当即就此事致信俄国官员,要求俄方缉捕并交出凶手。此后,俄方交出三名布里雅特牧人,并想以此抵销悬而未结的乌拉勒斋一案。松筠亲自审讯,核清事实后,将两名主犯处死、另一名从犯流放,然后将此事奏报朝廷。

乾隆帝看过松筠奏折后,斥责他妄行自专,指出:"乌拉勒斋一案,松筠想欲了事,即朕也思通融完结,但必须俄罗斯先行恳请,朕据奏再曲为准行,尚可示朕恩耳。似此并非不可稍待之事,松筠竟妄自专办,草率完结。"于是,乾隆帝下令免去松筠侍郎、副都统职务,保留四品职衔,仍让他在库伦办事。

乾隆五十六年(1791 年)二月,土尔扈特[1]喇嘛萨迈林从俄罗斯逃回,携带一封俄罗斯人引诱土尔扈特人的信件。乾隆帝听了关于此事奏报后,当即判断土尔扈特人受恩深重,绝无投回俄罗斯之理,萨迈林所携书信系妄造谣言,下令松筠就此事进行调查。松筠调查后奏报,萨迈林所携书信系伪造。之后,俄国政府答复清理藩院函询,也称萨迈林所携信件系伪造,并再次请求恢复恰克图边界贸易。十月,乾隆帝以俄国"恳求通贸易,措词恭顺",授命松筠与俄方代表进行边贸谈判。会谈中,松筠晓以诚信之理,以期相互

---

① 蒙古部族,十七世纪三十年代西迁至额济勒河(今俄罗斯伏尔加河)下游居住。因不堪忍受俄国人压迫,于乾隆三十六年(1771 年)举族东返。跋涉万里,历经多次战斗,回到祖国,游牧于珠勒都斯(位于今新疆焉耆回族自治县)等地。

永远守约,说得俄国人心悦诚服。

乾隆五十七年(1792 年)正月,经过双方共同努力,松筠代表清朝廷与俄方代表伊尔库茨克总督波利签订《中俄恰克图市约》,关闭八年的中俄边界贸易重新开通。

据《清史稿》卷三百四十二·松筠传

《清通鉴》卷一四二·清高宗乾隆五十年

卷一四七·清高宗乾隆五十五年

卷一四八·清高宗乾隆五十六年

卷一四九·清高宗乾隆五十七年

【简评】

松筠赴库伦任职后,为促进中俄两国边民贸易和友好往来作出了贡献。他的失误是急于了结乌拉勒斋事件的纠葛,以斩杀两名俄国凶手草率了事,且事先没有向乾隆帝奏报。

吴熊光开门揖盗

清嘉庆十三年(1808 年)七月二十一日,英国海军少将度路利率领五艘兵船突然驶进珠江口(位于今广东省珠江入海处),停泊在虎门(位于今广东省珠江入海口东岸)外鸡颈洋面。然后,度路利致信清两广(治所广州,位于今广东省广州市)总督(军政长官)吴熊光,称他们将要在澳门(位于今澳门特区)登陆,帮助居住在澳门的葡萄牙人①防御法国军队的攻击②。

吴熊光接到度路利该信函后,没有及时报告朝廷,也没有加强军事防备,只是派官员前往通知英国军人,敦促他们尽快离去。度路利没有听从吴熊光的劝告,强行将舰队开往澳门,随即占领清军部署在澳门的东望、娘妈阁、伽思兰等炮台。

之后,吴熊光委托英国等国商人赴澳门,劝告度路利将英国舰队开走。度路利坚持不答应。吴熊光认为,英军舰队炮火装备先进,轻率对其用兵不会取胜,对英军入侵澳门应慎重处置,而英国人看重对华贸易,关闭海关贸易便能击中其要害。基于这一认识,八月十六日,吴熊光下令海关封锁外国商船,禁止其对华贸易;并

① 澳门历来是中国领土。明嘉靖三十二年(1553 年),葡萄牙商人借口曝晒被海水浸湿的货物,贿赂澳门地方官吏,获取将商船停靠澳门码头进行贸易的便利。嘉靖三十六年(1557 年),葡萄牙人进入澳门,开始在澳门长期居住,并派官员管理其在澳门的居民。

② 1807 年,法国军队入侵葡萄牙。英国派军队支持葡萄牙人抗法斗争。

传令驻澳门左翼、碣石二镇水师五十艘舰船、三十六只红单船从澳门撤离,开进广州,以避免同英舰发生冲突,同时加强省城防御。

不久,英军又开来八艘兵船停靠澳门。度路利得寸进尺,派遣三艘兵船闯入虎门,停泊在黄浦(位于今广东省广州市区东南入海口)。

吴熊光见事态扩大,无法隐瞒,于九月四日将英军入侵澳门的情况奏报朝廷。嘉庆帝看过吴熊光奏书后指出:英国人称保护澳门葡萄牙人之言“全不可信,而且断无此理”。“中国兵船从无远涉外洋,向尔国地方屯扎之事,而尔国兵船辄敢驶进澳门,登岸居住,冒昧已极”。吴熊光“所办太软!边疆重地,外夷敢存心觊觎,饰词尝试,不可稍示以弱。”如英国兵船再不肯撤走,吴熊光“当统兵剿办,不可畏葸”。

吴熊光向度路利传达嘉庆帝旨意后,度路利毫无撤退之意。吴熊光无可奈何,于九月二十日将此情况奏报朝廷。吴熊光在奏书中称:“操之太蹙,使其口食无资,或未免铤而走险,再四斟酌,惟有持以镇静。”嘉庆帝看了吴熊光这份奏书后大为恼火,指出:“英兵登岸,阅时已久,为数益多。吴熊光等并未严行驱逐,实属软弱。”吴熊光“一味延缓因循”,“不但开门揖盗,而且示之以弱,大损天朝体制!”嘉庆帝下令吴熊光“即当作速斥逐,义正辞严,俾知惶惧回驶。尚仍任其藉词久延,则吴熊光等不能辞贻误封疆之罪!”

九月二十三日,度路利带领五十余名英军官兵和二百名水手,进入广州城英国人所居公馆。二十六日,又有十几个英国士兵乘船要进广州。碣石总兵(军事长官)黄飞鹏下令炮击,英兵一死三伤,其余英国士兵仓皇退回。

各国商人因贸易禁闭，纷纷抱怨谴责英军入侵澳门。度路利成为外国商人的众矢之的。

十月十日，清朝廷调集大量军士，屯驻距澳门只有八里的关闸。英国军士大为恐惧。十一月七日，度路利被迫率英军舰队撤离澳门。

随后，嘉庆帝下令罢免吴熊光两广总督职务，并令新任两广总督百龄调查吴熊光延误斥逐英军入侵的情况。

嘉庆十四年(1809年)五月，百龄奏称：去年英兵进入澳门时，当地文武官员接连报告情况，吴熊光批令照常防范。香山县(治所位于今广东省中山市)县令等人请求派兵堵逐，吴熊光批复要他们镇静，不可张皇。吴熊光既未亲往澳门查办，亦未下令兵士驱逐入侵澳门的英军。依据百龄的奏报，嘉庆帝下令将吴熊光逮捕，交付军机大臣(参与讨论军政大事的高级官员)同刑部(朝廷主管刑事的部门)会审，决定将吴熊光流放伊犁(位于今新疆伊宁市)效力赎罪。

据《清史稿》卷三百五十七·吴熊光传
《清通鉴》卷一六五·清仁宗嘉庆十三年
卷一六六·清仁宗嘉庆十四年
参阅《中国大百科全书·中国地理》·澳门
《中国大百科全书·外国历史》·葡萄牙历史

【简评】

1808年英国侵略军强行进驻澳门，开始对中国武装入侵。面对这一严重事态，两广总督吴熊光开门揖盗，助长了英国侵略者的气焰，损害了国家的尊严。吴熊光软弱退让是一个恶劣的开端。此后，英国等列强看到清朝统治者软弱可欺，发动一次又一次侵华战争，中华民族深受其辱，中国人民深受其害。

琦善擅让香港

清道光十九年(1839年),钦差大臣(由皇帝指派负责全权处理某项事务的高级官员)林则徐奉道光帝之命,查禁英国等国商人从珠江入海口向中国倾销鸦片烟,将收缴的二百三十七万六千多斤鸦片烟在虎门(位于今广东省珠江入海口东岸)集中销毁。中国人民为之欢呼,英国当局却大为恼恨。

道光二十年(1840年),英国政府任命懿律为海陆联军司令,率军封锁珠江入海口,公然发动侵华战争。懿律两广(治所位于今广东省广州市)总督(军政长官)见林则徐已加强战备严阵以待,随即撇开广州,率军从海路北上。七月十四日,懿律抵达白河口(位于今天津市海河入海口),致书清直隶(治所位于今北京市区)总督琦善,要其派员去英国兵舰接收英国政府照会。琦善派员取回英国《致中国皇帝钦命大臣函》,并递呈道光帝。英国政府的照会要求中国赔偿鸦片烟价和军费,割让一岛或数岛。

道光帝听说英国军舰装备先进大为恐惧,派琦善答复懿律,称林则徐禁烟"措置失当",答应为英商申冤昭雪,请求他率其兵舰"反棹南还"。随后,道光帝罢免林则徐两广总督职务,任命琦善为钦差大臣、两广总督,赴广州查办林则徐禁烟一事。

十一月,琦善与英国全权副代表义律会谈。义律提出要中国赔偿鸦片烟价一千二百万两白银等八项无理要求。经过反复交涉,英方将赔偿银元降至六百万两,要求在福建、浙江、江苏三省增开两处通商口岸,并要求入居香港。琦善奏称拟增开厦门(位于今福建省厦门市)和福州(位于今福建省福州市)两处通商口岸。道光帝接到琦善奏告后大为恼恨,批复琦善称:“逆夷要求过甚”,“所请厦门、福州两处通商及给还烟价银两,均不准行。逆夷再或投递字帖,亦不准接受,并不准遣人再向该夷理谕。”“倘逆夷驶近口岸,即行相机剿办。朕志已定,断无游移。”

义律在其无理要求被拒绝后,对中国施加军事威胁,声称“请舰队司令官去试试他们的说服力,看大船的排炮对于天朝人民能起什么作用。”

十二月十五日,英军乘清军水师撤退入营之机,攻占沙角(位于今广东省珠江入海口东岸)、大角(位于今广东省珠江入海口西岸)两处炮台。清军副将陈连升战死。道光帝闻讯,令有关部门议论琦善应负的责任。

此后,义律在与琦善会谈中,抛出其单方面拟就的《穿鼻草约》,强行索要中国香港。琦善惊慌失措,未经朝廷同意,擅自许诺英国人借居香港,但没有在草约上签字。当年年底,义律单方面公布所谓《穿鼻草约》,声称他同中国钦差大臣签订初步协定,将香港割让给英国。道光帝看了义律公布的所谓《穿鼻草约》后,用红字批斥,称其为“一片呓语!”

道光二十一年(1841 年)正月初四,英军依据所谓《穿鼻草约》,侵占香港。

初八日,道光帝收到琦善为英国商人请求恢复黄埔(位于今广东省广州市黄浦区)贸易的奏书后非常愤怒,随即任命御前大臣

(侍从护卫皇帝的高级官员)奕山为靖逆将军,驰赴广东组织抗击英国侵略军。

在此期间,义律向琦善提出,愿交还所占炮台和定海(位于今浙江省舟山市),"以易香港全岛"。琦善擅自答应"代为奏请"。

二十五日,清朝廷收到琦善请求将香港割让给英国的奏报。琦善在该奏书中称:"地势无可扼,军械无可恃,兵力不固,民情不坚,如与交锋,实无把握,不如暂事羁縻。"道光帝看了琦善这份奏书后更为恼火,用红字批复道:"朕断不似汝之甘受逆夷欺侮戏弄,迷而不返,胆敢背朕谕旨,仍然接递逆书,代逆恳求,实出情理之外,是何肺腑?无能不堪之至!汝被人恐吓,甘为此遗臭万年之举,今又摘举数端,恐吓于朕,朕不惧焉!"

英国侵略军占领香港后,义律随即在新安(位于今广东省深圳市宝安区)、赤柱(位于香港南端)等地贴出告示,称"尔总督琦善将香港让给英国,存有文据,是居香港者为英国子民,事须禀英官治理。"

罢官待留广州听候处理的林则徐对义律的这一告示"闻而发指",劝告广东巡抚(行政长官)怡良将琦善擅让香港一事如实向朝廷奏报。林则徐对怡良说,保护"人民土地皆君职,今未奉旨而私以予叛逆之夷,岂宜缄默受过?"怡良答应将琦善擅让香港一事上奏朝廷。

二月,道光帝看了怡良的奏书后,当即下令将琦善革职逮捕,押送进京,严加审讯,并查抄他的家产。刑部(朝廷主管刑事的部门)审议拟将琦善斩首。道光帝改判以斩监候(死缓)。不久,道光帝又下令将琦善释放,把他发配到军台(设在西北地区传递军事文书的邮站)。

据《清史稿》卷三百七十 · 琦善传
《清通鉴》卷一九六 · 清宣宗道光十九年
卷一九七 · 清宣宗道光二十年
卷一九八 · 清宣宗道光二十一年

【简评】

林则徐禁毁英商贩卖的鸦片，系受道光帝之命。懿律递交英国政府照会并以武力威胁，道光帝首先畏惧退让。他派琦善去处理禁烟一事，琦善在英国侵略者面前奴颜屈膝，同意让英国人寄居香港，系受道光帝误导。琦善的过失是违犯道光帝后来批复不准再与英国人谈判的旨令，对英国侵略者侵占香港的图谋没有坚决抵制，致使其炮制所谓《穿鼻草约》，并派兵侵占香港。之后，琦善竟然奏请朝廷将香港割让给英国，并在义律面前许诺“代为奏请”，使英国侵略者得以张贴占有香港的布告。琦善媚敌卖国固然不可饶恕，道光帝软弱退让且信用琦善这样的怯懦之徒亦难辞其咎。

耆英放弃使命

清道光二十二年(1842 年)六月,侵华英军攻占镇江(位于今江苏省镇江市),进逼江宁(位于今江苏省南京市)。耆英时任钦差大臣(皇帝委派全权处理某项事务的高级官员)署(代理)杭州将军,受命率团与英军谈和。七月,耆英同英军将领璞鼎查签订丧权辱国的《江宁条约》(又称《南京条约》)①。此后,耆英调任两广(治所位于今广东省广州市)总督(军政长官)。咸丰帝即位(1850 年)后,指斥"耆英在广东抑民奉夷,谩许入城,几致不测之变。数面陈夷情可畏,应事周旋,但图常保禄位",将其由文渊阁大学士(位同宰相)贬为工部员外郎(朝廷主管百工建造的部门内设机构副长官)。

咸丰八年(1858 年)五月,英、法联军侵犯天津,逼迫清政府与之谈判,修订条约。英、法、俄、美四国驻华公使致函清政府,要求所派谈判代表应像当年耆英那样有"全权便宜从事",否则,他们的军队就要进攻北京(清京都,位于今北京市区)。咸丰帝见英、法等四国公使来函提及耆英,考虑耆英曾赴江宁办理过中英谈判事宜,又在广东任职多年,熟悉外国人的情况,召见耆英,命其赴天津同英、法等国代表谈判。耆英表态说:"愿力任其难"。咸丰帝随即授

---

① 该条约规定,中国割让香港;赔款二千一百万银元;开放广州等五处为通商口岸。《南京条约》是清朝廷与外国侵略者签订的第一个不平等条约。

予耆英侍郎(朝廷部门副长官)官衔,派他去天津同英、法代表会谈。

临行前,咸丰帝特意告诫耆英说:“从前,你同英国人签订万年和约,不料英国人今日又提出新的要求。当初,你是主办之人,应当与之正言讲理,折其骄慢之气,不可一味示弱。”

耆英抵达天津后,英国和法国驻华公使拒绝同他见面。英国通事(翻译)威妥玛拿出去年英军攻占广州劫据耆英于道光二十二年密奏对付英国入侵者的稿本,对耆英进行奚落。耆英害怕英国人以此报复他,将这一情况奏报朝廷。随后,耆英没有等到咸丰帝批复便擅自离开天津,返至钦差大臣僧格林沁设在通州(位于今北京市通州区)的官府,听候咸丰帝旨令。

惠亲王绵愉听说耆英自行离开天津,随即弹劾耆英畏葸无能,擅自回京。咸丰帝用红字批示道:“耆英经朕弃瑕录用,委任办理夷务,乃畏葸无能,大局未定,不候旨擅自回京,不惟辜负朕恩,亦无颜以对天下,实属自速其死。”

随后,咸丰帝下令将耆英逮捕,交付诸王大臣严加审讯。当月十九日,咸丰帝传令耆英自尽。

据《清通鉴》卷一九九·清宣宗道光二十二年
卷二一五·清文宗咸丰八年
《清史稿》卷三百七十·耆英传

【简评】

清道光二十二年,耆英受命与英国侵略者和谈之时,便不敢与璞鼎查正面接触,而擅自将副使伊里布的家奴张喜授予五品官衔,令其往返与英国人周旋。在和谈期间,耆英一味示弱,未见其与英国侵略者抗争,便轻率签订丧权辱国的《江宁条约》(见《清通鉴》卷一九九)。此后,耆英因"数面陈夷情可畏"而被贬职。咸丰帝明知其畏敌如虎,居然又授权让他去天津与英、法侵略者谈和。耆英被侵略者的气焰吓破了胆,擅自离开会谈地天津,返回北京,固然丢脸现丑,有损国格,但咸丰帝的用人失误亦不容辞咎。由此也足以说明晚清朝廷已腐败透顶。

叶名琛疏于防御

《中英南京条约》①规定,中国开放广州(位于今广东省广州市)等五地为英国人通商口岸。条约签订后,广州民众一直拒绝英国人入城,英国侵略者多次试图进入广州都遭到失败。

清道光二十八年(1848 年),叶名琛受任广东(即广东省,辖境位于今广东、海南二省)巡抚(行政长官),直接与进出广东海域的外国头人交涉事务。

道光二十九年(1849 年),英国驻香港总督文翰率领船只强行驶入珠江入海口,以武力威胁,再次要求进入广州城。叶名琛配合两广(广东、广西二省)总督(军政长官)徐广缙等人,依靠武装民团力量,以商会停止与外商贸易加以牵制,再次挫败了英国人强行入城的图谋。咸丰帝即位后,将叶名琛提任为两广总督。

咸丰六年(1856 年)正月,广西西林县(治所位于今广西区西林县定安镇)知县张鸣凤将违约从广州潜入西林的法国天主教神父马赖逮捕,以妖言惑众、干预中国内政的罪名将其处死。法国驻

① 清道光二十二年(1842 年),英国侵略者迫使清朝廷派员同其签订的不平等条约,又称《江宁条约》。

九月二十三日,巴夏礼向叶名琛发出最后通牒,限二十四小时内答应其要求条件,否则英军就要攻打广州城。第二天,叶名琛派人将拘捕的十二人全部遣返英国领事馆。巴夏礼借口无正式道歉文书,拒绝接收该十二人,并把此事移交英国驻华海军司令西马糜各里处理,蓄意挑起战争。

华署(代理)使顾思就此事照会叶名琛提出抗议,并要求赔偿费用,惩治凶手。叶名琛据理回复顾思,拒绝他提出的无理要求。顾思无言以对。

九月,广东水师千总(海军部队军官)梁国太领兵巡视海防,搜查了“亚罗”号走私船,拘捕海盗嫌疑梁明太及水手等十二人。英国驻广州领事巴夏礼随即照会叶名琛,声称“亚罗”号为英国船只,中国官兵上船捕人,侵犯了英国的治外法权,并诬陷中国官兵扯下“亚罗”号上的英国国旗,要求立即释放被拘人员,并向英方书面道歉。叶名琛经过调查后照会巴夏礼,说明被拘人员除九名水手外,其余三人确是海盗,须由中国官府审问,同时指出,当时船上并未悬挂英国国旗,无从谈及道歉之事。

九月二十五日,西马縻各里率领英国舰队驶入珠江,并夺占猎德、龟江等多处炮台。叶名琛听说后不以为然,对部下说:“没有什么了不起,天黑以后,英国舰船自己会退回去。”“敌人舰船开入我内江,不可先放炮攻击。”接着,英军开始炮轰广州城,并入城抢劫。

之后,叶名琛照会各国驻广州领事,称英国领事巴夏礼挑起战争,“开炮轰击省城,现在城乡内外百姓纷纷,大为不服,必致两相对仗,势不两立。正在用兵之际,恐无暇保护贵国民人之处,特预告知。倘有疏失,惟向英国巴领事官是问,勒令伊赔偿。”叶名琛同时布告广东民众,要求他们:“戮力同心,帮同兵勇,但见上岸与船滋事英匪,痛加剿捕,准其格杀勿论,仍准按名赏银三十大元。”

十一月,广东水师战船袭击侵入珠江的英国兵舰,两度将其击退。广州民众怒不可遏,焚烧英、法、美等国建在广州的商馆,其经营数十年的十三洋行化为灰烬。英军随即疯狂报复,焚烧数千家民居。

针对英军借“亚罗”号事件挑起战争,咸丰帝传令叶名琛:“断不可迁就议和。”在此期间,英、法两国借“亚罗”号事件和西林教案,打着修改条约的幌子,决定发动新一轮侵华战争。

咸丰七年(1857年)十月,美国公使列维廉由澳门照会叶名琛,要求会见。叶名琛予以拒绝。接着,英国公使额尔金、法国公使葛罗照会叶名琛,提出四项要求:一、让两国商人进广州城。二、赔偿被焚商馆货物银两,将西林知县问罪,赔补马神父家属银两。三、双方派员另行商议条约。四、广州河南之地及炮台交与英、法军队驻扎。限十日答复。叶名琛当即复照额尔金、葛罗,拒绝他们提出的四条要求,并一一给予驳斥。咸丰帝看过叶名琛的奏报后,称赞他“据理驳斥,措词甚为得体”。

十一月九日,额尔金、葛罗及英、法两国海军司令西马糜各里、里戈德热努依里对叶名琛发出最后通牒,限四十八小时内交出广州城。叶名琛复照拒绝。

接着,英、法联军舰船相继驶入珠江,并扬言要将广州城“打为灰烬”。广州城内文武官员都为之忧虑,唯有叶名琛不动声色。他认为英、法军队是故作恐吓态势以逼迫和谈,不会有什么大的举动。驻军将领要求增兵抵御,叶名琛竟然不同意,称“谁添兵谁给饷,如添兵勇,彼转有以藉口。必示以不疑,大约过十五日便可了结。”这样,广州水陆两军都未能做好迎战准备。

十五日,英、法联军攻陷广州城,叶名琛等人被俘。咸丰帝听说叶名琛拒不加强防御,致使广州失守,斥责他刚愎自用,将其免职。

数日后,英国侵略军将叶名琛押往印度加尔各答[①],囚禁在镇海楼内。叶名琛被俘后,一直没有向英国侵略军屈服。他自称“海上苏武[②]”,成天赋诗咏志,书法绘画,并时常诵读《吕祖经》[③],以排解心中的郁愤。咸丰九年(1859年),叶名琛含愤在囚所去世,终年五十二岁。

据《清史稿》卷三百九十四·叶名琛传

《清通鉴》卷二一三·清文宗咸丰六年

卷二一四·清文宗咸丰七年

【简评】

叶名琛作为清两广总督,组织军民抗击英、法侵略者功不可没。他断然拒绝英、法侵略者的无理要求,坚决回击其武装挑衅,长了中国人民的志气。但他对于英、法侵略者的豺狼本性缺少认识,在组织广东水师击败入侵的英国兵舰,发动广州民团焚烧英法等商馆洋行之后产生轻敌思想,认为英、法侵略军不会发动新的战争,悍然下令不准增加边防力量,致使广州失陷,其过失亦不可宽恕。叶名琛兵败被俘后囚禁于印度,没有丧失民族气节。

---

① 据《中国历史大辞典》·叶名琛

② 苏武为西汉中郎将(警卫部队将领)。西汉天汉元年(前100年),他率团出使匈奴(西汉北方邻国)被扣,囚禁于北海(今俄罗斯贝加尔湖)之滨,始终坚贞不屈,十九年后获释回国。

③ 唐代道人吕洞宾的著作。

奕山擅让边地

清咸丰七年(1857年)正月,俄国康士坦丁亲王写信给东西伯利亚总督(军政长官)穆拉维约夫,告之英、法两国将发动侵华战争[①],俄皇将派代表赴中国谈判,谋取黑龙江左岸(即黑龙江东岸)及滨海地区。穆拉维约夫回书康士坦丁亲王称:“若中国不接受我国提出的分界线,英、法两国既然可以用武力迫使中国接受其要求,我们为何不可?”五月,穆拉维约夫领兵占领中国黑龙江东岸地区,声称黑龙江东岸居民均属俄国管辖。

清黑龙江将军奕山当即派呼伦贝尔(位于今内蒙古呼伦贝尔盟)总管(军政长官)吉拉明阿前往会见穆拉维约夫,要求其将俄军撤回。穆拉维约夫以防堵英军为借口,赖着不肯撤回侵华俄军。

此后,清朝廷多次照会俄国政府,重申中国恪守《中俄尼布楚

① 清咸丰六年(1856年),广东水师军官梁国太带兵搜查停泊在珠江入海口处的走私船“亚罗”号,拘捕海盗梁明太及水手共十二人,不久将其释放。英国政府借“亚罗”号事件准备发动新的侵华战争,法国政府决定派兵配合英军行动。俄国事先获悉英国侵华动向,支持英、法两国对中国动武。咸丰七年(1857年)十一月,英、法联军侵犯广州,声称要修改条约,挑起第二次鸦片战争。

条约》①的原则立场。此间,俄国政府派出赴华谈判使臣普提雅廷被清朝廷拒之国门之外。

普提雅廷转至香港,趁英、法、美三国公使照会清朝廷之机,将其给清朝廷的信函夹在其中。函中称:今查明兴安岭并非直达东海,故不能以此为两国边界,当以黑龙江与乌苏里河为界。该函请求清朝廷派大臣与之商谈划界事宜。

咸丰八年(1858 年)二月,咸丰帝命奕山与普提雅廷进行边界谈判。行前,咸丰帝告诫奕山说:“中国与该国分界,以格尔必齐河与兴安岭为界,定议百数十年,从无更改。今该夷所称,兴安岭不通东海,难以为界,是并非不知当时所定界址,特欲另辟一直达东海之路,以便其人船来往,断难迁就允准。”“务当恪守旧约,不可听其狡饰之词。”

不久,俄国政府通知清朝廷,改派穆拉维约夫率团进行边界谈判。咸丰帝就此对军机大臣(参议军政大事的高级官员)及奕山等人说:“如其真心查办,即与秉公会勘,倘肆意侵占,亦只能随时防范。”“天朝疆土,岂容尺寸与人!”“俄人不以兴安岭为界,其意实欲占我海滨地面,奕山当查照从前界牌,与之剖辩,不可迁就了事,致开后患。”

四月十日,奕山与穆拉维约夫在瑷珲城(位于今黑龙江省黑河市南)举行会谈。穆拉维约夫提出:“两国界址,自沙比奈岭(位于

① 清康熙二十八年(1689 年),清朝代表索额图与俄国代表戈洛夫在尼布楚城(位于今俄罗斯涅尔琴斯克)签订的条约。该条约规定:以格尔必齐河(位于尼布楚以东今俄罗斯境内)至外兴安岭(位于今俄罗斯境内)至海,岭南属中国,岭北属俄国。外兴安岭与乌第河之间地带留待后议;尼布楚及其以西地区划归俄国,俄军从额古纳河南岸撤走。

今俄罗斯境内)迤东、额尔古纳河(位于今俄罗斯境内)入黑龙江、乌苏里江、松花江至海,沿河各岸,半属中国,半属俄国。”奕山没有同意。隔了两天,双方派代表举行第二次会谈,因互不让步,会谈不欢而散。

穆拉维约夫见奕山不肯屈服,第二天穿着军装,带着随员及卫队再次来到瑷珲,以最后通牒的语言威逼奕山签约。奕山依照《中俄尼布楚条约》据理力争,指出:“沿江两岸居民一直向清朝廷纳税,其居住安全一直受清边防哨所保护,乌苏里江至海一带更是当今皇族的故乡。”穆拉维约夫强词狡辩,声称“俄国近年武装占据黑龙江地区,是保卫其不受外国之侵犯。”奕山反驳说:“若中国人因同样目的去尼布楚地区,俄国政府是否允许他们渡过额尔古纳河去驱逐外夷?”未等奕山说完,穆拉维约夫便勃然大怒,嚷叫道:“同中国人不能用和平方式进行谈判!”说罢,他气势汹汹地率团离去。

当天夜里,黑龙江东岸炮声隆隆,俄国侵略者开始用武力进行挑衅。在俄国侵略者的武力胁迫下,奕山退让了,表示接受俄方意见,只是要求删去“以乌苏里江为界”字句。穆拉维约夫同意将乌苏里江以东地区改为“由两国共管”。

四月十六日,奕山未将上述议案报经朝廷批准,便与穆拉维约夫签订基本按照俄方提案拟就的《瑷珲条约》。条约规定:黑龙江左岸,属俄国;右岸顺江至乌苏里江,属大清国。

奕山擅自让地求和,引起一批爱国大臣的愤恨。大理寺少卿(最高审判机关副长官)殷兆镛上书弹劾奕山,称其“以边地五千余里(实为100多万平方公里),藉称闲旷,不候谕旨,拱手授人。”

咸丰九年(1859年)五月,咸丰帝以“办理不善,咎无可辞”,下令将奕山革职,留原地效力。接着,咸丰帝"又以纵俄舰往黑龙江不之阻",罢免奕山御前大臣(侍卫皇帝的高级官员)职务,将其召回京都。

据《清通鉴》卷二一四·清文宗咸丰七年

卷二一五·清文宗咸丰八年

卷二一六·清文宗咸丰九年

《清史稿》卷三百七十三·奕山传

【简评】

俄国侵略者乘英、法联军侵犯中国之机,践踏《尼布楚条约》,向清朝廷提出领土要求。奕山受命与俄国代表穆拉维约夫进行边境谈判,开始尚能据理力争。他的过失是后来作了让步,擅自同穆拉维约夫签订《瑷珲条约》,使俄国强占黑龙江东岸大片中国领土合法化。当时,英、法联军攻陷大沽(位于今天津市海河入海口)炮台,清京都为之震动。俄军已占领黑龙江东岸地区,奕山与之签约亦属迫不得已。历史沉痛地告诫人们:落后就要挨打,落后就要受欺凌,富国强兵才能自立于世界。

崇厚违令签约

清同治十年(1871 年)五月,俄国出兵侵占中国伊犁(位于今新疆伊宁市)。此后,俄国政府提议修订中俄陆路通商章程。清朝廷答复:甘肃嘉峪关外的双边贸易,须等伊犁交还后再商议。俄国则要先议通商条约,后交还伊犁。双方相持不下。

光绪四年(1878 年)五月,清朝廷考虑与俄国谈判收回伊犁一事比较困难,须向俄国派驻一名钦差大臣(皇帝委派负责全权处理某项事务的高级官员)专办此事。光绪帝决定任命吏部侍郎(朝廷主管官吏任免的部门副长官)兼署(代理)盛京(治所位于今辽宁省沈阳市)将军崇厚为出使俄国全权大臣,令他率团前往俄国进行会谈。

十二月,崇厚一行抵达俄国首都圣彼得堡。俄国代表提出将交还伊犁和通商条约一并商议,并递交由他们绘制的伊犁地区分界图。

光绪五年(1879 年)六月,崇厚将俄方意见及其绘图报告朝廷。清朝廷当即答复崇厚,强调指出:“图中所指,将同治三年经明谊议定之界①,欲于西境、南境各画去地数百里,并将伊犁通南八城之路隔断,至伊犁一隅三面皆为俄境,弹丸孤注,势难据守,此万不可许之事。”

八月,崇厚没有遵照朝廷“万不可许”的指令,没有坚持同俄方据理力争或者中止谈判待令,竟然接受俄方提出的方案,擅自同俄外务大臣格尔斯在里瓦几亚(位于今乌克兰雅尔塔市)签订《里瓦几亚条约》。

条约规定:俄国将伊犁归还中国;中国将霍尔果斯河以西土地及伊犁以南帖克斯河流域、穆素尔山口等地割归俄国,并将塔尔巴哈台以西边境“稍加修改”;俄国商货,北路可走张家口至天津,西路可走嘉峪关至汉口;俄国人可在松花江行船至伯都讷(位于今吉林省扶余县),可在嘉峪关、乌里雅苏台、科布多(位于今蒙古国科布多)、哈密、吐鲁番、乌鲁木齐、古城(位于今新疆奇台县)增设领事馆;俄国人来华旅行可以携带铳器;中国赔偿俄国五百万卢布(约为二百八十万两白银)。

崇厚签约以后,电告朝廷。未等接到朝廷旨令,他便由黑海乘轮船启程回国。清朝廷获悉崇厚所签条约内容,“朝野哗然”,修撰(朝廷文史官员)王仁堪、洗马(宫中管理经籍、典制图书的官员)张之洞等人纷纷上书弹劾崇厚。

当年十二月,崇厚回到北京。光绪帝以“奉命出使”“擅自启程

---

① 同治三年(1864 年),清朝廷迫于俄国的威胁,派乌里雅苏台(位于今蒙古国扎布哈朗特)将军明谊与俄国使臣扎哈洛夫于塔城(位于今新疆塔城市)签订《勘分西北界约记》等条约,将中国西部境内巴尔喀什湖、斋桑湖、伊克塞湖及其周围地区共四十四万平方公里土地割让于俄国。

回京”,下令将崇厚“革职拿问,交刑部治罪”;同时指派大理寺少卿(最高审判机关副长官)时任驻英、法使臣曾纪泽赴俄商改崇厚所订之约。

经诸王大臣会审、垂帘听政的慈禧太后批准,光绪帝以“违训越权”的罪名下令将崇厚处以斩监候(死缓)。崇厚被判处后,英国驻华公使威妥玛及法、美、意、奥等国公使为其出面讲情,并表示愿意劝说俄国同曾纪泽接谈,请求宽免崇厚之罪。曾纪泽抵达俄国会见其外交官员时,俄方则把宽免对崇厚的处罚作为重新谈判的前提条件提出。

为了给曾纪泽修改条约的谈判减少阻力,争取有利时机以收回被俄方强占的土地,清朝廷决定免去崇厚死罪,仍将其关押。四年后,崇厚为军费捐献三十万两银子,由此获释回家。

据《清通鉴》卷二二一·清穆宗同治三年

卷二二八·清穆宗同治十年

卷二三五·清德宗光绪四年

卷二三六·清德宗光绪五年

卷二三七·清德宗光绪六年

《清史稿》卷四百四十六·崇厚传

【简评】

崇厚违反朝廷指令,擅自同俄国代表签订《里瓦几亚条约》,损害国家利益,罪行严重。从琦善擅让香港、耆英擅自放弃使命,至崇厚违令签约,清朝廷任用外交官一误再误,可见其朝政已腐败之至。

八、身正被毁饮恨蒙冤

外交官既要同本国君臣共事,也要同外国君臣发生直接或间接的联系。国内官场的复杂性和外交活动的特殊性,决定外交官格外难当。他们除了要承受履行外交使命过程中的各种磨难之外,还常常受到本国官员的排挤诬告或外国官员的离间陷害。下面选叙的一批涉外官员,虽然忠于职守,却受到不公正处置,有的后来得到昭雪,有的则千古蒙冤。

孔达不忘旧盟

卫[1]成公三年(前632年)正月,晋[2]文公准备出兵攻打曹国[3],需要经过卫国,派使臣去卫国借路。卫成公没有同意。晋文公率军从南河(位于今河南省淇县以南、延津县以北黄河古道)渡过黄河南下。返回时,晋军攻占卫国的五鹿(位于今河南省清丰县西北)。

二月,晋文公同齐[4]昭公在卫国敛盂(位于今河南省濮阳市东南)结盟,以向卫国示威。卫成公感到恐惧,请求参加他们的盟会,遭到晋文公拒绝。以大夫(朝廷中等级别的官员)元咺为首的一帮人为讨好晋国而发动政变,率兵攻打卫成公。卫成公离开国都逃至襄牛(其地不详)。之后,卫成公辗转楚国[5],逃入陈国[6],受到陈穆公友好接待。六月,卫成公返回卫国,元咺逃往晋国。当年冬天,晋文公出兵将卫成公抓到晋国都城关押,并护送元咺回国,立公子瑕为卫国国君。

---

① 春秋诸侯国,都楚丘,位于今河南省滑县东。卫成公六年(前629年),迁都帝丘,位于今河南省濮阳市西南。
② 春秋诸侯国,都绛,位于今山西省翼城县东南。
③ 春秋诸侯国,都陶丘,位于今山东省定陶县西南。
④ 春秋诸侯国,都临淄,位于今山东省淄博市东。
⑤ 春秋国名,都郢,位于今湖北省荆州市西北纪南城。
⑥ 春秋诸侯国,都陈,位于今河南省淮阳县。

卫成公五年(前630年),晋文公派医生衍向卫成公投毒。侍奉在卫成公身边的卫国大臣宁俞(又名宁武子)贿赂衍,要他少放毒药,卫成公没有被毒死。秋天,鲁[①]僖公为卫成公向周[②]襄王求情,经周襄王劝解,晋文公同意释放卫成公。卫国大臣周歂、冶廑杀死元咺,卫君瑕逃亡郑国[③],再投奔楚国。卫成公回国复位。

卫成公七年(前628年),晋文公得了重病,各国诸侯都去看望他,唯独卫成公没有去。此间,卫成公派大臣孔达率兵攻打郑国。当年冬天,晋文公去世,其子驩继位为晋襄公。晋襄公对卫成公没有去看望其病危的父亲耿耿于怀。

卫成公九年(前626年)五月,晋国派兵攻占卫国戚地(位于今河南省濮阳市北)。卫成公派人向陈国告急。陈共公(陈穆公之子)鼓励卫国出兵反攻,许诺如卫军失利,他将尽力为两国调和。于是,卫成公派大臣孔达率军抗击晋军。卫军被晋军击败。

卫成公十年(前625年)六月,陈共公出面调停,将孔达交给晋国,晋襄公才同意与卫国讲和。孔达被晋国囚禁后没有屈服投降。晋襄公看到孔达是个忠臣,不忍心将他杀害。

卫成公十二年(前623年)春天,晋国将孔达释放回国。孔达回到卫国后,卫成公亲赴晋国致谢,与晋国修复关系。之后,卫成公提任孔达为国卿(宰相)。

卫穆公(卫成公之子)三年(前597年)冬天,孔达率领卫国使

---

① 春秋诸侯国,都曲阜,位于今山东省曲阜市。

② [③]

③ 春秋诸侯国,都郑,位于今河南省新郑市。

团赴清丘(位于今河南省濮阳市东),同晋、宋[1]、曹等国使团会谈结盟。盟约规定:参加会盟各国要帮助有困难的国家,讨伐怀有二心的国家。

此后不久,宋国指责陈国依附楚国,派兵攻打陈国。陈成公(陈共公之孙)向卫国求援。孔达说:"陈国是卫国的友好国家。当年,两国先君(卫成公和陈共公)曾经订有盟约。如今陈国受到侵犯,我们应当出兵救援。如果有哪个大国因此而出兵攻打我国,我情愿为此而付出生命。"随后,孔达率军帮助陈国击败宋国军队。

卫穆公四年(前596年)冬天,晋国派使臣来到卫国,对卫国援助陈国进行责难,要卫国交出援助陈国的主谋,否则,晋国就要派兵攻打卫国。面对晋国使臣的威胁,卫穆公惊恐万状,群臣亦束手无策。孔达慨然长叹说:"我是执政大臣,此事应当由我负责。如果有利于国家,我死了也心甘情愿!"

卫穆公五年(前595年)春天,孔达迫于晋国的威胁自缢而死。孔达以身殉国后,卫穆公没有为他哀悼。为了讨好晋国,他向各诸侯国发出通告,称"我的大臣孔达不听从命令,制造我国与大国(晋国)不和,现在他已经伏罪自杀。"卫国怀念孔达辅助成公的功绩,帮助他儿子娶妻,推举他儿子做官。

据《左传》僖公二十八年、僖公三十年、僖公三十一年
文公元年、文公二年、文公四年
宣公十二年、宣公十三年、宣公十四年

---

① 春秋诸侯国,都商丘,位于今河南省商丘市南。

【简评】

晋文公即位后称霸诸侯。卫成公没有因为卫国国小势弱而依附晋国，拒绝给晋国军队借路而得罪晋文公。由此，卫国被晋军攻占，卫成公流离出逃，后又被晋文公派兵抓捕，险些被晋文公毒死，但他没有向晋文公屈服。孔达作为卫成公的大臣，为维护卫国主权独立，协助卫成公，联合陈国，与晋国进行长期不屈的斗争，其功绩是不可抹杀的。为了维护卫国和陈国的盟约，孔达甘愿献身。他坚守诚信难能可贵，不应被视为罪人。孔达死后，卫国臣民深为悲痛，以各种方式帮助其遗属。民心是公正的。

韩非使秦被杀

韩非生于战国晚期,是韩国①王族的一名公子。他爱好研究法律,有志于变革政治。当时,秦国②欲吞并韩、魏、楚、赵、燕、齐等东方六国,韩国作为秦国的近邻首当其冲。韩桓惠王二十六年(前247年),韩国的上党郡(位于今山西省沁河以东一带)被秦军夺占。此后三年,韩国又被秦国夺去十三座城邑。

韩王安(韩桓惠王之子)继位(前238年)后,韩国的国力已十分微弱,随时都有被秦国灭亡的危险。韩王安不但不能选贤任能、建全法制以富国强兵,反而相信轻浮狂妄之徒并委以重任。韩非深为国家的前途命运而忧虑,数次上书韩王,建议改革政治,韩王都没有采纳。韩非长期受到排斥郁郁不得志,“悲廉直不容于邪枉之臣”,写了《孤愤》、《五蠹》、《十过》、《说难》等文章,阐述自己的治政主张,一吐心中的悲愤与不平。秦王嬴政读过韩非的《孤愤》、《五蠹》等文章,对韩非的治政见解和文才十分欣赏。他曾经对身边人说:“我如果能见到韩非,与他交往畅谈,死而无恨!”

韩王安六年(前233年)③,秦国出动大军首先攻打韩国,韩国

---

① 都新郑,位于今河南省新郑市。

② 都咸阳,位于今陕西省咸阳市东北。

③ 韩非使秦,《史记》卷六·秦始皇本纪,记作秦王政十四年,即前233年;《史记》卷四十五·韩世家,记作韩王安五年,即前234年。此据《中国历史大辞典》·韩非。

危在旦夕,奸邪大臣纷纷逃离。韩王安极为惊恐,这时他才看到韩非忠诚可信,派他出使秦国求和。

秦王听说韩非奉命出使来到秦国,十分高兴,下令将韩非留下来,不让他再回韩国。秦王想要韩非为秦国效劳,打算任命他官职,但又对韩非存有疑心,没有及时召见与他面谈。

秦国客卿(非本国人担任的丞相)李斯早年曾同韩非一同拜师于荀况[①],他自己感到才能不如韩非,担心如果韩非受到秦王信用,将会有损他的地位。于是,李斯同上卿(丞相)姚贾串通一气,共同陷害韩非。他们劝告秦王说:"韩非不是一个普通的韩国人,他是韩王族的公子。此人至死都是忠于韩国的,不会为秦国效力。这也合乎人之常情。大王千万不能信用他。如果把他放回韩国,也将遗留后患,不如将他杀掉为好。"

秦王听信李斯等人的谗言,下令把韩非关入监狱。李斯随即派人送去毒药,逼韩非自杀。韩非认为秦国扣杀外国来使有失道义,想面见秦王讨个公道。李斯断然予以拒绝。韩非满怀忧愤被迫在狱中饮毒自尽。不久,秦王后悔不该将韩非逮捕入狱,意欲将他释放,可是为时已晚。

据《史记》卷六十三·韩非传

卷六·秦始皇本纪

卷四十五·韩世家

① 战国后期著名学者,晚年聚徒讲学,韩非、李斯等人为其知名学子。

【简评】

韩非忠正忧国,在国内长期受压制,其文章却受到秦王青睐。韩非奉命出使秦国,力图挽救濒临灭亡的韩国,无意留秦不返。秦王想留用韩非亦并未决定。李斯出于忌妒而在秦王面前陷害韩非,致使其被捕入狱。接着,李斯竟然逼令韩非在狱中服毒自杀。相比之下,韩非是正人君子,李斯是奸邪小人。

郦食其使齐受烹

郦食其是秦朝陈留高阳乡(位于今河南省杞县西南)人,爱好读书,性格狂放。秦朝末年,各地反抗秦朝暴政的斗争风起云涌。郦食其纵观起兵反秦的天下豪杰,认为只有沛公刘邦能成大业。

秦二世三年(前 207 年)二月,刘邦率军路过陈留。郦食其经人引荐投奔刘邦,当时,他已经六十多岁。刘邦向来看不起读书人,他召见郦食其时坐在床边让两个侍女替他洗脚。郦食其见此情状,不仅没有向刘邦行拜礼,反而批评他不该对长者这样傲慢无礼。刘邦看出郦食其气度不凡,连忙起身请他上位就坐,向他赔礼道歉。不久,郦食其说服其友人陈留县令(其名不详)归附刘邦,以功被授予广野君称号。

汉王[①]三年(前 204 年)夏秋之交,大将军韩信率部攻占赵国[②]

---

① 秦二世三年(前 207 年),沛公刘邦、上将军项羽先后领兵攻入秦都城咸阳(位于今陕西省咸阳市东北),秦朝灭亡。项羽自称西楚霸王王府设在彭城,(位于今江苏省徐州市),封刘邦为汉王王府设在南郑,(位于今陕西省汉中市)。汉王元年(前 206 年),刘邦率部抵达南郑后,回师向东,决意与项羽争夺天下。

② 楚王项羽封国,王府设在信都,(位于今河北省邢台市)。

后,奉命领兵转攻齐国[①]。郦食其认为韩信数万大军未必很快就能攻下方圆千里的齐国,请求去游说齐王田广归附。汉王刘邦随即派遣郦食其出使齐国。

郦食其拜见齐王田广时问道:“大王知道当今天下人心归向吗?”

齐王回答说:“不知道。”

郦食其说:“大王若知道天下人心归向,齐国还能保住,如果不知道天下人心归向,齐国就不能保全了。”

齐王问道:“天下人心归向何处?”

郦食其说:“归向汉王。”

齐王不解地问道:“先生凭什么能下这样的断语呢?”

郦食其说:“当初,义帝[②]举兵北伐时曾同众将约定,先攻入咸阳的将领封为王。沛公领兵先攻入咸阳,项羽却仗恃其兵力强大自称楚王,而把沛公封为汉王,打发他去汉中。不久,楚王背盟杀死义帝,失去人心。楚王贪财专权,不肯奖赏有功将士,天下贤人都不愿为他效劳。如今汉王广纳人才,领兵东出函谷关[③],攻占三

---

① 秦二世元年(前209年),狄县(位于今山东省高青县东南)人田儋起兵占领齐地,自立为齐王,都临淄(位于今山东省淄博市东)。田儋被秦军攻杀后,田荣(田儋堂弟)立田儋之子田市为齐王,自任丞相。秦朝灭亡后,楚王项羽封田市为胶东王、田都(田儋部将)为齐王、田安(战国齐王建之孙)为济北王。田荣未能封王大为不服,举兵击杀田市、田安,田都投奔楚王,田荣自立为齐王。田荣被楚王领兵击杀后,其弟田横立田荣之子田广为齐王。

② 义帝名熊心,战国后期楚怀王(被秦国囚禁而死)熊槐之孙。秦朝末年,原楚国将领项燕之子项梁与其侄项羽起兵反秦,拥立熊心为楚怀王。秦朝灭亡后,项羽自称楚王,改称楚怀王熊心为义帝。

③ 位于今河南省灵宝市东北。

十二座城邑,占据敖仓[1]粮库,形成收拢天下之势。汉王得到财物皆分给兵士民众,天下人都拥护他。大王可要看清这一形势,早日归顺汉王,这样齐国江山才可以保住。如果迟迟不肯归附汉王,危亡的日子恐怕很快就会到来了。”

齐王田广认为郦食其说的很有道理,便接受他的建议,答应依附汉王刘邦。齐王下令撤除历城(位于今山东省济南市)防务,成天陪伴郦食其饮酒。

此时,韩信率军抵达平原津(黄河北岸渡口,位于今山东省平原县西南)。他得知郦食其已经说服齐王归附,不准备再渡河去攻打齐国。韩信的谋士蒯通(又名蒯彻)建议说:“将军是奉汉王之命进攻齐国的,难道汉王有令要将军停止前进吗?郦食其不过是一个普通的书生,仅凭三寸不烂之舌说服齐王。难道降齐的功劳应当归于他吗?将军应当继续执行汉王之令,率领大军攻占齐国。”韩信转而采纳蒯通的计谋,率军连夜渡过黄河,进攻齐国。

齐王田广听说韩信率领汉军攻杀过来,大吃一惊,怀疑郦食其欺骗他,非常恼火。他不肯顺势向韩信投降,怒气冲冲地对郦食其说:“你如果能制止汉军进攻,我就让你活;不然的话,我就要烹死你!”

郦食其无力阻止韩信大军锐不可当的攻势,未作任何辩解,毅然回答齐王说:“干大事的人不拘泥于小节,讲诚信的人不考虑别人的责难。我不会替你去说什么!”

齐王田广听郦食其这么回答怒不可遏,当即下令将他投入滚

---

① 位于今河南省荥阳市。

滚的开水锅中，活活煮死。

据《史记》卷九十七·郦生列传

卷九十二·淮阴侯列传

【简评】

清代学者王夫之认为："毒天下而以自毒者，其唯贪功之人乎！郦生说下齐，齐已受命，而汉东北之虑纾，项羽右臂之援绝矣。""韩信一启贪功之心，从蒯彻之说，疾击已降，而郦生烹，□下之军，蹀血盈野，诸田卒以殄其宗。惨矣哉！贪功之念发于隐微，而血已漂□也"(《读通鉴论》卷二·汉高帝)。

笔者认为，郦食其以其辩才说服齐王归附汉王，功不可没。韩信争功固然是郦食其被烹的直接导因，汉王在郦食其使齐成功后未能及时下令韩信停止进军，使本来不该发生的事演为悲剧，是其一大失误。

郑众忠谏入狱

东汉建武二十四年(48 年)冬天,匈奴①再次分裂。匈奴南部右奥鞬日逐王比(呼韩邪单于之孙)自立为呼韩邪单于,请求归附汉朝。汉朝廷同意其向南迁至西河郡美稷县(治所位于今内蒙古准格尔旗西北),史称南匈奴;蒲奴单于留居大漠(今蒙古高原沙漠)以北,史称北匈奴。北匈奴控制西域②三十六国,并经常派兵侵扰汉朝北部边境地区。

永平八年(65 年)三月,北匈奴派遣使臣到汉朝请求和亲。随后,汉明帝派遣越骑司马(警卫部队高级军官)郑众持节(用金属、玉等器物制作的外交使臣的凭证)出使北匈奴,进一步商议和亲事宜。

南匈奴须卜骨都侯(贵族首领)获悉汉朝与北匈奴互派使臣,大为不满,意欲制造北匈奴与汉朝不和,秘密派人去北匈奴诱使其派兵迎击汉朝使臣。

郑众率领使团走出汉朝北部边塞后,发现情况有些反常,便停下来观察动静。不久,郑众等人抓获须卜骨都侯派往北匈奴的使

① 汉朝北方邻国,其势力范围:北抵今俄罗斯西伯利亚,南达长城,东起辽河,西至帕米尔高原。单于(国王)庭(位于今蒙古国乌兰巴托市)西汉甘露二年(前 52 年),匈奴呼韩邪单于投附汉朝。

② 位于今甘肃省玉门市以西至天山南北及中亚地区。

者,弄清事实真相。郑众随即上书朝廷,建议在边境地区派驻军队,以防备南北匈奴暗中勾结。汉朝廷当即采纳郑众的建议,决定设置度辽营(驻地五原曼柏,位于今内蒙古达拉特旗东南),派中郎将(警卫部队将领)吴棠率兵驻守。

此后,郑众一行继续北行。北匈奴获悉须卜骨都侯的使者被汉朝使臣抓获,撤去拦击汉朝使臣的军队。

郑众等人抵达北匈奴单于庭后,向单于递交国书。在场的匈奴大臣强令郑众向单于行跪拜礼。郑众当即严词拒绝。北匈奴单于对郑众抗争不拜十分恼火,令人将他软禁,断绝对他水火供应,企图胁迫他屈服。郑众拔出佩刀发誓,宁死也决不低头。单于见郑众守节不移,反而害怕万一他有三长两短,不好向汉朝交代,下令解除对郑众的禁闭。接着,北匈奴单于派使臣伴随郑众等人来东汉京都洛阳(位于今河南省洛阳市)。

当年冬天,汉朝廷讨论再派使臣去北匈奴商谈和亲之事。郑众上书加以劝阻。他认为北匈奴并没有同汉朝和亲的诚意,他们之所以派使臣来请求和亲,是想借此离间南匈奴与汉朝的关系,进一步笼络西域三十六国。现在如果再派使臣去,他们会以为我们软弱,或者以为我们中了他们的计谋。这样,南匈奴会对归附汉朝产生动摇,西域各国也会对汉朝产生离心,而更加依附北匈奴。如今,已有度辽营将士扬威于边境,不派使臣去答复和亲一事,北匈奴也不敢贸然南侵。汉明帝没有接受郑众的劝谏,并且指名要他再次出使北匈奴。

为此,郑众奏告汉明帝说:“臣前次出使,坚持不向北匈奴单于行跪拜礼,引起单于怨恨,派兵对我看守。今天再次奉命出使,必然又要受到他们凌辱和折磨。我实在不能手持大汉符节向匈奴单于下拜。如果我服从匈奴单于号令,将有损于大汉的声威。”汉明帝听不进郑众的意见。

郑众不得已,只好率领使团上路。路上,郑众又接连上书,对此次出使北匈奴提出异议。汉明帝对郑众一再上书不乐意出使北匈奴大为恼火,传令将他追捕回京,交廷尉(最高审判机关长官)审讯,关入监狱。

永平十年(67 年)四月,汉明帝发布大赦令,郑众才得以获释回家。

在郑众被罢官收审前后,北匈奴派二千名骑兵进抵朔方(位于今内蒙古杭锦旗北),准备迎接南匈奴叛逃者,因度辽营有备而没有得逞。接着,北匈奴不断派兵南下侵扰,河西各郡(即河西酒泉、武威、张掖、敦煌、金城五郡,位于今甘肃省)城门为之时常关闭,汉明帝深为忧虑。

后来,汉明帝接见北匈奴使臣,询问郑众当年出使与单于争执情况。北匈奴使臣说,郑众上次出使坚强不屈,其气节不减当年的苏武①,在匈奴被传为美谈。汉明帝听说后,意识到对郑众处理错了,随即下令将郑众召回朝廷,任命他为军司马(将军辅佐官),随虎贲中郎将(警卫部队将领)马廖率部西征依附北匈奴的车师②。

---

① 苏武为西汉中郎将(警卫部队将领)。西汉天汉元年(前 100 年),他率团出使匈奴被扣,囚禁于北海(今俄罗斯贝加尔湖)之滨,始终坚贞不屈,十九年后获释回国。

② 西域国名,分前部、后部。车师前部治所交河城,位于今新疆吐鲁番市西北交河故城遗址,车师后部治所务涂谷(位于今新疆吉木萨尔县南泉子街一带)。

行至敦煌(位于今甘肃省敦煌市),郑众升任中郎将,率部参与救援受北匈奴和车师军队围攻的戊己校尉①,解除其困境。

据《后汉书》卷二·孝明帝纪

卷三十六·郑众传

卷八十九·南匈奴列传

《资治通鉴》卷四十五·汉纪三十七

【简评】

东汉前期,南北匈奴对峙。北匈奴忌恨东汉庇护南匈奴,以和亲为名企图离间东汉与南匈奴的关系。汉明帝对此认识不足,郑众进言谏阻而被逮捕罢官。后来,北匈奴骑兵不断南下侵扰,汉明帝方知错怪了郑众。他听说郑众当年出使北匈奴坚贞不屈,重新起用他远征西域。郑众直言勇谏蒙受了冤屈,汉明帝知错改正亦值得称道。

---

① 主管西域屯田的官员。当时,耿恭为戊校尉,率部屯驻车师后部金蒲城(位于今新疆吉木萨尔县破城子),关宠为己校尉,率部屯驻车师前部柳中城(位于今新疆鄯善县鲁克沁)。

贺狄干回国受诛

北魏[1]登国八年(393 年)[2],魏王拓跋珪派遣北部大人(主管北部地区并参与朝政)贺狄干携带一千匹良马,率团出使后秦[3],与后秦太祖姚苌商谈通婚事宜。

贺狄干一行抵达后秦都城长安时,后秦太祖刚刚去世,其太子姚兴继位为后秦高祖。后秦高祖拒绝同北魏通婚,并下令将贺狄干扣留。

天兴元年(398 年),魏王拓跋珪迁都平城(位于今山西省大同市东北),称帝,为北魏道武帝。

天兴五年(402 年)后秦高祖派其弟姚平率兵攻打北魏平阳郡(治所位于今山西省临汾市)。北魏道武帝领兵将其击败,并俘虏后秦征虏将军狄伯支、越骑校尉(警卫军将领)唐小方等四十余人。

贺狄干被后秦囚禁期间,没有屈服,没有消沉。他借机博览群书,精读《论语》、《尚书》等儒家经典名著,言谈举止,颇有儒家风度。由于长期在羌人聚居的长安生活,他的语言服装受到羌人影响。

---

① 鲜卑族首领拓跋珪建立的国家,都盛乐,位于今内蒙古呼和浩特市西南。
② 据《中国历史大辞典》·姚苌。姚苌死于 393 年。
③ 羌族首领姚苌建立的国家,都长安,位于今陕西省西安市西北。

天赐五年(408 年)[1],北魏道武帝派遣北新侯安同出使后秦,并将唐小方护送回国。后秦高祖受到感动,随后,他派遣使臣出使北魏,提出愿以一千匹良马赎回狄伯支,羡并将贺狄干释放回北魏。北魏道武帝表示赞同。贺狄干被后秦扣押十六年,由此得以回国。

北魏道武帝晚年追求长生不老,服下大量丹石,性情变得暴戾凶残,动辄杀人。他见获释回国的贺狄干语言服装仿同羌族习俗,认为他慕后秦,有意学习羌人,心中十分厌恶。仅为此,北魏道武帝竟下令将贺狄干处死。

据《魏书》卷二·太祖道武帝纪

卷二十八·贺狄干传

《北史》卷二十·贺狄干传

【简评】

贺狄干出使后秦被扣长达十六年,没有屈服变节,仅仅因为语言服装受到羌人影响,回国后即被北魏道武帝处死,实属冤枉。北魏道武帝晚年暴虐滥杀,每见到大臣,“或以颜色变动,或以喘息不调,或以行步乖节,或以言辞失措,帝皆以为怀恶在心,变见于外,乃手自殴击”。忠正大臣朝不保夕,守节不移的外交官当然也不例外。

---

① 《魏书》贺狄干传,记作“天赐中”。据《魏书》卷二,天赐五年,“姚兴遣使朝贡”,记作是年。

乙弗皇后为国自尽

乙弗皇后(其名不详)的祖先是吐谷浑[①]的头领,后来他率众向东归附北魏[②]。乙弗氏的父亲莫瑗(乙瑗)曾任北魏西兖州(治所原在定陶,位于今山东省定陶县,后移至左城,位于今河北省唐县西)刺史(军政长官),其母亲淮阳长公主是北魏孝文帝元宏的第四个女儿。乙弗氏自幼容貌美丽,举止端庄,深受父母喜爱。她十六岁时嫁给南阳王元宝炬(孝文帝元宏之孙)为妃。

西魏[③]大统元年(535 年),西魏文帝元宝炬封乙弗妃为皇后。乙弗皇后不好奢华,衣食节俭,为人宽厚,不怀嫉妒之心,深受西魏文帝的宠爱。她先后生下十二个儿女,只有太子元钦和武都王元戊存活。

大统二年(536 年)正月,东魏军队攻陷夏州(治所位于今陕西省靖边县北),对西魏构成威胁。不久,西魏发生大范围饥荒,一时

---

① 部族名,游牧地位于今青海省及甘肃省南部。

② 都洛阳,位于今河南省洛阳市。

③ 北魏永熙三年(534 年),大丞相高欢领兵从晋阳(位于今山西省太原市)攻入洛阳,北魏孝武帝元修逃往长安(位于今陕西省西安市)。高欢立元善见(清河王元亶之子,时年十一岁)为孝静帝,迁都邺城(位于今河北省临漳县西南),史称东魏。关西(位于今河南省新安县函谷关以西地区)大行台(行政长官)宇文泰毒杀北魏孝武帝,在长安拥立元宝炬为帝,史称西魏。北魏从此不复存在。

间内外交困,形势十分严峻。蠕蠕①趁机派兵南下,攻打西魏。西魏君臣商议决定派使臣向蠕蠕求和。蠕蠕阿那瓌可汗提出要西魏文帝娶其长女郁久闾并立为皇后,作为和谈的条件。西魏文帝不得不忍痛割爱,同意废黜乙弗皇后,迎娶郁久闾为皇后,与蠕大统三年(537 年)冬天,西魏文帝派遣扶风王元孚率众前往蠕蠕迎接郁久闾。元孚一行抵达黑盐池(其地不详)时,迎见送嫁郁久闾的车队。郁久闾容貌端庄,虽然只有十三岁,却显得成熟老练,富有智能。在举行迎亲仪式时,元孚请郁久闾面向正南面,她断然回答说:"我在没有见到魏国皇帝之前,还是蠕蠕的女儿。你们的仪仗队面朝南好了,我自然应当面朝东。"元孚知道蠕蠕风俗以东向为贵,只好尊重郁久闾的意见。

大统四年(538 年)正月,郁久闾到达长安。西魏文帝废黜乙弗皇后,让她出家为尼,同时立郁久闾为皇后,史称悼后。之后,悼后对乙弗氏出家为尼仍怀猜忌,西魏文帝不得不把乙弗氏迁移到秦州(治所位于今甘肃省天水市),让她同她的儿子秦州刺史武都王元戊住在一起。

西魏文帝为了国家的安全而舍弃乙弗氏系出于无奈,对她的恩爱一直如同当初。他暗下要乙弗氏把头发养起来,准备将来在情况许可的某一天,将她召回后宫。西魏文帝这一意向虽然秘而未宣,还是被蠕蠕可汗获悉。

大统六年(540 年)春天,蠕蠕阿那瓌可汗率领精兵渡过黄河,令先头部队越过夏地(位于今甘肃、宁夏、陕西三省区交界地区),

---

① 又称柔然,可汗(国王)庭位于今蒙古国车车尔格勒。蠕和亲。

向西魏官民声称,他们是因为郁久闾皇后的后位受到动摇而兴兵南下的。

面对蠕蠕大军压境,西魏无力抵抗。西魏文帝派人向蠕蠕将领传话说:“为了一个女人,你们何须兴师百万,大动干戈?因为女人而招来外患,引起非议,朕又有何脸面去见我的将帅?”为了使蠕蠕尽快退兵,西魏文帝随即派中常侍(皇帝侍从官)曹宠带着他的手令,去秦州赐乙弗氏自尽。

乙弗氏知道西魏文帝这份诏令出于迫不得已,流着眼泪对曹宠说:“愿皇上千岁万岁,愿天下永远康宁,我死而无恨!”接着,乙弗氏把武都王元戊传唤到面前,挥泪与他诀别。她又给皇太子留下遗言,话语十分凄怆。侍奉在乙弗氏身边的婢女抑制不住内心的悲伤,放声痛哭,不忍目睹乙弗氏母子诀别的情景。乙弗氏交待完后事,回到自己房间,蒙被窒息而死,时年三十一岁。武都王元戊奉命组织人力,开凿麦积崖(即麦积山,位于今甘肃省天水市东南),为其母亲安葬。

乙弗氏被逼死不久,郁久闾皇后怀孕临产,精神忧郁恍惚,好像看见一个不认识的妇人走入她的房间。她向守在旁边的侍女、侍医和巫婆问道:“这个女人是什么人?”众人都说没有见到什么人。没过多少天,郁久闾皇后因难产而死,时年十六岁。

据《北史》卷五·西魏文帝本纪

卷十三·文帝文皇后乙弗氏传

文帝悼皇后郁久闾氏传

【简评】

西魏乙弗皇后贤惠善良,深受西魏文帝宠爱。为了联合蠕蠕共同抗御东魏,西魏文帝与蠕蠕联姻,被迫将乙弗皇后废黜,改立蠕蠕可汗之女郁久闾为皇后。乙弗皇后被废为尼后仍然受到郁久闾皇后忌妒,引起蠕蠕出兵对西魏加以威胁。西魏文帝不得不传令乙弗皇后自杀。国弱受欺,乙弗皇后是西魏屈辱外交的牺牲品。阅读该段历史,令人感到沉重。

盛彦师饮恨九泉

隋大业十三年(617 年),北方各地起兵反抗隋朝暴政风起云涌,隋炀帝杨广南巡江都(位于今江苏省扬州市)无意回返。五月,太原(治所位于今山西省太原市)留守(军政长官)李渊举兵南攻都城长安(位于今陕西省西安市),意欲夺取天下。盛彦师时任澄城(治所位于今陕西省澄城县)长(行政长官),率领部众投奔李渊,受任行军总管(军事指挥官),参与攻克长安。

隋义宁二年(618 年)三月,太上皇杨广在扬州被杀。五月,隋恭帝杨侑(隋炀帝之孙)让位,大丞相李渊改国号为唐,即位为唐高祖。

唐武德元年(618 年),盛彦师奉命镇守宜阳(治所位于今河南省宜阳县西)。当年十二月,盛彦师以神机妙算,在山南(位于今河南省灵宝市崤山以南)率部袭杀降唐复叛的农民军首领李密,因功被封为葛国公、提任为武卫将军。

武德四年(621 年)六月,盛彦师率部随秦王李世民(唐高祖第二子)出征,参与击溃自称皇帝的原隋朝将领王世充的顽固势力。唐高祖任命盛彦师为宋州(治所位于今河南省商丘市南)总管(军政长官)。

八月,兖州(治所位于今山东省兖州市)总管徐圆朗反叛。唐高祖任命盛彦师为安抚大使,前去招抚徐圆朗重新归附朝廷。盛彦师率部抵达任城(位于今山东省济宁市东南),反被徐圆朗叛军击败俘虏。

徐圆朗想拉拢盛彦师同他一起反叛朝廷,对盛彦师以礼相待。盛彦师则坚持要徐圆朗向朝廷投降。不久,徐圆朗要盛彦师写信劝其弟弟反叛朝廷。盛彦师的弟弟当时镇守虞城(位于今河南省虞城县北)。盛彦师随即给其弟弟写去一封信,不是劝他投降徐圆朗,而是表明自己准备以身报国。他在信中写道:“吾奉使无状,被贼所擒,为臣不忠,誓之以死。汝宜善待老母,勿以吾为念。”徐圆朗得知盛彦师给他弟弟写了这么一封信,非常恼火,对他加以威胁。盛彦师神态自若,义无反顾。徐圆朗为他的忠义所感动,对其部属说:“盛将军可谓真正的壮士,有节操,不能杀啊!”此后,徐圆朗继续将盛彦师扣留,仍然以礼相待。

十月,盛彦师趁看守不备从徐圆朗处逃出,随即率领齐州(治所位于今山东省济南市)总管王薄部众,攻打徐圆朗叛军占据的须昌(治所位于今山东省东平县西北)。此间,他们向谭州①(治所位于今山东省济南市东北平陵城)刺史(行政长官)李义满征调军粮。李义满与王薄有积怨,拒绝供给其军粮。不久,须昌叛军投降,盛彦师将李义满抓捕,关入齐州监狱。李义满在狱中忧愤而死。王薄被李义满之侄杀死。由此,唐高祖于武德五年(622 年)下令将盛彦师处死。

据《旧唐书》卷一·高祖本纪

卷六十九·盛彦师传

① 《资治通鉴》记作潭州,疑误。《新唐书》卷一,记作谭州;卷三十八·地理二载:武德二年,县民李义满以县来降,于平陵置谭州。

《新唐书》卷九十四·盛彦师传

《资治通鉴》卷一百八十六·唐纪二

卷一百八十九·唐纪五

卷一百九十·唐纪六

【简评】

盛彦师在李渊起兵之初即率部投附,为唐朝的建立和巩固立下功劳。他奉命去安抚反叛朝廷的徐圆朗,兵败被俘,誓死不屈。徐圆朗为其节义所感动,没有杀他。盛彦师逃出后即投身平叛,他拘捕拒绝供给平叛部队粮食的李义满不为过错。唐高祖怀疑其变节,借此事将他处死。盛彦师有理难辩,只能满怀悲愤饮恨九泉。毛泽东对盛彦师的命运寄予同情,指出:“盛彦师名将,冤死”(《毛泽东读书笔记》上·毛泽东读《旧唐书·盛彦师传》的批语)。

郭元振难防暗箭

唐神龙二年(706 年)十二月,安西大都护①郭元振率领使团赴西突厥②乌质勒部③牙帐议和结盟。当时风雪交加,天气十分寒冷。乌质勒年老,会谈时受了风寒,郭元振走后的当天夜里,乌质勒去世。

乌质勒的儿子娑葛怪罪于郭元振,扬言要领兵将他击杀。随同郭元振赴乌质勒牙帐的副使解琬获悉这一动向后,劝郭元振连夜逃走。郭元振问心无愧,回答说:“我以诚信与他们交往,没有什么可怕的。再说,我们处在他们的势力范围,往哪里逃啊?”第二天,他带人前往乌质勒牙帐吊唁,路上遇到娑葛派去攻打他的官兵。娑葛部众想不到郭元振会来吊唁,没敢朝他动手,转称奉命前来迎接大都护。郭元振进入乌质勒牙帐后放声恸哭,十分悲哀。娑葛为郭元振的真情所感动,对他尊敬如初。随后,唐中宗续封娑

---

① 唐朝廷派驻西域地区军政长官,驻地在龟兹(位于今新疆库车县东)。安西都护府辖碎叶(治所位于今吉尔吉斯斯坦国托克马克)、龟兹、于阗(治所位于今新疆和田县)、疏勒(治所位于今新疆喀什市)四镇。

② 国名,位于今新疆哈密市以西至哈萨克斯坦国咸海、阿尔泰山北,南至新疆和田县和喀什市,下分十部,号十姓。

③ 乌质勒原为西突厥斛瑟罗可汗(国王)属下突骑施部酋长,斛瑟罗可汗用刑残酷引起众叛亲离,乌质勒率部击败斛瑟罗可汗并尽占其领地,将牙帐设在碎叶城。唐中宗封乌质勒为怀德郡王、嗢鹿州(治所位于今新疆伊宁市西)都督(军事首领)。

葛为怀德王,并让他承袭嗢鹿州都督的职务;同时调任郭元振为金山道(辖区位于今阿尔泰山地区)行军总管(军事长官)。

乌质勒的部将阙啜忠节对娑葛统领各部人马心中不服,与娑葛多次发生冲突。阙啜忠节势力较为薄弱,斗不过娑葛。为了调解二人的矛盾,郭元振上奏朝廷,建议将阙啜忠节召入朝廷担任警卫官。唐中宗批准郭元振这一奏请,随即征召阙啜忠节入朝。

阙啜忠节向东行抵播仙城(位于今新疆且末县西南)时,见到唐经略使(驻守边境州府的军事长官)周以悌。周以悌对阙啜忠节说:“朝廷之所以厚待你,是由于你的部落拥有军队。如今,你离开你的部落,只身一人进入朝廷,若干年后不过是个老迈的胡人而已,不但无法保住你的官爵俸禄,恐怕连生死也将操在他人之手。”周以悌为阙啜忠节出谋划策,劝他以重金贿赂宰相宗楚客和纪处讷,请求留在西域。周以悌还劝他请求宰相调拨安西都护府的军队,再从吐蕃(位于今西藏自治区)求借援军,共同攻打娑葛,以控制各个部落。阙啜忠节认为周以悌说的很对,便停止东去,领兵攻占于阗坎城(位于今新疆和田县东)。随后,他派人去京都长安(位于今陕西省西安市)重贿宗楚客和纪处讷。宗、纪二人同意阙啜忠节留在西域。

郭元振听说阙啜忠节获准留在原部并准备借兵起事,对西部地区未来的形势深为忧虑。他上书朝廷指出:吐蕃近年流行瘟疫,虽没有进攻安西都护府所辖四镇,但并没有忘记夺取四镇!如今阙啜忠节置国家根本利益于不顾,从一己私怨出发,一心想把吐蕃军队引进来,安西四镇恐怕从此就要开始动乱!他在奏书中分析了西突厥十姓部落错综复杂的关系,建议还是把阙啜忠节召入朝廷为好。

宗楚客、纪处讷断然否定郭元振这一意见。他们劝说唐中宗派摄御史中丞(最高监察机关代理副长官)冯嘉宾持朝廷符节(用金属、玉等器物制作的外交使臣的凭证)去安抚阙啜忠节,派侍御史(最高监察机关内设机构长官)吕守素去处理安西四镇的军政事务,任命将军牛师奖为安西都护府副都护,取代郭元振统领甘州(治所位于今甘肃省张掖市)、凉州(治所位于今甘肃省武威市)军队,并征调吐蕃军队,共同攻打娑葛部。

宗楚客等人的这一谋划,被娑葛派往唐朝廷献马的使者娑腊获悉。娑腊立即派人将这一情报飞快传回。娑葛闻讯极为震惊和恼火,随即调遣二万名骑兵,分四路向安西都护府、拨换(治所位于今新疆阿克苏市)、焉耆(治所位于今新疆焉耆县西南)、疏勒发起进攻。

景龙二年(708 年)十一月,阙啜忠节到计舒河(其地不详)迎接冯嘉宾。娑葛派骑兵击杀冯嘉宾、俘虏阙啜忠节。接着,娑葛骑兵又在僻城(其地不详)活捉吕守素,将他绑在柱子上一刀一刀地剐死。之后,牛师奖部众在火烧城(其地不详)遭遇娑葛骑兵袭击,全军覆没。郭元振率军在疏勒城外扎寨固守,得以幸免。

此后,娑葛攻占安西都护府,封锁四镇之间的通道,上书唐中宗,索要宗楚客的头颅。宗楚客非但不思悔过,转而又向唐中宗奏请任命周以悌取代郭元振统领安西各路军马,征召郭元振返回朝廷,同时册立阿史那献①为西突厥十姓可汗,在焉耆部署军队讨伐娑葛。

---

① 西突厥将领阿史那元庆次子,时任唐北庭(治所庭州,位于今新疆吉木萨尔县北破城子)大都护,他曾与突骑施部有过纷争。

娑葛获悉宗楚客这一动议后,写信给郭元振说:“本来,我和大唐朝廷没有任何矛盾,我的仇敌只有阙啜忠节一个人。宗楚客接受阙啜忠节的贿赂,发兵攻打我的部落毫无道理,我岂能坐以待毙! 如今,我又听说阿史那献要来安西。他一来,安西四镇今后恐怕就很难有安宁的日子了。请大使考虑如何处理好这件事吧!”

郭元振不愿眼看安西四镇陷入动乱,便把娑葛写给他的这封信上奏给唐中宗。宗楚客听说此事后勃然大怒,诬称郭元振“有异图”,奏请唐中宗将郭元振召回朝廷治罪。

郭元振不愿蒙受不白之冤,派他的儿子郭鸿进京向唐中宗奏明实际情况,称他害怕宗楚客陷害,不敢回到朝廷,请求让他继续留在西域稳定当地局势。唐中宗弄清事实真相后,重新任命郭元振为安西都护,将周以悌罢官流放到白州(位于今广西区博白县),并下令赦免娑葛,封他为西突厥十姓可汗。

据《新唐书》卷一百二十二·郭元振传

《通鉴纪事本末》卷二十八·唐平西突厥

【简评】

西突厥内部纷争复杂,郭元振从稳定西域局势出发,奏请将阙啜忠节调到朝廷任职是合适的。周以悌唯恐西域不乱,劝说阙啜忠节贿赂当权宰相宗楚客、纪处讷,得以留在西域,又劝他举兵攻打娑葛。郭元振对此提出异议,竟受到宗楚客等人排斥,以致娑葛率兵将阙啜忠节、冯嘉宾等人俘杀。之后,宗楚客反诬郭元振“有异图”,欲给他治罪。奸臣在朝廷当权,安西都护身在异域供职,难乎其难。幸亏唐中宗听取郭元振书面申诉,才使是非曲直真相大白。

旺荣、遇乞受间罹难

野利旺荣(又名野利刚浪口夌)和野利遇乞兄弟是西夏[1]左右二厢(最高军事编制单位)军的统帅。深受西夏景宗李元昊的信任,二人都号称天都大王。他们先后率部在三川口(位于今陕西省富县西南三川驿)、好水川(位于今宁夏区隆德县甜水河畔)等地埋伏,大败宋朝军队,对北宋西北边境地区构成严重威胁。

夏天授礼法延祚五年(1042 年)正月,野利旺荣派其部将浪埋、赏乞、媚娘等三人向刚刚上任的北宋环州(治所位于今甘肃省环县)知州(行政长官)种世衡伪装投降。种世衡识破他们系诈降,没有将他们处死,而是将计就计让其管理商税,以此向西夏实施反间计。

不久,种世衡奏请朝廷获准,派遣王嵩(种世衡结交的僧人,原名王光兴)以三班(朝廷委派武官出使的机构)官员名义出使野利旺荣军营。他要王嵩带上枣子和绘有乌龟的图画,把他写给野利旺荣的密信藏在棉袄里。临行前,种世衡特意嘱咐王嵩说:“不到危及生命时刻不得泄露这封信”。

王嵩出了宋朝边境便被西夏巡逻兵抓捕。他声称是宋朝使官,有要事要见野利元帅。随后,王嵩被带见野利旺荣,递交种世衡送给他的枣子和龟画。野利旺荣明白这两件东西的含义,付之

---

① 都兴庆府,位于今宁夏区银川市。

一笑说:“种世衡年纪也不小了,干嘛开这种玩笑。”他当即下令将王嵩锁入地狱,并向西夏景宗作了报告。

西夏景宗传令把王嵩带到都城,亲自对他审问,追问他把种世衡的信放在哪里。王嵩一口咬定种世衡没有写信。西夏景宗疑惑不定,令人对他进行严刑拷打,王嵩仍然没有改口。过了一段时间,西夏官员放话要把王嵩处死。王嵩恳求饶命,供出他将种世衡的信藏在自己的棉袄中。

西夏景宗打开种世衡写给野利旺荣的信,见种世衡在信上与野利旺荣称兄道弟,说他派来联络的浪埋等人已被委以重任,宋朝廷知道野利大王一心归附,已任命你为夏州(治所位于今陕西省靖边县北)节度使(军政长官),每月俸禄一万缗,任命的文书已经下达到环州,今日特派人送去枣子和龟画,希望野利大王早日归附宋朝。

西夏景宗看信后对野利旺荣产生怀疑。他借故将野利旺荣留在京都,当即派遣亲信侍臣李文贵冒充野利旺荣的使者,火速去环州会见种世衡。

种世衡通过同李文贵交谈,察觉他熟悉兴州(即西夏京都)情况,而对野利旺荣的情况却多有不知,猜测他很可能系西夏朝廷派遣,经从俘虏那里证实,李文贵确系西夏景宗身边的侍臣。之后,种世衡会见李文贵时故意大骂西夏景宗叛逆,称赞野利旺荣有见识,诚心归附宋朝。他对李文贵说:“请你转告野利大王,应当尽早归附宋朝,不要再迟疑。”李文贵回去后将所见情况报告西夏景宗。西夏景宗听后大为恼怒,认定野利旺荣已暗下投降宋朝,下令将野利旺荣处死。

当年年末最后一天(公历应为1042年),野利遇乞领兵巡逻,进入宋朝境内。西夏景宗乳母白姥与野利遇乞素有积怨,听说此事后诬告野利遇乞想要叛变。于是,西夏景宗对野利遇乞亦产生怀疑。

种世衡获知这一情况后,制造谣言,散布野利遇乞已被白姥害死。与此同时,他令人在边境燃起一堆火,祭悼野利遇乞。种世衡亲自书写悼词,称岁末之夜与野利遇乞在一起聚会,无比快乐,没想到野利遇乞归顺大宋计划将要成功却惨遭白姥杀害。他故意把这篇悼词稿纸烧毁局部,和焚烧后的钱纸掺和在一起,又将盗来的西夏景宗赠给野利遇乞的宝刀丢在奠祭牌位旁边。

西夏骑兵见到火光后很快冲杀过来。在清理宋军留下的弃物时,他们发现那篇没有烧毁的悼文和皇上赠给野利遇乞的宝刀,随即飞马奏告朝廷。

西夏景宗见到种世衡为野利遇乞所写的悼文,又听说他送给野利遇乞的宝刀和悼文放在一起,勃然大怒,确信野利遇乞叛变无疑,当即下令野利遇乞自杀。

据《宋史》卷三百三十五·种世衡传
卷四百八十五·夏国上
辽沈书社白话《西夏纪事本末》
卷十五·二厢被间

【简评】

野利旺荣和野利遇乞是西夏两名大将,他们功勋卓著,忠于西夏朝廷,是宋朝君臣的心腹之患。种世衡施用离间计使西夏景宗上当受骗,先后将他俩处死,干了使亲者痛仇者快的蠢事。

赵良嗣使金无过

赵良嗣,原名马植,辽国①燕(位于今北京市)人。他早年在辽国做官,官至光禄卿(主管宫廷膳食及物品供应),因行为放荡被罢官。

由辽入宋献攻辽之计

北宋政和元年(1111 年),马植听说北宋检校太尉(名誉宰相)童贯等率团出使辽国,决意借机离开辽国,投奔宋朝。童贯一行回国返至辽卢沟(位于今北京市西南)时,他请求会见童贯,声称愿献灭辽计策。于是,马植改名李良嗣,跟随童贯来到宋朝。

北宋大臣询问李良嗣有何灭辽妙计,李良嗣回答说:"辽天祚帝荒淫无道,女真人②憎恨辽国君臣,宋朝如果派人从登州(位于今山东省蓬莱市)、莱州(位于今山东省莱州市)渡海,与女真结盟,约

---

① 又称契丹,都皇都,位于今内蒙古巴林左旗南,后建中京(即大定府),位于今内蒙古宁城县。

② 游牧于混同江(今黑龙江)流域的部族,属辽国势力范围。辽天庆五年(1115 年),女真完颜部首领阿骨打在其居住地按出虎水(位于今黑龙江省阿什河流域)建国号金,即帝位为金太祖。金天辅七年(1123 年),完颜晟(金太祖之弟)继位为金太宗,建都会宁府(位于今黑龙江省阿城市南)。

定共同攻辽,辽国便可以攻破。”

宋徽宗意欲收回被契丹占据的燕云之地[1],当即召见李良嗣询问计策。李良嗣回答说:“辽国皇帝昏庸无道,其国家很快就要灭亡。陛下如出兵讨伐辽国,收回被其占据的疆土,中原遗民必然会扶老携幼夹道欢迎。现在正是最好的时机。如果失去当今的良好机遇,万一让女真人得志,抢先占领燕云之地,事情可能就不好办了。”宋徽宗赞赏李良嗣这一见解,随即赐他姓赵,名赵良嗣,任命他为秘书丞(管理图书典籍的副长官)、武义大夫(主事出使的武官)。

政和五年(1115 年),女真族首领完颜阿骨打建立金国。此后,他不断领兵攻打辽国,接连攻占辽国宁江州(位于今吉林省松原市东三岔河东北石头城子)、黄龙府(治所位于今吉林省农安县)等数十个州县。鉴于这一态势,宋徽宗认为宋朝与金国结盟共同攻打辽国的时机已经成熟,决定派遣使臣出使金国商谈结盟事宜。

重和元年(1118 年),宋徽宗派遣武义大夫马政、平海指挥使(海防部队军官)呼庆等人以买马为名,从登州(位于今山东省蓬莱市)入海,从海路出使金国,开通北宋与金国的外交关系。之后,金太祖派使臣访问宋朝。

---

① 后唐清泰三年(936 年),河东(治所位于今山西省太原市)节度使(军政长官)石敬瑭为争取契丹出兵帮助其攻打后唐末帝,将卢龙道(位于今河北省迁安市西北)至雁门关(位于今山西省代县西北)以北十六州割让给契丹。后周显德六年(959 年),后周世宗柴荣领兵收回瓦桥(位于今河北省雄县西南)、益津(位于今河北省霸州市)、淤口(位于今河北省霸州市东)三关。

使金会盟促成宋金联合攻辽

宣和二年(1120 年)二月,赵良嗣时任直龙图阁(皇帝侍从官)、右文殿修撰(宫廷写作官员),受宋徽宗之命率团出使金国,同金国商谈共同攻打辽国,并向金国君臣声明宋朝将收复燕云之地。赵良嗣对金太祖说:“燕、云等州本是汉人的土地,宋朝准备收回。宋、金两国如能夹攻辽国,建议金国攻取辽国中京大定府,宋朝攻取辽国燕京析津府(位于今北京市区)。”金太祖同意这一建议,同时提出宋朝收复燕、云之地,每年须向金国缴纳钱币。

八月,金太祖派使臣勃堇随赵良嗣来到北宋都城开封(位于今河南省开封市),提出金军自平地松林(位于今内蒙古克什克腾旗)直趋古北口(位于今北京市密云县东北),宋军自白沟(位于今河北省高碑店市白沟河)出击,与金军夹攻辽国。否则,金国不能接受。

宋徽宗随即派遣赵良嗣再次出使金国,向金太祖递交国书。国书中称:“致讨契丹,当如来约,已差童贯勒兵相应。彼此兵不得过关,岁币之数同于辽①。”

宣和四年(1122 年)春天,中书舍人(负责拟草诏书)宇文虚中上书对联金攻辽提出异议,指出:“兹事一举,乃安危存亡之所系,岂可轻议乎!且中国与契丹讲和,今踰百年”。“自女真侵削以来,向慕本朝,一切恭顺。今舍恭顺之契丹,不封植拯救,为我藩篱,而

---

① 北宋景德元年(1004 年),辽国军队南下,宰相寇准促使宋真宗亲临澶州(位于今河南省濮阳市)指挥将士反击。不久,宋真宗采纳主和大臣意见,派使臣同辽国代表议和,同意每年进贡辽国银十万两,绢二十万匹。

远踰海外,引强悍之女真,以为邻国。彼既藉百胜之势,虚喝骄矜,不可以礼义服也,不可以言说喻也”。“臣恐中国之边患,未有宁息之期也。”宋徽宗听不进去宇文虚中的意见,任命领枢密院(最高军事机关长官)童贯为河北路(治所位于今河北省大名县东北)、河东路(治所位于今山西省太原市)宣抚使(军政长官),率领十五万大军,按照同金国约定,协同对辽作战。

据理力争,意在收回失地

当年五月,童贯部众被辽军击败,退守雄州(治所位于今河北省雄县)。七月,童贯整编军队,再度北伐。

九月,金太祖听说童贯领军北上,担心宋军直接夺回燕、云之地,金国便不能从宋朝获得岁币,随即派使臣徒孤且乌歇来到宋朝,以商定出兵日期名义,试探宋朝是否履行前约。宋徽宗令赵良嗣答复金国使臣:宋朝“不负新约”。

当月,辽国将军郭药师献出涿(治所位于今河北省涿州市)、易(治所位于今河北省易县)二州投降宋朝。

十月,宋十万大军在良乡(位于今北京市房山区)、燕京被辽军击败,损失惨重。由此,辽、金二国君臣都看到宋军不堪一击。“燕人知宋之无能为,作赋及歌诗以诮之”。

十二月,宋徽宗派遣赵良嗣率团第三次出使金国,商谈宋朝收回燕、云之地一事。当初,宋朝廷只提出收回石敬瑭所割给契丹的十六州之地,没有想到除此之外,刘仁恭还曾割给契丹平州(治所位于今河北省卢龙县)、营州(治所位于今河北省黎县)、滦州(治所位于今河北省滦县)三州土地①。此次,赵良嗣按照朝廷指令,要求将上述被占土地一并收回。金国会谈代表指责宋朝未能按约定时间出兵,声称只能将燕山府所辖蓟(治所位于今天津市蓟县)、景(治所位于今河北省遵化市)、檀(治所位于今北京市密云县)、顺(治所位于今北京市顺义区)、涿、易等六州归还宋朝。赵良嗣指出:"原来约定归还山前、山后十七州(即石敬瑭所割十六州),现在你们又这么说,信义何在?"为此,赵良嗣与金国代表"抗辩数四,金人不从"。赵良嗣坚持抗争,不肯让步,其《宣和四年使金作》一诗写道:"朔风吹雪下鸡山,独暗穹庐夜色寒。闻道燕然好消息,晓来驿骑报平安"(上海古籍出版社《宋诗纪事》卷四十一)。赵良嗣不避环境艰险,不顾个人安危,热切关注灭辽战争的进展,抒发了对宋朝廷的赤胆忠心。

不久,金国派使臣李靖随赵良嗣来到宋朝。金国使臣仍然坚持只将蓟、景等六州归还宋朝,宋徽宗没有同意。随即,宋徽宗第四次派遣赵良嗣率团出使金国,坚持要求将十六州和三州之地一并划归宋朝。金太祖说:"如果宋朝一定要得到平、滦等州,则不给燕京。"当时,金军已攻占燕京(辽称南京,位于今北京市区),派骑兵将赵良嗣送回。

---

① 刘仁恭为唐朝晚期卢龙(治所位于今北京市区)节度使。唐乾宁三年(896年),晋王李克用率军攻打刘仁恭,刘仁恭向契丹求援得以解围(见《新唐书》卷二百一十二·刘仁恭传)。清代学者顾炎武指出:把营、平、滦三州说成是刘仁恭割让给契丹系"史家之误"。"按《辽史》,太祖天赞二年春正月丙申,大元帅尧骨克平州"。"辽之天赞二年,乃后唐庄宗同光元年,是营、平二州,契丹自以兵力取之于唐,而不于刘仁恭,又非赂以求援也。若滦本平州之地,辽太祖以俘户置滦州。当刘仁恭时,尚未有此州"(《日知录》卷二十六·宋史)。

宣和五年(1123 年)正月,赵良嗣第五次奉命使金。他抵达燕京后,再次向金太祖提出归还被辽所占全部土地。金国代表递给赵良嗣一份文书,上面写有“燕京是金军攻下的,其租税当缴给金国”。赵良嗣驳斥说:“租税历来是随同土地征收的,岂有给予土地而不让出租税的事?”金军将领粘罕(完颜宗翰)威胁说:“宋朝如不答应我们的要求,就请撤出涿、易二州的驻军,不要留在我朝的地域上。”

当月,金国派使臣李靖随赵良嗣来到开封。宋徽宗及太傅(宰相)王黼见金国君臣态度强硬作了退让。王黼对李靖说:“租税虽然没有写入盟约,我朝皇上以两国友好为重,愿意拿出银、绢加以充抵。”李靖又要求宋朝补交去年岁币,宋徽宗“亦特许之”。

接着,宋徽宗派赵良嗣随李靖第六次出使金国。赵良嗣会见金太祖时说:“我朝依从贵国的事已经很多,难道平、滦这一件事不能依从我朝么?”金太祖说:“我们想把平、滦作为边防重镇,不可能让给宋朝。”“燕京租税六百万,只能给宋朝一百万。不然的话,宋朝得把涿、易二州还给我,我还将带兵视察边境。”赵良嗣说:“涿、易二州是我朝用兵攻下的,贵国君主现在却这么说,照这样不是没有是非可言了吗!”针对金太祖所说只让给宋朝一百万燕京租税,赵良嗣回答说:“我朝皇帝只许让出燕京租税十万至二十万,我不敢擅自增加数字。”金太祖要赵良嗣立即回国报告,并威胁说:“过半个月不来,我将带兵前往!”

当年三月,赵良嗣返抵雄州,向朝廷递上金国书信。宋徽宗和王黼再次让步,许诺将原来每年进贡辽国的银币转贡给金国,另加燕京地区每年代税钱一百万缗,以此要求归还燕京六州。

随即,赵良嗣从雄州第七次出使金国。金太祖见到赵良嗣递交的国书后十分高兴,同意将燕京六州归还宋朝。双方签订盟约。

无过被杀死后背负罪名

赵良嗣数次出使金国,为宋朝的利益坚持与金国君臣抗争,因功屡经提拔,受任光禄大夫(主管议论朝政得失)。

当初,赵良嗣在辽国时曾与燕地豪杰刘范等人结义,立志欲将幽蓟等州归回宋朝,约定功成身退,不求功名富贵。宋、金签订盟约后,赵良嗣接连三次上书请求退休,意欲回乡务农,宋徽宗都没有同意。

当年(1123 年)六月,投降金国受命镇守平州的原辽国将领张觉(《宋史纪事本末》卷五十三,记作张毂)要求投附宋朝。王黼建议宋徽宗接纳张觉,宋徽宗点头同意。赵良嗣劝谏说:"我国刚刚与金国结盟,如果接纳张觉,必然会有损同金国和好。那样,将会后悔莫及。"宋徽宗和王黼对赵良嗣的意见十分反感,由此将赵良嗣降低五级官衔。十一月,金军攻占平州,张觉逃匿。金太宗派出使臣指责宋朝"纳叛",并要求宋朝交出张觉。宋徽宗只好令人砍下张觉的头交给金国。

宣和七年(1125 年)十月,金国以索要平州南迁户口为名,派兵大举南下。宋徽宗被迫将皇位让给太子赵桓,退称太上皇。赵桓即位为宋钦宗后,太学生(朝廷主办的最高学府学生)陈东等人上书要求惩处原宰相蔡京及王黼、童贯等"六贼"。宋钦宗下令将"六贼"分别处死或流放。

靖康元年(1126 年)四月,监察御史(最高监察机关官员)胡舜陟上书称:“今结成边患,几倾社稷,自归明官赵良嗣始,请戮之以快天下。”据此,宋钦宗下令将赵良嗣流放郴州(位于今湖南省永兴县南)。七月,宋钦宗下令广西(即广南西路,治所位于今广西区桂林市)转运副使(行政副长官)李升之将赵良嗣处死,将其妻子儿女流放万安军(位于今海南省万宁市北)。

据《宋史纪事本末》卷五十三·复燕云

卷五十六·金人入寇

《宋史》卷四百七十二·赵良嗣传

卷二十三·钦宗本纪

卷三百七十八·胡舜陟传

【简评】

清代学者赵翼认为:赵良嗣提出联金伐辽、收回燕云的计策,“斯固召祸首谋,然良嗣但建此策,听不听,则在乎庙堂之持议也。及良嗣奉使,由海道至金”,“衔命往来,能以口舌抗强邻。故《宋史》本传亦谓往返六七,颇能缓颊尽心,与金争议。使无收纳张觉之事,金人也难遽起兵端,而中华疆土复归版图,良嗣方且当入功臣传中。乃张觉之叛金来降,主国计者,贪近利而昧远计,辄轻为招纳。良嗣方苦口争之,以为失欢强邻,后不可悔。而举朝醉梦,卒不听从,果致金兵得以藉口。不惟新得之地尽失之,并至銮舆北狩,神州陆沈。此则王黼辈之贪功喜事,谋国不臧,于良嗣无与也。乃事后追论祸始,坐以重辟,已不免失刑。修史者又入之奸臣传中,与蔡京等同列,殊非平情之论也”(《二十二史札记》卷二十四·

赵良嗣不应入奸臣传)。

笔者认为,宋徽宗图谋收复燕云之地无可非议;为此赵良嗣奉命多次使金劳苦奔波,煞费口舌,并无过错。宋徽宗的失误在于盲目自信,殊不知,宋军战斗力太弱,在辽军面前屡吃败仗,不仅未能完成与金国约定夺取燕京的战略计划,反而在金、辽两国面前暴露其不堪一击。金军攻取燕云之地后,只答应将燕蓟六州归还宋朝,还是以宋将岁贡由辽转金为代价的。造成宋军如此脆弱的根本原因,是宋徽宗及宰相蔡京、领枢密院童贯等“六贼”长期祸国殃民,不治军备,与赵良嗣无关。对金国意欲南扩缺少警觉,是宋徽宗又一失误。以宇文虚中为代表的主张盟辽防金颇有见地,朝散郎(虚职文官)宋昭说得更明确:“辽不可攻,金不可邻。异时金必败盟,为中国患”(《宋史纪事本末》卷五十三)。宋昭由此被罢官流放。张觉事件只是金国毁盟的由头,急于南扩而又看准宋朝可攻,才是金军南下的缘由。宋钦宗眼看社稷将倾,惩处“六贼”顺应人心,处死赵良嗣实属冤错。

聂昌死不瞑目

北宋靖康元年(1126 年)八月,金[1]军左副元帅粘罕(完颜宗翰)率部自云中(位于今山西省大同市)、右副元帅斡离不(完颜宗望)率部自保州(位于今河北省保定市)分两路,再次南下。宋朝君臣大为震惊。

为加强防御力量,宋钦宗将聂昌由开封尹(京都地区行政长官)改任为同知枢密院(最高军事机关副长官)。聂昌拜见宋钦宗谢恩,并陈述抗击金军的策略。聂昌说:“三关四镇[2],是国家防御金军的藩篱,听说要割让给金国。这样,如果将来金国背弃和约,我们还能凭借什么抵御它的军队?希望不要轻易把三关四镇割让给金国。建议皇上调集天下精兵强将保卫京都。我愿率领忠勇的兵士,埋伏在关内,出其不意横扫金军军营,以报答皇上的恩遇。”宋钦宗赞赏聂昌的忠勇。

十一月,粘罕率军从孟津(位于今河南省孟津县东)渡过黄河,

---

① 北宋东北方邻国,都会宁府,位于今黑龙江省阿城市南。

② 三关指上党关(位于今山西省晋城市南)、壶口关(位于今山西省黎城县东北)、石陉关(即井陉关,位于今河北省井陉县北);或指淤口关(位于今河北省霸州市东)、益津关(位于今河北省霸州市)、瓦桥关(位于今河北省雄县)。四镇似指金军索要的三镇,即太原(治所位于今山西省太原市)、中山(治所位于今河北省定州市)、河间(治所位于今河北省河间市)三镇。

北宋京都开封(位于今河南省开封市)为之戒严。粘罕渡河后不再要求北宋割让三镇,提出以黄河作为分界线,派人来北宋朝廷逼迫割让两河之地(即河东、河北,位于今山西省、河北省)。

面临金军进逼,宋钦宗决意割让两河之地求和,指令聂昌前往金西路军营办理割地事宜。聂昌心中不赞同割地求和,以双亲年迈加以推辞。宋钦宗坚持要聂昌出使,聂昌受命后说:"两河地区民众忠义勇敢,万一他们不接受割地,我必将被他们视为寇贼捉着杀死,那样,我死不瞑目啊!如果和议不能达成,我将把部属派往各地,督促效忠于朝廷的兵马开赴过来保卫京都。"宋钦宗点头同意。

聂昌行抵永安(位于今山西省霍州市)时,遇上粘罕一行。有个自称是閤门舍人(传令官)的人阻止聂昌前进,要他撤下车上的伞盖,把名字写在一块牌子上,由他引见元帅。聂昌坚持不答应,双方争辩很长时间。最后粘罕同意以礼会见聂昌。

之后,聂昌去绛州(治所位于今山西省新绛县)传达朝廷割地旨意,以期实施交割。聂昌带着宋钦宗的诏令来到城下,向城上喊话。绛州军民听说朝廷派大臣来割地,把城门关得紧紧的,拒绝聂昌入城。聂昌用绳索攀登上城。绛州兵马钤辖(名誉军事长官)赵子清拒绝接受诏令,指使其部众将聂昌杀死,挖下他的眼睛并切成碎块。

南宋[①]建炎四年(1130 年),宋高宗追授聂昌“忠愍”称号。

据《宋史》卷三百五十三·聂昌传

《宋史纪事本末》卷五十六·金人入寇

【简评】

面对金军南下,聂昌主张抗战,不赞成割地求和。他受命去河东同粘罕商谈割地出于迫不得已。行前,聂昌已料到此次履行使命会受到当地军民的抵制,表明如被爱国军民执杀死不瞑目。绛州官兵拒绝他入城,他可以缓办,也可以转说他州,更可以退而隐去。绛州守城官兵怒杀聂昌,虽属冤杀,但聂昌亦系睁眼碰壁,死得活该。

① 北宋靖康二年(1127 年)四月,金国军队将宋太上皇赵佶(宋徽宗)、宋钦宗赵桓(太上皇长子)掳至北方。五月,康王赵构(太上皇第九子)在南京(位于今河南省商丘市南)即位为宋高宗。之后,宋高宗率众臣南迁,保守淮河以南地区,定都临安(位于今浙江省杭州市),史称南宋。

挞懒力主和宋

金[1]天会三年(1125 年),金军南下攻打宋朝。挞懒(完颜昌)随东路军统帅斡离不(完颜宗望)出征,任六部路都统(军事将领)。天会五年(1127 年)四月,金军在攻破宋都城开封(位于今河南省开封市)后北撤,挞懒受命元帅左监军(元帅府监察军事长官)率部攻取密州(位于今山东省诸城市)。

天会六年(1128 年)冬天,挞懒率军攻打南宋[2]济南府(治所位于今山东省济南市),知府(行政长官)刘豫向达懒投降。天会八年(1130 年),经挞懒(《宋史》卷四百七十五,记刘豫为求金国立其为帝,曾派其子刘麟持重宝贿赂挞辣,即挞懒)和左副元帅粘罕(完颜宗翰)等推荐,金太宗将刘豫立为大齐(都汴,即开封)皇帝。后来,挞懒升为左副元帅,与右副元帅兀术(完颜宗弼)共同镇守河南(位于今黄河以南、淮河以北地区),对刘豫实行监护。

天会十五年(1137 年)九月,南宋派遣徽猷阁待制(管理宋哲宗文档的官员)王伦率团出使金国,行抵涿州(治所位于今河北省涿州市),会见挞懒和兀术,向他们转告宋高宗的话说:“河南之地,

---

① 国名,都会宁府,位于今黑龙江省阿城市南。

② 北宋靖康二年(1127 年)四月,金国军队将宋太上皇赵佶(宋徽宗)、宋钦宗赵桓(太上皇长子)掳至北方。五月,康王赵构(太上皇第九子)在南京(位于今河南省商丘市南)即位为宋高宗。之后,宋高宗率众臣南迁,保守淮河以南地区,定都临安(位于今浙江省杭州市),史称南宋。

贵国既然无意占领,与其交给刘豫,哪如归还宋朝!”

十一月,挞懒和兀术受金熙宗完颜亶之命赴开封废黜齐帝刘豫。十二月,王伦回国,挞懒在送行时对他说:“回到江南后要报告好消息,既然刘豫已被废黜,谈和的道路再没有障碍,从此两国和议容易实现了。”

天眷元年(1138年)四月,王伦再次出使金国,在祁州(位于今河北省安国市)会见挞懒。挞懒派人陪同王伦去京都。王伦拜见金熙宗,感谢金国废掉刘豫,重申宋高宗希望两国议和的意向。挞懒和尚书令(宰相)完颜宗磐等人极力主张同南宋和解。于是,金熙宗派太原(治所位于今山西省太原市)少尹(行政副长官)乌棱思谋率团随王伦赴南宋谈和。

七月,挞懒回京都朝拜金熙宗,提议将原刘豫管辖的河南之地归还宋朝。金熙宗要群臣就此事进行讨论。东京(位于今辽宁省辽阳市)留守(军政长官)完颜宗隽极力支持挞懒的意见,认为把土地还给宋朝,宋朝必然会感激皇上的恩德。太傅(宰相)完颜宗干和完颜宗翰之弟完颜宗宪(其职不详)反对将河南之地还给宋朝。完颜宗宪反驳完颜宗隽说:“我们俘虏当今宋朝皇帝的父亲和哥哥,结下的怨仇不是一天两天了。如果把土地归还宋朝,这是在帮助仇人,哪里谈得上什么恩德啊!”宰相完颜宗磐明确赞同把河南之地归还宋朝,他的地位在完颜宗干之上,完颜宗干不敢多说。讨论结果,金熙宗点头同意挞懒等人的意见,决定把河南之地归还宋朝。

天眷二年(1139年)正月,金熙宗令兀术向河南官民颁布诏书,宣布从现在起黄河以南地区仍然划归宋朝,凡归还宋朝的土地和官民,须遵照两国和约行事。

宋高宗任命王伦为交割地界使东京(即开封)留守兼权开封府尹(代理行政长官),负责从金军将领那里接收河南之地并主管开封地区行政事务。

三月,王伦和兀术办完交接河南之地的手续。兀术离开汴京返回祁州时,开封的父老官吏把他送到城北郊外。

对于归还河南之地,南宋君臣民众皆大欢喜,金国的少数大臣心理却不能平衡。

五月,金国使臣张通古回国途中看到宋朝军队在黄河以南构筑防御工事,回国后将这一情况报告完颜宗干,建议乘宋朝尚未部署完毕,出兵将割让的土地收回来。完颜宗干回答说:"这正是我心里想的。"

六月,兀术秘密上书金熙宗,诬称挞懒接受宋朝贿赂,与宋朝使臣相勾结,所以极力主张把河南之地让给宋朝。兀术请求将挞懒处死,收回河南之地。金熙宗将河南之地归还南宋后亦感到后悔,对兀术的奏告信以为真。

八月,金熙宗以"谋反"罪,令兀术去燕京(位于今北京市区)将挞懒处死。挞懒时任燕京行台(最高行政机关派出机构)尚书左丞相(军政长官),听说朝廷要给他治罪,向南逃跑,逃至祁州时,被兀术率领追兵抓获斩杀。

天眷三年(1140 年),金熙宗毁坏盟约,派遣兀术等人领兵南下,夺回归还给宋朝的河南之地。

据《金史》卷七十七·挞懒(昌)传

刘豫传

宗弼(兀术)传

《续资治通鉴》卷一百十九·宋纪一百十九

卷一百二十·宋纪一百二十

卷一百二十一·宋纪一百二十一

卷一百二十三·宋纪一百二十三

【简评】

河南之地原属北宋领土。挞懒主张与宋朝谈和,归还宋河南之地,合乎公理,顺乎人情。金朝廷围绕是否归还河南之地的争论,属其内部不同政见之争,其性质和宋朝廷对于金军南下主战与主和之争一样。至于兀术称挞懒与宋朝勾结,收其贿赂,《金史》挞懒传,没有其收受宋朝贿赂的记载;宗弼传,称"宗弼察挞懒与宋人交通赂遗",也没有具体情节记载,显属诬告。

洪皓赦还流放

南宋[①]建炎三年(1129 年)春天,金[②]军再次南下。宋高宗由扬州(位于今江苏省扬州市)辗转退入杭州(后改称临安)。

五月,宋高宗派遣徽猷阁待制(管理宋哲宗文书档案的官员)假礼部尚书(朝廷主管礼仪、教育的部门名誉长官)洪皓率领使团赴云中(位于今山西省大同市),向金西路军统帅粘罕(完颜宗翰)求和。洪浩一行路经太原(位于今山西省太原市)被金军扣押,为时将近一年。

洪皓等人抵达云中后会见粘罕。粘罕对洪皓提出的和谈话题避而不答,只是强逼他们到刘豫[③]那里做官。洪皓被逼得没有退路,严辞拒绝说:“我身为宋朝使臣,不远万里奉命来到你们这里,不能奉迎二位先帝南归,已经有负使命。我恨不得将刘豫这个败类碎尸万段,怎么可能去事奉他这个逆贼呢?我不去刘豫那里,大不了被杀;被你们扣留在这里,最终亦是死。我压根儿就不愿和你

---

① 北宋靖康二年(1127 年)四月,金国军队将宋太上皇赵佶(宋徽宗)、宋钦宗赵桓(太上皇长子)掳至北方。五月,康王赵构(太上皇第九子)在南京(位于今河南省商丘市南)即位为宋高宗。之后,宋高宗率众臣南迁,保守淮河以南地区,定都临安(位于今浙江省杭州市),史称南宋。

② 国名,都会宁府,位于今黑龙江省阿城市南。

③ 原为南宋济南(治所位于今山东省济南市)知府(行政长官)。南宋建炎二年(1128 年),刘豫杀死济南城守将关胜,投降金军。建炎四年(1130年)九月,刘豫受金太宗完颜晟封为大齐皇帝。

们这些狗鼠之辈混在一起苟且偷生！要杀就杀吧,我死而无悔!”

粘罕受到洪皓辱骂勃然大怒,叫嚷着要将洪皓杀死。在场的一位金军将领佩服洪皓忠诚,连忙用目光制止持刀行凶的兵士,转而请元帅息怒,并向粘罕跪下,为洪皓请求宽赦。这样,洪皓才得以从金兵的刀下活命。此后,他被流放到冷山(位于今黑龙江省五常市东南)。宋副使龚王寿被粘罕的怒吼吓破了胆,向金军将领屈膝投降,随后竟去刘豫伪齐朝廷做官。

冷山地处偏僻,长年积雪,只有百余户人家住在山洞里。洪皓孤身一人被软禁在这里,餐风饮露,备尝艰辛。金国官员不给他粮食吃。洪皓凭借坚强的毅力,以野菜野果充饥,活了下来。夏天,他穿着破烂的粗布衣。冬天,柴薪烧尽了,他就以马粪作燃料,煮食取暖。

冷山是陈王悟室(完颜希尹)的领地。悟室听说洪皓很有学问,便要他教他八个儿子读书。悟室曾任元帅右监军(监督元帅府军务)随粘罕进军扬州,一心想要灭亡南宋。他在洪皓面前夸口说:“谁说海有多大？我的力量可以使它干涸！只不过不能使天地相连而已。”洪皓劝告悟室说:“征战如同玩火,玩火的人自己必然要被烧死。自古以来,没有连续打四十年仗不停止的事。”

后来,悟室升任左丞相,洪皓不止一次对他说:“我出使到你们金国来,是为两国的事情。贵国既然不接受我的使命,就应该让我回去。把我长年放到深山教小儿读书,没有这个道理。”悟室对洪皓的质询总是避而不答。

有一次,洪皓就金国无限期对他扣留向悟室提出严正抗议。悟室威胁说:“你作为求和的外交官,说话如此口硬,以为我不能把你杀死吗?”洪皓回答说:“到了今天这一步,我自知亦该死了。我只是顾及你们大国,不能背上杀害外国使臣的坏名声。希望你们把我投到水里去,对外则说我是跳崖自杀好了。”悟室为洪皓的忠义所感动,没有杀他。

绍兴十年(1140年),宋、金两国和谈有了进展。悟室向洪皓询问有关议和的十件事。洪皓一一分析给他听。悟室认为洪皓的见解坦诚直率,没有欺骗他,便把洪皓带到燕(位于今北京市区),让他作为宋朝代表参加和谈,准备和谈结束后把他释放。不久,金都元帅兀术(完颜宗弼)诬告悟室主和谋反,金熙宗完颜亶下令将悟室处死。悟室一案株连数千人,洪皓也被牵连进去。洪皓蒙冤后,坚持申辩,以充分的事实,推翻强加在他身上的不实之词,幸免于难。

洪皓被羁留金国期间,在不断与金国高官抗争的同时,极力开展各项外交活动。当年,他抵达云中后,获悉徽、钦二帝刚刚被流放到五国城(位于今黑龙江省依兰县),便暗下派人分别向宋高宗和徽、钦二帝奏报情况。绍兴五年(1135年)四月,洪皓获悉宋徽宗去世讣讯,极为悲痛,面向北方放声恸哭。此后每年宋徽宗祭日,他都以诗文悼念,与同被扣留在金国的宋朝官员相互勉励。绍兴十年(1140年),洪皓将多年来搜集到的金国情报写成文字,藏在旧棉絮中,派遣宋朝间谍赵德送报宋高宗。绍兴十一年(1141年),洪皓又想方设法取得被金国囚禁的宋高宗母亲韦氏亲手书信,派李微(身份不详)送回临安。宋高宗见到母亲的亲笔信后,高兴地说:“朕十多年来一直不知道母太后是否安康,虽然前后派出近百人去问询请安,都抵不上洪皓派人送回母后的亲笔信!”

后来,金熙宗完颜亶听说洪皓很有才华,想任命他为翰林直学士(侍从皇帝的文秘官员),洪皓极力谢辞。为了便于逃归南宋,洪皓请金国参政(副宰相)韩昉帮忙,把他安置到真定(位于今河北省正定县)或者大名(位于今河北省大名县)居住,让他自食其力。韩昉没有答应洪皓,却要他担任金国中京(位于今内蒙古宁城县西)副留守(军政副长官),并多次催促他上任。洪皓亦没有答应韩昉,坚决拒绝入金国做官。韩昉对洪皓软硬兼施,始终没有能使他屈服。

绍兴十三年(1143年)六月,金熙宗生了儿子,实行大赦。洪皓等三名被扣押的宋朝使臣才得以获释回国。洪皓等人上路后,金国大臣反悔,担心放他们回国对金国不利,派七名骑兵去将他们追回。当金国骑兵追到淮河边时,洪皓等人已经登船过河。

八月,洪皓终于回到阔别多年的京都临安。他向宋高宗报告出使经过,尔后请求回乡供养母亲。宋高宗称赞洪皓“忠贯日月,志不忘君,虽苏武①不能过”,没有同意让他离职还乡,任命他为徽猷阁直学士、权直学士院(临时负责拟草诏书)。

之后,洪皓去会见宰相秦桧。他对朝廷某些做法持有异议,直言不讳地问道:“张和公②是金国害怕的人,为什么没有得到重用?

---

① 西汉天汉元年(前100年),汉武帝派遣中郎将(警卫部队将领)苏武率团出使匈奴(汉朝北方邻国)。匈奴将苏武扣押十九年,苏武始终没有屈节。始元六年(前81年),苏武获释回国。

② 即张浚。南宋绍兴十二年(1142年),万寿观使(其职不详,似为主持皇帝贺寿礼仪的长官)张浚受封为和国公。张浚曾任尚书右仆射(宰相)、知枢密院事(最高军事机关长官),率军北伐抗金。绍兴四年(1134年),金将兀术率十万大军进攻扬州,听说张浚在镇江(位于今江苏省镇江市),“色变,夕遁”。秦桧执政后,张浚一直受排斥(卷三百六十一·张浚传)。

钱塘①只是朝廷暂时居住的地方,而在这里建造豪华的景灵宫、太庙,这不是向世人表示朝廷无意收复中原吗?”秦桧被洪皓问得哑口无言。

秦桧在朝廷执政以后一直主张向金国屈从求和。他对洪皓羁留金国期间多次奏请收复中原非常痛恶,对他回国不久提出诸多诘难更为恼恨。当年九月,秦桧指使其亲信侍御史(最高监察机关内设机构长官)李文会弹劾洪皓“贪恋显列,不求省母。若久在朝,必生事端”,以此将他贬为饶州(治所位于今江西省波阳县)知州(行政长官)。

绍兴十四年(1144 年),中官(宦官)白锷从金国获释返回。白锷原来并不认识洪皓,听说洪皓回国后受贬,公开为他鸣不平,称“洪尚书以忠义闻名天下,为什么得不到重用?”秦桧大为恼火,下令将白锷逮捕入狱。接着,谏官(谏议朝政得失的官员)詹大方诬称洪皓与白锷有“刎颈交”,互相吹捧。秦桧借此将洪皓贬为提举江州(治所位于今江西省九江市)太平观(临时管理道家庙宇)。不久,洪皓母亲病故。洪皓守孝期满后,秦桧将他贬为饶州通判(相当于行政副长官)。之后,李勤(其职不详)为讨好秦桧,诬告洪皓“作欺世飞语”。据此,秦桧将洪皓贬为濠州团练副使(挂名职衔),流放英州(位于今广东省英德市)。

洪皓在英州被监禁九年,直到绍兴二十五年(1155 年)冬天秦桧病重,他才得以复任朝奉郎(低级文散官),由英州移居袁州(位于今江西省宜春市)。

---

① 指临安,临安位于钱塘江畔。

当年十一月,洪皓行至南雄州(位于今广东省南雄市),忧愤去世,终年六十八岁。

据《宋史》卷三百七十三·洪皓传

《续资治通鉴》卷一百二十六·宋纪一百二十六

【简评】

洪皓出使金国被扣押长达十五年,没有向金国君臣屈节,历尽艰难,九死一生,“忠义之声闻于天下”,“为金人所敬”。他没有死在金国的利刀之下、囚室之中,回国后却受到当权奸相秦桧的迫害,死于国贼之手。爱国之士无不为之痛心。洪皓的冤案,固然给秦桧又记上一笔罪行,宋高宗弃忠养奸亦有其不可推卸的罪责。

宋汝为避难入寺

宋汝为是北宋丰县(位于今江苏省丰县)人。北宋靖康元年(1126年),金国①军队南下,宋汝为全家遇害,他只身一人幸免于难。

南宋②建炎三年(1129年)春天,金军再次南下。宋高宗由扬州(位于今江苏省扬州市)经镇江(位于今江苏省镇江市)、平江(位于今江苏省苏州市)退至杭州(后改称临安)。宋汝为一心想着为国家、为父兄报仇,向外出办理公事的南宋官员(其名不详)报告边境地区金军活动情况,该官员将宋汝为引见给宋高宗。宋高宗赞赏宋汝为的忠诚,任命他为修武郎(低级军官)。

八月,宋高宗授予宋汝为假武功大夫(名誉七品武官),让他作为副使持国书北行,随同京东路(治所位于今山东省青州市)运判(管理该路财税、边防及民政的官员)杜时亮出使金军军营求和。

十月,宋汝为等人行至寿春(位于今安徽省寿县)时,受到金军将领完颜宗弼(兀术)部众的拦截。宋汝为尚未能与杜时亮会上面,便被带入金军兵营。他向金军将领陈述来意,准备向完颜宗弼

---

① 都会宁府,位于今黑龙江省阿城市南。

② 北宋靖康二年(1127年)四月,金国军队将宋太上皇赵佶(宋徽宗)、宋钦宗赵桓(太上皇长子)掳至北方。五月,康王赵构(太上皇第九子)在南京(位于今河南省商丘市南)即位为宋高宗。之后,宋高宗率众臣南迁,保守淮河以南地区,定都临安(位于今浙江省杭州市),史称南宋。

递交国书。完颜宗弼怒气冲冲,对宋汝为的话充耳不闻,下令将他捆绑起来,肆意侮辱,声称要将他杀死。

面对金军将领的威胁,宋汝为毫无惧色。他对完颜宗弼说:“死,对于我来说倒无所谓。不过,我是奉国君之命出使金国的。我只要求把国书交给你们,再说上一句话,你们把我杀掉也不算晚。”

完颜宗弼见宋汝为忠贞不屈,下令为他松绑,称赞他是“忠义之士”。随后,完颜宗弼令人带宋汝为去东平(治所位于今山东省东平县)投附刘豫[①]。宋汝为坚决拒绝,对金军官兵说:“我宁愿被杀,做南朝的鬼,也不能违背君主的使命,去做不忠于朝廷的事情。”金军强行把宋汝为押至京师(北宋都城开封,位于今河南省开封市)。路上,宋汝为四次寻死都被救下。

刘豫受封为齐帝后,宋汝为将当初出使时丞相吕颐浩写给他的一封信递交给他,并向他讲明祸福利害,劝告他以大义为重,回归宋朝。刘豫惊恐地从座位上站起来说:“好一个奉命出使的人!纵使我刘豫悔过自新,南归宋朝,人们会怎样对待我?张邦昌[②]的下场不就是我的一面镜子吗?既然已经到了这一步,你不必再说下去了。”刘豫令人将宋汝为扣留,引诱他出任曹州(治所位于今山

---

① 刘豫原为南宋济南(治所位于今山东省济南市)知府(行政长官)。南宋建炎二年(1128 年),金军围攻济南,刘豫杀死守城将领关胜,投降金军。建炎四年,(1130 年)九月,金太宗封刘豫为“齐帝”,先都大名(位于今河北省大名县),南宋绍兴元年(1131 年)四月,刘豫迁都汴京(位于今河南省开封市)。

② 张邦昌原为北宋宰相,北宋靖康二年(1127 年)四月,金军劫持宋太上皇和宋钦宗北去,将张邦昌立为楚帝。五月,张邦昌主动退位,康王赵构即位为宋高宗。当年九月,宋高宗下令将张邦昌处死。

东省曹县西北)知州(行政长官)。宋汝为严辞拒绝。

绍兴七年(1137 年),刘豫被金熙宗废黜。金国官员仍然将宋汝为扣押。宋汝为被扣期间,与同被扣留在北方的凌唐佐(身份不详)等人联络,秘密搜集金国的机密,派王现等人向南宋朝廷报告。

绍兴十三年(1143 年),宋汝为在金国被扣留十五年之后,伺机逃回临安。他把经过多年观察和思考写成的《恢复方略》奉献给朝廷,并建议朝廷加强对金军防备,不可因与金国谈和而掉以轻心,松懈斗志。此后,宋汝为又上书宰相,分析有利形势,建议出兵收复中原。这封上书连同《恢复方略》,都被南宋朝廷束之高阁。

当时,宰相秦桧一心同金国讲和,对宋汝为上报《恢复方略》十分反感,有意让宋汝为住闲,不安排他职务。礼部尚书(朝廷主管礼仪、教育的部门长官)苏符同情宋汝为的处境,经他提议,朝廷才任命宋汝为为处州(治所位于今浙江省丽水市)通判(相当行政副长官)。

后来,北方有人告发宋汝为搜集情报,用蜡包封传回南宋。金国官员下令逮捕宋汝为,四处搜捕而没有抓获,才知道宋汝为已经逃回南宋。秦桧得知此事后,为讨取金国君臣欢心,准备将宋汝为逮捕,押送给金国官员。

宋汝为闻讯后,化名赵复,逃出处州。他避开大道,翻山涉水,星夜赶路,步行到达蜀地(位于今四川省),在一山溪边遇见当地名士杨企道,经他帮助,躲进一座寺庙避难。

宋汝为入蜀后,虽然出家为僧,但他始终念念不忘国耻,念念不忘恢复中原。绍兴二十五年(1155 年),宋汝为听说秦桧病死,高兴地对人说:“朝廷没有这个巨奸当道,恢复中原就指日可待了!”

杨企道劝说宋汝为回朝廷，重新献身恢复中原的大业。宋汝为慨然叹息道："我年幼时开始读书，全家遇害后一个人逃出来，立志为国家报仇，收复被金国占去的领土，这是熟悉我的人都知道的。没想到命运坎坷，又受到奸臣的迫害。如今，我老了，新进入朝廷的大臣，没有人了解我了！"

绍兴三十二年(1162 年)，守在老家的宋汝为之妻钱氏去闻鼓院(朝廷收受申诉案件的机构)递交诉状，为宋汝为申冤。宋高宗看了诉状后，传令宋汝为返回朝廷。可是，宋汝为此时已经长眠于蜀地，连他的妻子儿女也不知道。

据《宋史》卷三百九十九·宋汝为传

《续资治通鉴》卷一百五·宋纪一百五

卷一百六·宋纪一百六

【简评】

宋汝为出使金国被扣长达十五年，始终守节不移。他冒着风险逃回南宋，却遭到卖国贼秦桧迫害，有家不能回，改名换姓，远走他乡，同僧人住在一起，最后客死蜀地。秦桧残害忠良固然可恨，宋高宗求和苟安，不恤忠臣，亦令人发指。

隆科多被间撤还

清雍正四年(1726年)正月,吏部尚书(朝廷主管官吏任免的部门长官)兼领理藩院事(主管外交及少数民族事务)隆科多因受贿被免去尚书职务,派往恰克图(当时为中国边镇,位于今俄罗斯恰克图与蒙古国阿尔丹布拉克交界)附近的布尔河畔,负责同俄国代表交涉勘界事宜。雍正帝指出:“隆科多虽种种罪恶,但办事之才尚属可用。”“伊若实心任事,思改前衍,朕必宽宥其罪。”

俄国外交使团抵达布尔河畔后,隆科多向其团长萨瓦转告清朝廷意见,同意俄使团先去北京(清京都,位于今北京市区)祝贺皇帝登基,然后回边界谈判。萨瓦要求俄国商队同行,隆科多以没有接到朝廷指令而加以拒绝。

十月,俄使团到达北京。雍正帝令吏部尚书查弼纳、兵部侍郎(朝廷主管军事的部门副长官)图理琛与萨瓦举行会谈。双方商定,蒙古北部中俄边境划界谈判仍在布尔河畔举行。

雍正五年(1727年)五月,萨瓦一行在图理琛陪同下返回布尔河畔。隆科多随即约请萨瓦进行勘界谈判。

谈判一开始,隆科多要求俄国归还其侵占的中国喀尔喀(蒙古部族,位于今俄罗斯境内)大片土地,态度坚决。萨瓦认为隆科多对俄国不友好,似乎想把俄国人赶出黑龙江流域,把边境划定在色格楞斯克与波尔河之间(位于今恰克图以北俄罗斯境内),悍然拒绝隆科多的要求。会谈陷入僵局。随后,萨瓦公然下令驻守边境的俄军进入备战状态,各城堡加修防御工事,并写信给边境地区的中国蒙古族王公(其名不详),声称由于隆科多的强硬态度,可能导致两国永世不和。面对俄方的军事威胁,隆科多寸步不让,毫不屈服。

此间,在谈判之外,萨瓦展开一系列幕后活动对隆科多进行中伤。他买通蒙古族王公,使其将俄方的态度和动向奏报雍正帝;又通过图理琛向雍正帝转递信件,对隆科多横加指责;他还利用去年在北京收买的法国传教士巴多明去游说清大学士(宰相)马齐,要马齐去劝说雍正帝让步。图理琛亦奏告隆科多固执己见。

雍正帝大为恼火,指责隆科多"举动狂悖,隐匿实情,并不实心效力,留伊在彼料理俄罗斯之事,反致混行坏事,毫无裨益",随即下令将隆科多调回北京治罪。雍正帝没有想到,他此举正中俄方的反间之计。

隆科多被撤回后,勘界谈判很快便按照俄方的意见达成协议,中俄双方签订《布连斯奇界约》。事后,萨瓦报告俄朝廷称:"边界之划分十分有利于俄罗斯帝国,大量空旷之蒙古土地现已并入俄罗斯帝国之版图,面积之辽阔令人惊喜,此处扩大数日行程之面积,彼处则扩大数十日行程之面积。俄国之成功,乃因中国隆科多被召回与巴多明和马齐提供之情报,另还得益于收买个别蒙古王公以作奸细,中国方面又急于达成协议及俄国所显示之军事实力。"

隆科多回京后被罗列诸多罪名,处以"永远禁锢"。第二年(1728 年)六月,隆科多抱恨死于禁所。

据《清通鉴》卷八三·清世宗雍正四年
卷八四·清世宗雍正五年
卷八五·清世宗雍正六年
《清史稿》卷二百九十五·隆科多传

【简评】

隆科多曾被雍正帝誉为"国家良臣,真正当代第一超群拔类之稀有大臣"(《清通鉴》卷八五),其犯有受贿等罪过另当别论。他在同俄国代表萨瓦举行边境谈判时,坚持维护国家利益,不怕威胁,不作退让,并无过错。雍正帝中了离间计,将隆科多调回京都治罪帮了俄国人大忙,使之得以满足领土要求。此事留下的教训是沉痛的。

苏尔相祸连妻儿

苏尔相是清甘肃灵州(位于今宁夏区灵武市)人,以普通士兵参加清军征讨缅甸(位于今缅甸)的战争,因战功几经提任为云南奇兵营都司(职衔低于副将军的某部军官)。

清乾隆三十四年(1769 年)十一月,为期四年的中缅战争结束,缅甸同意定期向清朝进贡。清军从缅甸撤回。

乾隆三十五年(1770 年)年初,乾隆帝传令留守处理停战善后事宜的副将军阿桂、云贵(辖区位于今云南、贵州二省,治所云南府,位于今云南省昆明市)总督(军政长官)彰宝,要他们派员前往缅甸,敦促其如约进贡。苏尔相受命率团出使缅甸并携带由阿桂签署的檄文。

五月,苏尔相等人进入缅甸,被缅甸官方抓捕,囚禁于老官屯(其地不详)。缅甸国王懵驳要苏尔相给阿桂写信,转告其要求清朝退还木邦(位于今缅甸腊戌东北)等土司(地方管理机构)、恢复边境贸易并重新讨论进贡一事。

苏尔相写信将缅甸国王上述要求报告阿桂,阿桂随即向乾隆帝作了奏报。乾隆帝对缅甸国王的要求断然拒绝,对苏尔相转告缅甸国王的要求大为恼火。据此,乾隆帝认为苏尔相已投降缅甸,下令将苏尔相的妻子儿女逮捕,从其家乡灵州押往京都(位于今北京市区)。

苏尔相之妻在羁押途中忧愁死去。此后,苏尔相的一个儿子和两个女儿相继死于监狱。

乾隆四十一年(1776 年)十二月,缅甸国王懵驳去世。缅甸大头目得鲁蕴致信清云贵总督图思德,表示愿意向清朝进贡,将被他们扣押的苏尔相等人释放回国,请求重新开通边关贸易。此后,经过两国代表反复谈判交涉,达成协议。

乾隆四十二年(1777 年)三月,苏尔相获释回国。

苏尔相被缅甸扣押八年,始终没有屈节投降。后来,乾隆帝亦知道错怪了他。苏尔相回国后,乾隆帝传令他进京,亲自接见他,以示慰问。乾隆帝提任苏尔相为游击将军,还赐给他一首诗,诗中将苏尔相比作守节不移的西汉使臣苏武。

据《清史稿》卷三百二十七·苏尔相传

卷三百十八·阿桂传

《清通鉴》卷一二六·清高宗乾隆三十四年

卷一二七·清高宗乾隆三十五年

卷一三三·清高宗乾隆四十一年

卷一三四·清高宗乾隆四十二年

【简评】

苏尔相奉命使缅被扣留,乾隆帝仅凭其写信为缅甸国王转述要求就断定他叛国投敌。苏尔相本人蒙冤,其妻儿株连致死,令人为之痛心。后来,乾隆帝知道苏尔相并没有变节,转而写诗称他守节如同苏武。乾隆帝制造冤案而又为之洗雪,尚能知过改正。

许景澄阻攻使馆

许景澄是清嘉兴(位于今浙江省嘉兴市)人,自幼聪明好学。清同治七年(1868 年),他考中进士,入选庶吉士(朝廷见习官员),时年二十三岁。许景澄在担任编修(朝廷文史官员)、侍讲(为皇帝讲解经史的官员)期间,潜心研究西方政治,密切关注中外关系的发展,有志于献身外交斗争。大学士(宰相)文祥向光绪帝推荐许景澄具有外交官的才华。

光绪十年(1884 年),许景澄受命为驻法国、德国、意大利、荷兰、奥地利五国公使,第二年,又兼任驻比利时公使。当时,清海军处于初建时期,朝廷准备从德国购买兵舰尚未成交。许景澄亲自去德国造船厂实地考察,搜集整理成《外国师船表》上报朝廷,并建议海军总部宜设在胶州湾(即今山东省青岛市胶州湾)、大沽口(位于今天津市海河入海口)宜设置铁甲炮船。

光绪十六年(1890 年),许景澄受任驻俄国、德国、奥地利、荷兰四国公使。光绪十八年(1892 年)俄国军队侵占帕米尔地区萨雷阔勒岭以西中国领土。许景澄奉命与俄方多次进行严正交涉,针锋相对,据理力争,历时三年,终于使俄国放弃原来的立场,同意在帕米尔界线未定之前双方各不进兵。此间,许景澄特意撰写了《帕米尔图说》、《西北边界地名考证》两部著作,为日后中俄签订界约提供依据。后来,许景澄奉命回国受任总理各国事务大臣(主管外交)兼礼部侍郎(朝廷主管礼仪、教育的部门副长官)。

光绪二十六年(1900年)五月,义和团①进入京都北京(位于今北京市区),张贴布告宣称:“保护中原,驱逐洋寇,截杀教民,以免生灵涂炭。”之后,义和团焚烧教堂,切断各国公使与大沽口外各国舰船驻军的电信联系。英、美、俄、法、德、意、奥、日等八国公使随即以保卫使馆名义,夺占大沽口炮台,意欲由天津向北京侵犯。

当时,清朝廷由垂帘听政的慈禧太后(咸丰帝妃、同治帝生母、光绪帝姨母)独揽大权。光绪帝自戊戌变法②失败后一直被软禁,“虽同视朝,嘿不一言”。在义和团入京之前,慈禧太后封端郡王载漪(嘉庆帝曾孙、惇亲王奕恺次子)之子溥儁为皇子,准备废黜光绪帝,改立溥儁为帝。为此,她特意宴请各国公使的夫人。然而各国公使不赞成慈禧太后废立皇帝。由此,慈禧太后和载漪对各国公使怀怨在心,日夜谋划对其报复。他们听说义和国进京焚毁外国教堂,进而把矛头指向各国使馆,暗自高兴,以为这正好可以替他们对外国公使实施报复。于是,他们对义和团的行为采取纵容的态度。

许景澄时任吏部侍郎(朝廷主管官吏任免的部门副长官),对眼前的事态深为忧虑。他明确指出:“围攻外国驻华使馆,违背国际公法。”慈禧太后对许景澄发表这一观点十分反感。

---

① 清朝晚期,山东、河北等地民众组成的会团组织,其成员宣称“神仙附体”,“刀枪不入”。义和团反对外国人在中国传教,其口号为“扶清灭洋”。

② 清光绪二十四年(1898年)四月,光绪帝鉴于外国列强入侵中国、民族危机日益严重,接受工部主事(朝廷主管百工建造部门的官员)康有为等人变法主张,试图走俄国和日本变法的路子,宣布变法维新。当年八月,控制朝廷实权的慈禧太后下令停止变法,逮捕维新党人,将光绪帝软禁。

五月二十二日,在慈禧太后召集的御前会议上,载漪提出动用军队攻打外国使馆,慈禧太后表示赞同。礼部侍郎联元当场提出反对意见,认为如果不保护外国使臣,外国军队势必要攻入京城,那样会使京都鸡犬不留!慈禧太后听联元这么说勃然大怒,当即要将他斩首。这时,光绪帝抱着许景澄的手哭着说:“我一个人死,毫不足惜,可天下的生灵该怎么办啊!”慈禧太后由此对许景澄更为忌恨。

第二天,慈禧太后在御前会议上决定向八国联军宣战,要许景澄等人通知各国使臣,限令他们二十四小时之内离京。光绪帝很不愿意同外国动用武力,拉着许景澄的手说:“要以妥善的语言同外国使臣商量。”慈禧太后斥责道:“皇帝放开他的手,不要误事!”

六月十八日,天津被八国联军攻占。许景澄与太常卿(主管宗庙陵园礼乐)袁昶联名上书,称不剿灭义和团无法说服外国停止进军,不处死袒护义和团的大臣便不能剿灭义和团;请求将迎合载漪挟私主战而放纵义和团的体仁阁大学士(名誉宰相)徐桐、协办大学士(副宰相)兼工部尚书(朝廷主管百工建造部门长官)刚毅等人先处死,等八国联军退兵,国家安然无恙,再将他二人处死,以向徐桐、刚毅赔罪。许、袁二人在奏书中表示:“臣等虽死,当含笑入地。”

载漪对许景澄、袁昶二人的上书恨之入骨,随即诬告他们“必降贼为内应”。慈禧太后则指责他们“声名恶劣,平日办理洋务,各存私心”。七月三日,慈禧太后竟以“任意妄奏,莠言乱政”的罪名,下令将许景澄和袁昶二人斩杀。

许景澄等人被杀后十八天,八国联军攻入北京。慈禧太后挟光绪帝仓皇出逃。徐桐自缢而死。联军统帅德国元帅瓦德西下令各国军队公开抢劫三天,被其抢劫的清官府和私人财物无法计算。十一月,庆亲王奕劻、督直隶(京都军政长官)李鸿章代表清朝廷与八国联军代表签订丧权辱国的“议和大纲”,载漪以“祸首”被流放新疆,“永远监禁”。第二年七月,奕劻、李鸿章与八国公使签订《辛丑条约》,以极其惨重的代价换取八国联军撤出北京。

据《清史稿》卷四百六十六·许景澄传

《清通鉴》卷二五六·清德宗光绪二十五年

卷二五七·清德宗光绪二十六年

《中国历史大辞典》? 许景澄

【简评】

义和团反对外国列强侵略中国,旗帜鲜明,但其围攻外国驻华使馆显属谬误。义和团这一鲁莽之举系受慈禧太后纵容,导致八国联军攻入北京。祸首是慈禧太后。许景澄长期担任驻外使臣和主管外交事务,为反对外国列强入侵、维护国家主权进行了不懈的努力。他反对义和团围攻外国驻华使馆,不赞成由此激化矛盾,维护的是国际准则和国家尊严,无疑是正确的。所谓“降贼为内应”纯属诬陷之词。他主张剿灭义和团,固然出语偏激和谬误,由此得罪慈禧太后而被枉杀,令人为之感到遗憾。

毓贤恨杀洋教士

清光绪二十四年(1898年),毓贤由署(代理)江宁(治所位于今江苏省南京市)将军调任山东(位于今山东省)巡抚(行政长官)。毓贤赴任后,对外国传教士侵害当地百姓利益十分憎恶。他发现民间组织义和拳"倡言灭教",便想借义和拳之手抑制洋教士。毓贤约见义和拳首领朱红灯,将"义和拳"改称"义和团"。从此,义和团的旗帜上都署有"毓"字。外国传教士向毓贤请求取得保护,毓贤则置之不理。为此,法国驻华大使同清总署(朝廷主管外交的机构)进行交涉。之后,清朝廷将毓贤调任山西(位于今山西省)巡抚。毓贤到了山西以后,义和团随之在山西(位于今山西省)发展起来。毓贤继续支持义和团的行动,并为他们制发数百把钢刀。

光绪二十六年(1900年)三月,英、美、德、法四国公使照会清朝廷,要求镇压义和团,悍然干涉中国内政。英、美、法、俄四国竟指使其军舰在大沽口(位于今天津市海河入海处)示威,公然扬言:"中国政府若在两个月之内不能镇抚义和团,各国则要联合出兵加以讨伐。"

对于外国侵略者的挑衅,义和团不甘示弱。五月,义和团在北京张贴告示称:"保护中原,驱逐洋寇,截杀教民,以免生灵涂炭。"十六日,义和团开始焚烧外国教堂。对此,垂帘听政的慈禧太后没有明令制止。俄、美、英、德、法、意、奥匈、日本等八国联军则以保卫使馆的名义，攻占大沽炮台，向天津(位于今天津市区)、北京(清京都，位于今北京市区)侵犯。

面对八国联军入侵，慈禧太后接连四次召开御前会议，讨论对策，最后决定进行自卫反击，并发布宣战诏书。诏书称：外国传教士“益肆枭张，欺凌我国家，侵占我土地，蹂躏我民人，勒索我财物”，“此义勇焚毁教堂屠杀教民所由来也”。法、英等八国“公然有杜士兰[①]照会，令我退出大沽口炮台，归彼看管，否则以力袭取”。“朕今涕泣以告先庙，慷慨以誓师徒，与其苟且图存，贻羞万古，孰若大张挞伐，一决雌雄。”

六月五日，清朝廷下令各省要教民自首，并驱逐外国传教士。毓贤接到朝廷命令后，闻风而动。他令人通知各地传教士集中住进省城，安排兵士护卫，实际将他们软禁。

六月十五日，毓贤听说八国联军攻打天津，穿着官服去拜见母亲，泣不成声地对母亲说：“男儿要奔赴国事，不能再照顾您老人家了！”母亲问他怎么回事，他没有回答便转身出门。毓贤要人把传教士带入官府，责令他们悔教。教士们不答应。于是，毓贤下令将他们处死。当天，被处死的外国传教士共五十一人，另有中国教民十七人。

不久，八国联军攻入北京。慈禧太后及光绪帝等人逃往西安(位于今陕西省西安市)，传令庆亲王奕劻和议和全权大臣李鸿章同八国代表和谈。八国代表要求先惩办祸首，才进行谈判，并将毓贤列入祸首名单。清朝廷不得不拿毓贤开刀。

---

① 为法国当时驻华总领事。

闰八月初三,清朝廷下令将毓贤撤职,交由地方官员看管,听候查办。八国代表对清朝廷没有将董福祥①、毓贤处死深为不满,仍不同意举行和谈。此后,奕劻、李鸿章奏请加重对“祸首”处分,称“毓贤行为残酷,贻祸国家,正法自无疑义。”当时,毓贤已被处以流放新疆。

光绪二十七年(1901 年)正月初四,毓贤行抵甘肃兰州(位于今甘肃省兰州市),清朝廷派人将他处死。兰州民众纷纷为毓贤喊冤。

据《清史稿》卷四百六十五·毓贤传

《清通鉴》卷二五七·清德宗光绪二十六年

卷二五八·清德宗光绪二十七年

【简评】

毓贤是清政府中支持义和团、反对西方人来中国传教的代表人物。西方传教士来中国传教是赤裸裸的文化侵略,其目的是从思想上奴化中国人民,有的传教士则受其国政府派遣从事间谍活动。毓贤反对西方人来华传教是爱国行为。他听说八国联军侵犯天津,无比悲愤,下令处死所软禁的外国传教士和本国教民,其行为虽失之偏颇,但其反对外敌入侵的爱国精神不应因此而被抹杀。慈禧太后放纵义和团入京焚烧洋教堂,是八国联军入侵北京的直接导因。毓贤作为慈禧太后的替罪羊而被处死,实属冤枉。

---

① 时任甘肃提督(军事将领)。义和团进入北京后,外国少量兵士入驻其国驻华使馆护卫,董福祥奉命率部入京。光绪二十六年(1900 年)五月十五日,其部下击杀日本使馆书记杉山彬。

所据史书及参考书要目

书名	作者	出版社
二十四史	西汉·司马迁等著	中华书局
二十五史(含《清史稿》)		中州古籍
历代纪事本末	南宋·袁枢等著	中华书局
左传	春秋·左丘明著	岳麓书社
资治通鉴	北宋·司马光主编	岳麓书社
续资治通鉴	清·毕沅主编	岳麓书社
明通鉴	清·夏燮著	改革出版社
清通鉴	戴逸、李文海主编	山西人民
中国历史大辞典	编纂委员会	上海辞书
二十六史大辞典(人物卷)	戴逸、王和主编	吉林人民
中国大百科全书·中国历史	编辑委员会	中国大百科
中国大百科全书·中国文学	编辑委员会	中国大百科
中国历史大事编年	张习孔、田珏主编	北京出版社
中国历史地图集	谭其骧主编	中国地图
分省中国地图集(2000年版)		中国地图
最新世界地图集(1998年版)	黄秀莲、沈文轩主编	中国地图
二十二史札记	清·赵翼著	中国书店
读通鉴论	清·王夫之著	中华书局
毛泽东读书笔记	陈晋主编	广东人民